北大社“十四五”普通高等教育本科规划教材
高等院校经济管理类专业“互联网+”创新规划教材

市场营销策划

（第2版）

主　编◎杨　勇
副主编◎王晓东　田利娟
参　编◎李永霞　王筱桐　来　燕

北京大学出版社
PEKING UNIVERSITY PRESS

内 容 简 介

本书从营销策划的起源与发展、营销策划基本原理、营销策划调研、营销策划的思维与创意、营销战略策划、4P（产品、定价、渠道和促销）策划、营销策划书的编制、营销策划管理等方面展开系统论述。本书结构清晰，逻辑性强，将营销实战中的经验、成功案例与每章节中的重要原理相结合，融“原理、实战原则以及案例”于一体，力求突出教材的理论性、科学性及实践应用性。

本书既适合作为高等院校市场营销专业教材，也可供其他经管类专业学生使用，还可供企业经营管理和营销策划人员在实际工作中参考及自学使用。

图书在版编目（CIP）数据

市场营销策划 / 杨勇主编. —2 版. —北京：北京大学出版社，2024.2

高等院校经济管理类专业“互联网+”创新规划教材

ISBN 978-7-301-34680-8

Ⅰ.①市…　Ⅱ.①杨…　Ⅲ.①市场营销—营销策划—高等学校—教材　Ⅳ.①F713.50

中国国家版本馆 CIP 数据核字（2023）第 233336 号

书　　名	市场营销策划（第 2 版） SHICHANG YINGXIAO CEHUA（DI-ER BAN）
著作责任者	杨　勇　主编
策 划 编 辑	王显超
责 任 编 辑	耿　哲　李娉婷
数 字 编 辑	金常伟
标 准 书 号	ISBN 978-7-301-34680-8
出 版 发 行	北京大学出版社
地　　址	北京市海淀区成府路 205 号　100871
网　　址	http://www.pup.cn　新浪微博：@北京大学出版社
电 子 邮 箱	编辑部 pup6@pup.cn　总编室 zpup@pup.cn
电　　话	邮购部 010-62752015　发行部 010-62750672　编辑部 010-62750667
印 刷 者	河北文福旺印刷有限公司
经 销 者	新华书店
	787 毫米×1092 毫米　16 开本　18.75 印张　456 千字 2014 年 2 月第 1 版　2024 年 2 月第 2 版　2024 年 9 月第 2 次印刷
定　　价	54.00 元

第 2 版前言

PREFACE

当今世界，全球经济一体化进程加快，中国经济进入新常态，国际国内市场竞争尤为激烈。随着科学技术的飞速发展，物联网、大数据、移动互联网技术对经济运行进行颠覆性的改造，新媒体不断涌现，新产品的寿命周期越来越短，产品的更新换代越来越快，这都使企业面临着更大的挑战。随着消费者收入水平和受教育程度的不断提高，消费需求的变化越来越大，呈现出由少到多、由粗到精、由低级到高级、由感性向理性、由大众化向个性化的发展趋势。所有这些，使得企业间的竞争无处不在、无时不在。企业间的激烈竞争，不仅是人才、技术、营销、管理、信息及资金方面的竞争，更是营销战略、策略、技巧等方面的竞争。所有这些都需要由科学的、系统的、规范的营销策划来支撑，而营销策划的成功则有赖于优秀的营销策划人才和出色的营销策划团队。

为了更好地满足高等院校营销策划人才培养及企业营销策划团队建设的需要，适应企业营销策划专业化、规范化、个性化的要求，本书遵循党的二十大报告中的相关精神，依据营销策划的基本原理，吸收国内外营销策划的最新研究成果，结合国内外营销策划的实践，尤其是一些原创性营销策划案例，从营销策划的起源与发展、营销策划基本原理、营销策划调研、营销策划的思维与创意、营销战略策划、4P（产品、定价、渠道和促销）策划、营销策划书的编制、营销策划管理等方面展开系统论述。

本书结构清晰、逻辑性强，从理论、实务、案例三维视角展开论述，将营销实战中的经验、成功策划案例与每章的重要原理结合。与第 1 版相比，本书增加了原创案例，融“原理、实战原则以及案例”于一体，力求突出教材的理论性、科学性及实践性特征。另外，本书还在写作团队方面进行了适当的调整，吸收运城职业技术大学、唐山学院、陕西服装工程学院的教师参与编写。优秀的营销策划实战团队对本书的结构和内容提出了很好的建议，使得本书更适合作为高等院校市场营销专业教材，也能够供其他经管类专业本专科生使用，还可供企业管理人员和营销策划人员在实际工作中使用。

本书具体分工如下：第 1、2、5、10 章由运城学院的杨勇编写，第 4、7 章由运城职业技术大学的王晓东编写，第 3、8 章由唐山学院的田利娟编写；第 6 章由运城学院的王筱桐编写，第 9 章由运城学院的李永霞编写，第 11 章由陕西服装工程学院的来燕编写。杨勇负责拟定结构和大纲以及全书的统稿，王晓东负责配套资料建设。

本书在编写过程中得到了运城学院、运城职业技术大学、陕西服装工程学院、唐山学院以及北京大学出版社的大力支持和关怀，特别是李虎、王显超编辑在本书的编排、出版过程中做了大量工作，北京朝晖策管理咨询有限公司的樊朝晖总经理、运城市健康时尚广告有限公司的尚兆明总经理、运城鲲鹏广告策划公司的党晓坤总经理、运城关帝表业有限公司的董雁红董事长等提供了大量原创案例，运城学院经济管理系学生赵博宇同学帮助整理案例，他们还对本书的结构及内容的合理性提出了很好的建议，在此一并表示深深的感谢。

本书在编写过程中参考了国内外市场营销、策划原理、营销策划、商务策划等方面的书籍，一并作为参考文献附于书后。值此出版之际，向其作者表示最真挚的感谢。

由于时间仓促，书中疏漏在所难免，敬请读者见谅，并希望能将问题反馈给我们，以便我们改进和调整。

编　者

2023 年 6 月

资源索引

目录

CONTENTS

第 1 章

营销策划概述

本章教学目标与要求

（1）了解国内外营销策划的发展历史；
（2）理解营销策划的内涵与特点；
（3）熟悉营销策划的作用与内容。

本章知识架构

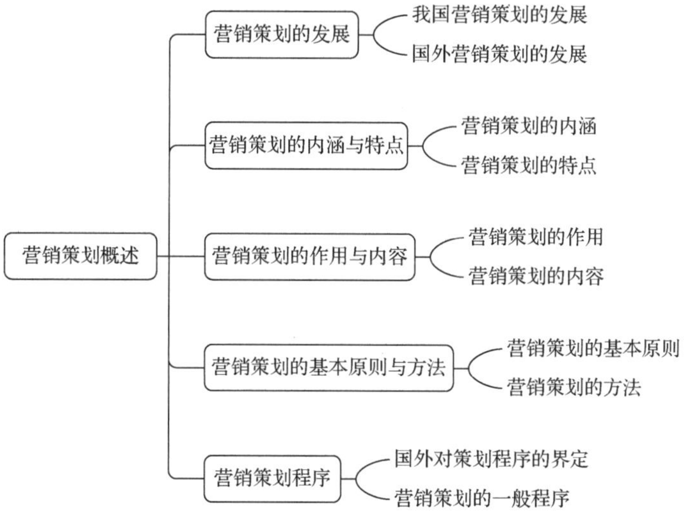

导入案例

美泰公司成功的营销策划

在美国一说起“芭比”，人们就会想起芭比娃娃，芭比娃娃创造了玩具娃娃的财富传奇。美泰玩具公司（以下简称美泰公司）除了芭比娃娃，还开发了芭比文具、芭比服饰、芭比动漫、芭比首饰、芭比手表、芭比家具等延伸产品，创造了玩具娃娃的营销奇迹。有人说，“芭比”是世界上最厉害的营销专家，因为她成功地将自己推向了 150 多个国家。

2020 年，美泰公司的销售额达到 45.84 亿美元，其中芭比娃娃的销售额达 13.5 亿美元，占美泰公司总营收的 3 成。另据 NPD 的数据，“芭比娃娃”在 2020 年坐上了全球头号玩具的交椅。

据美国营销协会提供的资料和美泰公司的介绍，芭比娃娃系列产品能够取得如此巨大的成功，与美泰公司成功的系列营销策划密不可分。

首先，对市场需求的快速反应和把握，是芭比娃娃成功的基础。美国的文化造就了美国人自由与浪漫的性格。当玛丽莲•梦露成为美国人的偶像后，美泰公司及时推出了造型特征与玛丽莲•梦露相似的芭比娃娃，正好满足了人们对偶像崇拜与追求的心理，芭比娃娃也因成了当时女性形象的代言人而一举成名。

其次，不断开发的新产品和附加服务，使芭比娃娃系列产品的市场得到了进一步扩展。美泰公司运用“线式策划”的原理与方法，开发了以芭比娃娃为主题的附加产品，如首饰、手表、家具等产品，还巧妙地用芭比杂志推荐产品，引导消费者消费。芭比的影响力不局限于玩具业，还扩展至电影、数码、文具、服装等产业。随着后续产品和附加产品的不断推出，很多消费者由一次性顾客变为永久性顾客。

再次，概念产品的推广和紧跟时代的创意，使芭比娃娃有了经久不衰的生命力。美泰公司把芭比娃娃塑造成一个智慧、独立、积极进取的时代女性形象。由于芭比娃娃的形象紧跟时代潮流，因此得到了追求时尚的消费者的青睐，这使得该产品自 1959 年问世到现在一直具有极强的生命力。

最后，对市场差异性原则的成功运用，使芭比娃娃走向了世界。根据不同国家、不同民族的生活习惯和不同的地域文化，美泰公司推出了芭比娃娃系列产品，使芭比娃娃走出美国，走向世界。

以关心人的生存发展和社会进步为出发点，美泰公司通过公益活动与消费者沟通，在产生公益效益的同时，使消费者对芭比娃娃系列产品和服务产生偏好，在全球创造了数以亿计的忠实消费者。

（案例来源：根据美泰公司 2020 年财报及网络报道整理）

从“美泰公司成功的营销策划”案例可以看出，芭比娃娃之所以取得如此巨大的成功，与美泰公司成功的系列营销策划密不可分。美泰公司紧紧跟随市场发展的步伐，紧紧跟踪消费者需求的变化，紧紧抓住科技进步的每一个机会，不断地推出新产品及附加服务，赋予芭比娃娃生命特征及时代特征，并通过差异化原则使芭比娃娃成功走向了世界。纵观企业发展历程可以发现，任何一个企业、任何一种产品或服务、任何一种营销活动的成功，其背后都有一系列成功的创意与策划，可以说是成功的营销策划造就了企业的成功。一个好的营销策划可以使企业的营销活动事半功倍，好的营销策划可以使濒临绝境的企业起死回生，好的营销策划可以为企业带来无限的市场机遇，好的营销策划可以为企业带来不竭的财源。那么究竟什么是策划？什么是营销策划？如何才能做好营销策划？如何才能正确认识并充分发挥营销策划的作用？营销策划包括哪些内容？国内外营销策划发展状况如何？营销策划应遵循哪些原则？有哪些方法？营销策划包括哪些程序？这些正是本章要学习和探讨的内容。

1.1　营销策划的发展

1.1.1　我国营销策划的发展

1. 我国是策划的鼻祖

策划思想及策划行为在我国古代就已出现，在春秋战国时期已十分兴盛。据考证，自《尚书·大禹谟》开始，策划活动散见于诸子百家、三教九流的各种典籍、著述、记载之中。一种说法是，策划一词最早出现在《后汉书·隗嚣传》中，“是以功名终申，策画复得”。还有一种说法是，“策划”出自《文选卷第四十九》中“魏武帝为丞相，命高祖为文学掾，每与谋，策画多善”。其中“画”与“划”相通，“策画”即“策划”，意思是计划、打算。

古代《周易》等典籍之中就有关于“经权之争”的论述。当时，思想观念上百家争鸣，政治上诸侯争权夺利，多方军事势力相互抗衡，加之生产力落后，资源缺乏，从而产生了大量的斗智斗勇的谋略故事，“策划”的概念由此而来。我国古代策划虽然主要集中在政治、军事和外交等领域，但它对整个人类社会发展的影响是广泛而深刻的。

在我国古代，策划的名词性较强，与现在的计划、计谋、谋略、对策的意思比较接近。例如，辛弃疾在《议练民兵守淮疏》中说：“事不前定不可以应猝，兵不预谋不可以制胜”，他把策划定义为提前考虑要从事的计谋。《汉书·高帝纪》中有：“运筹于帷幄之中，决胜于千里之外”，这里将策划定义为决定千里外战事的谋略。而古人所说的“凡事预则立，不预则废”中的预就是指全面考虑各种情况，充分估计每一种情况的可能性，判断事物发展变化的趋势，设计、选择能产生预期效果的行动方式。“策划”一词按《辞海》的解释为：谋划、筹谋；按《现代汉语词典》的解释为：筹划、谋划。

2. 现代营销策划在我国的发展

在我国营销策划最早出现在 20 世纪 80 年代中后期。40 多年来，营销策划在我国已逐渐被广大企业认同、接受并应用，企业通过营销策划将营销活动引入消费者满意、企业盈利和社会良性运行的轨道。纵观 20 世纪 80 年代中后期至今我国的营销策划，其发展历程可分为以下 3 个阶段，如表 1-1 所示。

表 1-1　我国营销策划发展的 3 个阶段

发展阶段	时　间	代表人物
启蒙阶段	20 世纪 80 年代中后期～20 世纪 90 年代初期	何阳
成长阶段	20 世纪 90 年代中后期	余明阳、王志纲、叶茂中、朱玉童、陈放等
发展阶段	21 世纪以来	袁岳、梁中国、陈国庆等

（1）启蒙阶段：20 世纪 80 年代中后期～20 世纪 90 年代初期

这个阶段也可称为“点子时代”。“点子”又称“主意”或“创意”。当时我国正处在由计划经济向市场经济过渡的转型阶段，市场的开放与活跃为营销策划提供了机会和条件。但由于社会普遍缺乏有关市场和营销的知识，因此营销策划还没有在人们心目中形成完整的概念。随着市场从卖方市场向买方市场转变，越来越多的企业出现市场拓展困难、产品销售不畅等问题，所以得到一个与众不同的“点子”，对于企业及产品销售部门来说是如获珍宝。当时，一个点子创造一个市场“奇迹”、救活一个企业的案例很多。在这个阶段，最具有代表性的人物是何阳，他曾经被企业界称为“点子大王”，他也是我国改革开放后营销策划界的开山人物。

案例 1-1

中国策划第一人——何阳

1988 年毕业于北京化工学院的何阳创立了民办的何阳新技术研究所，该研究所先后开发了近 20 项民用新产品，获得十几项国家专利，并多次获得各级政府的奖励。20 世纪 90 年代，何阳创立了点子公司。一家塑料厂的一次性塑料杯大量积压，何阳便把京广铁路沿线站名印在杯子上，再印个小地图，在铁路沿线的火车上销售，销售效果非常显著；一家灯具工厂的台灯卖不出去，何阳想起海湾战争中大显神威的爱国者导弹，于是建议工厂设计一种爱国者导弹形状的台灯，样品拿到香港的博览会上居然卖到脱销；军功章月饼、多功能安全柜、带吸管的生日蛋糕等也都是何阳策划的经典案例。1992 年《人民日报》刊登了“何阳卖点子，赚了四十万——好点子也是紧俏商品”的文章，引起全国轰动。此后何阳被国内媒体称为“点子大王”，他靠“个人智慧”，为企业提供“点子”激活市场，从而红遍了全国。营销策划专家叶茂中曾说，何阳是一个“暴聪明”的人，他一分钟可以想出 400 个点子。

（案例来源：https://baijiahao.baidu.com/s?id=1703626465039286325&wfr=spider&for=pc [2023-06-14]）

何阳是第一个为自己的点子标出天价并成功实现销售的人，他通过“点子激活市场”的策划提升了我国策划者对自身价值的认知，影响了一大批后继策划者，中国策划行业从此迎来了春天。何阳在推动我国策划业、咨询业的发展方面功不可没。

这个时期，传媒对于“点子”在市场营销中的作用的夸张宣传，使公众对策划观念形成了错误的认知：“点子”就是“策划”。“点子”策划主要依赖于富有创意的促销策划，由于没有对企业及产品做出系统、全面的调研和计划，缺乏对营销策划的整体洞察与理解，虽然能够在短期内刺激销售量增长，但不能持续提升企业的营销能力，再加上执行环节的诸多失误和错误，因此失败的策划案例层出不穷。

20 世纪 90 年代中期，整个策划行业呈现出一种个性化、无组织化的趋势，策划者习惯于用新闻炒作和追求明星效应。策划者漫天要价，信用缺失，致使失败的案例越来越多，策划行业的形象严重受损。在“爱多”“秦池”“三株”等知名品牌接连倒闭以后，红极一时的“点子”策划迅速衰落。

（2）成长阶段：20 世纪 90 年代中后期

20 世纪 90 年代中期以来，越来越多的外资企业进入我国，外资策划企业也在其中。这些外资策划企业对我国营销策划的发展产生了巨大影响，策划开始走向规范，形成专业化、职业化、行业化的发展趋势，也促进了策划者的优胜劣汰，基本结束了“单打独斗”的“点子”策划时代，市场上出现了真正意义上的策划公司。代表人物有用公关手段创造企业辉煌的王力，以 CI（企业形象识别）策划提升企业形象的余明阳，开启地产营销策划大门的王志刚，用影视广告创意带来营销新思路的叶茂中，进行产品市场全程营销策划的朱玉童、赵强等，进行激情创意大型活动策划的陈放、崔秀芝等，成功运作营销教育的屈云波。

这一时期，出版了一批关于营销策划理论和策划实践的著作，如《策划学》（陈放）、《转身看策划》《个广告人手记》《新策划理念》（叶茂中）、《谋事在人——王志刚策划实录》（王志刚）、《想对商人说我——恩波商战》《恩波智业——敢对自己说我》（王力）、《谁比谁傻》（赵强、王俊）、《一个企划人的独白》（孔繁任）、《派力营销思想库》丛书（屈云波）等，促进了全社会尤其是企业界对策划理论、策划价值、策划意识的理解和重视。

（3）发展阶段：21 世纪以来

随着知识经济时代的到来和我国加入 WTO，国际著名的策划公司大举进入我国市场，策划行业的竞争越来越激烈。我国企业对营销策划的实际投入呈增长态势，营销策划的价值得到进一步认识和理解，企业对营销策划的要求越来越高。这些都促使和带动我国的营销策划逐渐走上了良性发展运行的轨道。市场上开始出现分析消费者心理和行为特征并进行市场细分，通过设计产品、定价、分销和促销等一系列手段来满足消费者的需求和欲望的系统营销策划，具体包括营销战略策划、促销策划、广告策划、营销组织策划等，出现了“企业全程策划”和“战略策划”等新概念。这一时期的代表人物主要有：袁岳——中国营销策划调研业第一人，梁中国——号称全球第一位首席品牌官（CBD），陈国庆——中国策划研究院执行院长等。营销策划涉足各行各业，如房地产、医药、通信、影视、印刷出版、公益、信息技术等，我国的营销策划已成为一个越来越重要的专业化分工的社会经济门类，成为国民经济中一个新的经济增长点。

未来我国的营销策划面临着越来越多的挑战。随着国际知名咨询公司大举进入我国市场，企业对营销策划的要求越来越高，营销策划必须走专业化、规范化、国际化和集团化运作之路；营销策划者要具有扎实的专业基础、丰富的实践经验，懂得规范化经营、国际化运作。营销策划要实现 3 个转型：从单目标向多目标的转型；从艺术向科学的转型；从孤军作战向智囊团体的转型。营销策划还要处理好 3 种关系：国际化视野与本土化操作的关系、综合化趋势与专业化精准的关系、学理化底蕴与实战化运行的关系。

1.1.2 国外营销策划的发展

营销策划的英文是“Marketing Planning”，该词最早出现在 20 世纪 50～60 年代的美国，当时美国市场正处于由卖方市场向买方市场转变的过程中，因而当时的营销策划主要是营销广告策划和营销公关策划。

“策划”一词在西方发达国家有很高的使用频率。美国哈佛管理经典丛书认为：“策划是一种程序，在本质上是一种运用脑力的理性行为。”美国人把策划称为软科学，也称其为咨询服务、顾问服务或信息服务、公关传播。比较著名的策划咨询公司有兰德公司、麦肯锡公司、波士顿咨询公司、奥美广告公司、埃森哲公司、罗兰贝格国际管理咨询公司等。其中，麦肯锡公司自 1993 年进入中国以来，已承办了几百个咨询项目，为中国平安保险公司、广东今日集团、王府井集团等近百个企业的发展战略进行过全面策划。

20 世纪 50 年代，日本大力推动市场营销理论和实践的发展，用“划画”或“企划”来表示策划。日本的广告策划专家小泉俊一在《企划书实用手册》中指出：“在一定意义上，凡是人的思维都可以看作广义的企划。但是，今日所指的企划，则是其中的特殊内容，即高度计划的、有目的的企划。”长期从事企业经营策划调研的专家和田创认为，策划的定义从不同的角度来看可以有多种。比如，当问及“有什么好的策划”时，这里的策划是指智慧、创意；当说到“从现在起必须进行策划”时，策划成了“创造智慧的行为”。因此，策划在不同的时间、不同的场合可以是不同内容的表达。和田创对策划的定义是：策划是通过实践活动获取更佳成果的智慧或智慧创造的行为。在日本，有一定规模的企业几乎都有自己的企划部，十分重视企划工作。例如，在 20 世纪 70 年代日本汽车大举进入中国市场时，丰田汽车公司的企划部就策划了一句仿唐诗的广告词：“车到山前必有路，有路必有丰田车”。从此，日本丰田车的形象连同这句广告词在中国各大城市的街头广泛传播。

目前，发达国家的策划服务已经相当成熟，涵盖了金融、电子、通信、投资、信息、教育、培训、房地产、基建、工业设计、物流管理、营销、环保、法律、财务、评估、广告公关等各个领域。策划服务几乎涉及社会生活的各个方面，而且市场运作规范、专业化程度高、法律法规健全，已形成了相对稳定的策划服务体系，策划者与被策划者之间形成了良性运作机制。

1.2 营销策划的内涵与特点

1.2.1 营销策划的内涵

1. 什么是策划

策划又称企划，是现代社会最常见的经济活动之一，策划也是现今社会使用频率较高的词汇之一。

“策”字在《辞海》中的主要解释有以下几种。一是当名词用，指古代的一种马鞭。《左传·文公十三年》：“绕朝赠之以策。”杜预注：“策，马檛。”二是当动词用，指鞭打，如策马前进。《左传·哀公十一年》："抽矢策其马。"引申为促进、促动，如策励。三同"册"，古代用竹片或木片记事著书，成编的叫策。《仪礼·聘礼》："百名以上书于策。"郑玄注："策，简也。"四是帝王对臣下封土、授爵或免官，记其语于简册。《左传·僖公二十八年》："王命尹氏及王子虎、内史叔兴父策命晋侯为侯伯。"《汉书·孔光传》："遂策免光。"五是指古代考试以问题书之于策，令应举者作答，称为"策问"，亦简称"策"。后成为一种文体。《后汉书·边韶传》："著诗、颂、碑、铭、书、策凡十五篇。"六是指用以计算的小筹。见"筹策"。七是指计谋，策划。如上策、献策、束手无策。八是指古代占卦用的蓍草。《文选·屈原〈卜居〉》："詹尹乃释策而谢。"刘良注："策，蓍也"。此外，"策"还可以作为书法用笔的名称。

"划"字在古代与"画"通用，主要读音有两种：一是 huá；二是 huà。读作 huá音时有以下含义：①用尖锐的东西把别的东西分开或在表面上刻过去、擦过去，如划玻璃、划火柴；②拨水前进，如划船；③合算，如划不来或划得来。读作 huà音时有以下含义：①划分，如划界、划定范围；②划拨，如划付、划款、划账；③计划，如筹划、策划。

"策"与"划"组成一个词，作筹谋、谋略、计策、对策等解释。

策划是具有前瞻性的活动，是人类运用脑力的理性活动，是一种思维活动。根据已经掌握的市场信息，推测事物发展的未来趋势，分析需要解决的问题和主客观条件，在行动之前，对指导思想、目标、对象、方针、政策、战略、策略、途径、步骤、人员安排、时空利用、经费开支、方式手法等做出构思和设计，并形成系统、完整的方案，这就是策划。

策划也是对某件事、某个项目、某种活动甚至是某种思想进行酝酿、统筹、实施，综合运用新闻、广告、营销、公关、谋略等手段，使之达到较好效果的创新活动过程。

策划还是为实现特定目标，提出新颖的思路对策，并制订具体实施计划方案的思维活动。

策划，既是科学又是艺术，既是技术又是文化，可以说它是一门涉及多个学科的综合性科学与艺术，而其赖以建立的"社会基础"则是人类的生产斗争、政治斗争、经济竞争、军事战争等斗争实践。策划是因竞争而起，为赢得竞争而做的谋划。没有竞争，没有实践，就无所谓策划了。

总之，策划是一种非常复杂的活动，是一种包含创造性的谋划。策划是为了解决现存的问题，为实现特定的目标，提出新颖的思路对策，并制订出具体可行的方案，以达到预期效果的一种综合性创新活动。

2. 什么是营销策划

营销策划是策划的重要组成部分，是企业的主要活动内容之一。营销策划指营销策划者根据企业的资源状况，依据企业的营销目标，以满足消费者的需求为核心，在进行充分调研、市场营销环境分析的基础上，激发创意，制定目标并做出一整套筹划与谋划。它主要包括确定营销目标、分析市场机会、做好营销定位、制定营销战略与策略、进行营销评估等内容。简单地说，营销策划是企业对将要发生的营销行为进行超前规划和设计，以提供一套系统的有关企业营销的未来方案。这套方案是围绕企业实现某一营销目标而展开的。可以说，营销策划是企业营销活动的起点，贯穿于企业营销活动的全过程。

根据营销策划的定义，营销策划包括以下 5 个要素，如图 1-1 所示。

（1）营销策划的主体

营销策划的主体是指进行营销策划活动，提出营销策划方案的策划者或策划决策者。

任何策划都是为利而谋，营销策划更是如此。所以谁在策划、为谁策划是首先要明确的问题。营销策划者既可以是营销策划公司的策划人员，也可以是企业或组织内部的企划人员；既可以以营销策划团队的形式出现，也可以以个体的营销策划人员的形式出现。营销策划者的综合素质与能力，直接决定着营销策划的成败与实际效果，作为营销策划者，必须思维活跃、知识渊博、想象力丰富，并且具备多学科知识及营销知识，具有创新意识和技能。

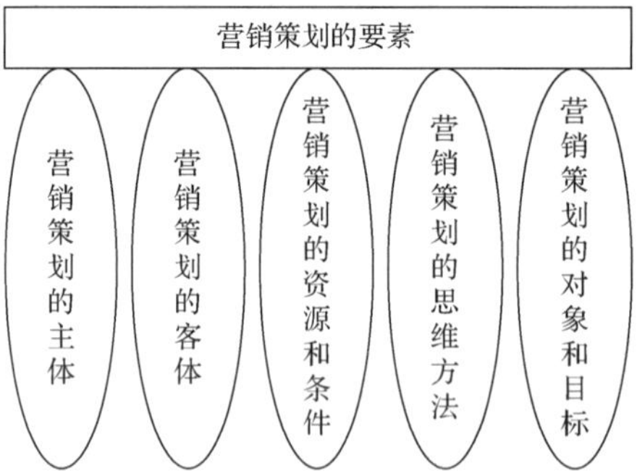

图 1-1　营销策划的要素

（2）营销策划的客体

营销策划的客体包括两个方面：策划过程中的客观环境和主要竞争者。任何营销策划都必须考虑环境因素，都会受到客观环境的制约，如国家政策法规是否允许、市场时机是否成熟等。同时，营销策划还要考虑竞争对手的情况，因为你能想到的事情竞争对手也能想到，甚至想得更具体、更周全；你能做到的事情竞争对手也能做到，甚至做得更好。

（3）营销策划的资源和条件

任何营销策划活动方案的制订和实施，都需要营销策划者或决策者具有足够的优势和条件。所谓优势是指营销策划的一方需要具备的资源，这些资源最好是竞争对手所没有的，甚至是独一无二的。所谓条件是指营销策划者所具备的能力，如控制和利用人财物的能力、工作实施能力等。任何营销策划都需要一定的资源和条件，营销策划是对各种资源和条件的有效整合和应用。资源和条件是客观存在的，营销策划者无法创造。

（4）营销策划的思维方法

营销策划者的创新方法和手段是策划的核心所在。营销策划是创新思维活动，在一定的资源和条件下，策划的成败取决于策划者的思维能力，这种能力包括对创新方法和手段的把握和运用。营销策划是营销策划者以对市场环境的分析和拥有的市场竞争信息为基础，综合考虑外部环境的机会与威胁，自身的资源和条件及优势劣势，竞争对手的谋略和市场变化趋势等因素，编制出规范化、程序化的行动方案，包括从构思、分析、归纳、判断，直到拟定策略、方案实施、跟踪、调整与评估等的整个过程。

（5）营销策划的对象和目标

营销策划就是为了达到一定目的所进行的创造性思维活动，任何策划都有很强的针对性和目的性。营销策划必须有具体对象和想要实现的目标。策划的对象是营销策划需要解决的具体问题；策划的目标则是营销策划所要达到的各项指标，它是营销策划者努力的方向，也是衡量和评价营销策划效果的标准。

一次完整的策划活动、一个完整的营销策划方案必须包括上述 5 个要素，缺一不可。

1.2.2　营销策划的特点

营销策划作为一门复合型的学科，它是由多门类知识综合、交叉形成的新的应用知识体系，是综合思维、创新思维的结合。只有正确认识营销策划的内涵，准确把握营销策划的特点，才能成功开展营销策划活动。归纳起来，营销策划主要有 5 个特点，如图 1-2 所示。

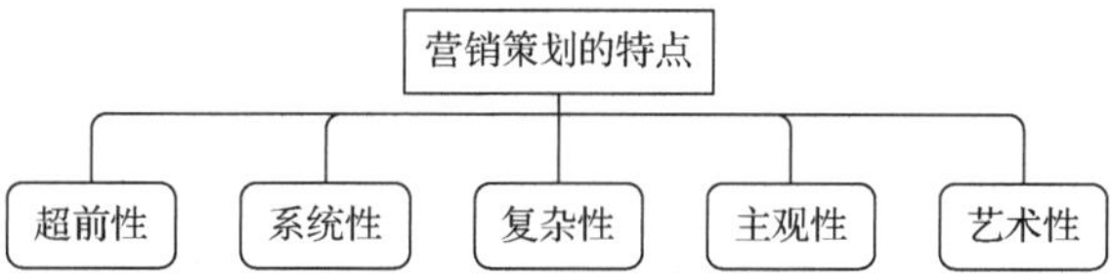

图 1-2　营销策划的特点

1．超前性

营销策划要对企业未来的营销活动做出战略性的决策和指导。营销策划活动的运作完成，必须依靠一定的逻辑和创意，必须对未来行为的影响及其结果，以及未来的各种发展、变化趋势进行预测，必须对所策划的结果进行事前事后评估。策划要具有超前性，就要保证营销策划科学、准确，因此必须进行深入的市场调研，收集真实、客观、全面的信息资料，必须对这些信息进行去粗取精，去伪存真，由表及里，分析其内在的本质。“没有调查，就没有发言权”，同样，没有经过深入细致的调查研究，营销策划方案也无从做起。超前性是营销策划的重要特性，如果在实践中运用得当，就可以有力地指导企业未来的营销工作方向，达到营销策划的目的。营销策划一定要具有超前性，没有超前性的营销策划就不是好的营销策划。但营销策划追求超前性，必须以企业的现实条件为前提，不能脱离现有的基础，毫无根据地凭空想象。营销策划一定要立足现实，面向未来，诉诸对象。营销策划只有具有超前性，立足现实并具有创意，才能够把实体的诉求表达得淋漓尽致，实现营销策划的目的，实现营销策划活动的效益最大化。

2．系统性

营销策划是有关市场营销活动的系统工程。首先，表现在时间上，营销策划是由一系列的营销活动来支持和完成的，这些营销活动总是脉脉相通、环环相扣，并由一条主线——营销策划目标连在一起，构成营销活动链，从而形成一个有机的、系统的整体；其次，表现在空间上，营销策划必须依托企业的整体战略，全面考虑影响营销目标实现的各种因素，对现有的资源和可以利用的资源进行合理组合和有机衔接，方能实现营销策划的目标；最后，表现在营销策划书的撰写上，一是营销策划书的撰写步骤具有系统性，二是营销策划书的撰写内容具有系统性，三是营销策划书中的实施过程具有系统性。

3．复杂性

市场营销环境的复杂多变，市场营销问题的层出不穷，市场营销目标的多样性，营销策划人员素质的差异性，使得营销策划具有复杂性的特点。营销策划的复杂性要求策划者必须具备经济学、市场营销学、商品学、心理学、社会学、文化学、策划学等多门学科知识及丰富的营销策划实战经验；必须针对策划对象审时度势、因地制宜、灵活应变；必须进行具体的信息收集、筛选、加工、综合分析等操作；必须运用新视角、新思维提出具有创新性、科学性、可行性的运作方案。

4. 主观性

营销策划是客体作用于主体之后形成的主观产物。无论营销策划的数据多么客观翔实，营销策划的依据多么真实可靠，营销策划都要充分发挥策划者的想象力和创新力，经过策划者的高难度的思考。主观性具体表现为：不同策划者对同一信息的认识不同；不同策划者由于自身经历、知识水平、性格特点等多方面因素的影响，对同一信息的处理不同；同一策划者对同一信息的认识因时空不同而不同；同一策划者对同一信息的处理因情景不同而不同。营销策划方案因策划主体、策划时机而具有明显的区别，体现了营销策划的主观性特征。

5. 艺术性

营销策划不仅是一门科学，更是一门艺术。营销策划既要遵循营销策划理论，又要遵循一定的客观规律，更要具有鲜明的特色、优秀的表现力和出奇制胜的技巧，即要讲究艺术性。这样才能在公众心目中留下深刻的印象，达到增强营销活动效果、提升企业知名度与美誉度、提高经济效益的目的。

1.3 营销策划的作用与内容

1.3.1 营销策划的作用

随着科学技术的飞速发展，企业营销观念由传统的生产观念、产品观念和销售观念逐渐向现代营销观念转变。人们的生活方式和社会生产方式发生了根本性改变，社会经济环境比以往更为复杂、变化更为快速，产品的同质性越来越强、更新换代越来越快，国内外市场竞争日趋激烈，营销策划在企业的市场营销活动中占据的地位越来越重要。如图 1-3 所示，营销策划对企业营销的重要作用具体表现在 6 个方面。

（1）提高企业经营决策水平，强化营销目标，避免营销活动的盲目性，减少经营失误

不少企业在产品开发、生产、销售、广告宣传等方面投资很多，但效益不佳甚至损失惨重。比如众所周知的秦池酒，虽然号称“永远的秦池，永远的绿色”，但也没有实现其“永远”，没有摆脱惨败的结局，其失败的一个极为重要的原因就是缺乏科学的营销策划。企业在进行经营决策时，往往靠经验、靠某个人的“指示”决策，靠不确切的外部市场信息决策，甚至靠一个点子决策、冲动决策，这样决策必然会造成许多不可挽回的损失。实行科学的营销策划，可以使企业对市场中众多的复杂因素进行了解、分析与预测，确立营销总体目标，并将其分解为各项子目标，从企业营销的整体利益出发，充分利用有利因素并避免、克服不利因素；使企业可以抓住更多的市场机遇并尽可能回避风险，从而将企业经营

决策水平提高到一个新的高度。因此，营销策划能够强化企业营销目标，能够有效地避免企业营销活动的分散性和盲目性。

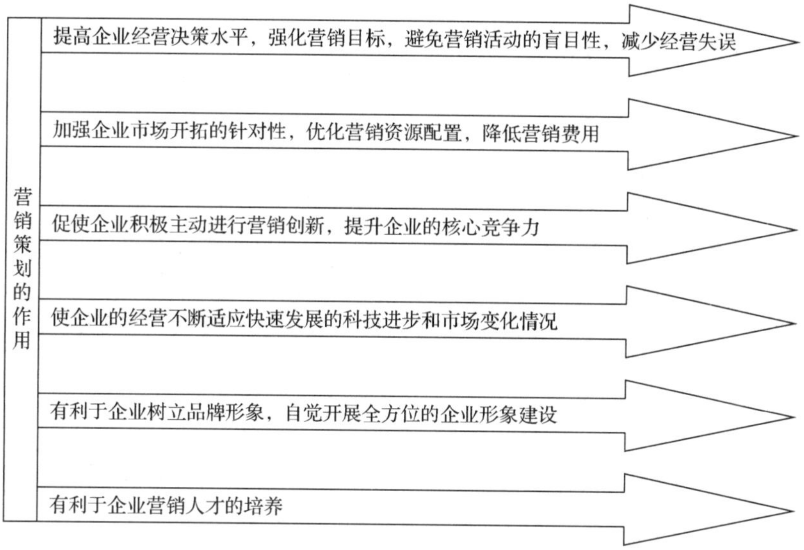

图 1-3　营销策划的作用

（2）加强企业市场开拓的针对性，优化营销资源配置，降低营销费用

市场经济就是竞争经济，市场竞争，优胜劣汰。只要有市场竞争，企业就不可能不考虑竞争对策。企业坚持进行营销策划，就能使营销资源得以合理调配，从而以尽可能少的资源投入带来尽可能多的营销产出；就能使营销战略、策略、具体竞争措施具有很强的针对性，从而避免盲目行为所造成的损失和浪费，提升企业效益。据统计，进行系统营销策划的企业比没有进行系统营销策划的企业在营销费用上能节约 2/5～1/2。即使企业因偶然或意想不到的原因在经营上遇到挫折，也能够立即找出问题的症结所在，从而尽快有针对性地采取纠正、补救措施以扭转被动局面。营销策划到位、营销策划方案符合市场实际，就能使企业及时地调动营销资源、准确投入营销资源，从而获得超常规的收益；就会激励企业在开拓新的市场过程中稳打稳扎，对众多棘手问题采取有针对性的化解措施，从而不断扩大营销成果，使企业快速、稳定、健康地发展。

（3）促使企业积极主动进行营销创新，提升企业的核心竞争力

在市场经济条件下，企业必须遵循优胜劣汰、适者生存的竞争法则。在社会产品总量过剩、市场供给充裕、买方市场格局形成、国际企业纷纷进入我国市场的情况下，伴随着消费理念、消费水平、消费结构的变化，企业之间的营销竞争将愈演愈烈。在这种环境下，一个企业如果不重视营销策划，只是在旧的经营思路与理念框架内思考问题，势必会墨守成规、故步自封，结局是可想而知的。当一个企业把科学的营销策划摆到重要的位置时，它在设计竞争方案时就可能深谋远虑、独具匠心，就可能考虑到企业内部的配套问题，考虑到各种资源的有效整合，这样的设计方案常以营销创新为显著特征。坚持进行科学的营销策划，必将大大提升企业的核心竞争力。

（4）使企业的经营不断适应快速发展的科技进步和市场变化情况

当今世界，科学技术的发展突飞猛进，消费者对产品的要求越来越高，产品更新换代

越来越快，导致企业营销难度越来越大。科学的营销策划，可以使企业紧跟科学技术与市场发展的步伐，及时开发生产新产品，并对产品生产的时间、成本、质量、销售环节进行严格控制，可以促使企业借助高科技来提升本企业产品的附加值和利用新产品市场来扩大本企业新、老产品的总体市场份额。营销策划通过长远谋划和不断创新，通过对企业营销环境的分析、判断，开拓出企业发展的新领域，成功地帮助企业进行新市场拓展。

（5）有利于企业树立品牌形象，自觉开展全方位的企业形象建设

企业的市场竞争已由产品竞争、战略竞争扩展到了企业形象竞争。营销策划的一项重要内容就是精心设计、潜心塑造企业品牌形象。完整的企业形象是由理念识别、视觉识别、行为识别三大系统组合而成的。开展营销策划可以促使企业既注重产品的生产，又注重企业品牌的建设，注重构建企业理念、企业文化、企业标识的统一形象；可以促使企业既注重产品的营销，又注重企业形象的营销，促使企业构建具有鲜明特征的企业形象，提高企业在社会公众中的声望和美誉度，从而使企业的无形资产得以不断增值。

（6）有利于企业营销人才的培养

党的二十大报告强调，人才是第一资源。对企业而言，其发展取决于人才的发展，其竞争在很大程度上是人才的竞争。重视营销策划的企业，一方面要重用高素质营销策划人才，只有如此，企业营销策划才能顺利地展开；另一方面要长期坚持科学的企业营销策划，因为这会进一步提高有关营销人员及经营者的素质。这样，就能够在企业形成重视人才、培养人才、锻炼人才的良性循环。

1.3.2 营销策划的内容

营销策划是企业营销活动的系统运作、策略运用以及不断创新的过程，其内容包含多个方面，可以从不同角度来进行阐述。本书根据策划学的基本原理，结合营销专家菲利普·科特勒的市场营销理论，将营销策划的内容分为 3 个部分，即营销策划基本知识、市场营销战略策划、市场营销策略策划，如图 1-4 所示。

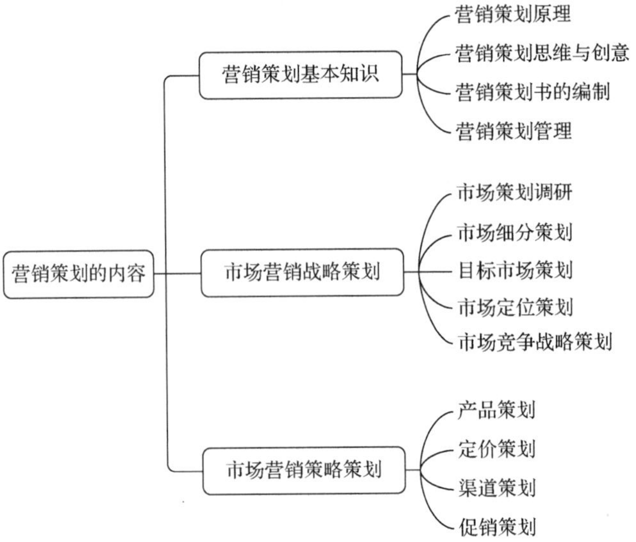

图 1-4　营销策划的内容

1．营销策划基本知识

（1）营销策划原理

营销策划原理是指通过科学总结而形成的对营销策划活动具有理论指导作用的规律性知识，也可以说，营销策划原理是策划原理在营销实践中的应用。营销策划原理具有客观性、稳定性和系统性等特点。营销策划原理包括整合原理、人本原理、差异原理、效益原理、简易原理和法理原理。

（2）营销策划思维与创意

营销策划思维与创意包括营销策划思维的特点、营销策划思维方法、营销策划创意的特点、营销策划创意的方法、营销策划创意的原则等内容。

（3）营销策划书的编制

营销策划书是将营销策划者对策划对象的创意构思与创新概念转化为一种具体的、有形的、可行的、看得见的物质载体。从整个策划过程来看，营销策划书是实现营销策划目标的第一步，是营销策划能否成功的关键。

营销策划书的内容由 14 个部分组成：封面、前言、目录、概要、营销目的、环境分析、SWOT 分析、营销战略、营销战术、行动方案、营销预算、营销控制、结束语、附录。由于企业不同，企业产品不同，企业存在的营销问题不同，企业的营销环境、营销目标不同，因此营销策划书所侧重的内容也有所不同。

（4）营销策划管理

营销策划管理是根据企业的营销策划目标，运用计划、组织、领导、控制等基本管理职能来实现企业营销策划工作的有效运作。营销策划管理主要涉及营销策划程序、营销策划的组织与实施、营销策划的控制与效果评估等内容。

2．市场营销战略策划

市场营销战略是企业战略中的一个职能战略，是企业战略体系的核心，它要依据企业战略的要求与规范确定市场营销的目标、途径与手段，并通过市场营销目标的实现支持和服务于企业战略。因此，市场营销战略策划的任务就是站在战略经营单位的角度分析形势，制定目标和计划。市场营销战略策划是市场营销策划中至关重要的，具有方向性、全局性和综合性的谋划。市场营销战略策划的主要内容如下。

（1）市场策划调研

市场策划调研，就是依据哲学的原理，利用数学、统计学工具，结合传统和现代的方法，对目标市场进行客观调研及深入分析，收集、整理、归纳对营销策划有意义的数据和资料，以发现企业存在的营销问题，辨明市场机会和环境威胁，确定企业营销目标，为制订市场营销策划方案奠定坚实基础的活动。

（2）市场细分策划

市场细分策划是指根据消费者对产品的不同欲望和需求、不同的购买行为与购买习惯，把整个市场划分为若干个由具有相似需求的消费者组成的消费群的行为过程。

（3）目标市场策划

目标市场是指企业为满足现实的或潜在的需求而开拓的特定市场。没有一个企业能够满足所有消费者的所有需求，市场细分的目的就在于从一系列的细分市场中选出对企业最有利的市场组成部分，即目标市场。

（4）市场定位策划

市场定位策划是指企业在寻求市场营销机会、选定目标市场后，在目标消费者心目中确立某一特定位置及形象的行为方案、措施。例如，杭州娃哈哈集团由一个仅 3 人组成的“小不点”成长为今天中国食品业的“大哥大”，不能不说是一个奇迹，娃哈哈的成功固然有多方面的因素，但其有效的市场定位策划尤其令人瞩目。

在选定目标市场后，企业要研究自身的状况、竞争者的优势劣势、消费者的特征等，从而明确自己的产品、品牌和形象应在市场上处于何种位置。市场定位策划的对象十分广泛，可以是一种产品、一项服务、一家企业、一个机构，甚至是一个人。市场定位策划的类型可分为初次定位策划与重新定位策划；针对式定位策划与创新式定位策划；等等。

（5）市场竞争战略策划

市场竞争是商品经济的基本特征，只要存在商品生产和商品交换，就必然存在竞争。由于不同的竞争者所采取的方法、手段不相同，竞争的结果也大不相同，因此企业必须重视市场竞争战略策划。市场竞争战略策划主要包括企业竞争力分析、竞争对手分析与竞争策略确定。

3．市场营销策略策划

一般来说，营销策划分为战略策划与策略策划，长期的、广阔的、综合的、连续的称为战略，短期的、局部的、个别的、具体的称为策略。市场营销策略策划的主要内容包括产品策划、定价策划、渠道策划和促销策划。

（1）产品策划

企业要靠产品去满足消费者和用户的需要和欲望，占领市场。产品策划是企业市场营销组合中最重要的一种手段，是企业定价、分销和促销手段的基础。产品策划涉及企业从产品开发、上市、销售到报废的全过程。产品策划包括新产品开发、旧产品的改良和新用途的拓展、品牌策划、包装策划等方面的内容。成功的产品策划往往能让一个企业起死回生。

案例 1-2

经典的啤酒营销策划案例

美国曾有一款啤酒叫舒利兹，这款啤酒刚生产出来的时候无人问津，根本没有人买。该啤酒的创始人每天都很发愁，无奈之下只能亲自出门推销。有一次，他在火车上遇到了一个人，那个人是全美国最有名的广告人，然后两个人开始聊天。

得知创始人是卖啤酒的并且销路不好以后，广告人觉得反正在火车上闲着也是闲着，就想帮他写个广告，免费送给他。创始人一听有人免费给自己写广告，马上向广告人道谢。广告人问创始人：“你把啤酒的卖点跟我说一下吧，我好写广告词。”创始人尴尬地说：“我这款啤酒最大的问题就是，没有卖点。跟别的啤酒都差不多。”

广告人听了以后立即反驳创始人：“不可能，只要是个产品它就有卖点！现在你从头到尾把这个啤酒的生产流程给我讲一遍。”于是，创始人把啤酒从酿造到灌装，再到运输的全部流程都说了一遍。讲完以后，广告人说：“可以了，我找到卖点了。”然后就开始写文案。

创始人一脸疑惑地问：“卖点在哪呢？我怎么没看到？”广告人说：“你这啤酒装进瓶子之前有一道工序，就是用高温纯氧吹一下瓶口，再把啤酒灌进去，这样啤酒不会坏，口感也会更好。这不就是卖点吗？”

广告人迅速地写了一段广告词：每一瓶舒利兹啤酒在灌装之前，都要经过高温纯氧的吹制，才能保证口感的清冽。

写完以后，他把广告词递给创始人说：“拿去，这个广告打完了你就等着赚大钱吧。”

创始人看了一眼广告词后开始笑话广告人：“一看你就不懂啤酒，这算什么卖点啊？这是生产啤酒的标准工艺，所有的啤酒都是这么灌装的，不是只有我们这样做。你这广告词白写了，打出去也没用的。”

广告人听了以后特别生气，他跟创始人说：“这样吧，咱们打个赌，我出钱给你打广告，你要是挣了钱就把广告费给我，你要是没挣钱，这广告就算我送你的，怎么样？”创始人一听广告人要出钱，那肯定干啊，自己又没有损失。于是回去就把广告给做了。

结果，在几个月内舒利兹啤酒的销售量就上升至美国第一。而且据喝过啤酒的顾客反馈，他们中的大部分人真的觉得舒利兹啤酒比其他啤酒的口感更加清冽。

（案例来源：根据网络资料整理编写）

（2）定价策划

定价是市场营销组合中最重要的因素之一，是企业完成其市场营销目标的有效工具。定价策划是指企业产品在进入市场后，企业是如何利用价格因素来争取进入目标市场，进而渗透甚至占领目标市场的，以及为实现营销目标而制定相应的价格策略的一系列活动。在产品进入阶段、渗透阶段和占领阶段应采用不同的价格策略。企业能否正确地运用价格杠杆策划与实施有效的价格策略，关系到企业营销的成败及其经济效益。所以诺贝尔经济学奖获得者、美国价格理论家乔治·施蒂格勒指出：“价格已成为营销战的一把利器，可以克敌，也可能伤己。”发生在 20 世纪末的中国的手表、空调、电视机、微波炉、汽车、机票等的价格大战，其结果是有人欢喜有人忧。这对定价策划有不少有益的启示：一是定价不能盲从，不能跟着别人跑；二是定价要有明确而具体的目标，一般来说，定价策划必须服从营销目标；三是定价无定式，唯有出奇才能制胜。企业定价策划是一门科学，更是一门艺术，需要胆略、见识和创造性。

（3）渠道策划

产品要经过一定的方式、方法和路线才能到达消费者和用户手中，渠道便是企业使其产品由生产地点向销售地点运动的过程。在这个过程中，企业要进行一系列活动策划。菲利普·科特勒教授感叹说：“营销渠道决策是公司所面临的最复杂和最有挑战性的决策之一。”企业要根据自身的实力以及所处环境来进行渠道策划。

（4）促销策划

促销策划是市场营销策略策划中不可缺少的一环，是企业完成其营销目标的必备工具，其目的是通过一定的促销手段促进产品销售。促销策划就是把人员促销、广告促销、展会营销、营业推广和企业形象等有机结合、综合运用，最终形成一套整体促销活动方案。

1.4　营销策划的基本原则与方法

1.4.1　营销策划的基本原则

营销策划者在进行策划时，要根据营销策划的基本原理，遵循 7 项基本原则，如图 1-5 所示。

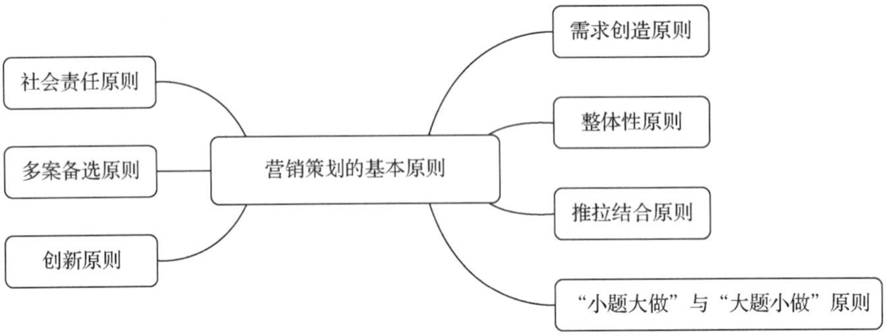

图 1-5　营销策划的基本原则

1. 需求创造原则

需求创造原则是营销策划的首要原则。需求创造的含义包括两个方面：一是企业由于经营出现问题、产品销售出现困难，产生营销策划的需求；二是企业通过营销策划扩大和创造更多的市场需求，创造良好的经济效益。扩大和创造更多的市场需求的前提是市场需求并非固定或有一定限度的，而是可以通过企业营销策划活动去扩大和创造的。获得成功的中外企业无不遵循需求创造原则。

案例 1-3

“维多利亚的秘密”背后的秘密

“维多利亚的秘密”（Victoria’s Secret），是一个风靡全球的内衣品牌。提及“维多利亚的秘密”，大家联想到的通常是美轮美奂的秀服、梦幻般的“天使翅膀”，具有天使面孔、魔鬼身材的超模。之前每年 11 月底或 12 月初，“维多利亚的秘密”举办的时尚秀都会为全世界观众带来一场视觉盛宴。一个内衣品牌的一场内衣秀成了全球时尚界的一件大事，那么“维多利亚的秘密”还有怎样的秘密呢？

毕业于斯坦福的罗伊·雷蒙德有一天想给自己的太太买一件内衣，但是当他走进百货公司时，那里的整体环境令他感到非常不舒服。罗伊·雷蒙德能找到的只是一些丑陋的印花睡衣，前来帮忙的女售货员更是把他当作了变态。

罗伊·雷蒙德在与其他男性朋友交流时意识到，女性内衣市场的现实情况与需求之间存在巨大的鸿沟。二十世纪五六十年代，女性内衣的设计最重要的意义在于实用性。百货公司里售卖的邋遢内衣被称为“基础服装”。而男士为他们的妻子买内衣时更是会遭受到售货员的嫌弃。

罗伊·雷蒙德想改变这一点。1977 年，罗伊·雷蒙德从银行贷款 4 万美元，并从朋友那里借来 4 万美元，总计投入 8 万美元，在旧金山的帕洛阿尔托地区开了一家新型的内衣店。罗伊·雷蒙德为新的内衣店起名为“维多利亚的秘密”。正如娜奥米·巴尔在《赫芬顿邮报》上所指出的，“他选择了‘维多利亚’这个名字来唤起维多利亚时代的礼仪：表面上精致，‘维多利亚’的‘秘密’隐藏在下面。”这间内衣店有深色的木地板、小地毯和真丝帷幔，充满了维多利亚时代的气息。导购员热情好客，为顾客创造了舒适的选购环境。这一番有别于传统的设计让“维多利亚的秘密”大获成功。很快，罗伊·雷蒙德把店铺增加到 5 家，并且还推出了邮购商品广告目录。男性购买者即使是在家里，也可以对着广告目录选购产品。

“维多利亚的秘密”的创办和成功，源于当时女性内衣的款式和销售环境无法满足男性购买者的需求。创始人罗伊·雷蒙德发现并且抓住了这一机会，通过充满魅力的环境、精致的产品和热情的导购员，准确地把握了当时男性购买者的需求，成功地把内衣产品的购买者从女性扩展到男性，由此开启了“维多利亚的秘密”的传奇历程。

（案例来源：宁德煌. 市场营销学：生活、营销与智慧[M]. 北京：机械工业出版社，2020）

2. 整体性原则

整体性原则也称系统性原则。在营销策划过程中，策划者要把所策划的对象视为一个系统，用集合性、动态性、层次性、相关性的观点处理策划对象各个要素之间的关系。策划者还要运用系统论的联系观、层次观、结构观和进化观来分析事物，正确处理好整体利益和局部利益的关系，合理有效地配置企业资源，以求从整体上进行谋划，提供一套切实可行的全方位、多层次、宽领域、长效性的营销策划方案，实现企业营销整体最优化。

3. 推拉结合原则

各种营销措施综合起来不外乎推进策略和拉引策略。推进策略是指借助于传统广告媒体（如电视、报刊、户外广告等），通过制造商作用于批发商，促进产品交易，批发商再向零售商推销产品，零售商再向消费者传递信息、推销产品、宣传企业，这样从上游到下游逐步地进行信息传递和沟通并转移产品。拉引策略是指通过新兴传播技术（如微博、微信、公众号等）宣传，或者通过制造商直接作用于消费者，唤起消费者的兴趣和购买欲望，吸引消费者到商店寻购产品，零售商再向批发商，批发商再向制造商询问或订购产品。

推拉结合，即把推进策略与拉引策略结合起来，使两种策略在优势互补中产生显著的效果。推拉结合就是根据产品性质、市场供求状况、企业实力和对市场的控制要求，综合运用广告、人员推销和营业推广方式抢抓市场主动权，更灵活、更有效地吸引更多的消费者。

4.“小题大做”与“大题小做”原则

（1）“小题大做”，即策划者应判断出一个策划中最关键的步骤。有时关键点并不明确，容易被忽视，但一点失误也可能影响全局，所以，对关键之处要格外加以强调，千万不要以为自己明白了，别人也一定明白了。善于“小题大做”是一种非常重要的才能，策划专家一般都有这个本领。“小题大做”是精密性思维能力的体现，策划者的许多思维与创意都是通过“小题大做”形成的。

（2）“大题小做”，即在营销策划中经常会有一些因因果链条非常长而不好表述的思想体系，常使决策者没有耐心听下去或者无法跟上策划者的思维进程。因此，策划者要有一种意识，就是很大的一件事情也可以用几句话说明白。对于策划者来说，善于用短句、谚语、俗语、案例、比喻等表达思想是非常重要的。

5. 创新原则

党的二十大报告强调，要提升国家创新体系整体效能。创新是人类生存与发展的重要手段，没有创新就没有人类社会的进步与发展。营销策划要运用动态的观点坚持不断创新。

营销策划创新就意味着要打破常规，意味着出奇制胜，具体表现在以下方面：一是“奇”，不同于一般，非同凡响；二是“特”，区别于竞争对手，别开生面；三是“独”，没有相同的或可以相比的，独一无二。“奇”“特”“独”应该成为营销策划中最精彩的内容。

营销策划创新的目的是体现新颖，但新颖是相对的，过于新和过多新的效果可能会适得其反。对于一个策划项目，策划者应在一个阶段只体现一个创新点，其他创新点则陆续在其他阶段展现。

6. 多案备选原则

营销策划的多案备选原则是指设计几套策划方案以备决策者选择或在方案实施过程中调整使用。该原则主要是基于以下考量。

（1）营销策划的时间依据可能有变。在开始策划时一定会有一个策划实施的时间要求，在策划过程中，一定要考虑到实施时间可能提前或者推后。凡是要策划的营销项目都是为了市场竞争，不然就不可能使用策划，而竞争性的项目必然受竞争对手的影响。所以，实施时间是多变的。

（2）营销策划的决策依据可能发生变化。决策者会不同程度地参与策划过程，策划的许多依据是决策者提供的，有时决策者改变了主意，有时决策者发现当初的判断出现了失误，有时客观条件不断发生变化且超出了决策者的预想，所以在营销策划时对决策者提供的依据要做好发生变化的准备。

（3）对原营销策划失败的防备。一般来说，设计方案时应当考虑到营销策划失败的可能性。

（4）营销策划方案要给决策者留有选择余地。凡策划都有上、中、下之分，上策固然好，但往往风险也大；下策固然保守，但有时也不失可行性。所以，设计营销策划方案时一定要给决策者留有选择余地。

7. 社会责任原则

《中华人民共和国公司法》第五条规定：“公司从事经营活动，必须遵守法律、行政法规，遵守社会公德、商业道德，诚实守信，接受政府和社会公众的监督，承担社会责任。”

国际上普遍认同的关于企业社会责任的理念是：企业在创造利润、对股东利益负责的同时，还要承担对员工、消费者、社会和环境的责任，包括遵守商业道德、保障生产安全和职业健康、保护劳动者合法权益及资源、保护环境等。简单地说，企业社会责任是指企业在谋求股东利润最大化之外所负有的维护和增进社会利益的义务。营销策划必须遵循社会责任原则。

在当今时代，企业规模不断扩大，对社会的影响也越来越大。因此，策划活动要想被消费者所接受，就必然要承担起对社会的责任。在进行营销策划决策时，除了要考虑投资者的利益或企业本身的利益，还应适当考虑与企业行为有密切关系的其他利益群体及社会的利益；除了要考虑其行为对自身是否有利，还应考虑对他人是否有不利的影响，如是否会造成公害、环境污染、资源浪费等。企业在进行营销策划决策时，对这些问题进行考虑并采取适当的措施加以避免，其行为本身就是在承担社会责任。

1.4.2　营销策划的方法

营销策划没有定法，每位策划专家都有自己独到的策划方法。构想、点子、创意、谋略、运筹、系统、操作等，都可视为一个策划方案或者策划方案中的一个环节。从营销策划入门的角度，集众家之所长，可以归纳出一组简明扼要、易于掌握和应用的营销策划方法，如图 1-6 所示。

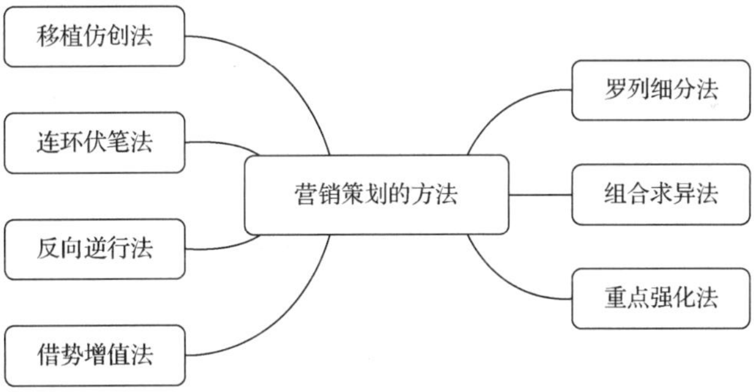

图 1-6　营销策划的方法

1．罗列细分法

所谓罗列细分法，就是把一个整体的营销活动分解成若干个步骤或若干个相对独立的营销子过程，或者把一个整体的营销内容分解成若干个内容或若干个相对独立的营销子内容。

罗列细分法是先罗列再细分，前后两个行为相辅相成。根据策划目标，寻找自我的差异、优势和客观环境中被对手所忽视的机会与利润点，尤其是在竞争激烈的同质化市场中谋求一席之地的营销策划，以及在大同之中寻找小异的思维过程，都可以应用罗列细分法。

在现实的市场竞争中，随着竞争对手能力的不断提高，寻求差异的难度也越来越大，这就要求分解要更加细致、更加周密。在策划过程中，细节往往引发机会，细节甚至决定成败。

2．组合求异法

所谓组合求异法，就是把不同的营销活动要素、内容、方案创新性地整合为一体，或把不同的营销过程整合为一个完整的营销过程，从而与其他同类型营销活动形成差异。

这里所说的组合不仅仅是结合、糅合，而是具有创造性、尚未有过的相对新颖的结合，其目的就是在大体相似的前提下，求得与同类产品、项目、事件、人物的差异。

组合求异法就是通过一定的程序和方式，将若干个独立要素巧妙地结合或重组，从而获得新创意；把看上去似乎不相关的事物有机地结合在一起，从而产生新奇和超值的市场效应。

3．重点强化法

所谓重点强化法，是指解决营销问题要抓住重点、抓住特点，善于从策划对象的某一点强化突破。

重点强化法的目的是便于策划操作。重点强化法是营销策划创新的重要思路之一，其核心是解决问题要善于从某一点突破，避免眉毛胡子一把抓。策划者在面对复杂的策划问题和策划对象时，要先努力寻找突出某一营销环节、某项业务等个别线索，主动缩小策划对象，把策划对象简单化、明了化，使这一点得到突破，进而把局部策划产生的功效传递给整个策划对象，从而突出优势，最终解决整体营销策划问题。

4．借势增值法

所谓借势增值法，就是在营销策划思维的罗列和细分过程中，努力寻找外部环境资源，把这些资源整合、捆绑或嫁接到策划对象的市场形象或营销行为过程中，进而创造出更加有利于策划对象的环境背景，提升目标价值，从而使营销策划的效果更加显著。

借势增值法的社会基础是：公众的社会共识心理是一种客观存在的心理势能，企业、产品等的价值往往与其环境背景以及消费者的认知有关，如果背景发生变化则该背景下主体的所有组成要素都会发生价值变化。

借势增值法借助背景资源——社会势能实现增值。如企业与强者为盟、营销活动与政府公益为伴、个人与名人为友、产品与名牌配套等都是利用捆绑连接的方法实现快速增值的，利用借势增值法的案例在产品市场营销和品牌传播中比比皆是。

案例 1-4

波司登：借助公益提升名气

波司登创始于 1976 年，是全国最大、生产设备最为先进的羽绒服生产商。波司登主要从事自有羽绒服品牌的开发和管理，包括产品的研究、设计、开发、原材料采购、外包生产及市场营销和销售。波司登羽绒服畅销美国、法国、意大利等 72 个国家，全球有超 2 亿人次在穿。

2009 年，波司登在四川泸州投资建设泸渝高速公路及“波司登大桥”和“康博大桥”两座跨长江大桥时，为解决当地民众“过江难”问题，自费增资 8000 万元增建人行道，建成后两岸群众过江仅需 10 多分钟。后来，当地群众自发在大桥边立碑致谢。公益与品牌联合，可使二者各有所得，相得益彰。本案例中波司登成功地借助公益活动提升了公司的知名度。

（案例来源：根据波司登公司网站资料整理）

5. 反向逆行法

所谓反向逆行法，是指策划者不受原有的策划思路限制，改变原来看待策划对象的角度，反向逆行重新设立策划课题，再加以策划。事实上，企业往往是在有百思不得其解的问题时，才会找策划者出谋划策，而原来的那个角度已经被其思考过很多次了。

反向逆行法，即“换一个角度”，正所谓“山重水复疑无路，柳暗花明又一村”。在思维受阻，实在找不出解决问题的方案时，不妨把当前的思维角度、方向、内容、途径、目标等反过来，反向逆行寻找解决问题的方案。

案例 1-5

某服装公司的业务转型

有一家服装公司已经经营了 20 多年，他们的客户中有 95%是合作 15 年以上的国外客户，这说明该公司业务已经进入了成熟期。公司董事长一直以来都认为公司业务部和设计部之间的合作不够紧密，也多次提醒业务部要多和设计部交流并合作，但业务部总是不以为然，业务部认为公司多年来的发展主要依靠的是业务部的开疆辟土，设计部只是协助业务部进行设计、打样、修改等工作。

诚然，在业务起步期，企业主要依靠业务部通过四处参加展会、出国拜访等活动获得订单。但是现在业务进入了成熟期，客户在下新订单时，是继续看重业务部的拜访，还是看重设计部设计出的更加畅销的款式呢？当然是后者，因此该企业的业务已经从“销售驱动”的阶段转到了“技术驱动”的阶段。

董事长明白了这个道理后，立刻采取了以下 5 个措施。

（1）将设计部提升为设计院，由他亲自分管；

（2）让设计部员工从偏僻的办公室搬到公司最敞亮的办公室，并升级设计部的设备；

（3）鼓励设计部员工参加国际和国内的设计大赛，并将获奖作品悬挂到公司显眼的位置；

（4）在公司年会上，请设计部员工带着作品上台走秀，与客户互动；

（5）调整制度，规定在设计部做出“爆款”产品后，从该产品的收入中留下一定的比例给设计部。

通过以上措施，该公司在成熟期后又获得了新的发展机会。

（案例来源：丁晖，顾立民. 管理的逻辑：高绩效组织的改进语言[M]. 北京：电子工业出版社，2017）

6. 连环伏笔法

所谓连环伏笔法，就是在实施当前营销策划方案的过程中，把真实的策划意图掩藏起来，以达到更大的策划目的。连环伏笔法，即在信息过剩的市场环境中，为了引起目标受众的持续关注，确保现实价值和效益的持续性，主动顺应客观需求的变化，实现策划思路步步为营，高潮迭起。连环伏笔法之“伏”就是使准备行动更加隐蔽，不被别人（尤其是竞争对手）觉察；连环伏笔法之“笔”就是指为真正策划方案所做的准备工作。

从一定意义上来说，连环伏笔法应是策划者的一种思维习惯，体现了营销策划的“前瞻性”。

案例 1-6

卖钉子的故事

一家专门销售五金的门店迎来了一位女性顾客，她需要买一枚钉子。营业员为了多创造一些营业额，就积极地向该顾客介绍店里钉子的品种、规格、数量等，希望该顾客能够多买一些钉子。

这种销售行为是典型的“卖材料”的模式，无论营业员怎么推销，顾客最多冲着其热情的态度，多买一枚表达一下心意，但是多买的那一枚钉子对于顾客来说也算是浪费。如何才能从“卖材料”的模式走向“卖方案”的模式呢？

营业员：你购买钉子的目的是什么？

顾客：家里需要挂一根绳子，但是墙上没有洞，螺母拧不进去。

营业员：嗯，你的墙上需要一个洞，是你自己打洞还是有专人帮助你打洞？

顾客：这点小事我亲自做。

营业员：不经常操作的人最好用手套来保护下。

顾客：可以，买一副手套吧！

营业员：操作过程中，最好用老虎钳夹住，这样更稳更安全，你家里有老虎钳吗？

顾客：哦，还真没有，也拿一把吧，反正以后也会经常用到。

营业员：如果家里的墙体很硬，光有小锤是不行的，通常用小锤定位，用大锤敲到位，你家里有小锤还是大锤？

顾客：家里只有小锤，能向你借一把大锤吗？我可以付你租金。

营业员：好的，没有问题。

在这个销售案例中，顾客本来只想买一枚钉子，但是营业员运用“卖方案”的模式，促使顾客分别购买了钉子、手套、老虎钳，并租用了大锤。这就是基于顾客的需求而形成了系统的解决方案，客户虽然花了更多的钱，却收获了更好的消费体验。

（案例来源：丁晖，顾立民. 管理的逻辑：高绩效组织的改进语言[M]. 北京：电子工业出版社，2017）

7. 移植仿创法

所谓移植仿创法，就是以某一领域或地区已经成功的产品、事物、模式、项目为模板，进行本土化、个性化复制，运用到当前的策划对象上并加以创新。

模仿、复制、移植本身也是一种创新策划，也许相对于整个社会而言没有新颖性，但对于策划者当前面对的策划对象、行业市场，以及所处的特定时空而言，却是新颖的。

策划者可以通过对事物相似性的发现，套用某一事物的现成规律。比如把成熟的产业流程、模式、方法等作为模板应用于新的产业设计思路中，就是对移植仿创法的运用。市场营销策划中有许多国内外运用移植仿创法的成功案例，如市场追随者的仿创、新产品的仿创开发等都是运用了移植仿创法。

1.5　营销策划程序

营销策划程序是指营销策划运作的先后次序和顺序。营销策划是一项非常复杂，但颇具创新的系统性活动，要形成一个优秀的、适用的营销策划方案，必须按照合理的策划程序进行。而营销策划方案的成功实施，需要营销策划者明确先做什么、后做什么，并按照一定的步骤去思考和处理营销策划问题。哪一个环节出现差错都会影响其他环节的效率和效果，从而影响整个营销策划方案的实施，影响企业的切身利益。

1.5.1　国外对策划程序的界定

1．约翰・迈力特的策划三阶段论

约翰・迈力特是美国著名的策划大师，有着丰富的策划经验。他提出了著名的策划三阶段论，如图 1-7 所示。

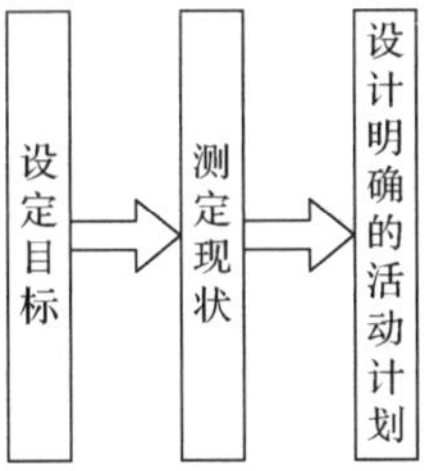

图 1-7　约翰・迈力特的策划三阶段论

约翰・迈力特认为，策划通常要经历 3 个阶段：设定目标、测定现状、设计明确的活动计划。策划是为行政运营提示方向的手段，如果这 3 个阶段不能实现，便无法实现为行政运营提示方向的功能。在研究有关策划的问题时，第三个阶段“设计明确的活动计划”常有被忽略的倾向，如策划者误认为策划只需提供目标及现状资料就足够了。但在行政范围内，如果没有针对行动路线的具体性提案，计划也就无法成立。

约翰・迈力特在其后来出版的著作中，对策划过程进行了更具体的阐述。他认为，将管理所推行的策划业务分成 3 个广泛的阶段，似乎更易于理解。这 3 个广泛的阶段相互间有密切的关联，基本上同时进行，相互影响。这 3 个广泛的阶段具体包括：①设定一般目标或一般目的；②评价为实现这种目标所能使用的手段或资源；③准备为达成业已决定的目标的实施计划。

2．江川郎的策划四阶段论

日本策划大师江川郎在其《策划技术手册》中提出，策划可分为 4 个阶段、15 个步骤。他的策划四阶段论如图 1-8 所示。

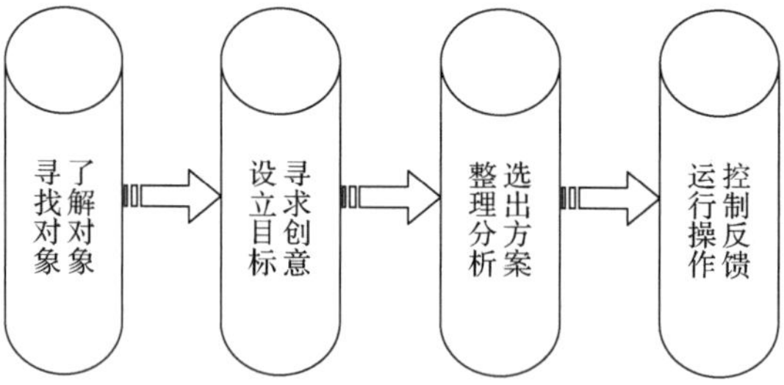

图 1-8　江川郎的策划四阶段论

第一阶段：寻找对象、了解对象。具体步骤为：

① 发现策划对象；

② 选出策划对象；

③ 明确认识策划对象；

④ 调查、掌握策划对象。

这一阶段是知己知彼的阶段，策划只有在掌握具体环境和条件的基础上才可能取得成功，那种闭门造车、纸上谈兵式的策划大多会失败。实践出真知，条件对策划的影响是客观存在的。

第二阶段：设立目标、寻求创意。具体步骤为：

① 描述策划轮廓；

② 设立策划目标；

③ 探求策划着眼点；

④ 酝酿创意，产生构想。

这一阶段主要是描述策划的大致轮廓，设定策划可期待的成果目标，为构筑具体创意探求着眼点。

第三阶段：整理分析、选出方案。具体步骤为：

① 整理策划；

② 预测结果；

③ 选出策划案。

这一阶段是根据策划的具体环境研究如何解决问题的阶段。当找到了解决方法之后，即应形成策划书。策划书是策划行动的指南，实施策划要靠策划书的指导。为了保证策划的成功，必须对形成策划书的策划方案进行相应的挑选和预测，从理论上加以论证。

第四阶段：运行操作、控制反馈。具体步骤为：

① 准备提案；

② 提案；

③ 付诸实施；

④ 将结果运用于下一次策划。

这一阶段是付诸实施阶段，要考虑用什么样的提案方法比较合适，以及如何才能让上司接受等。付诸实施后，要观察结果，并将其作为下一次策划的参考。

3. 艾得伍德·班菲尔德的策划四阶段论

美国哈佛大学教授艾得伍德·班菲尔德在他的论文中提出，为了便于计划，通常将策划分为 4 个阶段（见图 1-9），从而使策划更合理。

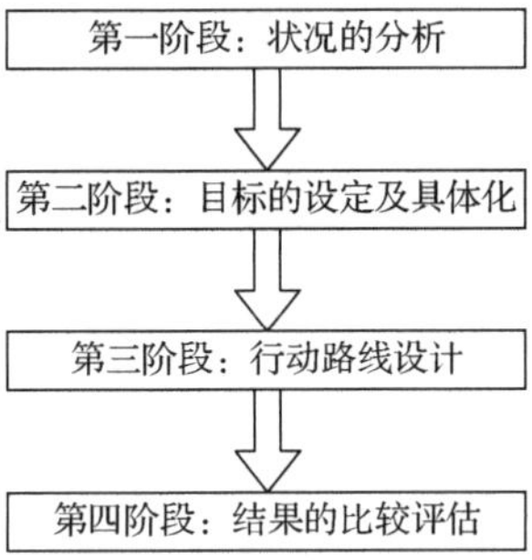

图 1-9　艾得伍德·班菲尔德的策划四阶段论

第一阶段，状况的分析。策划者的任务虽然是依据目前的情况预测实现目标应采取何种手段，但其想象常受状况设定条件的约束，特别是受其能利用的资源（不仅包括自然资源，还包括法律上拥有的权限和其他权限、信息、时间等）与策划中各种障碍的约束。有时，实现目标的途径甚至会被完全阻断。因此，策划者要尽量寻找约束与障碍少的行动路线，以增加成功的机会。

第二阶段，目标的设定及具体化。所谓目标或目的，是指事物未来状态的影像。所以，目标的设定，极易流于模糊的形式。要想使目标能在具体环境下作为选择的基准，就需要用明晰的、具体的词语来表达它。目标的设定有时比较概略，这时策划者应对其具体内容做出明确的说明。而且目标有积极性的要素和附带的要素，策划者应先对两者进行明确区分，然后在对两者的相对价值作出判断的基础上设定行动路线。

第三阶段，行动路线设计。设定行动路线是事业计划或运营计划的基础。行动路线不能被随意确定，策划者应对各参考方案及其结果做出细致的考虑。

第四阶段，结果的比较评估。要想使计划合理、可行，必须对所有可能的结果——包括策划时未预料到的结果，作全面的考察。杰出的策划者能够预见难以预料的结果，并预先想好对策。一旦行动路线确定了，无论结果如何，都只能接受。如果结果能以数字指标来表示，对结果的评估也就一目了然了。而对于不能数字化的无形结果，则只有进行比较评价。

艾得伍德·班菲尔德认为，若想使计划合理、可行，就必须对策划方案进行必要的评估和预测，做好事先的准备。

4. 赫伯特·莫里森的策划五阶段论

赫伯特·莫里森不仅是英国资深工党领袖，也是著名的策划大师。他在论述经济策划时，建议把策划过程划分为 5 个阶段，如图 1-10 所示。

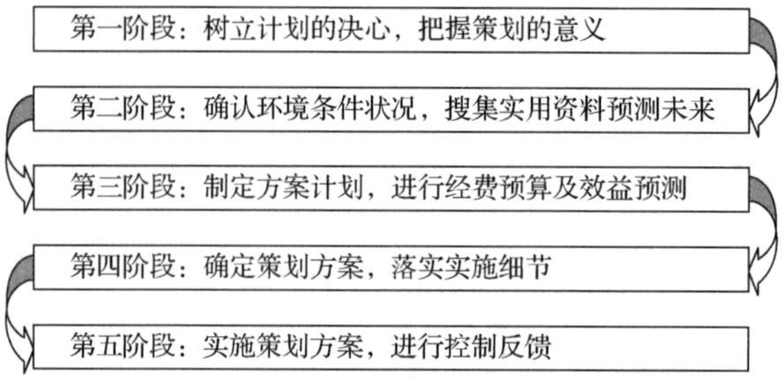

图 1-10　赫伯特 · 莫里森的策划五阶段论

赫伯特 • 莫里森认为，在 5 个阶段中，最为重要的是第一阶段，它是策划方案成功实施的重要保证。

一般来说，大多数策划学者都把营销策划的进程分为 5 个阶段，即事先协调准备阶段、分析构思阶段、各类资源安排阶段、创意策划设计阶段和策划书落实及方案实施阶段。而每一个阶段都是一个非常复杂的运行过程。

1.5.2　营销策划的一般程序

营销策划作为一门实践性很强的科学性与艺术性相结合的企业市场活动行为，其本身既有严谨的内在逻辑联系性，又有操作性强的市场营销程序。在进行营销策划时，要按照一定的流程逐步进行，以便提高营销策划的质量和科学性。营销策划的一般程序如图 1-11 所示。

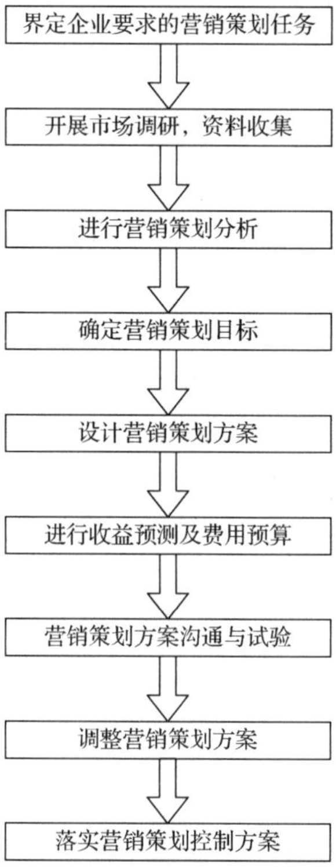

图 1-11　营销策划的一般程序

1. 界定企业要求的营销策划任务

营销策划是一种目的性很强的综合性活动。任何一个营销策划方案的产生，都是为了解决企业的某个营销问题或是针对某个特定目标的。因此，营销策划的第一个必要程序就是界定企业要求的营销策划任务。

可以说，这一步是营销策划的首要步骤，是营销策划工作的起点。明确营销策划任务，可以使营销策划做到有针对性，有的放矢、对症下药。具体步骤如下。

（1）提出营销问题

人们往往重视问题的解决，而对问题的设定却重视不够。其实，只有提出问题，才能切中要害。只要把握住设定的问题，把问题简单化、明确化和重点化，问题就解决了一半。

在提出问题的过程中，要注意选择最重要的问题。如果认为每件事情都重要，结果就会是每件事情都不重要。正如要在同一时间内完成多个目标，其结果往往是一事无成。营销策划不可能解决所有的问题，因而必须专注于最重要的问题。通过市场调查，归纳整理出所要解决的问题，按照简单化、明确化、重点化的原则，提出企业真正面临的需要加以解决的问题。

案例 1-7

新型捕鼠器为何没有市场

美国一家生产捕鼠器的公司经过多年对老鼠进食、活动等习性特征的研究，终于研制出一种新型捕鼠器。该产品屡经试验，捕鼠效果确实不错，捕鼠率高达百分之百。与老式捕鼠器相比，新型捕鼠器还有以下优点：①外观大方，造型优美；②顶端有按钮，捕鼠后只要一按按钮，死鼠就会掉落；③可终日置于室内，不必夜间投放，白天收拾，不会伤害儿童，绝对安全；④可重复使用，一个新型捕鼠器的效果可抵好几个老式捕鼠器。新型捕鼠器上市伊始深受消费者的青睐，但好景不长，市场很快萎缩了。是什么原因导致新型捕鼠器未取得预计的销售业绩呢？后经查明，原因如下。

第一，购买新型捕鼠器的一般是家庭中的男性。他们每天就寝前安装好捕鼠器，次日起床后因急于上班，便把清理捕鼠器的任务留给了家庭主妇。而许多家庭主妇见到死鼠会害怕、恶心，又担心捕鼠器不安全，会伤害到人。结果她们只好将死鼠连同捕鼠器一块儿丢弃。她们感到用一次就扔掉代价太大，因而不希望再买这种捕鼠器。

第二，新型捕鼠器造型美观，价格自然较高，中、低收入家庭一般购买一个便可重复使用，况且家中老鼠在被捕捉几只后就会“消失”一段时间，因而重复购买率较低，销售量自然下降。高收入家庭虽然可以多买几个，但是用后的处置很伤脑筋，因为老式捕鼠器捕鼠后，可以将其与老鼠一起扔进垃圾箱，而要扔掉新型捕鼠器却有些舍不得，留下来又不知该放在哪里。此外，留着捕鼠器，还容易想起关于老鼠的可怕画面。

（案例来源：姜岩. 营销策划：方法、实务与技能[M]. 北京：清华大学出版社，2020）

（2）确立营销目标

明确问题后，就要确立目标，目标有以下 6 种。

① 生存目标。如果企业生产能力过剩，或面临激烈竞争，出现了诸如资金无法周转、

产品大量积压、员工情绪低落等生存危机，就需要把维持生存作为主要目标。为了确保工厂继续开工和使存货出手，企业会通过制定较低的价格（希望市场是价格敏感型的）渡过难关。

② 预期收益目标。企业均希望在一定的时期内收回所投入的资金并能获得一定的收益。因此，在给产品定价时，一般应在总成本及费用的基础上再加上一定比率的预期收益。价格的高低取决于企业所确定的预期收益率的高低。预期收益率可以是长期的，也可以是短期的，期限随企业和产品的不同而不同。比如对于新产品，预期收益率的确定往往侧重于短期，企业力求尽快收回研制开发成本。预期收益目标适用于在行业中具有较强优势，规模大、竞争力强、拥有较高市场占有率的企业，或是其产品在性能、外观、材料等方面与同类产品相比，具有较大不同，采取此目标对企业日后发展无不利影响的企业。

③ 利润目标。企业利润来自全部收入扣除全部成本以后的余额，追求利润最大化并非意味着企业将产品价格定得最高，它往往是以合理的价格推动市场需求增加。为使企业能够获得长期的最大利润，短期的亏损也许在某种程度上是不可避免的。比如在新产品上市时，企业将价格定得很低，甚至低于成本，用低价去开拓市场，逐步扩大市场占有率，从而为日后取得长期的最大利润打下基础。

获取最大利润，不但是获取长期的最大利润，而且是获取总体上的最大利润。当企业经营多种产品时，对相关产品的定价要慎重，以求总体利润最大化。比如将录音机的价格下调，磁带的价格上调，用低价刺激录音机的销售，由此带动磁带需求量的增加，以求得总体利润的最大化。

④ 扩大市场占有率目标。市场占有率是指一家企业销售量在市场销售总量中所占的比重。因为企业确信赢得最高的市场占有率之后，将享有最低的成本和最大的长期利润，所以企业会制定尽可能低的价格以追求市场占有率的领先地位。

⑤ 应对或防止竞争目标。在买方市场条件下，企业对竞争者的竞争手段十分敏感，会有意识地通过对产品进行恰当定价等手段去应对竞争或避免竞争的冲击，也就是说，用价格作为应对竞争的一种手段，追求一定的定价目标。企业必须经常广泛地收集竞争对手的相关资料，及时、准确地把握竞争对手的竞争策略，并在将企业产品与竞争对手的类似产品做审慎的比较后，确定本企业的竞争对策。

⑥ 疏通营销渠道目标。由于市场竞争激烈导致工商关系发生了新的变化，供货商特别是品牌供货商对销售商有了更大的选择余地；而销售商需要供货商的合作与支持，合作越好，支持越大，销售商的竞争力就越强。因此，销售商应主动与供货商协商定价，保证供销双方利益，稳定并扩大进货渠道对销售商的经营发展和实现长期利润目标是十分有利的。

（3）量化营销目标

营销目标的设定要明确量化，否则进行营销策划时对象就会很模糊，不易产生营销策划构想。在设定具体的营销目标时必须注意以下 3 点。

① 营销目标要尽量量化，以便于考量。对于不易量化的目标，也要尽量想出较为客观的评价标准。

② 营销目标不能设定得太低，也不能设定得太高。太低，起不到激励效果，达不到营销策划的目的；太高，难以实现，容易造成消极影响。

③ 如果存在多个营销目标，那么应该强调营销目标之间的协调性和一致性。当营销目标之间有难以协调的矛盾时，要明确表述营销目标的优先顺序。

2．开展市场调研，资料收集

依据营销目标确定需要收集的资料内容，确定收集资料的方式和方法，整理收集到的资料。这是营销策划的初始阶段，也是营销策划的基础。需要收集的资料可以分成两部分，即一手资料（原始资料）和二手资料（文书资料）。

一手资料（原始资料）是指直接从市场上获得的，反映市场行为动态的信息资料。策划中某些特定的内容必须通过一手资料才能获得，如对目标顾客的需求的界定。一手资料还可以验证二手资料的真实性。对于许多二手资料，由于采集的出发点与营销策划的出发点有差异，因此必须验证它的针对性和可靠性。一手资料的收集过程能够使策划者产生对市场的感觉和策划的灵感。

二手资料（文书资料）由内部资料和外部资料两部分构成。内部资料是指企业内部可用于影响营销决策的文字信息资料。外部资料是指可获得的对企业营销决策有影响的公开刊物、局部发行资料、国家统计数据、政府文件及网络资料等。

资料收集既要包括对现状资料的收集，又要包括对历史资料的收集，因为信息的连续性、有序化有利于信息的判断，而且从历史资料可以看出事物发展变化的轨迹，从而有助于营销方案的制订。

3．进行营销策划分析

进行营销策划分析，不仅要对收集到的各种资料进行系统整理、仔细分析，从繁杂的数据中找出问题所在、理出头绪，了解企业所处的营销环境的真实状况，还要对策划对象今后的发展趋势与走向做出预测。

营销策划分析是策划活动中的重头戏，一般包括 STP 分析、营销环境分析、企业资源分析、产品分析、SWOT 分析等。策划是针对特定的需要与现实条件进行谋划，因而策划者必须先尽可能多地掌握各种背景材料和现实情况，包括有利的与不利的信息，并进行全面分析与研究，寻找出问题的实质和主要矛盾，再进行策划。这样的策划针对性强，合理可行。

4．确定营销策划目标

营销策划目标是营销策划中的过程目标，它建立在分析研究的基础上，是为了实现企业营销目标而确立的。策划者根据现有资源信息，判断事物变化的趋势，确定可能实现的具体目标和预算结果。营销策划目标设计要有的放矢、切实可行，这是目标设计的基本原则。确定具体的营销策划目标是策划成功的关键。营销策划一定要围绕既定的目标或方针，努力把各项工作从无序转化为有序。所有的行动方案将围绕着营销策划目标而展开。营销策划目标越具体、越准确，策划效果就越显著。

营销策划目标的确定包含两方面的内容：一是目标体系的构成；二是目标值的确定。其中构成目标体系的主要项目因研究者不同、策划项目内容不同而各有特点，但是基本内容都是相同的。

5. 设计营销策划方案

营销策划方案设计是营销策划的关键阶段，它决定了营销策划的成功与否和质量高低，因为营销策划的核心内容都体现在营销目标与策划方案的设计上。对于策划者来说，其主要的精力与策划重点应放在这一阶段上。营销策划在本质上是一种运用脑力的理性行为，是关乎整体性和未来的策略规划，必须经过从构思、分解、归纳、判断，一直到拟定策略、制订方案的过程。策划者应根据营销目标来设计、选择能产生最佳效果的资源配置与行动方案。

6. 进行收益预测及费用预算

收益预测是指对营销活动通过营销策划而产生的收益的预测。营销策划收益可分为直接收益和间接收益。直接收益是指企业实施营销策划方案带来的直接收益；间接收益是指企业执行营销策划方案后的附加收益，如通过营销策划提升企业的知名度和美誉度，给企业未来发展奠定了基础等。

费用预算是指为了实现营销目标而实施营销方案所需开支的预算，预算应根据目标与方案设计的内容来匡算。费用预算不能只有一个笼统的总金额，要进行分解，计算出每一项营销行动的费用。比如在匡算促销费用时，要匡算出广告费用、推销员费用或营业推广费用等，其中广告费还要分解成电视广告费用、电台广告费用等。费用预算实际上与前面的目标和方案设计是紧密联系的，绝对不能把它们割裂开来。在进行营销方案设计时，本身就要考虑到费用的支出。没有预算费用的营销策划方案违反了切实可行的基本原则。

7. 营销策划方案沟通与试验

营销策划方案沟通是指策划者就营销策划方案与企业决策者及相关的经营管理人员进行沟通，听取他们的意见，进一步了解决策者的意图，以使营销策划方案更符合实际。

有些涉及面广、投入多、大规模使用的营销策划方案还要先在小范围内进行试验运行，借此判断该方案的可行性，取得试验数据和经验后再对营销策划方案进行进一步的修正，以确保营销策划方案成功实施。

8. 调整营销策划方案

营销策划都是以一定的时间为基础的。如果在某一时间范围内，营销环境发生变化，而且这一变化超出了原来营销策划所预计的范围，那么营销策划方案实施的可靠性就会下降。另外，通过与企业的决策人员或经营管理人员进行沟通，策划者可能会发现原来设计的营销策划方案有不合理的地方。因此，策划者要根据不断变化的营销环境对营销策划方案做出适当的调整，以确保营销方案的可靠性。

9. 落实营销策划控制方案

营销策划方案付诸实施时会受到许多人为因素的干扰，为了保证营销策划方案顺利执行，必须设置控制方案，实际上就是设置控制点和控制标准以及调整对策。落实营销策划控制方案就是在策划方案执行过程中进行评估，查看营销策划控制目标是否完成，是否有差距存在。如果有差距存在，则要找出原因，以便对营销策划方案进行调整。

案例分析

采乐去屑洗发水的市场营销战略

去屑洗发水市场是一个高度竞争的市场，因而采乐是如何在众多强势品牌中脱颖而出的，成为业界普遍关注的一个热点。

采乐在洗发水市场突围是一个非常典型的差异化策划案例，其差异化体现在产品的功效定位、渠道、终端和广告等多个方面，但这一切都是建立在对消费者深刻的理解和对市场精准的分析基础之上的。

1. 市场背景分析

在采乐诞生之初，市场形势不容乐观。第一，洗发水市场竞争激烈，市场不断被细分，各种功能性洗发护发液接连推出。第二，品牌繁多，几乎所有的洗发护发品牌都有包含去屑成分的产品，如海飞丝、飘柔、风影……大家都看到了去屑洗发水市场的巨大空间。第三，宝洁旗下品牌占据绝对优势，国内其他公司只能抢夺剩余市场。

毫无疑问，经历 10 多年的市场培育，海飞丝的“头屑去无踪，秀发更出众”早已深入人心。人们只要一说到去屑，第一个想到的就是海飞丝。另外，风影“去屑不伤发”的承诺，也使其在这个细分市场拥有一席之地。市场调查资料显示，去屑洗发水的大部分市场份额被少数品牌占据，两极分化十分严重。

虽然中国消费者已经习惯使用大众品牌的洗发水洗头，但从中国当时 13 亿的人口基数来看，这是一个异常庞大的市场，而且随着消费者辨知能力的提高，对产品功能性的要求也越来越高。产品也不再是拥有认知度就可以获得长久的消费者忠诚了。

在这样的认知基础上，采乐得出结论：消费者已经养成使用洗发水进行日常洗头的习惯，这是各大品牌共同努力的结果；从长远看，普通的洗发水将逐渐向具有特定功能的洗发水过渡，这也将是厂商逐渐发现消费者的潜在需求、细分市场的过程。另外，洗发水市场已经形成宝洁一枝独秀，其他品牌众星拱月的状态。这是市场竞争的正常现象，但是对于一家新进入的企业来说，要想在这样的成熟市场获取成功，的确是一个难题。

2. 市场定位分析

在这种情况下，为了成功地进入洗发水市场，采乐公司进行了深入的市场定位分析。

（1）目标消费者分析

进入市场的第一步是洞察目标消费者的心态。如果产品能打动消费者的心，那么一切都好办。打动目标消费者，首先要做好产品的差异化，很多时候价格是个不错的突破口，但是消费者会相信低价的功能性产品吗？因此采乐寻找的突破口是满足某些未得到很好满足的消费者的真正需求。

采乐推出之际，国内去屑洗发水市场已经相当成熟，从产品的诉求来看，似乎已找不到更好的细分市场。但是采乐经过研究，发现消费者心中还有未被满足的需求，即很多头屑患者尽管经常洗头，但是仍然不能解决头屑问题。

因此，采乐的主要目标消费群是重度头屑患者，只有他们才会真正需要用采乐来去屑；而次要目标消费群是中度头屑患者。国内重度头屑患者是一个很庞大的消费者群体，而当时市场上没有专门针对这个消费者群体的产品。强调用特效药去屑，以区别于普通的去屑洗发水，就是采乐采取的市场策略。

（2）品牌定位

品牌定位是产品营销策划的差异化策略，它通过鲜明的形象及个性让产品在销售中能够脱颖而出，成功抢占市场。采乐的成功主要来自其产品创意——去屑特效药，这使它在药品行业里几乎找不到强大的竞争对手，在洗发水市场也进入了一个极好的空白地带。

（3）市场定位

在药品行业，没有一家厂商生产过去屑特效药；在洗发水行业，也没有一种洗发水可以达到药物去屑的效果。采乐在市场推广中宣称“专业去屑，8次彻底去除头屑”。站在医学研究的角度去治疗头屑，注重医学权威，就是采乐鲜明的市场定位，因此采乐一上市就受到了大部分重度头屑患者的欢迎。同时，采乐的营销渠道主要是医院和药房，所以在国内消费者的心目中，采乐是专门针对头屑的特效药，这一有效的定位使其规避了激烈的市场竞争。

3. 采乐的SWOT分析

优势：借助西安杨森医药的品牌优势，顺利地确立了采乐专业去屑特效药的市场定位。

劣势：市场上的洗发水强势品牌仍然占据绝大部分市场份额，特别是要面对海飞丝等去屑洗发水的威胁。

机会：采乐的市场定位受到重度头屑患者的欢迎。

威胁：强势品牌可能会在这一细分市场跟进。

4. 营销策略

定价策略：为了强调采乐的专业性和效果，其价格定得比一般的洗发水贵。但是由于采乐的营销渠道主要是医院和药房，另外也没有相同的产品与之竞争，因此，对于这个价位，消费者是认可的。

渠道策略：产品定位是治疗头屑的特效药，营销渠道主要是药房和医院。这既增强了采乐的专业形象，也避免了与其他洗发产品之间的恶性竞争。

广告策略：普通洗发水只能洗掉头发上的头屑，采乐的方法是治标先治本，从杀灭真菌入手。这种独特的产品功能，有力地抓住了目标消费者的心理需求，使得消费者在想要解决头屑问题时，首先想到采乐。

（案例来源：邱小平. 广告策划实务[M]. 北京：机械工业出版社，2017）

思考题：

1. 采乐公司是从哪几方面对市场进行分析的？
2. 从该案例分析营销策划的重要性。

策划专家之一　　第1章　在线答题

第2章

营销策划原理

本章教学目标与要求

（1）了解策划的基本原理；
（2）理解营销策划的原理；

本章知识架构

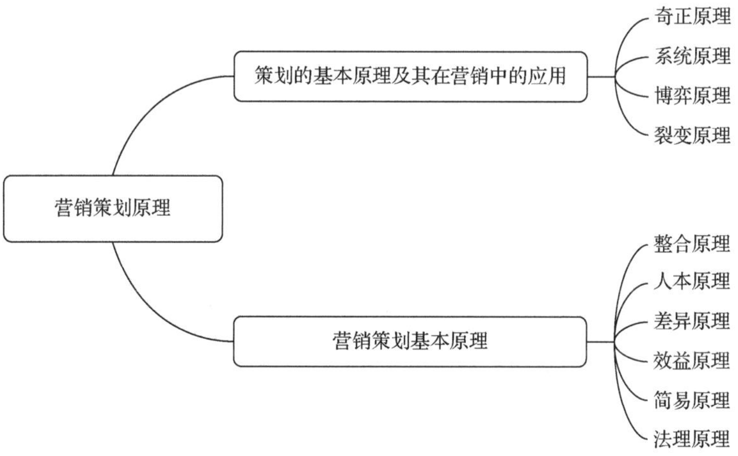

导入案例

尤伯罗斯：经营洛杉矶奥运会敢为天下先

自从 1932 年以来，奥运会越办越大，越办越豪华，这就使举办奥运会的城市面临财政上的“灾难”。但是，1984 年美国洛杉矶奥运会却出现了重大转机，它不但没有亏损，反而赢利 1.5 亿美元。这一奇迹是怎样创造的呢？

这届奥运会找到了一位天才的经营大师——美国商业奇才尤伯罗斯，他跳出传统的思维束缚圈，采用了一种创新的思路：把奥运会商业化，进行市场运作。

1. 白手起家，开源节流

尤伯罗斯在几千名候选人中脱颖而出，于 1979 年正式就任洛杉矶奥运会组委会主席。当时，组委会什么都没有，甚至办公室、办公桌和电话也没有，一切都要从零开始，白手起家。

首先，尤伯罗斯查阅了 1932 年以来所有奥运会举办情况的材料，他发现了奥运会财政“灾难”产生的原因：规模大、虚浮、奢华和浪费。因此，他决定不再大搞新建筑，而是利用洛杉矶现有的体育设施，并把当地 3 所大学的宿舍作为奥运村，仅这两项措施就节约了数十亿美元。

其次，尤伯罗斯采用欲擒故纵的手法，对赞助者提出了很高的要求。例如，赞助者必须遵守组委会关于赞助的长期性和完整性的标准，赞助者不得在比赛场内包括空中做商业广告，赞助的金额不得低于 500 万美元等。这些听起来很苛刻的条件反而使赞助具有更大的诱惑性。如果不参与赞助，企业的赞助权就会被其他企业夺去，从而失去一次展示本企业形象的大好机会，于是赞助者纷至沓来。

最后，尤伯罗斯以 5 个赞助者中选 1 个的比例确定了 23 家赞助公司，包括准备花 900 万美元整修纪念体育场的大西洋西奇弗尔德公司、投资 500 万美元建造新游泳池的道格拉斯公司等。

数额最大的一笔交易是与美国全国广播公司做成的。事前尤伯罗斯研究了前两届奥运会电视转播的价格，又弄清楚了美国电视台各种广告的收费，然后开出了 2.5 亿美元的高价。许多人认为美国全国广播公司不会接受，谁知该公司竟欣然接受了！该公司负责体育节目的副总经理对尤伯罗斯在谈判期间所表现出的谈判艺术和工作效率表示十分钦佩。

尤伯罗斯还以 7000 万美元的价格把洛杉矶奥运会的广播转播权分别卖给了美国、欧洲及澳大利亚的广播公司，从此打破了广播电台免费转播体育比赛的惯例。他用募捐的办法，以每千米 3000 美元出售奥运圣火接力。尤伯罗斯实际上是在拍卖百年奥运的历史、荣誉等巨大的无形资产。尤伯罗斯还开发了奥运会附属商品并出售。

2. 审时度势，经营有方

距洛杉矶奥运会开幕不足 3 个月时，发生了东欧国家联合抵制这届奥运会的事件。这让尤伯罗斯苦心经营的组织工作面临严峻的考验。尤伯罗斯的工作因此而变得富有戏剧性，他经常往来于各国之间，显示出了杰出的外交才能。

虽然尤伯罗斯以及当时的国际奥委会主席萨马兰奇最终未能说服苏联等参加洛杉矶奥运会。但洛杉矶奥运会的成功看来已是不可逆转的了。

随着奥运会的临近，由各公司赞助整修和新建的设施也已经焕然一新。萨马兰奇视察后说：“洛杉矶奥运会的组织工作是最好的，无懈可击的。”

五彩缤纷的开幕式开始后，因抵制而给奥运会带来的阴影一扫而光，来自世界各地的运动员和观众以及东道主美国的观众都表现出空前的热情。

140 个国家和地区的 7960 名运动员使这届奥运会的规模超过了以往任何一届。整个奥运会期间，观众踊跃，场面热烈，门票畅销。

这届奥运会盈利 1.5 亿美元，尤伯罗斯成了家喻户晓的策划大师。

（案例来源：根据网络资料整理编写）

从上述案例可以看出，尤伯罗斯确是一个策划大师，他打破旧观念、旧传统、旧思维、旧模式，敢于想别人没有想过、做别人没有做过的事，将奥运会由政府买单变为商业化运作，与媒体商家合作打造双赢局面、开发出售奥运附属商品，把一个越办越大、越办越豪华、越办越难办、越办越亏损，令每一位组织者都感到头疼的奥运会一举变成了盈利机器，这个案例成为营销策划经典案例中的经典。尤伯罗斯的成功源于“审时度势，创新思维”的策划思路。这个经典案例告诉我们，营销策划是一门科学，更是一门艺术；营销策划离不开特定的环境，需要智慧和创新，更离不开科学原理的指导。策划的原理有哪些？营销策划应遵循哪些原理？这些正是本章要学习和讨论的问题。

2.1　策划的基本原理及其在营销中的应用

策划原理是在大量策划实践基础上，经过归纳、概括而得出的具有普遍意义的基本规律。策划的原理很多，其基本原理主要有 4 个，如图 2-1 所示。

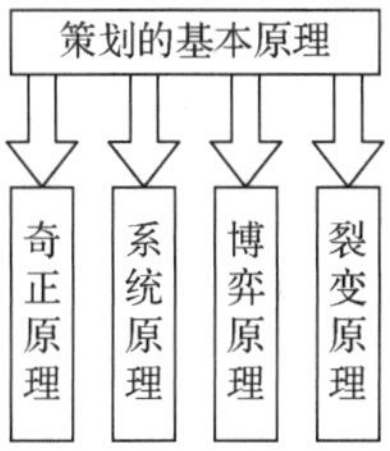

图 2-1　策划的基本原理

2.1.1　奇正原理

奇正思想是韬略武库中最引人注目的一把利剑，是改变现状、走出困境、击败对手、争取主动的重要工具。奇正原理也是策划的第一大原理，它是思维创新的核心表现。奇正原理出自《孙子兵法》中的“凡战者，以正合，以奇胜。”

1．奇正原理的含义

早在老子的《道德经》中，就有关于奇正思想的阐述。老子说：“以正治国，以奇用兵。”所谓“正”，是指社会所公认的正道，包括一整套行之有效的方针、路线、思想、政策、原则、措施；而“奇”则是指巧妙、诡秘，临机制断，随机应变，没有固定的方式。

对奇正思想内涵作进一步揭示与阐述的是孙子，《孙子兵法》用极为精练的文字，表述了奇正原理。孙子指出：“战势不过奇正，奇正之变，不可胜穷也”，即战术无非奇正两途，然而由奇正推演、产生的奇谋妙策，则无穷无尽。“善出奇者，无穷如天地，不竭如江河”，即天地变化无穷，深不可测；江河没有竭尽，波澜迭起。奇正变化，效法自然，可至化境。

第一，孙子将奇正作为战略战术上升到一个很高的地位。孙子说：“三军之众，可使毕受敌而无败者，奇正是也”，即军队遭到敌人的进攻而保持不败，关键在于真正掌握奇正之法的精髓。

孙子所说的奇正包含以下几方面内容：正面迎敌为正，机动配合为奇；明为正，暗为奇；静为正，动为奇；进为正，退为奇；先出为正，后出为奇……总之，一般的、常规的、普通的战略、战术为正；特殊的、变化的、罕见的战略、战术为奇。

掌握奇正原理，是军队面对敌人进攻而立于不败之地的关键。奇正原理是用兵作战的灵魂。

第二，孙子揭示了用兵的根本之道在于“以正合，以奇胜”，即以正面交战，以奇变取胜。用兵必有奇正，无奇正而胜，属于侥幸之胜。三军无奇兵，是不可与敌人争夺利益的。两军对阵，有正面战场的直接厮杀、搏斗，但必须有奇兵捣其旁，击其后，才有胜利可言。孙子的这一思想，可以概括为出奇制胜、先正后奇、以正御敌、以奇击虚、正面钳制、侧后进攻、出其不意、攻其不备、出奇匿伏、因势用奇等韬略原则。

第三，孙子强调了奇正转化的内在联系。孙子指出：“奇正相生，如环之无端，孰能穷之”，即奇与正不可分割，它们是互相依存，互相转化的，如同圆环旋转，无始无终。孙子的这一思想，实质上是指奇可变为正，正可转化为奇。

出奇制胜之所以成为军事家们普遍追求的目标，是因为出奇招可以从阻力最小、效益最大的路径达到目的。用奇的核心，在于攻其无备，出其不意，根据敌情灵活运用。奇是一种全新的创造，它既要充分利用对方的思维弱点，侦破、捕获对方的思想空隙，大胆突破思维框架、打破常规，又要符合客观实际情况，有根有据。

2．奇正原理在营销策划中的应用

策划重在用奇，奇在众所不料，既在竞争对手的意料之外，又在情理、法理之中。众所周知，策划是为了更有利于竞争，竞争的核心是寻求和突出差异，因而策划实际上就是对竞争对手的策划。我们在策划竞争对手的时候，也正是竞争对手在策划我们的时候，如果能够奇于对手之外，则胜；奇于对手之同，则平；奇于对手预料之中，则败。

如何做到奇呢？在很大程度上“奇”是对“正”的透彻把握和应变，所以古人告诫我们：“不知用正焉知用奇。”

在现代市场竞争中，奇正原理的运用十分广泛，成功案例很多。

案例 2-1

Keep 带你跑出“趣”

随着人们越来越关注运动健康，越来越多的人加入健身大军，运动健身市场成为最具活力的蓝海市场。运动科技行业中的佼佼者 Keep 以“Make the World Move”为使命，凭借对用户核心需求的洞察和独特定位，在运动应用市场中脱颖而出。截至 2018 年 10 月，Keep 的用户数已经突破 1.6 亿，稳居运动健身类 App 排行榜第一名。

1. 瞄准用户痛点，提出满足用户需求的品牌理念

要想在运动品牌市场独树一帜，必然少不了差异化定位。从网站首页的“自律给我自由”开始，Keep 就树立了积极、向上、健康的品牌形象。以往运动品牌理念类广告大多忽视了运动的门槛和用户的畏难心理。Keep 在做品牌营销时洞察用户需求，使自己的营销方式和产品功能更贴合用户心理，让更多的人感受到跑步是件好玩又有意义的事。因此，Keep 主打“趣味跑步”，上线了一系列“趣跑”课程，提升跑步的趣味性，并用一则“还想跑”创意电视商业广告（TVC）传达“趣跑”理念。

此外，Keep 的广告将“还想跑”植入受众的内心，点出了 Keep 跑步的内核。广告剧情的推进都是为了凸显产品的功能和服务，突出 Keep“音乐跑”“燃脂跑"“剧情跑”等课程的功效。受众可以从广告中了解到，无论自己是新手跑者还是进阶型跑者，都可以选择 Keep 进行跑步训练，Keep 也将给其带来跑步的“痛快”和“趣味”。

2. 媒介渠道整合发声，引发裂变式传播

为了最大化触达目标用户，Keep 频出奇招，线上线下齐发力，形成营销合力。

首先，充分运用社交媒体进行个性化传播，引发关注，形成二次传播。TVC 上线后，Keep 先在微博、微信上精准投放，让受众了解到 Keep 跑步课程的特色，再利用线上传播速度快、范围广等优势引发破局，带动新一轮宣传热潮。

其次，各大视频网站的传播同步进行。Keep 在爱奇艺、优酷等视频平台进行推广。多平台的线上推广宣传以及众多 KOL（关键意见领袖）集体发声，无疑会激发网友的分享欲，实现 TVC 裂变传播，从而带动更多人跑起来。

最后，在线上传播发酵的同时，为了让 Keep 的“趣跑”创意辐射范围更广，Keep 还在多个城市的电影院、地铁站等人流密集场所投放了大量广告，重点覆盖上海、广州、南京等当时即将举办马拉松的城市，意图对这些有跑步热情的城市产生更深的影响，吸引更多的潜在用户加入跑步阵营。

Keep 突破了传统体育营销中高曝光度、高费用（明星代言）的营销模式，从细分领域出发，充分运用微信、微博等社交媒体、视频网站和户外媒体，精准触达各圈层用户群体；充分借助用户力量形成裂变传播；借助场景形成沉浸式营销，提升营销效果；不断强化此次跑步 TVC 的营销理念——只要有意思，就会还想跑。

（案例来源：阳翼. 数字营销[M]. 2 版. 北京：中国人民大学出版社，2019）

2.1.2 系统原理

系统原理是指运用系统论的基本思想和方法指导策划实践活动，解决和处理策划过程中的实际问题。系统原理是策划中重要的指导思想。

1. 系统的概念

系统是由两个或两个以上相互作用、相互依赖的要素组合而成的，具有特定的功能，是处于一定环境中的有机整体。

系统是一个相对的概念，多个系统可以组成一个大系统，一个系统又可以有许多子系统。要素是系统的基本组成，它决定着系统的联系、结构、功能等性质和状态，从而决定着系统的本质。

2. 系统的分类

系统按组成要素的属性，可分为自然系统和社会系统。自然系统是由自然界本来存在的物质构成的，如海洋系统、地下矿藏系统、生物系统、土壤系统等；社会系统是经过人类的劳动创造出来的，为达到人类各种目的而建立的，如行政管理系统、法律系统、卫生系统、护理系统等。

系统按与环境的关系，可分为封闭系统和开放系统。封闭系统又称孤立系统，是指与外界没有联系或联系较少的系统；开放系统是指与环境保持密切的物质能量信息交换的系统，开放系统具有输出某种产物的功能，这种输出必须以从环境中输入为基础，经过处理之后才能得到，一个完整的开放系统还要具有针对反馈的调节功能。

3. 系统的特征

系统具有以下 6 个特征。

（1）整体性

系统的整体性表现为系统是由两个或两个以上相互区别的要素，按照一定的方式和目的，有秩序地排列而成的，系统的功效大于各要素的功效之和。例如，管理系统是由计划、组织、人员管理、指导和领导、控制 5 项职能相互联系、相互作用构成的有机体，而不是这些职能的简单叠加。

（2）相关性

系统的相关性是指系统中各要素及其组成，都是相互联系、相互影响、相互制约、相互作用的。例如，企业作为一个系统，其营销子系统与企业的生产管理、行政、设备、财务、后勤等其他子系统之间有着密切的关系，存在着相互联系、相互影响、相互制约、相互作用的关系。

（3）层次性

复杂的系统是有层次的，对某一系统来说，它既是由一些子系统组合而成的，又可作为一个子系统去参与更大的系统的组成。

（4）动态平衡性

随着外部环境和内部条件的不断变化，系统也在不断运动、发展、变化。当外部环境和内部条件的变化不显著时，系统又具有相对的稳定性，能够维持动态平衡。

（5）目标性

任何一个系统都有其存在的目的，都有明确的总目标。子系统为完成系统的总目标而协调工作，子系统也有自己的分目标。

（6）环境适应性

所有的开放系统，都是在一定的环境中存在和发展的，系统及其内部的各子系统，与环境之间不断地进行物质、能量、信息的传递和反馈。当环境发生变化时，系统、子系统的结构和功能也会随之改变和调整，以便适应环境，继续存在和发展下去。

4. 系统论在营销策划中的应用

系统论要求策划者能够从整体上把握、控制和驾驭策划全局；要求策划者在思维过程中，始终围绕策划目标，将策划对象、策划目标、策划环境以及策划主体等要素整合统一起来，用整体的、联系的、结构的、功能的、层次的、非线性的观点与方法，对某一策划对象进行分析、综合、归纳，从而求得好的策划方案，最终获得整体效益。

系统论认为，凡是由相互联系和相互作用的各种因素所组成并具有特定功能的总体都是一个系统。任何系统都不是它的组成因素的简单相加，而是这些因素在特定联系方式和数量配比下形成的有机总体。总体具有不同于组成因素或子系统的新功能，总体大于各组成成分的孤立属性的简单加总。营销策划就是依据系统论，寻求市场营销活动的“1＋1＞2”的投入产出结果。营销策划是一系列创意、谋略的整合，是建立在创意和谋略之上的多种因素、多种资源、多门学科和多个过程整合而成的系统工程。因此，作为理论，营销策划是一门系统科学；作为实践，营销策划是一项系统工程。

企业营销策划是一个系统工程，其系统性表现为：①营销策划工作是企业经营活动的一部分，营销策划工作的完成有赖于企业其他部门的支持与配合；②进行营销策划时要系统地分析诸多因素的影响，并将这些因素中有利的一面最大限度地综合利用起来；③营销策划的最终实施是以营销策略的组合为手段的，营销的最终成功，需要有一套系统的“组合拳”。

案例 2-2

豆瓣：宝格丽精神传达的阵地

1. 活动背景

成立于 1884 年的意大利珠宝品牌宝格丽曾出现在多部经典的电影作品中，其自身所代表的顶级品质与高端服务，为影片及其角色增色不少。2017 年，宝格丽成为上海国际电影节官方合作伙伴，在 2018 年第 21 届上海国际电影节上推出的“宝格丽经典呈现：喜亦风流”展映单元，以《英俊的安东尼奥》《昨日、今日、明日》《圣母街上的大人物》《意大利式结婚》《意大利式离婚》五部经典影片让人们重温意大利电影的辉煌，展现了宝格丽品牌所推崇的意式生活方式。

宝格丽充分利用此次电影节的契机，以豆瓣为重要阵地开展了品牌营销活动。这不仅是因为豆瓣用户追求生活品质、消费能力强，对电影见解深刻，更重要的是因为这一合作形式所带来的重要意义，即可以通过电影去传达品牌理念，提升用户认知度。

2. 活动过程

首先，宝格丽与电影的结合主要是通过“宝格丽经典呈现：喜亦风流”展映单元的形式加以展现。宝格丽是意大利著名珠宝品牌，因此宝格丽的品牌推广回归到意大利这个时尚、神秘之国。宝格丽选取了五部经典的意大利电影来展现经典意式生活，这五部不同的电影代表不同款式的钻石项链，豆瓣网页的交互设计使用户可以通过单击鼠标切换电影来查看不同款式的钻石项链。

其次，每部电影的旁边还会有豆瓣用户对电影的深度剖析，这使得品牌自身的意式浪漫和永恒经典的高雅艺术形象与电影融合，让用户全方位地了解了品牌对电影的贡献，同时使品牌自身的形象更加立体和丰满。

最后，不同于以往用户需要注册登录豆瓣才可以对电影进行评论，此次游客也可以在豆瓣上对电影进行即时评论，并能看到自己的留言“上墙”，满足了用户的心理。

宝格丽在豆瓣上发布了一系列宣传内容，这些内容出现在豆瓣开屏广告、信息流广告、话题广场等区域。宝格丽通过一系列原生广告内容，将同为“瑰宝”的电影与珠宝联系在一起，以“电影是人类的艺术瑰宝和宝格丽是珠宝中的瑰宝”为切入点，让用户看到宝格丽就能联想到相关的电影，加深了品牌的文化底蕴。

3. 活动效果

据统计，此次宝格丽的广告投放覆盖 1700 万用户，在没有奖励机制的情况下，信息流广告在短短 3 天内就获得了 1000 余个点赞和转发，参与互动人数达 17 万人，另外还出现了上千条高质量的影评。

（案例来源：阳翼. 数字营销[M]. 2 版. 北京：中国人民大学出版社，2019）

2.1.3 博弈原理

“博弈”又称“对策”，是指利害关系对立的各方按照一定的规则行动，为了使自己在博弈过程中取胜，每一方都要预测对方所采取的策略和手段，需要了解对方对自己所要采取的行动的反应，并在此基础上决定自己的最佳应对方法。

1. 博弈原理的含义

博弈论又称对策论（Game Theory），是研究具有斗争或竞争性质现象的理论和方法，它既是现代数学的一个新分支，也是运筹学的一个重要内容。

博弈思想古已有之。在我国历史上，许多成语故事都讲述了博弈的精彩，如“兔死狗烹”的政治谋算、“退避三舍”的机智斡旋、“田忌赛马”的另辟蹊径等。我国古代的《孙子兵法》不仅揭示与阐述了奇正思想的内涵，还是最早的一部博弈论专著。博弈论最初主要研究象棋、桥牌、赌博中的胜负问题，人们对博弈局势的把握只停留在经验上，没有向理论发展，其正式发展成一门学科则是在 20 世纪初。1928 年，冯·诺伊曼证明了博弈论的基本原理，从而宣告了博弈论的正式诞生。1944 年，冯·诺伊曼和摩根斯坦合著的《博弈论与经济行为》将二人博弈拓展至 n 人博弈结构，并将博弈论系统应用于经济领域，从而奠定了这一学科的基础和理论体系。谈到博弈论也不能忽略博弈论天才约翰·纳什，其开创性论文“n 人博弈的均衡点”和“非合作博弈”等，给出了纳什均衡的概念和均衡存在定理。此外，塞尔顿、哈桑尼的研究也对博弈论发展起到了推动作用。今天博弈论已发展成一门较为完善的学科。

博弈原理的核心就是研究冲突对抗等竞争条件下最优决策问题和不同决策之间的均衡问题。我国古代“田忌赛马”的典故就是著名的博弈。

案例 2-3

田 忌 赛 马

齐国使者到大梁来，孙膑以刑徒的身份秘密拜见，用言辞打动齐国使者。齐国使者觉得此人不同凡响，就偷偷地用车把他载回齐国。齐国将军田忌非常赏识他，并且待如上宾。田忌经常与齐国诸公子赛马，设重金赌注。孙膑发现他们的马脚力都差不多，可分为上、中、下三等。于是孙膑对田忌说：“您只管下大赌注，我能让您取胜。”田忌相信并答应了他，与齐王和诸公子用千金来做赌注。比赛即将开始，孙膑说：“现在拿您的下等马对付他们的上等马，拿您的上等马对付他们的中等马，拿您的中等马对付他们的下等马。”三场比赛结束后，田忌以一场负和两场胜赢得了齐王的千金赌注。

2．博弈原理在营销策划中的应用

策划原理中的“博弈”一词，并不完全等同于数学和经济学中的现代博弈，更不是简单的赌博。博弈在企业营销策划中不仅是一种方法和技巧，更是一种思想，一种观念，对企业市场营销策划活动具有重要的指导意义。博弈原理广泛应用于生物学、经济学、国际关系、计算机科学、政治学、军事战略及其他学科。在价格和产量决策、引进和开发新技术或新产品、市场竞争、渠道开发、促销宣传等多方面的策划过程中，博弈原理都是十分有效的决策工具。例如，在市场竞争过程中，竞争性企业之间存在行业的共同利益，他们通过集体行动维护和实现其共同利益，这样的合作是非零和博弈。管理学有关决策的基本原则中，有一条叫作“满意原则”，意思是不求最优而求满意。这正是博弈在营销策划中所追求的原则，它要求企业在经营中努力寻找决策两极的中点，即平衡点，以更好地指导企业的营销活动。

案例 2-4

“双十一”电商大战的博弈之道

博弈论方法中的囚徒困境理论是用于分析研究具有斗争或竞争性质现象的数学理论和方法。囚徒困境理论讲的是，两个犯罪嫌疑人被关在不同房间受警察审讯，并得知：若两人均坦白，则各判刑五年；若均拒绝坦白，则均以妨碍公务罪判刑一年；若其中一人坦白另一人拒绝坦白，则坦白者直接释放，拒绝坦白者判刑十年。两个囚徒陷入到一个选择困境当中，他们个人的最优选择都是坦白，这就是经典的纳什均衡。

从囚徒困境角度来看，“双十一”电商大战是电商平台商家为追求自身利益最大化而采取的价格竞争手段。面对广大的市场份额，如果各商家按照同一水平的价格经营则能够获得相对均等的利益，但实际上商家要么受利益驱使主动出击进行降价，要么受其他商家的影响而被动参与到价格竞争当中。

（案例来源：张昊民，冼静. 营销策划[M]. 4版. 北京：电子工业出版社，2021）

2.1.4 裂变原理

1. 裂变的含义

裂变，是现代物理学的概念。现代物理学认为原子核能是能够裂变的，原子核在发生核裂变时，释放出的巨大的能量称为原子能。

从市场的角度看，裂变是先以一个（或几个）点为基础，成功地突破了一个（或几个）点后，再进入严格的复制流程，由一个成功的点复制出另一个点，两个点再裂变为四个点……依次类推，先慢后快，逐步推进，从而步步为营，最终快速、高效、全面地启动整个区域市场。

在市场裂变中，点上突破操作方法的科学性、合理性、可操作性和可复制性决定了点上突破的效率，而效率的高低是能否快速启动市场的关键，因而点上突破的操作方法必须符合操作性强、适应面广、简单、易学、易复制的特点。

裂变的方式很多，如海底捞通过口碑传播裂变；拼多多通过拼团裂变；星巴克通过储值裂变（A在星巴克平台上购买卡券或礼品卡赠送给B，B必须通过星巴克平台兑换礼品，如此一来B必然成为平台的新用户，这个裂变形态的难点就在于如何让A用户愿意购买）；支付宝通过老带新裂变（支付宝不止一次推出老拉新送红包的裂变推广活动）；在线教育行业使用分享裂变（在社群中发布消息，分享给好友可以获得免费课程资源）；中国移动采用邀请裂变（中国移动老用户邀新人下载客户端，双方都可获得流量奖励）；等等。

2. 裂变原理在营销策划中的应用

裂变原理应用在营销策划中，就是创意之间的无休止碰撞与互动激发。当策划的能力提高到一定程度后，它所积累、聚合的各种主客观资源及创新思维习惯、实战经验就会产生“核裂变”，不断衍生出更多的新创意、新概念、新模式。

裂变原理在营销策划过程中，表现为营销策划思路不断延伸和丰富，产生一系列的变化，使得营销策划方案的全过程更加完善、更加生动。

裂变原理为人们制订多样化、创新化的营销策划方案，进行营销策划措施、策划目标、策划轨迹、策划重点、策划手段的选择提供了坚实的基础，为营销策划的具体实施提供了“智能”保证。

营销策划是一项系统工程，其主要任务是帮助企业利用开放经济中各种丰富的资源（区域性资源、国内资源和全球性资源；显性资源和隐性资源；可控资源和不可控资源等），运用系统的方法将资源进行新的整合，使其在市场营销过程中产生巨大的“核裂变”效应。

一个项目的策划成功不仅源于企业（产品或服务）战略定位、战略目标和发展理念，更重要的是对产品战略、营销战略的理解和执行。营销策划方案的整体效果与企业家的决策和方案的执行是分不开的。人们力求在企业实力范围内达到利益最大化，但市场成果不仅需要一个优秀的营销策划文案，更需要企业的决策者和整个执行团队正确与出色的执行。一个优秀的营销策划方案加上出色的实施执行所带来的效益的增长既不是算术级数的，也不是几何级数的，而是原子“裂变”级数的。正如比尔・盖茨所说：“创意犹如原子裂变一样，只需一盎司，就会带来无以数计的商业效益。”

2.2　营销策划基本原理

营销策划原理是指通过科学总结而形成的对营销策划活动具有理论指导作用的规律性知识，也可以说，营销策划原理是策划原理在营销实践活动中的应用。营销策划原理具有客观性、稳定性和系统性等特点。营销策划的基本原理如图 2-2 所示。

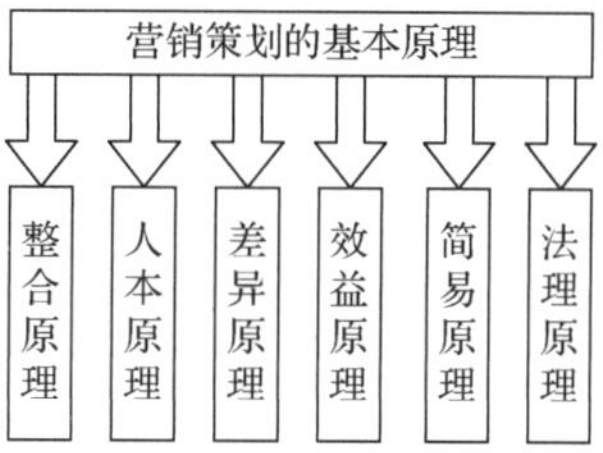

图 2-2　营销策划的基本原理

2.2.1　整合原理

整合原理是指营销策划人员把所策划的对象视为一个系统，将营销策划中各种要素组合起来，即充分考虑企业营销外部影响因素（如政策法规、社会习俗、文化背景、宗教、科技、竞争对手、供应商、分销商、辅助产业、消费者等），发挥其最大的利用价值；把企业营销内部的制约因素（如奖惩制度、员工积极性、产品部门、销售部门、财务部门、人力资源等）调动起来，使每个员工在自己的岗位上发挥最佳水平，让每一个环节顺畅、可行、高效，实现以最小投入获取最大产出，充分让投入营销活动中的每一种资源发挥出最大效能。这样，整体所达到的效果将是任何一种简单的促销策略所达不到的，所产生的效益将是非常可观的。

营销策划的整合原理要求营销策划人员遵循系统原理，把营销活动中所涉及的市场和自身的各种元素、各个层次、各种结构、各个功能按照营销创意、营销策划总目标和阶段分目标的主线集约整合起来，用集合性、动态性、层次性和相关性的观点和方法处理策划对象各个要素之间的关系，以正确的营销理念将各个要素整合统筹起来，通过内部调整、聚合，扬长避短、避实击虚，实现“1+1>2”的系统整体功能。

整合原理要求营销策划要围绕策划的主题将策划所涉及的各方面及构成方案的各部分统一起来，形成一个有机整体。同时，整合原理还强调策划对象的优化组合，包括主附组合、同类组合、异类组合和信息组合等。

营销策划在整合原理指导下，就会产生产品功能组合、营销方式组合、企业资源组合、企业职能组合等多种策划思路。

案例 2-5

宜家的整合服务营销传播

成立于1943年的宜家（IKEA），是全球最大的家具家居用品企业之一。作为一家家居用品零售商，宜家不只销售家居用品，它还销售家居生活场景，传播简约的生活方式。宜家先用4个维度定义“家”：物品、关系、空间、地方，在这4个维度的基础上探索“家”之所以是“家”的原因，然后将这种对“家”的理解通过整合服务营销传播的方式传递给目标顾客。宜家的整合服务营销传播主要体现在以下3个方面。

1. 线下商场陈列设计

宜家商场设计的最大特点是提供大量样板房展示，从厨房、浴室到客厅、卧室，应有尽有，展示了不同功能区搭配不同家具的独特效果。这些场景都是由商场专职设计师设计的，每个展示空间都标注了相关尺寸。场景中提供的所有商品皆是可购买的，所见即所得，顾客可以轻松地在自己家实现场景复制。

“人们只会买适合自己家的产品，而不会买一个看上去孤零零的东西。”宜家新闻总监霍尔特曾这样解释宜家的营销逻辑。就像跟着专业人士学服装穿搭一样，对顾客来说，来宜家找家装设计灵感往往比买东西更重要。

2. 精细化的触点管理

宜家的服务理念是“使购买家具更为快乐”，因此在任何有可能和顾客产生接触点的地方（不管是商场设计还是服务方式），宜家都尽量使其显得自然、和谐，让顾客感到温馨和满意。实际上，顾客从走进宜家开始，就能感受到宜家的良苦用心。

在入口处，宜家为顾客提供铅笔、卷尺和纸张，以方便顾客进行测量和记录。在选购过程中，除非顾客提出需要帮助，否则宜家的店员不会上前打扰，以便让顾客有一个最佳的购物氛围。为了让顾客掌握全面真实的产品信息，宜家还精心制作了详细的标签，告知产品的购买指南、保养方法和价格。如果顾客逛累了，还可以在商场内的宜家餐厅小憩一会儿，点上一杯咖啡或是一碟北欧风味的点心……如果顾客购买宜家的产品后觉得不合适，没有关系，宜家非常体贴地为顾客解除后顾之忧：可在购物60天内（宜家俱乐部会员可在365天内）发起退货申请，特殊商品（食品、植物、处理商品）、定制商品等除外。细节的完美设计和完善的售后服务不仅为宜家赢得了良好口碑，还提升了宜家的品牌形象。

3. 线上社会化媒介传播

宜家是社会化营销的先行者。家居是与生活息息相关的一个行业，围绕这一主题宜家生产了大量具有特色的产品，并在全球多个社交媒体上进行宣传，不仅将大量顾客吸引到网站或者实体店，进而转化为交易，还通过对产品及服务亮点的挖掘，打造出独特的品牌形象。

很多宜家的顾客最初都是被线上传播的宜家场景图片所打动，进而成为宜家忠实顾客的。这些场景图片暗藏社交货币，会让人忍不住去传播、去分享。深谙口碑传播之道的宜家的核心策略是让顾客成为品牌的传播者，采用看似原始、笨拙，实则高效、完美的口碑营销，而非硬性广告。

（案例来源：李巍. 服务营销管理：聚焦服务价值[M]. 北京：机械工业出版社，2019）

2.2.2　人本原理

人本原理是指营销策划以人力资源为本，通过深入探究消费者的需求动机、发挥营销策划者的创造性、调动企业员工的积极性，制订并实施优秀的营销策划方案，来促进和推动企业发展的理论。这里的人主要是指消费者，也包括企业员工和营销策划者。在制订营销策划方案时，一方面要调动和激发企业内部相关人员的积极性和创造性，以企业员工的智慧来充实和丰富营销策划方案；另一方面在营销策划方案中也要体现“以消费者为中心”的理念，把企业行为与消费者紧密地连接在一起，以人文精神来表现产品对人的情感的理解和关怀。因此，营销策划不能脱离企业内部员工和企业外部目标消费者而孤立地设计，否则就会导致策划活动劳而无功。另外，人本原理强调利用人与自然之间的和谐，激发人对自然的利用、开发和保护的热情，从而达到资源的优化配置。人本原理特别崇尚“天人合一”的理念，即营销策划要把企业发展、社会发展和自然生态建设统一起来，达到绿色营销策划的最高境界，以实现可持续发展，维护人类的根本利益。

案例 2-6

海底捞：将服务细节做到位

北京有一个知名的火锅品牌——海底捞，这是一家来自四川简阳的火锅店。根据 2019 年海底捞发布的年报，海底捞全年实现收入 265.56 亿元，全球共有门店 768 家。它之所以能在北京餐饮市场异军突起，最重要的原因就是其对服务细节的追求和对人文的关怀。

通常而言，就餐排队是让大家极其厌烦的事。海底捞却通过一系列创新性的举措成功地解决了这一问题。当顾客在海底捞等待区排队时，热心的服务人员会立即送上免费的西瓜、苹果、花生、豆浆、柠檬水等食品和饮料；顾客可以在等待区打牌、下棋、免费上网；女士可以享受免费美甲，男士可以享受免费擦皮鞋等服务。

在点菜时，如果顾客点得过多，服务员会及时提醒顾客。此外，服务员还会主动告知顾客，各种食材都可以点半份。

在用餐过程中，服务员会主动为顾客更换热毛巾；会给长头发的女士提供橡皮筋、小发夹；给带手机的顾客提供小塑料袋子装手机以防进水。当然，他们不会忘了给每位顾客提供围裙，以防止就餐时汤汁溅到衣服上。

海底捞的卫生间不仅环境整洁，还配备了一名专职人员为顾客服务。

一般的餐馆在顾客吃完饭后会送上一个果盘，但在海底捞，如果你向服务员提出多给一个果盘的要求，他们会面带微笑地说没问题，随后立即从冰柜里拿出果盘送给你。

这些服务会让顾客感到满意、欣喜和感动，让顾客产生“下次还要来”的想法。

（案例来源：李巍. 服务营销管理：聚焦服务价值[M]. 北京：机械工业出版社，2019；海底捞 2019 年年度报告）

2.2.3 差异原理

《孙子兵法》中说："兵无常势，水无常形"。唯物主义辩证法要求认识事物必须从实际出发，具体问题具体分析。差异原理是指在不同时期、对不同主体、视不同环境做出不同选择的理论体系。策划者在进行营销策划的过程中必须审时度势，用动态的观念从客观存在的市场环境、策划对象、消费者等具体情况出发，因事制宜地进行营销方案的设计和制订。这就是说，营销策划活动没有固定的模式，营销策划工作不可以模仿或者生搬硬套。不同的策划主体和客体，以及不同的时空和环境都决定了营销策划方案必须具有差异性、灵活性、应变性及适应性。那种不考虑客观环境变化而盲目照搬别人现成营销策划"模式"的行为本身就违背了营销策划的内涵，是进入营销策划误区的行为。当然，对于那些没有经验的初学者来说，一段模拟学习的过程是必不可少的，也是不可避免的。但真正的营销策划不能停留在模仿的水平上，必须有创意、有新意。在激烈的市场竞争中，只有有创意、有新意的营销策划方案才能真正达到出奇制胜。

2.2.4 效益原理

企业的直接目标是盈利，企业如果不能实现利润就失去了存在的价值。在进行各种活动时，企业的目标都要与其效益性相一致，这种效益既可能是短期的，也可能是长期的。同样，企业在进行营销策划时也要注重其投资回报率，不要为策划而策划，要抓住最根本的东西，即营销策划活动能为企业带来的效益（包括经济效益、社会效益）是多少。效益原理是指在营销策划活动中，以成本控制为中心，以追求企业与策划者双重经济效益和社会效益为目的的理论体系。营销策划效益是策划者和策划对象谋求的终极目标，企业之所以要进行营销策划，就在于它能使企业的市场份额迅速扩大，使企业的品牌知名度和美誉度快速提升，从而实现企业的经济效益和社会效益。营销策划如果不能为企业带来理想的销售量、合理合法的利润，那么它就丧失了实际意义。

2.2.5 简易原理

营销策划中的简易原理是指在营销策划过程中，使营销策划方案简便、易行，并能达到策划的最佳效果的理论体系。一套营销策划方案能否化繁为简，是否简洁明了，是否切实可行，最能反映策划者的策划水平。

在营销策划过程中，策划者不可能事先设计好全部的策划方法和执行过程。这就要求策划者在营销策划中抓住主要矛盾，重点解决关键问题，着重从整体上把握事物变化的总趋势，随时进行策划方案的调整和反馈控制，最终实现事前设定的目标。

2.2.6 法理原理

兵法上说，"用赏贵信，用刑贵正"。法理原理是指在营销策划过程中，一定要了解和掌握国家法律法规，在法律法规范围内进行营销策划工作的理论体系。不同国家、不同地区在不同历史时期的法律会有所不同，因此一项策划有可能在一国是合法的，而在另一国是违法的；或者在一国的昨天是合法的，而在今天是违法的。所以，要从事某项策划，就必须先从法学的角度去思考问题，以保证营销策划的合法性。

策划需要创新，而创新往往蕴含着越界、违法的可能性。如何保证策划既合法又创新，确实是一个难题。可见，无论从事何种策划，都要有法律意识，都要研究策划方案在法律方面的可行性，也就是说，策划者必须掌握一定的法学知识，包括广告法、反不正当竞争法、经济法以及国家制定的各种相关的法规、政策等。这样才可能避免因对法律的无知而造成对他人的无意伤害或不正当竞争的发生。

案例 2-7

同仁堂的诚信观

同仁堂是中国药业一块响当当的金字招牌，它历经 300 多年而长盛不衰，是道德信念创造了奇迹。同仁堂最重要的经验就是继承发扬传统，以诚信为本。同仁堂人坚信，是对顾客、对职工、对股东、对中国药业的诚信创造了同仁堂今天的非凡成就。

提起同仁堂，人们必然会想起他们坚持了 300 多年的古训“炮制虽繁，必不敢省人工；品味虽贵，必不敢减物力。”同仁堂的中成药有丸、散、膏、丹等，有的中药材在加工过程中还要通过炮制来减毒增效。中成药的加工过程十分复杂，但是同仁堂从来都不偷工；用于加工中成药的中药材，有的价格十分昂贵，如参茸燕草、麝香牛黄等，但是同仁堂从来都不减料。

正是因为有这样的传统，同仁堂才成为品牌、名店。“修合无人见，存心有天知”，这是同仁堂一位老药工对古训的理解和注释。正是企业职工坚持这种诚信为本的慎独自律精神，才保证了同仁堂每一道制药工序的质量，保证了同仁堂品牌的含金量。同仁堂人至今仍坚持“以义为先，义利并举”“以人为本，同修仁德，济世养生”的信念。同仁堂人 300 多年言行铸就了以诚信为本的商业精神。

同仁堂的价值取向源于“可以养生、可以济人者唯医药为最”的创业宗旨。它所体现的正是儒家思想的核心——“仁、德、善”。因此，“患者第一，顾客至上”始终是同仁堂追求的最高境界。

同仁堂质量文化是指以药品疗效为核心的全面质量保障体系和现代制药规范，可以概括为“安全有效方剂、地道洁净药材、依法科学工艺、对症合理用药”。这是一种对药品质量高度负责的文化理念，渗透于同仁堂的制药、营销管理等各项工作中。

同仁堂的经营理念是“诚信为本，药德为魂”，具体体现是以患者为中心的“以义取利，义利共生”的行为理念。它所形成的是“德、诚、信”的思想和诚信文化。

企业，要见利思义，不能见利忘义；要取之有道，不能取之无道。

（案例来源：宁德煌. 市场营销学：生活、营销与智慧[M]. 北京：机械工业出版社，2020）

以上营销策划原理应贯穿于营销策划的全过程。在营销策划的实际运用中，由于策划对象不同，策划者可以依据单个营销策划原理，也可以依据几个营销策划原理解决问题。总之，策划者要根据营销策划的基本原理和规律，结合策划的实际，进行创新性的营销策划。

案例分析

可口可乐与百事可乐的营销策划博弈战

世界上第一瓶可口可乐于1886年诞生于美国，这种饮料本来只是一位药剂师的偶然发明，他试图用它来治疗感冒，没想到它却以不可抗拒的魅力征服了全世界。百事可乐也是作为药水被发明的，1898年同样是药剂师出身的布拉德配制了一种治疗消化不良的药水，这款药水就是百事可乐的前身。在很长一段时间里，百事可乐都跟随在可口可乐后面奋力追赶，甚至曾经一度希望对方收购自己，但遭到了可口可乐的拒绝。20世纪60年代之后，百事可乐采取了进攻策略，一方面进行降价竞争，另一方面借助于"新一代的选择"这一口号重点开发年轻一代的市场，成功缩短了与可口可乐之间的距离。但在传统碳酸饮料市场以及品牌价值方面，蓝色百事可乐始终在红色可口可乐的阴影之下。进入21世纪以后，这种局面似乎开始转变，在2004年4月《福布斯》杂志评选的"全美最有价值公司品牌"中，百事可乐首次超越一直以品牌价值为傲的可口可乐。

1. "新"可乐挑战"老"可乐

世界上第一瓶百事可乐比可口可乐的问世晚了12年，它的味道同配方绝密的可口可乐相近，于是便借可口可乐之势取名为百事可乐。可口可乐那时早已声名远扬，控制了绝大部分碳酸饮料市场，在人们心目中形成了定势，一提起可乐，就非可口可乐莫属。而百事可乐在第二次世界大战以前一直不见起色，曾两度处于破产边缘。尽管在美国经济大萧条时期和第二次世界大战期间，百事可乐为了生存，不惜将价格降至5美分/镑（可口可乐价格的一半），以致差不多每个美国人都知道"5分镍币可以多买1倍的百事可乐"，但是百事可乐仍然未能摆脱困境。

在饮料行业，可口可乐和百事可乐，一个是市场领导者，一个是市场挑战者。作为市场挑战者，有两种战略可以选择：一是向市场领导者发起攻击以夺取更多的市场份额；二是参与竞争，但不让市场份额发生重大改变。显然，经过近半个世纪的实践，百事可乐发现，后一种战略连公司的生存都不能保障，是行不通的。于是，百事可乐开始采取前一种战略，向可口可乐发出强有力的挑战。

2. 百事可乐的一代

第二次世界大战后，出现了一个对百事可乐的发展非常有利的环境。美国在第二次世界大战后成长起来一大批年轻人，他们没有经历过大萧条和战争，自信乐观，与他们的前辈们有很大的不同，他们喜欢新鲜事物，这为百事可乐开展"新一代"的营销活动提供了基础。

但是，这一切都是在1960年百事可乐把它的广告业务交给BBDO广告公司以后才明白过来的。当时，可口可乐以5∶1的市场份额的绝对优势压倒百事可乐。BBDO广告公司分析了消费者构成和消费心理的变化后，将火力对准了可口可乐的"传统"形象，努力把百事可乐描绘成年轻人的饮料。经过4年的酝酿，"新一代的选择"的口号正式面市。当10年后，可口可乐试图对百事可乐针对下一代的广告做出反应时，其与百事可乐的市场份额的比例已降至2∶1了。而此时，BBDO广告公司又协助百事可乐制定了进一步的战略，即向可口可乐发起全面进攻，被世人称为"百事可乐的挑战"。

1975 年，百事可乐在达拉斯进行了品尝实验，将百事可乐和可口可乐都去掉商标，分别以字母 M 和 Q 做上暗记，结果表明，百事可乐比可口可乐更受欢迎。随后，BBDO 公司对此大肆宣扬，在广告中表现的是：可口可乐的忠实主顾选择标有字母 M 的百事可乐，而标有字母 Q 的可口可乐却无人问津。广告宣传完全达到了百事可乐和 BBDO 广告公司的预期目标：让消费者重新考虑他们对“老”可乐的忠诚，并把它与“新”可乐相比较。可口可乐对此束手无策，只能指责这种做法不道德，并且吹毛求疵地认为人们对字母 M 有天生的偏爱。结果是百事可乐的销售量猛增。

1983 年年底，BBDO 广告公司又以 500 万美元的代价，聘请迈克尔 · 杰克逊拍摄了两部广告片。这位红极一时的摇滚乐歌星为百事可乐赢得了年轻一代的心，广告播出才一个月，百事可乐的销售量就直线上升。据百事可乐统计，在广告播出的一年内，大约 97%的美国人收看过该广告，人均观看次数达 12 次。

几乎与此同时，百事可乐利用可口可乐和包装商们的利益纷争，以及美国联邦贸易委员会对饮料行业特许包装体制的反对，争取过来数家包装商，并且让可口可乐遭受了一次非常公开的挫折——1984 年 5 月，汉堡王因不满可口可乐转向其竞争对手麦当劳，而给了百事可乐一份合同，让它为全美 2300 家汉堡王快餐店提供 3000 万升饮料，仅此一项业务每年就可为百事可乐增加 3000 万美元的收入。汉堡王的“倒戈”，令百事可乐获益匪浅。

3. 色彩：红与蓝

实际上，可口可乐和百事可乐的商标设计可能最能反映二者的特色和定位。

可口可乐选用的是红色，在鲜红的底色上印着白色的草书“Coca-Cola”字样，白字在红底的衬托下，有一种悠然的跳动之态，草书则给人以连贯、流线和飘逸之感。红白相间，用色传统，显得古朴、典雅而又不失活力。

百事可乐则选用了蓝色，在纯白的底色上印着类似中国行书的蓝色字体“Pepsi Cola”，蓝字在白底的衬托下十分醒目，呈活跃、进取之态。百事可乐的颜色与它的公司形象和定位达到了完美的统一。

4. 从真空地带着手

百事可乐不仅在美国市场上向可口可乐发起了最有力的挑战，还在世界各国市场上向可口可乐发起了挑战。

在美国市场，百事可乐因为可口可乐先人一步的优势已经没有多少生存空间了。因此，百事可乐的战略是进入可口可乐尚未进入或进入失败的“真空地带”。当时的董事长唐纳德 · 肯特经过深入考察调研，发现苏联、中国以及亚洲、非洲等地区的国家还有大片空白地区可以有所作为。

1975 年，百事可乐公司以帮助苏联销售伏特加酒为条件，取得了在苏联建立生产工厂并垄断可乐销售的权力，成为美国闯进苏联市场的第一家民营企业。这一事件立即在美国引起轰动，各家主要报刊均以头条报道了这条消息。

在以色列，可口可乐抢占了先机，先行设立了分厂。但是，此举引起了阿拉伯国家的联合抵制。百事可乐见有机可乘，立即放弃得不到好处的以色列，大举进入中东其他市场，使百事可乐成了阿拉伯语中的日常词汇。

20 世纪 70 年代末，印度政府宣布，可口可乐只有公布其配方，才能在印度经销，结果双方无法达成一致，可口可乐撤出了印度。百事可乐的配方没有什么秘密，因此百事可乐乘机以建立粮食加工厂、增加农产品出口等作为交换条件，打入了印度这个重要的市场。

百事可乐在拓展国际市场时，一直将尼克松视为它的秘密武器。20 世纪 60 年代尼克松竞选失败后，百事可乐仍然积极给予其支持，以年薪 10 万美元的报酬，聘请尼克松为百事可乐的顾问和律师。尼克松则利用自己的关系周游各国，兜售百事可乐，并且在竞选美国总统成功后，任命唐纳德·肯特为总统经济政策顾问，使其有机会影响经济政策，从而为百事可乐创造了在世界市场与可口可乐竞争的有利地位。

由此可见，在与可口可乐角逐国际市场时，百事可乐很善于依靠政界，抓住特殊机会，利用独特的手段从可口可乐手中抢夺市场。

2020 年，可口可乐全年营收为 330.14 亿美元，同比下降 11.0%；净利润为 77.68 亿美元，同比下降 14.0%。同年，百事可乐全年营收为 703.72 亿美元，同比上升 4.8%；净利润为 100.8 亿美元，同比下降 2.0%。

（案例来源：杨勇. 市场营销学实务教程[M].北京：中国财富出版社，2018；可口可乐及百事可乐 2020 年财报）

思考题：

1. 简单分析百事可乐的博弈策略。
2. 二者的博弈过程对我国企业有哪些启发？

策划专家之二　　第 2 章　在线答题

第3章

营销策划调研

本章教学目标与要求

（1）了解营销策划调研的含义、特征、原则和作用；

（2）熟悉营销策划调研的流程和内容；

（3）掌握营销策划调研的方法和调研报告的编制。

本章知识架构

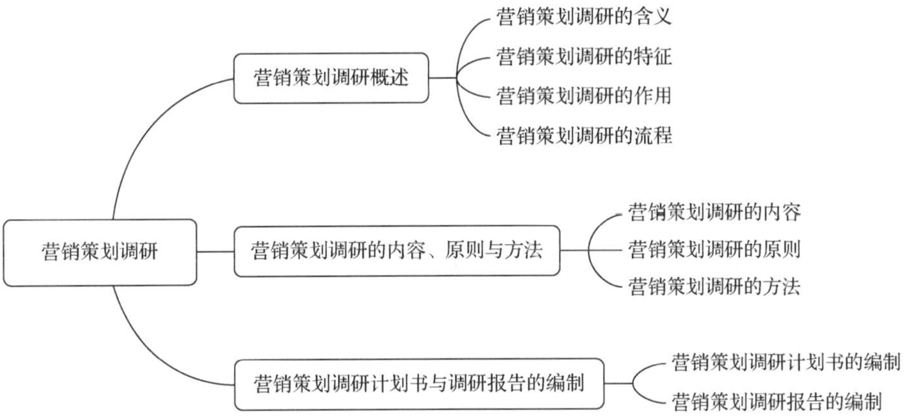

导入案例

如何了解消费者的新需求

目前，中国已成为世界制造业大国和消费大国。根据国家统计局数据，2019年中国人均GDP突破1万美元。这就导致了两个问题：一是休闲时代的消费升级带来新需求浪潮；二是中国不缺生产能力，但缺乏满足消费者新需求的供给能力。不同的时代有不同的新需求。对于企业来说，良性增长是建立在消费者的新需求基础上的。那么，如何捕捉消费者的新需求，进而开发新产品、新服务？

方法一：走进消费者的生活方式和工作方式。

走进消费者的生活方式和工作方式，去洞察消费者的痛点，设计新产品、新服务。

案例企业：无印良品。

首先，无印良品成立了产品顾问委员会，其主要工作是确定无印良品产品的概念方向。顾问委员会每个月都会召开一次会议，董事长、总裁以及公司管理层都必须参加。每种产品在投入生产之前，都需要询问顾问委员会的意见。

其次，无印良品会深入目标消费者的日常生活场景中去观察。无印良品会与员工亲属或朋友的家庭签约，派遣工作人员定期到这些家庭待几天，观察他们的日常生活。工作人员会站在消费者的角度来看他们到底有什么样的需求，或他们在使用产品时有哪些不适，并将这些问题整理出来。他们在观察期间也会将很多物品拍成照片，整理成册，拿回公司讨论。这些收集到的信息和图片是无印良品进行产品开发时非常重要的参考资料。

最后，无印良品还通过一个专门的机构“生活良品研究所”收集客户的反馈。生活良品研究所周一整理汇总客户意见，周五将这些意见反馈给相关部门，相关部门必须在第二周的周一针对客户反馈给出一个答复。借助IT系统，整个公司都可以看到这些客户意见。

无印良品给我们的启发是，就家具以及日用品而言，最好的办法是扎根市场，不断研究消费者的使用习惯，渐进式改良产品。

方法二：研发人员从后台走向前台。

要将产品与各地消费者的需求结合起来，产品研发和市场调研是关键。而产品研发的关键在于设计师，市场调研的关键在于各地消费者的参与。

在很多行业，企业的市场调研往往是滞后的，即需要在产品上市以后根据市场反应来调整。在智能互联时代，市场调研可以前置，企业可以借助信息技术和社群工具，将消费者组织起来，一起做产品研发，也就是把“产品研发链”有效延伸到消费端。

案例企业：以纯和西贝莜面村。

以纯将全国400多位独立的服装设计师组织在一起做研发。以纯设计师在作品打样后，就会带着样品奔赴全国各地门店，与当地的消费者沟通，了解各地消费者的个性化需求与建议。通常，以纯各地连锁门店的店长会邀请VIP顾客和设计师一起座谈，征求这些意见领袖的意见，设计师在此基础上调整产品的款式或面料，使产品既符合时代潮流，又贴近各地的消费者。

西贝莜面村有个标准化的营销动作——亲子私房菜，即由西贝莜面村的厨师带领家长和孩子们一起学习几道拿手菜。厨师本来是后台工作人员，通过这种方式就变成了前台工作人员，可以与各地的消费者深度沟通交流，这对厨师开发新菜品具有很大的参考意义。

（案例来源：崔德乾. 良性增长，你必须捕捉到这个点[J]. 销售与市场(管理版)，2020(1): 82-84）

从导入案例可以看出，第一，营销策划调研是营销策划活动的起点，并贯穿于营销策划活动的全过程；第二，营销策划调研要有明确的调研方向和调研目标，这样可以大大提高调研的效率和调研结果的质量，从而为营销策划决策提供较为可靠的数据支持；第三，通过营销策划调研，企业可以把握市场趋势，及时调整经营策略。营销策划调研，就是依据哲学的原理，利用数学、统计学工具，采用传统的和现代的方法，对目标市场进行客观的调研以及深入的分析，系统地收集、整理、归纳对营销策划有意义的数据和资料，以辨明威胁和机会，为制订市场营销策划方案奠定坚实的基础。本章主要讲授市场营销策划调研的科学程序、特征、内容、方法及调研计划书、调研报告的制作。

3.1　营销策划调研概述

3.1.1　营销策划调研的含义

营销策划调研是指运用科学的方法，有目的、有计划、有步骤，系统地收集、记录、整理、分析、评价目标市场的各种市场信息以及发展变化趋势，为营销策划决策与实施提供可靠依据的活动过程。

理解营销策划调研，需要注意以下 3 点。

① 营销策划调研是策划者组织的一次有明确调研目的的活动。它是策划者为获得营销策划信息而开展的调研活动。

② 营销策划调研是一项对市场信息进行搜集和处理的工作。它运用科学的方法对市场营销信息进行收集、整理和分析，为营销策划提供可靠依据。

③ 营销策划调研是一个系统的工程。它不是简单的资料收集、整理和分析活动，它包含了对市场信息进行判断、分析、研究和传播等多项活动。它是一个经过周密策划、精心组织、科学实施的活动，它包含了一系列工作环节、调研步骤及调研成果汇总等。

3.1.2　营销策划调研的特征

只有采取科学的调研方法，才能获得科学的、真实的调研结果。营销策划调研具有 10 个特征，如图 3-1 所示。

1. 科学性

为了做好营销策划工作，策划者在进行营销策划调研时，必须以科学的方法为指导；在调研过程的设计上，必须按照科学的程序进行；在调研方法的选择上，必须根据科学的原理，选择最恰当的分析问题和解决问题的方法；在调研报告的编制上，必须克服营销策划调研人员的个人偏见和主观影响以及其他人员的干扰，以科学的态度向决策者提供研究报告。调研方法选择不当，或为了迎合某些领导人的意见而提供研究报告，都会给营销策划带来不利影响。

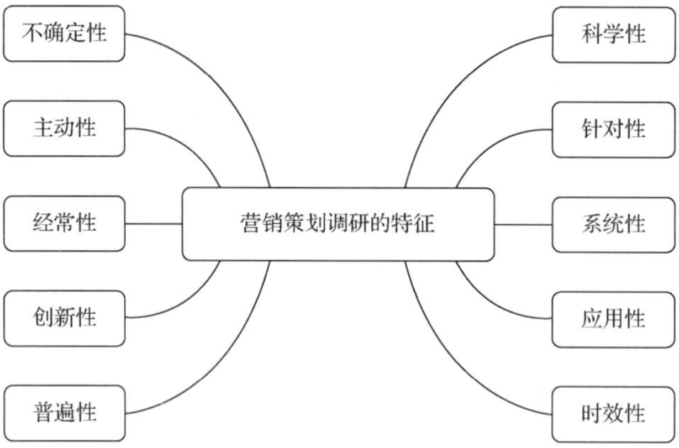

图 3-1　营销策划调研的特征

2. 针对性

营销策划调研要根据调研的目的开展。正如导入案例中所提到的，营销策划调研要有明确的调研方向和调研目标。因为这样可以大大提高调研的效率和调研结果的质量，从而为营销策划和经营决策提供较为可靠的数据支持。

3. 系统性

营销策划调研是一项相当复杂的工作，需要周密的计划、精心的组织和科学的实施，不仅要采用科学的理论和方法，更要做好先进的组织和管理。另外，还要认真系统地进行营销调研，根据零星的、非系统的调研获得的不完全的信息进行决策，将会使策划工作出现重大失误，给企业造成不可挽回的损失。

案例 3-1

海尔集团的“小小神童”洗衣机

家电行业曾有一种说法，即“电风扇一转，洗衣机玩完”，意思是说一到夏天，人们习惯用手洗衣服，而不再使用家里的洗衣机，洗衣机的销售就会进入淡季。海尔集团通过调查发现，之所以出现这一现象，是因为市场上销售的全是容量 5 千克左右的大型洗衣机，每天用它来洗少量的衣物，会造成水、电的浪费。同时，海尔集团还发现，大城市的消费者习惯每天换洗衣服，即使不脏也要洗。

为了适应这一市场需求，海尔集团决定推出微型洗衣机。通过检索专利文献，海尔集团发现国内在这一领域已有一些专利申请，但专利技术方案并不完善，尚不足以形成有效的保护范围，而且其中有的专利已经被放弃。海尔集团的设计人员从这些公开技术中获得了灵感，明确了再创新的目标和方向，进而推出了可进行三档水位调节的容量为 1.5 千克的“小小神童”洗衣机，即便是一件衬衣、一双袜子、一个手帕，也可以用该洗衣机及时洗净。为了有效保护这一新产品，在产品上市之前，海尔集团申报了 12 项专利，从外观设计到内部结构，所有的新技术均申请了专利。“小小神童”在上海等大城市一亮相，就立即成为热销产品，当时仅上海市场一年的销售量就达 100 万台。在此基础上，海尔集团又开发出十几代拥有不同洗涤方式的“小小神童”，每一代产品都申请了全面的专利保护。

面对业已成熟且竞争激烈的家电市场，海尔集团重视市场调查，根据消费者的生活需要和生活习惯，有针对性地开发新产品，从而取得了骄人的业绩。

（案例来源：杨勇. 市场调查与预测[M]. 2 版. 北京：机械工业出版社，2021）

4. 应用性

每一次调研都是为某项营销策划活动做准备，是为了帮助解决特定的营销问题，或者说是营销策划和决策活动的前奏。营销策划调研是一种具有明确使用目的的应用性调研。策划者可以通过考察企业的资源配置情况，以及对企业可能面临的市场状况进行深入细致的市场研究，制订出系统的适应企业实际状况的营销策划方案。

5. 时效性

市场环境是开放的、动态的，会随着时间的变化而变化，随着社会经济的发展而不断发展。例如，随着国家经济政策的调整，市场会发生相应的变化，一定时期的流行产品会突然无人问津，而滞销产品也可能在一定时期以后成为新的畅销产品。营销策划调研是在一定的时间范围内进行的，它所反映的只是某一特定时期的信息和情况，只在一定时期内具备有效性，也就是说，营销策划调研具有时效性。

6. 普遍性

任何企业都面临同样多变的市场环境，包括宏观环境和微观环境。环境是客观存在的，我们无法改变，但可以积极地去认识，从而更好地去适应。营销策划同样如此，只有适应环境变化的营销策划才是合适的策划，所以任何营销策划都离不开市场调研活动。从这个角度来说，营销策划调研具有普遍性。

7. 创新性

营销策划调研工作虽然有一定的程序可循，也有可供选择的研究方法，但是，针对具体的调研问题，策划者必须发挥其创新性，设计科学合理的调研方案，选择科学的调研方法，有时甚至还要针对调研问题的特殊性创造出新的调研方法。在营销策划调研中，一定要根据每个调研项目的特点，创新性地开展营销策划调研活动，绝不能将一个项目上的调研方法完全照搬到另一个调研项目上。

8. 经常性

营销策划调研不仅是营销策划活动的起点，还贯穿于市场营销策划活动的全过程。也就是说，只要进行营销策划，就需要开展市场信息的收集、整理、分析和评价工作。严格来讲，每天都必须开展非正式的市场调研。从这一角度来说，任何策划者都必须开展经常性的市场调研，并可以通过电子信息系统来加强经常性调研，实现调研信息的共享。

9．主动性

营销策划调研是一种有目的的、主动性的活动，体现了策划者对市场营销环境的主动了解和掌握。而持续、系统的营销策划调研增强了策划者了解和掌握市场信息的主动性和自觉性，减少了营销策划的盲目性和主观性。策划者必须通过有针对性地开展深入细致的营销策划调研，及时捕捉有关产品价格、供求、竞争对手状况及消费者心理趋向等各类市场信息，对影响目标市场和营销组合的因素有一个透彻的了解和掌握，这样才可能做出一个优质的营销策划方案。

10．不确定性

尽管营销策划调研是建立在严密的程序、科学的技术基础之上的，但诸多的不确定因素，又使得市场营销策划调研具有一定的不确定性。

3.1.3　营销策划调研的作用

营销策划调研是营销策划工作的基础，没有深入细致的营销调研，整个策划工作就如同无源之水，无本之木。营销策划调研的作用可以归纳为 4 个，如图 3-2 所示。

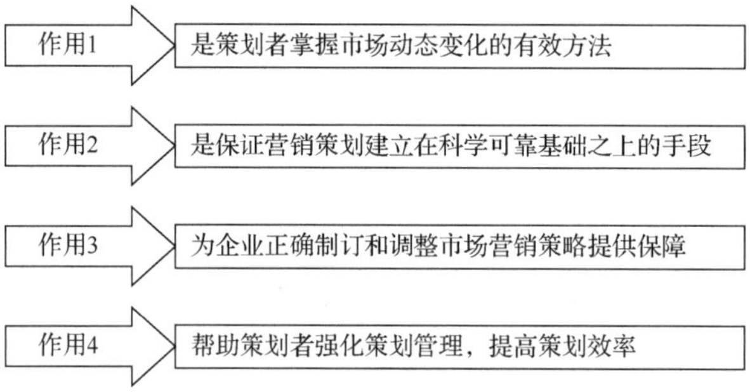

图 3-2　营销策划调研的作用

1．营销策划调研是策划者掌握市场动态变化的有效方法

随着我国社会主义市场经济体制的逐步健全和完善，营销策划所面临的市场环境也发生了重大变化，消费者的可支配收入不断增长，消费的多样化、差异化越来越显著，市场竞争越来越激烈。为了保障营销策划的可靠性和可行性，就必须及时了解和掌握复杂多变的市场变化情况；为了使营销策划更好地促进产品销售、加快产品的更新换代、满足消费需求，就必须加强营销策划调研。

2．营销策划调研是保证营销策划建立在科学可靠基础之上的手段

营销策划调研，不仅可以使策划者搜集、掌握比较系统的、全面的营销信息，还可以使他们对客观环境变化带给企业的机会和威胁的分析研究更符合实际，使营销策划建立在科学可靠的基础上，减少预测的误差和决策的失误，将企业的经营风险降至最低。营销策划调研工作是整套策划方案的基石，只有充分掌握产品特点、消费者需求、市场变化，才能精准地找到策划的定位，推出符合市场的全新策划方案。

3. 营销策划调研为企业正确制订和调整市场营销策略提供保障

策划者通过市场营销策划调研，可以了解市场营销环境的变化趋势，掌握市场竞争态势，从实际出发，制定可行、合理的市场营销策略；对现行的各种营销策划方案的实施情况进行及时的信息反馈、评价，为修订、补充和完善现行的营销战略和策略，使之更加适应营销环境的变化和要求提供了依据和保障。

4. 营销策划调研帮助策划者强化策划管理，提高策划效率

营销策划注重的是科学化和理性化的管理，它是建立在大量的科学数据和文字资料基础之上的。营销策划不能凭经验，而是要以对大量市场信息资料进行分析后的结果为依据，做出科学的策划，因此，重视营销策划调研是提高营销策划质量的基础。营销策划只有有效地调动现有资源，并合理调配、进行最优组合，才能达到降低策划成本、减少策划损耗的目的，从而为策划对象降低成本、增加盈利、提高效益。

总之，营销策划调研是整个营销策划活动的基础，没有前期的营销策划调研，后续的一系列策划方案都将失去意义和价值。搞好营销策划调研，对于掌握市场变化动态，进行科学预测、决策，制定、评估和完善营销战略与策略，对于向企业提供可靠的营销策划实施方案，促进企业经营状况改善，帮助企业进一步发展，具有十分重要的意义。

3.1.4 营销策划调研的流程

为了迅速、准确、高质量地收集有关市场信息资料，营销策划调研必须依照一定的科学方法有步骤地进行，营销策划调研一般要经过准备调研、正式调研、结果处理 3 个阶段，这 3 个阶段又包含 6 个步骤，如图 3-3 所示。

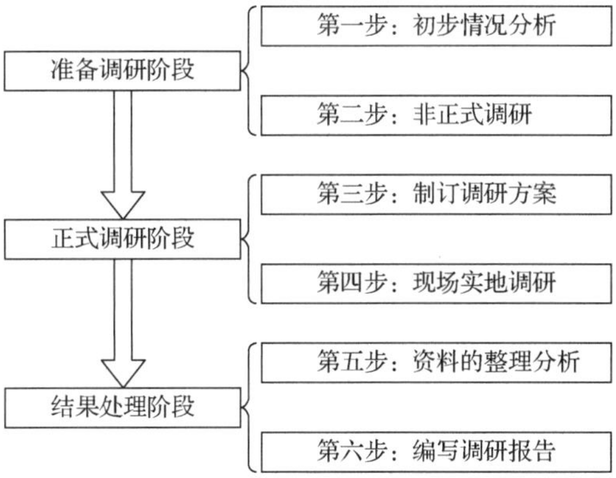

图 3-3　营销策划调研的流程

1. 准备调研阶段

营销策划调研的主要目的是通过收集与分析资料，研究解决企业在市场营销中存在的问题，针对问题拟定正确可行的改进方案。因此营销策划调研要从企业的实际出发，对生产经营活动的现状进行全面分析研究，确定问题之所在并根据问题的轻重缓急确定调研范围。例如，某企业的某种产品近几个月来销售量一直处于下降状态，原因是什么呢？是顾

客对产品质量不满意？是售后服务工作没跟上？是促销宣传费用减少，是竞争对手采取了新的营销对策，还是宏观经济形势发生变化造成的？为了弄清和确定问题之所在及对应的调研范围，一般要先进行初步情况分析和非正式调研。

① 初步情况分析。问题明确后，为了使营销策划调研具有针对性，调研人员可收集企业内外部有关资料（包括各种报表、记录、统计资料、用户来函、财务决算、综合及专题报告、政府部门公布的有关信息），对问题进行初步的分析，以便掌握足够的背景资料，使正式调研范围缩小。

② 非正式调研。非正式调研又称试探性调研，调研人员应根据调研问题和初步情况，在小范围内做一些试探性的调研，如向企业内部有关人员、精通调研所涉及问题的专家、相关人员及有代表性的用户主动征求意见，听取他们对这些问题的看法和意见。

如果通过非正式调研已经找到问题的症结、备齐所需的资料，并提出了解决问题的方案，就无须进行正式调研。否则，就应当进行正式调研。

2．正式调研阶段

① 制订调研方案（详见 3.3 节）。调研方案主要包括以下内容：确定营销策划调研主题；确定资料的来源和收集方法；准备所需的调研表格；进行抽样设计。

② 现场实地调研。现场实地调研就是调研人员按确定的调研对象，通过各种方式方法到现场获取资料。现场实地调研工作的好坏，将直接影响调研结果的正确性，因而必须由经过严格挑选并加以培训的调研人员按规定进度和方法获取资料。

调研人员一般应有一定的文化水平和工作经验，了解本企业的基本情况，具备市场营销学、营销策划学、统计学和企业生产技术等方面的知识，性格外向，善于与陌生人沟通，工作认真，有克服困难的信心和勇气。

3．结果处理阶段

① 资料的整理分析。这一步骤是对营销策划调研收集到的零散杂乱的资料和数据进行审核、分类和统计制表等。审核是为了发现资料的各种错误和误差，剔除因抽样设计有误、问卷内容不合理、被调研者的回答前后矛盾等导致的错误，保证资料的系统、完整和真实可靠；分类是将整理后的资料分类编号以便查找和利用；统计制表是对调研的资料进行统计计算，通过图、表形式反映各种相关因素的经济关系或因果关系。

② 编写调研报告。编写调研报告是营销策划调研的最后一步，要对各种营销问题进行集中分析和总结，并提出合理化建议。这是营销策划调研的最终成果。

3.2 营销策划调研的内容、原则与方法

3.2.1 营销策划调研的内容

营销策划调研是营销策划的前提，对于每一个策划者来说，由于面临的行业不同，面

临的企业不同、面临的市场环境条件不同、面对的营销策划项目不同，营销调研的具体内容也会不同。一般来说，营销策划调研的内容主要涉及 5 个方面，如图 3-4 所示。

图 3-4　营销策划调研的内容

1. 宏观环境调研

（1）政治法律环境

政治环境是指企业市场营销的外部政治形势。一般而言，只要一国政府的政策是稳定的，企业就可以在了解掌握政策的基础上，制定相应的策略或对策，从而取得企业经营的成功。但是，如果政策是不稳定的，经常发生变化，则策划者对政策就无法准确把握，也就难以为企业提出相应的营销策划方案。

法律环境是指企业市场营销活动所涉及的有关法律法规等。策划者需要熟悉法律环境，在为企业进行营销策划时，要使其既能保证企业严格依法经营，也能维护企业的合法权益。

（2）经济环境

企业经营的成功与否与周围的经济环境密切相关，因此要对经济环境进行调研。调研的内容主要包括当地经济发展水平、经济结构、当地消费者的收入情况、消费支出模式和消费结构的变化、消费者的储蓄与信贷、货币政策等。

（3）人口环境

人口环境调研是宏观环境调研中一个比较重要的内容。在比利时等国家，有的企业规定在市场可行性报告中必须有人口专家的签字。在一些市场经济比较发达的国家和地区，市场所在地的人口环境调研被认为是市场调研应首要考虑的因素。

（4）社会文化环境

社会文化是生活方式的总和，它提供了许多标准和规则，促进了社会成员的生存与发展。社会文化影响着消费者的行为，进而影响到市场的消费结构、消费方式，并使生活在同一文化范围里的人们有很多相似的方面。

（5）科技发展

科技是第一生产力，对经济发展有巨大影响，它不仅直接作用于企业内部的生产和经营，还与其他环境因素相互依赖、相互作用，共同带动企业经营活动的发展。对企业来讲，科技环境日新月异的变化，既带来了新的机遇，也带来了新的挑战。企业要在市场上立于不败之地，就必须时刻关注科技环境的变化，通过多种形式的调查研究，充分认识新技术、新工艺、新材料、新产品、新能源、新标准，同时还要关注科学技术促使市场营销观念和营销策略产生的新变化。

（6）自然环境

自然环境包括地理、气候、资源、能源等因素。党的二十大报告强调，人与自然是生命共同体，无止境地向自然索取甚至破坏自然必然会遭到大自然的报复。企业的生产经营活动会受到自然环境的影响，如资源短缺、环境污染严重、能源成本上升等。企业应对自然环境进行调研，了解、掌握自然环境的变化，坚持节约优先、保护优先，策划制定适应企业发展的营销战略。

2．市场需求调研

市场需求是企业一切活动的中心和出发点，市场需求调研是营销策划调研的重要内容，具体包括以下 4 个方面。

① 市场需求的产品品种调研。

② 市场需求的产品总量调研。

③ 市场需求环境调研。

④ 市场需求的企业营销条件调研。

3．消费者和消费行为调研

消费者是市场营销中非常重要的力量。对消费者和消费行为进行深入调查和研究，并将其应用于营销策划实务，是策划者发现新的市场机会、找到新的战略战术，从而提高营销成效的有效途径。消费者和消费行为调研包括以下 3 个方面。

① 本企业产品的现实与潜在购买者数量调研。

② 消费者的年龄、性别、民族、职业、收入水平、文化程度、地区分布等调研。

③ 消费者的购买力、购买动机、购买行为与购买习惯、品牌偏好等调研。

4．竞争企业和竞争产品调研

企业仅了解消费者的需求量是不够的，还必须了解自己的竞争对手。不研究竞争对手的战略，是不可能取得竞争优势的。从某种意义上讲，了解竞争者也是现代企业战略的重中之重，是企业选择营销战略和策略的先决条件。因此，市场竞争调研正成为策划者最为关注的调研内容之一。竞争企业和竞争产品调研包括以下 6 个方面。

① 行业的竞争结构和变化趋势调研。

② 竞争对手产品设计能力、工艺能力、开发新产品的动向调研。

③ 竞争对手市场竞争的策略和手段调研。

④ 竞争产品的质量、数量、品种、规格、商标、成本调研。

⑤ 竞争对手的战略目标、市场营销策略组合调研。

⑥ 竞争对手数量和潜在竞争对手出现的可能性调研。

5．市场营销因素调研

（1）产品调研

对任何一个企业来说，它的产品，不论是任何形式的产品都必须满足消费者的需要，并且企业要能够促使消费者以最快的速度接受本企业的而不是竞争对手的产品。那么，采取什么样的战略与策略才能做到这一点呢？这就需要对有关产品的相关方面进行调研，包括对产品实体、产品品牌、产品包装、产品组合、产品使用价值、产品市场生命周期、老产品改进、新产品创意、新产品测试等情况的调研。

案例 3-2

7-11 便利店的“冬季冰激凌”和“夏季关东煮”

在日本，一般超市认为关东煮这种热气腾腾的东西是在寒冷的冬天吃的，而冰激凌则是适合炎热夏季的食品。因此，天气一转暖，这些超市就把关东煮撤下货架，天气一变冷就削减冰激凌的柜台。

但是，7-11 便利店却不这样做，在夏季收银台旁边也摆放着关东煮；在冬季冰激凌也占据着店里的显眼位置。结果这两种东西都卖得非常好。其他便利店也纷纷效仿。现在在日本的便利店，这种商品摆放方式已经成为一种“常识”。

7-11 便利店能获得经营成功要归功于空调的普及。由于夏天无论在办公室还是在家都开空调，冷气使我们感觉身体发冷，因此我们想吃热的东西；相反，在冬天，由于暖气使我们感觉浑身发热，因此我们想吃凉的东西。这种生活环境的变化大大影响了商品的销售。

正是出于对营销环境变化的正确理解和对消费者心理的准确把握，7-11 便利店才创造出了“冬季冰激凌”和“夏季关东煮”的营销方式，并成功开拓了前所未有的新市场。

（案例来源：杨勇. 市场调查与预测[M]. 2 版. 北京：机械工业出版社，2021）

（2）价格调研

价格是企业可控因素中最活跃、最敏感、最难以控制的因素，也是决定企业市场份额和盈利能力的最重要因素之一。企业的产品定价适当与否关系到产品能否顺利地进入市场，关系到产品的数量、市场占有率、企业利润的大小以及企业形象的好坏。然而，产品价格不完全是企业单方面决定的，它涉及消费者和经销商的利益，受到市场供求状况、竞争产品价格以及其他各种社会环境因素的影响和制约。因此，在进行产品定价或价格调整的策划之前，先进行价格调研是非常必要的。

价格调研涉及的项目包括产品价格的成本构成、价格的变化及对产品销售的影响、影响价格变动的各种因素、产品价格的需求弹性、互补品或替代品的价格、竞争者的产品价格及其变动情况等。

（3）分销渠道调研

分销渠道是产品在从生产者向消费者或用户转移过程中所经过的通道，是企业产品通向市场的生命线，是企业的巨大财富与无形资产。分销渠道策略是营销活动的重要组成部分之一，合理的分销渠道可使产品及时、安全、经济地经过必要的环节和路线，以最低的成本、最短的时间实现最大的价值。因此，分销渠道调研也是营销策划调研的一项重要内容。分销渠道调研的内容一般包括渠道类型、渠道设计、供应链及招商通路、物流运作、渠道风险的调研等。

（4）促销调研

促销是营销者与购买者之间的信息沟通与传递活动。促销的目的是激发消费者的购买欲望，影响和促成消费者的购买行为，扩大产品的销售，增加企业的效益。促销调研就是对企业曾经在产品（或服务）的促销过程中所采用的各种促销方法的有效性进行测试和评价，为策划新的促销方式、方法和手段提供可靠依据。促销调研的内容一般包括促销手段的调研和促销策略的可行性调研等。

策划者通过对以上内容的调研，收集有关方面的信息和资料，针对不同的市场环境，结合顾客需求，综合运用企业可以控制的各种营销手段，帮助企业制订有效的市场营销组合策略，以促进顾客购买和新市场开发，从而实现企业预期的营销目标。

3.2.2 营销策划调研的原则

为提高营销策划调研的效率和效益，策划者在开展营销策划调研时，必须遵循以下调研原则。

① 准确性原则——保证市场信息的真实准确。

② 系统性原则——收集、整理、分析、评价和使用各种信息资料。

③ 及时性原则——及时处理市场信息。

④ 针对性原则——根据策划目标确定调研目标，突出重点，有的放矢。

⑤ 经济性原则——力求以最少的投入，取得最有效的市场信息。

3.2.3 营销策划调研的方法

营销策划调研质量的高低，与调研方法选择是否恰当有直接的关系。营销策划调研的方法很多，依据不同的标准可以分为不同的类型，本文重点从两个方面进行分类。按实地调研方式分类，营销策划调研可分为询问法、观察法和实验法；按选择调研对象的方法分类，可分为全面调研（又称普查）和非全面调研，如图 3-5 所示。

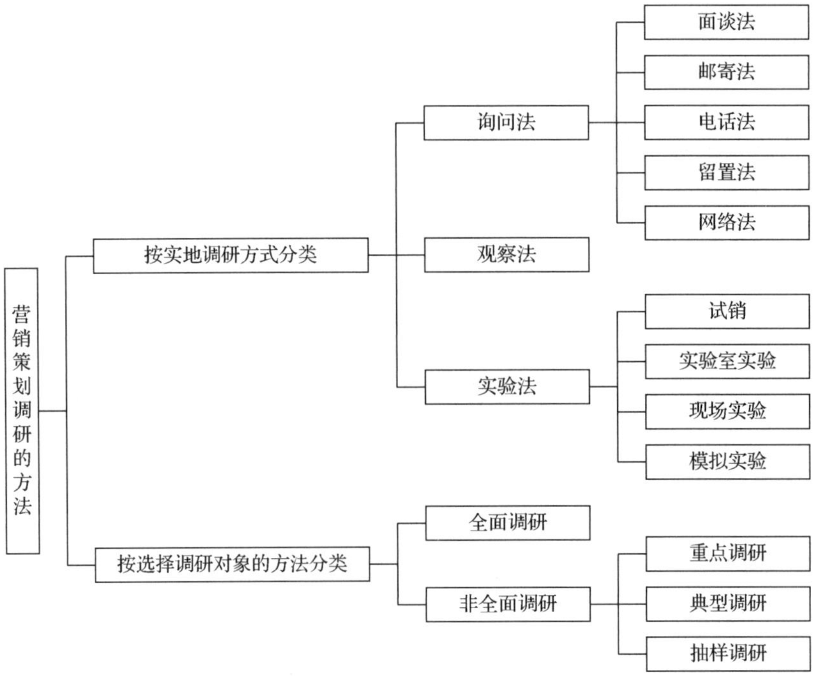

图 3-5 营销策划调研的方法

1. 按实地调研方式分类

（1）询问法

询问法是指通过口头、电讯或书面的方式向调研对象询问，以了解市场情况、获得所需资料的调研方法。

询问法按询问的方式，可分为面谈法、邮寄法、电话法、留置法和网络法。

① 面谈法。面谈法是指调研人员同调研对象面对面接触，通过有目的的谈话获得所需情况、数据、资料的一种调研方法。

面谈法的优点是调研人员与调研对象面对面，便于沟通思想，调研对象能充分发表意见，调研人员收集的资料比较深入全面。其缺点是人力、费用（调研人员差旅费、培训费等）支出较大，对调研人员的素质要求较高，调研结果的质量容易受调研人员的询问态度或语气、技术熟练程度和心理情绪等因素影响。

② 邮寄法。邮寄法是指调研人员将设计好的调研问卷或表格邮寄给调研对象；或者通过报纸等媒体发布调研问卷，调研对象根据调研要求填妥后寄回的一种调研方法。

邮寄法的优点是调研区域较广，调研对象较多，且人力、费用支出较少；避免了调研人员在实地调研时可能受到的主观干扰和偏见的影响，调研对象有较充裕的时间回忆、思考、答题，回答一般比较真实、准确。其缺点是调研时间长，问卷回收率低，回答的问题可能不全。邮寄法的关键是如何提高问卷的回收率。

③ 电话法。电话法是指调研人员通过电话向调研对象询问有关调研内容和征求意见的一种调研方法。

电话法的优点是信息反馈快、时间节省、回答率高、比较经济。其缺点是问题不能太复杂，时间也不能太长。电话法调研的要求是：调研项目少；事先准备好问话；问话简明扼要，随即记录。

④ 留置法。留置法是指调研人员把调研表当面交给调研对象，并说明填写的方法和要求，由其自行填写，再由调研人员定期收回。留置法是面谈法与邮寄法的结合，其优缺点也介于两者之间。

⑤ 网络法。随着计算机和互联网技术的不断发展和普及，越来越多的消费者将互联网作为其日常购买和交流的渠道和平台，这为网络法调研提供了基础。网络法的优点是省略了印刷、邮寄等过程，问卷回收率极高，可以节省时间及相关费用，还可以增加调查的信息量。其缺点是上网的人不一定能代表被研究的对象，另外，安全性等问题也是制约网络法的重要因素。

（2）观察法

观察法是指调研人员到现场观察调研对象的行为或者通过安装仪器进行收录和拍摄（如用录音机、照相机、摄像机或某些特定的仪器）来收集情报资料的方法。它包括现场观察法、仪器监测法、实际痕迹测量法和行为记录法等。

案例 3-3

美国某汽车经销商的实际痕迹测量法

实际痕迹测量法不是直接观察调研对象的行为，而是观察调研对象留下的实际痕迹。

美国某汽车经销商的 4S 店的修理人员对开来维修的汽车做的第一件事，就是进驾驶室看看收音机的指针指在什么波段，其目的就是了解司机喜欢听哪一个电台的节目。为他们销售汽车选择电台做广告提供了很好的依据。

（案例来源：杨勇. 市场营销学实务教程[M]. 北京：中国财富出版社，2018）

观察法的优点是排除了干扰情况，调研对象并未感到自己正在被调研，因而调研人员可以客观地搜集、记录调研对象或事物的现场情况，调研的结果比较直观、真实、可靠。其缺点是调研人员观察到的是表面现象，难以发现事物的内在联系与矛盾，同时费用较高、花费的时间较长，还会受到时间和空间等条件的限制，且只能观察到正在发生的现象。

案例 3-4

北京朝晖策管理咨询有限公司的仪器监测法

2020 年，北京朝晖策管理咨询有限公司和笔者为某汽车销售公司进行了销售策划。为了了解销售人员的工作情况，了解汽车销售过程中存在的各种问题，与汽车销售公司协商后，在销售人员不知晓的情况下，在销售场所安装了监控系统，记录下大部分销售人员在销售过程中的表情、举止，记录下销售人员与顾客对话的各种情景。北京朝晖策管理咨询有限公司根据所记录和收集的各种素材、资料，策划设计了一套符合该公司要求的销售人员培训课程，培训效果非常显著。

（注：该项目由笔者与北京朝晖策管理咨询有限公司总经理樊朝晖共同策划实施）

（3）实验法

实验法是指在既定的条件下，通过对比实验，对市场现象中某些变量之间的因果关系及其发展变化过程加以观察分析，从而获取所需资料的方法。

常用的实验法有以下 4 种。

① 试销。试销是指在新产品大量投放市场之前，先以少量新产品向部分消费者进行销售宣传，了解消费者对新产品质量、价格、式样等方面的反应，然后改进新产品，为新产品大量上市做好准备。

② 实验室实验。实验室实验是指在实验室内，利用专门的仪器、设备进行调研。比如调研人员想了解几种广告媒体进行促销宣传的效果的优劣，便可通过测试实验对象的差异，评选出效果较好的一种广告媒体。

案例 3-5

老字号“福同惠”的广告宣传策划案

2019 年，北京朝晖策管理咨询有限公司和笔者共同为运城市的老字号——福同惠食品有限公司（以下简称福同惠）销售月饼策划设计电视广告宣传片。为了调研如何才能抓住消费者的眼球，策划人员设计了 5 种不同内容的广告宣传片，并邀请了 30 个消费者在福同惠的会议室共同观看，5 个广告宣传片播完后，请每个消费者回忆其中内容，然后选出大多数人记忆较准确的广告宣传片。该广告宣传片于中秋节前在运城电视台播出，其效果令福同惠非常满意。

（注：该项目由笔者与北京朝晖策管理咨询有限公司总经理樊朝晖共同策划实施）

③ 现场实验。现场实验是指在完全真实的环境中，通过对实验变量进行严格控制，观察实验变量对实验对象的影响。即在市场上进行小范围的实验。例如，调研人员可以选择一个商店，选择几个不同的时间，对同一产品设置不同的价格。通过分析顾客人数或购买数量的增减变化，即可知道某种产品的需求价格弹性。

④ 模拟实验。模拟实验的前提是掌握计算机模拟技术。模拟实验必须建立在对市场情况充分了解的基础上，它所建立的假设和模型必须以市场的客观实际为前提，否则就会失去实验的意义。

采用实验法的优点是方法科学，能够获得比较真实的信息资料。其缺点是在进行大规模的现场实验时，难以控制市场变量，从而会影响实验结果的有效性；实验周期较长，调研费用较高。

2．按选择调研对象的方法分类

按选择调研对象的方法，可以将营销策划调研分为全面调研、非全面调研两类。

（1）全面调研

全面调研又称普查，是指对调研对象进行逐个调研，以取得全面、精确的统计资料，掌握一定时点上某种市场现象的基本情况，并对所获得的资料加以分析研究，制定应对策略。

全面调研的调研范围广、规模大，可以在全国、全省范围内或在某个部门、某个行业等范围内进行。

全面调研的优点是信息准确度和标准化程度较高，可以让调研人员不被某些个别现象所迷惑，并可根据不同时期的对比分析，找出市场现象的变化规律。其缺点是调研耗时长，人力、物力和财力花费大。

全面调研适用于了解一些重要的基本数据。

（2）非全面调研

营销策划调研要求及时、准确和可靠。在调研对象数量大、范围广的情况下，为了得到及时准确的调研结果，可采用非全面调研方法。非全面调研包括重点调研、典型调研和抽样调研 3 种类型。

① 重点调研。重点调研是指调研人员从策划的调研对象总体中选取少数重点单位进行调研，并用重点单位的调研结果来反映调研对象的基本情况。其中，重点单位是指其单位数在总体中所占比重不大，但某一标志值在总体标志值中占绝大比重的单位。

当调研的任务不要求掌握全面准确的资料，而且在总体中确实存在着重点单位时，进行重点调研能以较少的人力和费用，较快地掌握调研对象的基本情况。重点调研涉及的对象较少，因而每个调研对象的调研项目可以多一些，可以进行深入细致的研究。重点调研适用于内容比较集中、流量比较大的调研对象。重点调研的关键在于对重点单位的确定。

② 典型调研。典型调研是指在对市场总体有所了解的基础上，选择少量有代表性的单位进行周密、系统的调查研究，并以此估计总体状况的调研方法。

典型调研的“典型”是具有代表性的个别事物，即对总体有代表性的单位。典型单位不是由人们随心所欲选出来的，它应具有充分的代表性，因此需要根据研究目的的不同、时间的变化，及时确定和调整典型单位。

③ 抽样调研。当调研对象多、区域广，而人力、物力、财力、时间又不允许进行全面调研时，依照同等可能性原则，可以在所调研对象的全部单位中抽取一部分作为样本，根据调研分析结果来推论总体。

案例 3-6

样本容量足够大就能确保抽样调研成功吗

美国《文学文摘》从 1920 年起对每届美国总统选举进行预测性调查。1936 年，调研人员从电话号码与车牌登记号码中抽选 1000 万人，有效回收 200 万张选票，结果 57%的人支持阿尔夫·兰登，43%的人支持在任总统富兰克林·罗斯福。但最终的选举结果是富兰克林·罗斯福以历史上最大的优势，61%的得票率击败阿尔夫·兰登，获得连任。

这次民意调查样本容量足够大，但结果为什么会相差甚远呢？原因就在于电话号码与车牌登记号码的主人代表了经济状况较好的人群，而没有电话也没有私家车的经济状况欠佳人群被排除在外，但恰恰是经济状况欠佳人群希望民主党人当选总统，于是他们将选票投给了富兰克林·罗斯福。《文学文摘》的民意调查忽视了这一点，从而导致抽样调研失败。

（案例来源：杨勇. 市场调查与预测[M]. 2 版. 北京：机械工业出版社，2021）

在抽样调研设计中，策划者必须解决好两个问题。

第一个问题：抽样方法。抽样方法有随机抽样和非随机抽样。随机抽样的常用方法有简单随机抽样、分层随机抽样和分群随机抽样。非随机抽样的常用方法有任意抽样、配额抽样和判断抽样。这些方法各有利弊，调研人员需根据实际情况权衡之后再选择使用。

第二个问题：样本容量。样本容量与调研对象总体特性有关。当调研对象总体特性差异不大时，样本可以少一些；而当调研对象总体特性差异很大时，样本必须多些。从案例 3-6 可以看出，虽然样本容量足够大，但调研结果却谬以千里，这说明样本并非越多越好，一定要注意样本的代表性，因此一定要按抽样规则来选取样本。

3.3 营销策划调研计划书与调研报告的编制

3.3.1 营销策划调研计划书的编制

开展营销策划调研，首先要进行调研方案的设计，调研方案用文字语言来表述，就是营销策划调研计划书，它是营销策划调研工作的总体规划和实施方案。

1. 营销策划调研计划书的内容与格式

营销策划调研计划书的内容主要包括：明确调研目标；确定调研对象；拟定调研题目和调研范围；选择调研方法；设计调研表；抽样设计；调研费用预算；安排调研作业进度；等等。

营销策划调研计划书的一般格式如下。

① 封面。封面内容主要包括市场调研题目、报告日期、委托方、调研方、调研报告起草与撰写单位（人）、起草与撰写时间等。

② 目录。

③ 引言。

④ 正文。正文主要包括：a 调研的背景（调研问题的提出）；b 调研的目标；c 调研的内容（调研课题、调研思路、调研提问方案）；d 调研范围及对象（调研对象结构）；e 调研方法和步骤（包括选择调研方法、设计调研表和抽样设计）；f 调研日期安排；g 调研人员与组织；h 调研费用预算；i 调研结果。

2. 营销策划调研计划书的编写要点

营销策划调研计划书的编制主要有 7 个要点。

① 明确调研目标。调研目标与调研问题的拟定和策划目标直接相关。如果调研目标不明确，将会影响调研思路、调研方法、问卷设计，甚至整个调研过程。大部分调研都是多目标调研，除调研主目标外，还有一些次目标，均须清晰列举。

② 选择调研方法。策划者只有根据调研目标选择合适的调研方法，才能获得较准确的市场信息。

③ 选择调研范围及调研对象。策划者必须确定调研范围，从中抽取若干具有代表性的样本。

④ 设计调研表。第一，根据调研目标和调研课题涉及的内容，拟定调研提纲。力求内容切合实际，能满足分析研究问题的需要。第二，根据调研对象的特点，按照调研提纲的要求，确定调研表的形式，开列调研项目清单，编写提问的命题，对于需要收集数据的指标，明确其含义和计算方法，以便汇总统计。内容应符合调研课题的要求，文字简明扼要，词义明确无误，避免提一般性的问题，避免用不确切的词，避免引导性提问，避免提可能令人困窘的问题。第三，按照调研表各部分的要求，把拟好的调研项目、提问命题、指标说明等依序列在表中，先初步拟定调研表，以便及时发现问题并做出必要的修订，再制定正式的调研表。

⑤ 重视抽样设计。抽样的方法很多，关键要确定适当的样本量。样本过多，会造成调研费用增加；样本过少，则结果可能出现较大的偏差。

⑥ 拟定调研日程。营销策划调研必须有详细的调研日程计划，以便督促或检查各阶段的工作，保证调研工作按时完成，保证按计划作业。

⑦ 拟定调研预算。营销策划调研计划书应尽可能全面地考虑调研费用的预算，以免影响调研安排。调研费用预算一般需要考虑以下因素：调研方案设计费用，抽样设计费用，问卷设计、印刷、装订费用，调研实施费用（包括试调研费、调研人员劳务费、受访对象

礼品费、督导员劳务费、异地实施差旅费、交通费及其他杂费），数据录入费用（包括问卷编码、数据录入、整理等费用），数据统计分析费用（包括上机、统计、制表、作图以及必需品费用等），调研报告撰写费，资料费、复印费等办公费用及管理费用等。

3.3.2 营销策划调研报告的编制

营销策划调研报告是指策划者对营销策划问题进行深入细致的资料收集和整理工作，并运用定性和定量方法对资料进行分析研究后形成的一种文本性报告。它是营销策划工作的市场研究阶段的成果体现，是营销策划者进行策划的依据。了解和掌握营销策划调研报告的编制是策划者必备的能力。

1. 营销策划调研报告的基本格式

营销策划调研报告由以下 5 个部分组成。

（1）封面与标题

封面主要包括 4 项要素：标题、项目委托单位、营销策划单位和日期。其中，标题必须准确提示调研报告的主题思想，做到题文相符。标题要简单明了、高度概括，具有较强的吸引力。标题的写法灵活多样，一般是通过标题把策划的项目、策划的内容明确而具体地表示出来。

（2）目录

目录是阅读调研报告的导引，相当于路标。因此，目录要简洁明了，体现出导引的效果即可，切忌过细。如果有些资料内容多，可以在对应部分增加分目录。

（3）摘要

摘要包括 4 个方面：一是简要说明调研目标，即简要说明调研的由来和委托调研的原因；二是简要介绍研究对象和调研内容，包括调研时间、地点、对象、范围、调研要点及所要解决的问题；三是简要介绍收集、整理和分析资料都采用了哪些研究方法；四是简要说明调研结果，包括主要发现、结论和建议（或策划的主要思路和策划执行后达到的效益与效果）。

（4）正文

正文是调研报告的主要部分。正文部分通过客观呈现市场现状的数据和资料，运用各种分析工具、数理与经验分析方法对市场现状进行分析，从而恰当地提出结论或建议。

① 市场现状。市场现状主要从知己、知彼两方面来描述。知己（企业内部现状描述）主要反映项目委托单位的基本现状；知彼（企业外部现状描述）主要从国家或地方相关政策、行业（或竞争对手）情况、市场与客户需求等方面反映与此项目有关系的基本现状。描述市场现状的主要任务是把经整理后的资料用凝练的语言、精准的数据、恰当的图表客观呈现出来。描述市场现状是认识问题的过程，切记不能把对现状的客观认识与主观性的分析混淆在一起。

② 现状分析。现状分析即运用工具、数理与经验分析方法，对市场现状进行定性或定量分析的过程。对于分析工具，要有针对性地选择，一般可选择的分析方法有 SWOT 分析法、波士顿矩阵法、五力模型分析法、三力营销分析法、鱼刺图法等。在选择时，要选择

适用的分析工具和方法。比如战略策划分析可以选择五力模型分析法、波士顿矩阵法等；营销策划分析可采用 SWOT 分析法、三力营销分析法等；管理策划可选择 SWOT 分析法、鱼刺图法等。

③ 结论与建议。这是营销策划调研报告的落脚点，既是调研报告的结束，也是正式进行策划的开始。前期所做的大量资料收集、整理和分析工作的最终结果就是要形成对营销策划项目具有指导性的结论或建议。

建议是在结论的基础上，对今后进一步做好策划工作提出具有相对新颖性、相对超前性和可操作性的对策。

（5）附件

附件是营销策划调研基础工作和工作量的真实、客观反映，主要包括一手资料、二手资料和工作资料等。

附件一般资料比较多，必要时可单独整理成册，以便于阅读和管理，以及使项目委托单位看到策划单位的劳动成果。

2. 营销策划调研报告编写要求

要想编写一份质量较高的营销策划调研报告，就必须了解其特点，在把握整体策划的前提下，掌握整个营销策划调研报告的结构、编写步骤和编写方法。具体要求如下。

（1）实事求是

营销策划调研报告作为营销策划的阶段性成果，最基本的特点就是尊重客观实际，用事实说话。只有深入调研，弄清事实、摸清原因，才能真实反映事物的本来面目。

（2）符合经济规律及有关政策的规定

经济活动有其特有的规律。因此，要掌握市场规律的变化，研究其变化的原因，加深对市场规律的认识；同时要密切注意各个时期国家有关方针政策的变化，结合调研目标，深入分析研究，保证营销策划调研报告更加真实、准确。

（3）观点与数据要结合运用

营销策划调研报告的特点是以调研资料为依据，而其中数据资料显得尤为重要，数据资料具有很强的概括力和表现力。用数据说明事实的真相往往比长篇大论更能使人信服。在营销策划研究过程中，常常会碰到一些问题、观点，用语言很难表达清楚，而用一个数字、一个百分比，往往就可使其一目了然。但要注意，运用数据要适当，数字过少不能说明问题，还会使调研报告空洞无物、失去特色；过多地堆砌数字又太烦琐，会使人眼花缭乱、不得要领。所以，要恰当地运用调研数据。

总之，一篇好的调研报告，必须是实事求是的，必须符合经济规律及有关政策规定，必须有数据、有情况、有分析，既要用资料说明观点，又要有观点统率资料，二者应紧密结合、相互统一。只有将定性分析与定量分析有效结合，才能达到透过现象看本质的目的。

3. 营销策划调研报告编制的注意事项

编制营销策划调研报告时，应注意以下几点。

① 报告内容要紧扣调研主题，突出重点，力求客观扼要。尽可能使用图表来说明，以便于企业决策者在最短时间内对整个报告有一个概括的了解。

② 报告内容要具有可读性。可读性表现在：一是文字简练，层次分明；二是分析透彻，观点鲜明突出；三是内容的组织、安排有序；四是行文流畅、通俗易懂；五是尽量以表格、图片或其他可视化工具来补充说明正文中的关键信息。

③ 报告内容要具有公正性。即要完整报告研究的结果，不应略去或故意隐瞒所知事实。如果在调研过程中出现严重问题（如问卷作废率过高），调研人员应及时承认，及时修正；即便是成功的调研，在报告中也不应只呈现对自己有利的结果，而对其他避而不提。

④ 如果有必要，还应进行追踪调研。追踪调研是指提出报告后，调研人员的工作并没有完结，他们还要追踪了解项目实施的进度和效果。

案例分析

宝洁公司重视市场调研

宝洁公司（P&G）是一家庞大的生产日用消费品的公司，因业绩杰出而在全球营销界久负盛名。宝洁公司总部设在美国俄亥俄州辛辛那提，其产品畅销全球。有140多个国家的消费者熟悉其产品，并因其产品而对宝洁公司有所认识。自1988年在广州设立第一家分公司以来，宝洁公司已经在中国的500多个城市建立了合资公司、分公司、工厂和分销商网络，其品牌和产品在中国已家喻户晓。

在市场调研方面，很多中国企业只投入其销售额的0.1%，美国企业一般投入其销售额的1%～2%，而宝洁公司投入的市场调研费用却占到其销售额的3%～5%。

宝洁公司有句非常经典的话："在对手关注我时，我在关注消费者。"事实上，宝洁公司在消费者市场研究方面始终处于领先地位，许多目前广为应用的市场调研技术都是宝洁公司开创的。早在1924年，宝洁公司就在美国成立了消费者研究机构，成为美国工业界率先运用科学方法了解消费者需求的公司之一。宝洁公司发明的逐户访问的现场调研方式，至今仍是商家了解消费者需求的重要方法。宝洁公司也是最早使用免费电话与消费者沟通的公司之一。在中国，宝洁公司也建立了完善的市场调研系统，开展消费者追踪并尝试与消费者建立持久的沟通关系。宝洁公司在中国的市场部建立了庞大的数据库，可以及时对消费者意见进行分析并反馈给生产部门。

宝洁公司每年要通过各种市场调研工具和技术与全球700多万消费者进行交流，每年电话与上门访问超过100万次，涉及大约1000个调研项目。通过入户访问、观察、举办消费者座谈会、问卷调研、访问商店、跟踪调研系统、阅读消费者信件及接听消费者电话等方式，宝洁公司建立了庞大的数据库，能够及时捕捉消费者信息。这些信息帮助市场部创作富有说服力的广告和制订有效的市场营销计划，帮助产品开发部开发新产品，帮助销售部制订销售计划，保证了宝洁产品的经久不衰。

宝洁公司会对顾客关系部的工作人员进行持续的培训，包括宝洁品牌知识、产品使用说明及紧急情况处理等。工作人员会通过与顾客的沟通，发现潜在问题。比如，宝洁公司调研了中国人的洗衣方式，从而改良了熊猫洗衣粉，推出了含其特有的FDS超洁因子的熊猫超洁洗衣粉，使得去污力更强；在研究中国人的口腔保健习惯后，宝洁公司推出了第一支含中草药成分的佳洁士多合一牙膏。

信息技术的飞速发展，尤其是互联网技术的突破，为宝洁公司提供了一个解决与顾客互动关系问题的快速沟通渠道。例如，在清楚了解消费者价值的基础上，宝洁公司针对不同的消费者群体，构建了一套独特的品牌价值战略体系。

宝洁公司副董事长沃纳·葛斯勒表示，中国市场对宝洁公司来说充满机会。宝洁公司计划不断地扩展品牌和产品目录，通过广阔的分销网络，进一步把宝洁公司的产品分销到中国小型城市和农村。

（案例来源：杨勇. 市场营销学实务教程[M]. 北京：中国财富出版社，2018）

思考题：

1. 结合宝洁公司市场调研案例，分析宝洁公司为什么会在全球营销界久负盛名。
2. 从“在市场调研方面，很多中国企业只投入其销售额的 0.1%”，分析我国企业在发展过程中存在的问题。
3. 结合企业管理知识，讨论宝洁公司的发展对我国企业有哪些启示。

策划专家之三　　第 3 章 在线答题

第 4 章

营销策划思维与创意

本章教学目标与要求

（1）熟悉营销策划思维与创意的特点；
（2）掌握营销策划思维与创意的方法。

本章知识架构

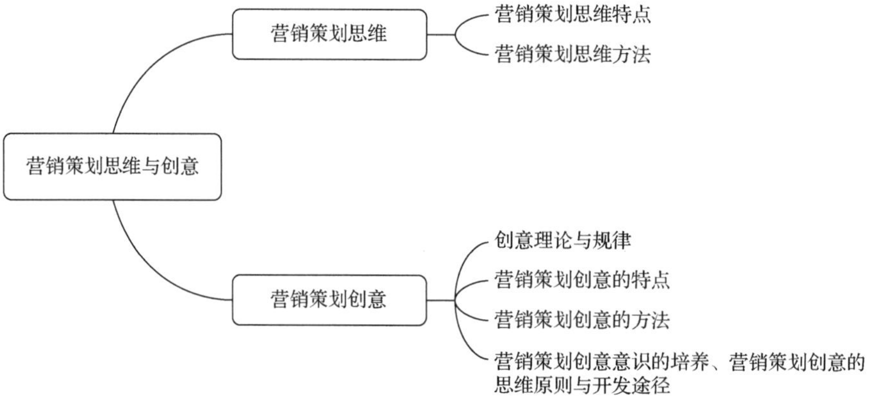

导入案例

宝马、奔驰携手，演绎激情世界杯营销

2014 年 6 月 17 日凌晨，巴西世界杯迎来焦点之战——德国与葡萄牙的强强碰撞，就在无数球迷欣赏体育盛宴，为心仪的球队呐喊助威之际，长期雄踞中国高档车市场的德系品牌宝马和奔驰，用各自的方式为德国队助威，并借世界杯的热情，大打体育营销牌。

令人吃惊的是，比赛开始之前，宝马和奔驰的官方微博竟在同一时间发布微博，两篇微博使用了相同的配图，图片上是宝马和奔驰的赛车，图片左下角则标出了口号“We are one!”不同的是，宝马的主题词为：敬友谊，为悍将，齐喝彩；奔驰的主题词为：共把盏，齐上阵，同进退。在德国队以 4∶0 的大比分战胜葡萄牙队之后，宝马和奔驰再次同时发微博庆祝，配图选取的素材与上次一模一样，只是角度略有不同。这次宝马使用的主题词是：再见江湖，相逢亦是对手；奔驰的则是：旗开得胜，合力所向披靡。

另外，奔驰通过微博向德国队的球星表达了敬意，而宝马则是向被淘汰的球队致敬。当然双方在致敬的同时也都巧妙地突出了旗下汽车产品的性能和特点。之后，二者还共同推出“We are one team”的微博话题，该话题的阅读量超过一百万次，可见其关注度之高。

宝马和奔驰因为足球走到了一起，这样新颖的同类竞品之间的互动营销，实属罕见。显然，无论是话题取材，还是时间节点的选择，都体现出这是两个强势品牌一起精心策划的一次营销活动。它的基础是二者同为德系品牌，以支持国家球队为名义。它们以相对含蓄和模糊的主题词，利用新媒体的快捷渠道，传达具有丰富想象空间的话题。正因为相互配合默契，在利用新媒体开展“世界杯体育营销”的环节上，它们才能创造出当日汽车圈的热门话题。

宝马与奔驰在足球场上的相遇，竟然擦出了意想不到的火花。这样充满创意的社会化营销让企业品牌更加接地气、更有人情味。

（案例来源：孟韬. 市场营销策划[M]. 4 版. 大连：东北财经大学出版社，2018）

借助世界杯促销，也许不需要大智慧、新思维、好创意，只要有钱就行。但如何做到用充满创意的社会化营销让企业品牌更加接地气、更有人情味，则需要超乎常规的创新思维，需要新颖、独特的处理问题方法，以及大胆而新奇的创意。导入案例既体现了思维创意的重要性，也强调了思维创意与实际的结合，还说明了思维创意无须高投入也可以获得高回报。

要提高营销策划的质量，必须从策划者的思维与创意入手。要努力提高这两方面的技能，策划者必须拥有渊博的文化知识、市场营销知识、策划知识、广告知识等相关知识，具备扎实的理论基础。营销策划是一种创造性的思维方式，是一种高级的人脑活动过程，需要策划者有广泛、敏锐、深刻的觉察力，丰富、精妙的想象力，活跃、丰富的灵感。只有这样，策划者才能把策划知识转化成策划智力，使之成为策划活动的智慧能源。创造性的思维是策划创造性的基础，是策划生命力的体现，没有创造性的思维，营销策划的创造性就无从谈起。那么，什么是营销策划的创造性思维，创意从何而来？营销策划者具备哪些素质才可能有超乎常规思维的创新思维和大胆而新奇的创意？这正是本章要学习和探讨的内容。

4.1 营销策划思维

思维是人脑对客观现实世界能动的、概括的、间接的主观反映过程。它是在社会实践的基础上，以感觉和知觉为基础，通过对感性材料由此及彼、由表及里、去粗取精、去伪存真地分析、综合而形成的理性认识。思维反映的是客观事物的本质属性和规律性的联系。思维分两种类型：常规思维和创新思维。常规思维是人们借助于日常生活、日常行为中的积累而展开的思考，是人们在生活感受、实践体验及传统习惯的基础上所进行的思维活动。而策划思维是一种创新思维，它比常规思维更具复杂性，从一定意义上说，创新思维是分析和直觉、理性与感性的高效统一。

营销策划是以独特的视角，用辩证的、动态的、系统的、发散的思维来整合营销策划对象所占有的和可利用的各类显性资源和隐性资源，在新的排列组合方法指导下，使各种生产要素在生产经营的投入产出过程中产生最大的经济效益。营销策划是创新思维活动，在一定的资源条件下，策划的成败取决于策划者的思维能力。

4.1.1 营销策划思维特点

营销策划思维具有 5 个特点，如图 4-1 所示。

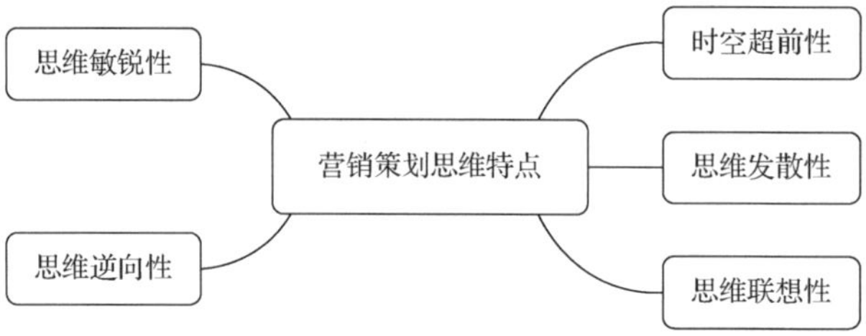

图 4-1 营销策划思维特点

1. 时空超前性

时空超前性是一种超越空间和时间、超越现实与常态，以未来可能发生的各种情况为依据对现实进行弹性调整的思维方式。空间超越，即策划者跳出原有的空间范围去思考问题，在更广阔的空间思考问题；时间超越，即策划者超越原有的时间界限去思考问题，通过大脑对事物发展的趋势或未来的大致情形进行推断和估计，是对未来的一种瞻望，是高屋建瓴的设想和立意高远的构思。当然，超前思维要把握一个度，无论是空间还是时间，过于超前，都可能招致失败。

2. 思维发散性

思维发散性是指从不同的方面、不同的层次、不同的视角分别连接思维的目标，并不断向各个方向延伸的思维方式。

该特点对应的发散性思维包括辐射思维、旁通思维等形式。其中，辐射思维是指围绕某一轴心联想相关事物，从而形成发散性思维；旁通思维是指摆脱习惯思维的束缚，借鉴相关事物的启发从而产生新的创意的思维。

案例 4-1

“孔”结构的广泛应用

“孔”结构利用的就是发散性思维，它在工程中被广泛应用，可解决很多问题。

① 用直线“齿孔”把整版邮票一枚一枚分隔开来，零售时就方便多了，而且带齿孔的邮票比无齿孔的邮票更美观。

② 钢笔尖上有一条导墨水的缝，缝的一端是笔尖，另一端是一个小孔。最早生产的笔尖是没有这个小孔的，没有孔的笔尖既不利于存储墨水，也不利于在生产过程中开缝隙。

③ 钢笔、圆珠笔之类的商品常常是成打（一打 12 支）平放在纸盒里的，批发时不便一盒一盒拆封点数和查看笔杆颜色，有人便想出在每盒盒底对应每一支笔的位置开一个较大的孔，查验时只要翻过来一看，就可知道够不够数，以及是什么颜色，省时又省力。

④ 有一种高帮球鞋，两边开有通风孔，以便于运动时散热。

⑤ 弹子锁最怕钥匙断在里面或被人塞纸屑、火柴梗，因为这些东西很难钩取出来。如果在制造弹子锁时，在钥匙口对面预留一个小孔，当出现上述情况时，用细铁丝一捅就出来了。

⑥ 电动机、缝纫机的机头上留有小孔，便于添加润滑油。

⑦ 防盗门上有小孔，装上“猫眼”可以方便观察门外来人。

（案例来源：周苏. 创新思维与 TRIZ 创新方法[M]. 2 版. 北京：清华大学出版社，2018）

从案例 4-1 可以看出，采用发散性思维，可以尽可能多地提出解决问题的方案，最后再通过论证各种方案的可行性，得出理想方案。

3. 思维联想性

思维联想性是指由某一事物联想到另一事物而产生认识的心理过程。思维联想性是指人类基于在发展过程中获得的各种经验、知识以及习惯，形成对一个事物或现象的由此及彼、由表及里的推断和创造，把表面看似无关的一种事物和其他事物相互联系起来。

案例 4-2

大禹古镇摄影大赛

大禹古镇是由运城市元正坤泰旅游开发有限公司斥资 3 亿元打造的，其具有典型的中国古镇风貌，位于空港南区东花园内。景区没有知名度，想做宣传又没有营销费用。为了最大限度提高景区的知名度，在经过实地考察及交流后，运城鲲鹏广告策划公司对景区进行了整体营销策划，组织了大禹古镇首届摄影大赛。

策划公司联系摄影家协会找到运城最大的摄像器材经销商，将奖品设定为该经销商所销售的摄像机等系列产品，并于 2017 年 3 月 18 日—4 月 18 日以“镜头见证大禹古镇的真实瞬间”为主题举行摄影大赛。

大赛通过微信公众号投票评比，这样既可以排出名次，又可以提高景区的知名度。

赛事期间，景区的人流量明显增加。大赛组织者共收到摄影爱好者投稿千余幅，累计有 15479 名热心观众投票，经过为期一个月的评选，最终评选出一、二、三等奖。

大禹古镇首届摄影大赛将大禹古镇优美的自然风光、独特的人文景观、良好的生态环境展示给广大市民，使大禹古镇被更多的人了解和知晓。

（注：本案例由运城鲲鹏广告策划公司提供，赵博宇整理）

4. 思维逆向性

一般人都习惯于正向思维，即按常规去思考、分析问题。企业经常采用正向思维，最大限度地利用未来市场资源，获取营销机会和发展空间。思维具有逆向性，在营销策划的实践中，逆向思维也是常用的一种思维方式。逆向思维又称反向思维，是指为实现某一创新或解决某一用常规思路难以解决的问题而采用非常规思路寻求解决问题的方法，具有“反其道而行之”的特点。通过逆向思维，即在思考策划问题时打破常规，进行反问、反思、反面质疑，从而摆脱正向思维的影响，激励新创意、新方法的产生。当然，逆向思维也必须从实际出发，审时度势，因地制宜。

案例 4-3

测量梨形灯泡的容积

一次，爱迪生让其助手帮助自己测量一个梨形灯泡的容积。事情看起来很简单，但由于梨形灯泡形状不规则，测量起来相当困难。助手接过活，立即开始了工作，他一会儿拿标尺测量，一会儿又运用一些复杂的数学公式计算。可几个小时过去了，他忙得满头大汗，还是没有计算出灯泡的容积。当爱迪生看到助手面前的一摞稿纸和工具书时，立即明白了是怎么回事。于是，爱迪生拿起灯泡，朝里面倒满水，递给助手说：“你去把灯泡里的水倒入量杯，就会得出我们所需要的答案。”助手顿时恍然大悟。

（案例来源：周苏. 创新思维与 TRIZ 创新方法[M]. 2 版. 北京：清华大学出版社，2018）

5. 思维敏锐性

思维具有敏锐性，才能迅速捕捉信息，引领潮流。在市场瞬息万变、策划新点子层出不穷甚至“过剩”的时代，成功有效的营销策划必然高度贴近目标对象的心理需求，表现出对新鲜时尚的敏锐把握和成功引领。思维敏锐性是由思维速度和思维深度决定的，没有一定的思维速度，就达不到“敏”；没有一定的思维深度，也谈不上“锐”。

4.1.2 营销策划思维方法

在进行营销策划时，只有灵活机动、系统综合地运用多种思维方法，才能找到解决营销问题的思路、策略和方法。正如巴尔扎克所说，“思维是打开一切宝库的钥匙。”营销策划思维方法多种多样，归纳起来有 7 种，如图 4-2 所示。

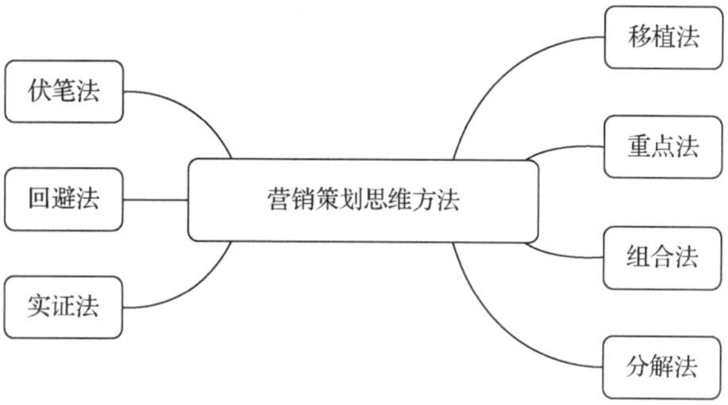

图 4-2　营销策划思维方法

1. 移植法

事物总是具有某些相似性，这是哲学的根据，也是哲学的结论，它为移植法奠定了基础。

移植法就是把某一领域或地方成功的事物、做法、经验照搬到另一领域或地方而形成新事物的一种应用方法。移植法包括直接移植法和间接移植法。直接移植法就是把先进地区的新兴项目照搬到落后地区去；间接移植法就是把成熟的产业理念、原理和方法等应用于新产业设计思路。

案例 4-4

新时代出现的“智能”酒店

2018 年年底，阿里巴巴首家未来酒店“菲住布渴”（FlyZoo Hotel）在杭州开业。据悉，“菲住布渴”是全球第一家支持全场景身份识别、大面积使用人工智能的酒店。阿里巴巴拉开了酒店行业的变革序幕，预示着国内人工智能技术落地步伐将进一步加快。

人工智能技术的出现，开启了酒店行业的新变革。过去，酒店一直致力于打造一个与众不同的实体住所，而未来，结合人工智能技术，更加舒适、智能的服务和别具一格的入住体验将成为酒店行业的突破点。科技在为酒店降低运营成本的同时，也为酒店的个性化运营、特色化运营提供了基础，高相似度、千城一面的酒店竞争模式或将被改变，酒店行业的变革即将来临。

（案例来源：白玉苓，陆亚新. 零售学[M]. 北京：机械工业出版社，2020）

2. 重点法

重点法就是在面对复杂的策划对象时，先努力寻求突出某一营销环节、某一资产、某项业务等个别线索，对其精雕细刻，使一点首先突破，进而把局部策划产生的功效传递给整个策划对象。

挖掘特点是重点法的首要环节，即一定要突出和显示策划对象的某一特点；把特点和整体联系起来是重点法的又一个重要环节，即一定要通过特点联系整体，使特点的影响牵动整体，从而提升价值。特点必须是从整体价值中折射、提取出来的。

3．组合法

组合法是把不同的营销内容组合为一个整体，或把不同的营销过程组合为一个完整的营销过程。

组合分形合与意合两种类型。形合是把多个小事务整合成一个大的事务，如带橡皮头的铅笔是橡皮与铅笔的简单的材料组合；意合是给一项事务赋予多项使命，如 MP3 是音响与 U 盘的功能组合。将“形合”与“意合”结合起来，创意的效果会更好，如把沙发和床组合在一起，设计出了更加实用的沙发床，就是“形合”与“意合”结合的经典实例。在营销策划中，善于组合的人，能够发现策划对象更多的价值，能够大幅度提高经营效率。

案例 4-5

阿里巴巴的 1688

1999 年，阿里巴巴对其 B2B 业务进行了整合和优化升级，并将其定名为 1688。按照其定位，1688 是以批发和采购业务为核心，通过专业化运营，完善客户体验，全面优化电子商务的业务模式。作为中国领先的网上批发平台，1688 覆盖普通商品、服装、电子产品、原材料、工业零部件、农产品和化工产品等多个领域的买家和卖家。1688 还为在阿里巴巴集团旗下零售平台经营业务的商家，提供了从本地批发商处采购产品的渠道。经过 20 多年的发展，1688 成为首个 B 类注册用户数超过 1.2 亿的批发采购交易平台，有超过 1000 万家企业在 1688 开通公司商铺。据统计，该平台覆盖服装、家居、工业品等 49 个一级行业，1709 个二级行业，每天有超过 1200 万个客户访问，每天产生 1.5 万条在线浏览记录。2017 年，阿里巴巴 B2B 全年营收为 131.85 亿元，较 2016 年同比增长 17.91%，占全国 B2B 市场的份额为 37.6%，领先当时位居第二的慧聪网 26.2 个百分点。

为实践“让天下没有难做的生意”这一企业愿景，1688 先后推出了一系列具有独创性的产品，主要有以下几个。

① 诚信通。诚信通是 1688 为从事中国国内贸易的中小企业推出的会员制网上贸易服务，主要用于解决网络贸易信用问题。企业可通过在 1688 上建立的网上企业商铺直接销售产品，并宣传企业和产品。

② 产业带。产业带聚集了生产设备、原材料、面辅料、设计、货运等各类以生产为中心的上下游企业，形成了经济技术协作圈。这里汇聚了好商家、好产品，旨在帮助买家直达原产地优质货源，帮助卖家提升竞争力、降低竞争成本，同时促进产业带所在地的当地政府和第三方服务商的合作运营和优势共享。

③ 伙拼。伙拼是 1688 推出的批发型团购频道。伙拼产品覆盖了服装、食品、美容、百货、家纺、家装、工业品等产品品类，让批发商可以低成本、高效率地进行网络批发。

④ 淘工厂。淘工厂连接了电商卖家与工厂，一方面解决了电商卖家找工厂难、试单难、翻单难、新款开发难的问题；另一方面将线下工厂产能商品化，通过淘工厂平台推向广大的电商卖家，从而帮助工厂获取订单，实现工厂电商化转型，打造贯通整个线上服装供应链的生态体系。

⑤ 商友圈。商友圈是聚集不同行业、不同地域、不同专业市场的卖家和买家群体的电子商务社区。商友们可以在这里发现专业的交友、互动圈子，与各行各业专家、企业主交流商业经验、分享商业知识，参与各种类型商圈的线上/线下活动，聚集商业人脉。

⑥ 快订。快订是 1688 上线的新品订货专业频道。它深度整合尖端设计师、产业集群地工厂、外贸大厂及尖端面料商等供应链上游资源，旨在为淘宝、天猫卖家和线下品牌商等核心零售商提供海量的首发原创设计款，打造“小批量、快生产、高品质”的一站式“快时尚”订货模式。

⑦ 采购商城。采购商城是 1688 旗下自营的工业品采购超市。面向国内生产制造企业，提供的产品涵盖五金工具、劳保防护、电工电气、机械零部件、行政办公、物流包装、LED 照明、精细化学和公用设施等方面的品类。1688 采购商城承诺所有商品为正品真货，并提供 7 天无理由退换服务。采购商城承诺按约发货，并统一提供发票。

（案例来源：杨风召. 电子商务概论[M]. 2 版. 北京：电子工业出版社，2020）

从案例 4-5 可以看出，为实现“让天下没有难做的生意”这一企业愿景，1688 先后推出了一系列具有独创性的产品，获得了意想不到的巨额利润。可见，掌握了一个简单的思维组合法就可以为产品创造极高的附加值，使企业获得可观的利益。

4. 分解法

分解法可理解为组合法的逆过程，即把看似一个整体的营销过程分解为多个步骤或多个相对独立的营销子过程。把粗分类、分步的营销过程进行多级细分，或把看似一个整体的营销内容分解为多个内容或多个相对独立的营销子内容。比如，市场定位就是一系列的分解过程，从地域、年龄、阶层、信仰到经济能力等，可以无限地分解下去。

5. 实证法

实证法是指用文字写实、产品展示、现场表演等方法，通过让消费者看见、感觉到产品的功能和效果来证实产品的优越性，从而让消费者认识到产品的优点。

案例 4-6

把锤子交给顾客

一个销售玻璃的公司年底颁奖时，有个业务员得了第一名，公司内的很多人都为他喝彩，并向他请教销售经验。

他说：“我向顾客介绍我们的玻璃很好，砸都砸不破，顾客不相信，我就拿铁锤砸给他们看，果然砸不破，这样一来，顾客自然就信服地买下了。”

第二年颁奖时，又是这个业务员获得第一名，大家就觉得很奇怪：我们都学习了他的经验，可为什么还是他的业绩最好？这个业务员又向大家介绍说：“以前都是我亲自砸玻璃来给顾客看，今年我把锤子交给顾客，让他们自己砸。”

（案例来源：杨勇. 市场营销学实务教程[M]. 北京：中国财富出版社，2018）

6．回避法

正确地提出问题等于解决了一半问题。比如，有时销售问题解决不了，很可能问题不是出在销售上，而是出在融资上。回避法就是不就事论事，不以原策划课题为解决对象，而是更换问题的内容，重新设立策划课题，再加以策划。

7．伏笔法

营销策划是一项立足现在、面向未来的活动。伏笔法是指在开展策划时，预先创造策划依据或实施方案的基础，即在进行当前策划时，就先为下一个策划方案的制订和实施奠定基础。

4.2 营销策划创意

营销策划是一项极富创新性、创造性的活动，没有固定的模式。纵观国内外所有成功的营销策划案例，它们都有一个共同的特点——富有创意。创意是指整个营销策划活动从构思到实施、从酝酿计划到统筹安排的过程中，策划者将各个思维要素整合成一个相对独立的、完整的思想体系，显示出自己的某种创造性、独特性和新颖性的行为创新。营销策划创意是营销策划的核心和前提，是营销策划运行中的最高层次。只有蕴含创意的营销策划，才是富有鲜活个性和持久影响力的策划。

案例 4-7

自由女神的血肉之躯

美国曾进行过自由女神像的翻新工程。但在工程结束后，现场留下了 200 多吨的废料。这些废料成为美国政府手中的“烫手山芋”。之后一个名叫斯塔克的人自告奋勇来处理这些废料，他几乎是以零投入，帮政府解了燃眉之急。那么，斯塔克是如何利用手中这 200 多吨废料的呢？斯塔克用废料制作微型自由女神像，各部分按比例同比缩小，并打上“来自自由女神衣脚的布料”招牌，还打出限量的噱头，卖出了比别人同类塑像贵 10 倍的价格，甚至连神像下堆积的木屑都被黏合之后制成盒子卖了出去，销售量极好。于是，斯塔克一夜暴富。与其他商人相比，斯塔克赢在了创意上，别的商人只是在想如何处理废料，而他选择如何“变废为宝”。

（案例来源：马继华，郭献山. 市场营销策划[M]. 长沙：湖南师范大学出版社，2012）

4.2.1 创意理论与规律

创意产生于创造性思维，创意具有一定的系统性，也有一定的规律可循。创意理论与规律是策划者创意形成的基础，是保证创意富有创造性、独特性和新颖性的前提。

1. 创意理论

关于创意的理论很多，影响较大、应用较多的有 5 种，如图 4-3 所示。

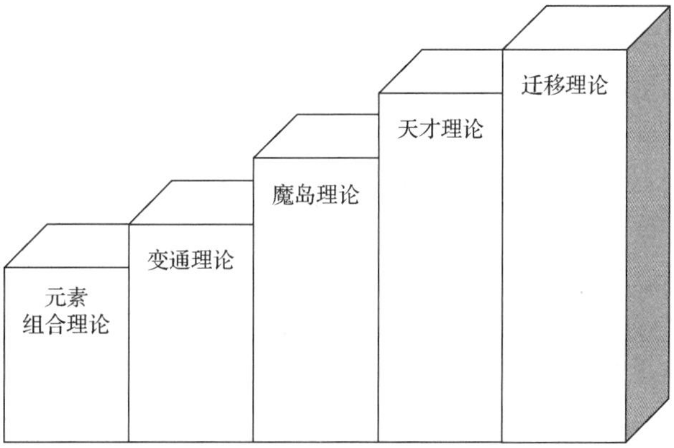

图 4-3　创意理论

（1）元素组合理论

在自然界，元素通过组合可以形成各种各样的新物质，策划者通过研究各种元素的组合从而获取新的创意，就是元素组合理论。

策划者不能墨守成规，必须不断尝试和揣测各种组合的可能，并从中获得具有新价值的创意。元素的组合不是简单地相加，而是在原有基础上的一种创造、一种创新。能够产生创意的元素可以是具象的，也可以是抽象的；可以是现实存在的，也可以是虚构想象的。电视可以论斤出售、冰激凌可以油炸、外墙涂料可以喝等，不一而足，都是超越常人思维习惯的元素组合。

（2）变通理论

创意有时候只是“概念的一扭”，只要换一种方式去理解、换一个角度去观察、换一个环境去应用，一个新的创意就产生了，这就是创意的变通理论。

某种事物的功效作为一种能量，在一定的条件下是可以转换的。例如，用于战争的兵法，经过变通可用于市场，这是一种观念的嫁接；原本属于动物本能的保护色，经过变通，可用于军队的迷彩服，这是功能的变通；民用产品用于军需，军需产品转为民用，这是能量与功效的传递和延伸。显然，上述各种能量的转换、功能的变通，对策划创意的产生是极有启示意义的。同样，知识的用途也可以被拓宽。例如，心理学应用于管理，产生了管理心理学，成为管理者必备的知识；军事谋略应用于商战，使精明的商人懂得韬略；公关策略引入政界，成为竞选的有力武器；等等。

对策划来说，创意就需要这种变通，创意就产生于这种变通。“改变用途”是创意的重要源泉。策划者应该善于运用这种思路，通过改变策划对象的用途，赋予策划新奇性和独创性。事物的用途能交换、转换和传递。改变人的观念与改变事物的用途一样，实际上也是一种能力的改变。以一样的眼光看待不一样的事物，或对一样的事物用不一样的眼光来看待，都是一种功能变通，都能产生新的创意。

案例 4-8

尿布与啤酒的故事

在遍布美国各地的沃尔玛的超级市场中，尿布与啤酒居然并排摆放在邻近的货架上一起销售，而且两者销售量都还不错。原来沃尔玛分析了原始交易数据，即先利用数据挖掘工具进行分析和挖掘，再对商品进行市场类组分析——分析顾客最有可能一起购买哪些商品，结果惊奇地发现尿布与啤酒一起购买的概率非常大。一般来说，很少有人能将尿布与啤酒联系在一起，若不是借助数据挖掘技术，有可能到现在也没人发现这一隐藏的事实：美国的太太们常叮嘱她们的丈夫下班后为小孩买尿布，而丈夫们在买完尿布后又会随手为自己买两瓶啤酒。既然两者在一起购买的概率很大，沃尔玛索性将它们并排摆放在一起销售，结果尿布与啤酒的销售量成倍增长。

（案例来源：白玉苓，陆亚新. 零售学[M]. 北京：机械工业出版社，2020）

（3）魔岛理论

魔岛理论源于古代水手的传说。茫茫大海，波涛汹涌，海中岛礁，不可捉摸。当水手们想躲开它时，它偏偏出现了；当水手们想寻找它时，它却迟迟不肯露面，消失得无影无踪。因此，水手们称这些岛为“魔岛”。实际上，“魔岛”是珊瑚岛，没有珊瑚年复一年地积累是形成不了的。

创意的产生，有时也像“魔岛”一样，在策划者的脑海中悄然浮现，神秘不可捉摸。魔岛理论认为，策划的创意和“魔岛”（珊瑚岛）一样，在人类的潜意识中，也要经历无数次的孕育、努力和培养，才能最终获得。如果你想获得好的创意，就必须像水手那样出海去探索，可能这次你空手而归，但也许下一次你就大有收获了。也就是说，创意必须通过努力才能得到。

魔岛理论还强调“发明”，也就是彼得 • 德鲁克所说的“聪明的创意”，即创意是主观生成的、独创的，而不是模仿的。

虽然“魔岛”理论阐明了创意的创造性和发明性，但营销策划中的创意并不仅仅是这些，它常常是“有效的模仿”“改良性的主意”或“拼凑式的创造”。因此，魔岛理论无法说明所有策划创意产生的原因。

魔岛理论强调后天的努力和积累，却否认天生的灵感，所以无法解释下列现象：学识渊博的学者，有时却墨守成规，毫无创意可言；而有时没有文化的人却机智灵活，创意多多。

（4）天才理论

与魔岛理论的立意角度正好相反，天才理论推崇天才，强调创意是靠天才获得的。世界上的确存在着不少天才，如孙子的《孙子兵法》是天才之谋，曹植的《七步诗》是天才之作，达 • 芬奇的《蒙娜丽莎》是天才之画，还有其他众多的天才之想、天才之举、天才之功、天才之学、天才之用，举不胜举。天才理论认为，创意并不需要苦苦求索，天才的策划家，天生就有这方面的突出才能。

在营销策划中，不承认天赋是不行的，某些杰出的策划大师，他们随意的念头，往往比我们费尽心机抠出来的营销方案要高明不知多少倍。天才理论揭示了创意的部分来源，但这一理论过分强调天生而忽视后天的努力，实际上也是片面的。如果我们相信创意大部分非天才不能为，那么策划人才如何培养？大量出现在商战中的，由普通人完成的各种成功策划又如何解释？

（5）迁移理论

迁移理论认为，创意是一种迁移。所谓迁移，就是用观察此事物的办法去观察彼事物，就是用不同的眼光去观察同一个现象，就是采取移动视角的办法来分析问题。通过视角的迁移，人们可以很容易地创造出众多新鲜的、交叉的、融合的、异化的、裂变的、创新的事物，这就是创意产生的成因。

自然科学里的转基因研究，社会科学中的交叉学科和边缘学科的出现，实际上都是学者迁移观察的结果。科研是这样，产品是这样，策划更是这样。在市场实践中，许多杰出的策划创意都源于这类“再认识”。彼得·德鲁克在谈到创新的来源时，也认为“认识的改变”是重要的创新来源。

案例 4-9

“用户画像”的广泛应用

用户画像又称用户角色。作为一种勾画目标用户、联系用户诉求与设计方向的有效工具，用户画像在各领域均得到了广泛的应用。

用户画像最初是在电商领域得到应用的，在大数据时代，用户信息充斥在网络中。将用户的每个具体信息抽象成标签，利用这些标签将用户形象具体化，企业就可以为用户提供有针对性的服务。纵观成功的产品案例，可以发现他们服务的目标用户通常都特征明显，因而体现在产品上就要做到专注、极致，要能解决核心问题。比如，豆瓣专注文艺事业十多年，只为文艺青年服务，用户黏性非常高。所以，相比于给广大人群提供低标准的服务，通过用户画像给特定群体提供专注服务，更容易成功。

（案例来源：白玉苓，陆亚新. 零售学[M]. 北京：机械工业出版社，2020）

2．创意规律

美国广告大师认为创意是有规律可循的，创意规律主要体现在 4 个方面，如图 4-4 所示。

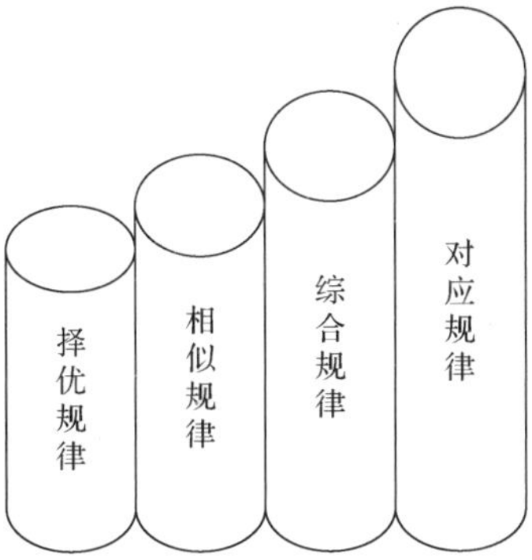

图 4-4　创意规律

（1）择优规律

择优规律是指通过“择优选取”，实现创造意图的规律。在营销策划的创造性活动中，选择无时不有、无处不在，选择就是通过比较定取舍，而择优的标准就是有利于知己、知彼，有利于用正合、奇胜。由于营销活动是一个动态系统，营销策划创意择优的标准就不能一成不变。优劣是相对的，是比较的结果，所以营销策划创意的择优过程是永无止境的，要本着“有所发现、有所发明、有所创造、有所前进”的原则，不断总结提高。

（2）相似规律

相似规律是指对客观事物中存在的大量相似的现象加以研究和运用，以实现创造意图的规律。相似不是相同，而是“相同加上变异”。营销活动中有很多现象存在着相似之处，对这些相似现象进行深入研究，了解它们之间的关系和规律，往往能产生新的创意。例如，“看板管理”方法的产生，最初是受到超级市场供货方式的启发。相似规律的运用，还表现在纵向的集成上，任何管理方法的发展，总是在原有的基础上一步步地改进，从量的发展，最终达到质的创新的。

（3）综合规律

综合规律是指把解决营销问题的某些要素、原理、方法等重新组合，以实现创造意图的规律。管理大师熊彼特把创新定义为“生产要素的重新组合”。根据唯物论的观点，世界上一切事物，大到浩瀚宇宙，小到基本粒子，组合现象是普遍存在的，不同组合的效应是不同的。在营销活动中，以组合为手段，以提高协作水平为标准就可以有所创意，并取得成效。例如，企业内部银行就是把银行的工作制度与企业内部经济责任制度结合起来了，它提高了企业经济核算工作的程序化、标准化、科学化水平。

（4）对应规律

对应规律是指按照事物间存在的对立性、对称性去构思，以实现创造意图的规律。一切事物都存在对立面，对应规律也表现在营销活动的创新中，如少品种、大批量、追求规模效益与多品种、小批量、追求品牌效益，就是对应的两种思路。

在营销策划创意活动中，对创意规律一般都是综合应用的，因为它们之间相辅相成，互相渗透。在营销策划实践中，创意既有自己的规律，也在违反已经形成的规律。营销策划创意可以违反已经形成的规律，但绝不能脱离经营或市场的实际情况，不能仅从纯粹的形式上、理论上、文字上、艺术手法上、表现手段上去创意，营销策划创意应始终围绕具体营销环境和目标顾客的实际情况展开。否则，再好的营销策划创意对企业来说也是无益的，甚至还可能毁了一个企业。

案例 4-10

山姆会员商店可以“遛娃”

“周末遛娃，先去山姆会员商店。”这似乎成了宝爸宝妈圈子里的某种默契，它甚至演变成了一种现象。如果在微博上搜索“山姆+遛娃”的关键词，可以看到很多遛娃家庭分享他们在山姆收获的快乐瞬间。

对宝爸宝妈来说，带孩子逛超市是每周的“保留项目”，不仅可以完成下周的粮食储备，还能把孩子从 iPad、手机等一系列电子产品的控制下“夺”回来，让孩子在真实世界里遨游。要知道，普通家长带孩子的最高境界也只是让孩子不哭不闹，心甘情愿地陪自己购物。要想让孩子面带微笑地走出超市，一上车就睡着，是只有在山姆会员商店遛娃的“高阶玩家”才能做到的。比如，在“山姆试吃”面前，哭闹的孩子会放弃一切抵抗。

孩子总是对第一次看到的东西感到好奇，在山姆会员商店里，他们不仅能够“过眼瘾”，还能拿起来把玩，如戴上 Bose 耳机当一次 DJ，拿起戴森吹风机变身理发师等。在山姆会员商店宽敞的过道里，可以看到很多孩子用双脚和双手大量他们感兴趣的世界。

不仅如此，山姆会员商店也是很多人心中周末的首选打卡地，经常有人会在山姆会员商店逛一下午。有的人为了买到山姆会员商店特有的榴莲千层班戟，要从城市的一端来到城市的另一端；有的人为了全中国独此一家的香肠来到山姆会员商店。

作为一家 1996 年便在中国设立会员商店的海外品牌，山姆会员商店截至 2019 年 6 月 30 日在中国已经开设了 26 家门店，坐拥超过 280 万名“粉丝”。山姆会员商店在 2 万平方米的占地上只上架 4000SKU（存货单位），这不仅让消费者无须在每个品类上耗费大量时间，还让山姆会员商店拥有了大批量采购的优势，它还给会员提供高性价比的商品作为回报。

对以家庭为单位的购物群体来说，山姆会员商店满足了孩子从出生到青少年时期的全部购物需求；对只想选购一周所需的城市独立人口来说，山姆会员商店的极简式货架也能带来不少好感；而对逛街上瘾的人来说，山姆会员商店的购物体验和完备的会员服务能在很大程度上解决他们的“购物瘾”。这也许就解释了为什么山姆会员商店会成为“遛娃”、逛街等大众周末休闲生活的重要场所。

（案例来源：白玉苓，陆亚新. 零售学[M]. 北京：机械工业出版社，2020）

4.2.2　营销策划创意的特点

创意是独辟蹊径、令人耳目一新的营销谋略，其特点有 4 个，如图 4-5 所示。

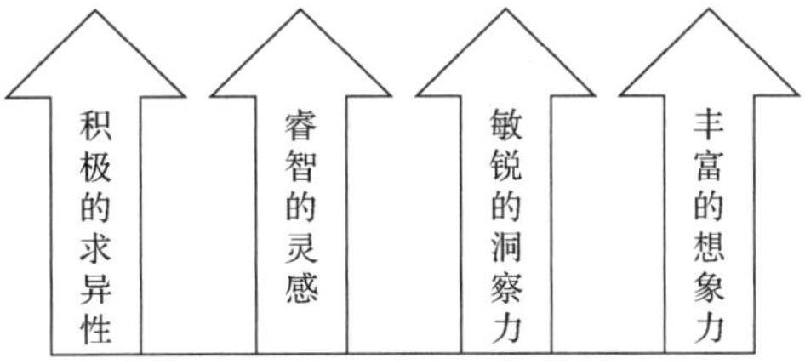

图 4-5　营销策划创意特点

1. 积极的求异性

创意思维是求异思维。求异性贯穿于整个营销策划创意形成的过程。积极的求异性表现为对司空见惯的现象和人们已有的认识持怀疑、分析和批判的态度，并在此基础上探索符合实际的客观规律。营销策划活动既是一种创意活动，也是一种求异活动，只有建立在积极的求异思维基础之上，才能独树一帜，引起公众广泛的关注和支持。

案例 4-11

将超市开到音乐节

“去音乐节玩一天需要什么吃的？饮料、巧克力、冰激凌、饼干、薯片？你想要的，‘多点’通通满足。”这是 2019 年麦田音乐节上生鲜快消数字零售平台“多点 Dmall”的宣传文案。2019 年 5 月 25—26 日，麦田音乐节在北京长阳音乐主题公园召开，多点携手物美超市，在现场搭起线下线上一体化的超市。现场共设 5 个售卖点，随时随地为观众补充水分和能量。

多点通过积累大量数据，获取各细分人群的画像，分析出现场观众的特征、消费偏好和消费习惯，使得现场售卖的饮料和食品大受欢迎。多点以“智能购，免排队”为收银解决方案，主推多点小程序以避免下载 App，贴合音乐节“心怀自由”的品牌调性，设计了“用多点，更自由”的主题海报。现场观众通过手机中的多点小程序、现场的自助购设备，可以免除付款排长队的困扰，尽快享受到美食。

音乐节前，多点与玛氏公司合作，联合举行了购物有机会抽取音乐节门票的活动，并在多点 App、微信公众号等全渠道进行扩散。此外，音乐节 plus 票专属福利中含饮料兑换券 1 张，观众可以在音乐节现场换取饮料 1 份。

在音乐节现场，多点与统一爱夸、燃力士品牌共同搭建售卖点，联合组织互动游戏、合作营销。多点还设置了黑科技的人脸识别体验区，观众刷脸就能看到商品推荐。在多点的互动展示区，观众还能参与有奖活动，奖品除免费可乐外，还有扫地机器人。

最终，5 个 100 平方米的音乐节售卖点 2 天的现场销售额接近一家 3000 ~ 5000 平方米的标准超市的日销售额，多点由此还收获了大量新会员。

（案例来源：白玉苓，陆亚新. 零售学[M]. 北京：机械工业出版社，2020）

2. 睿智的灵感

灵感是人们接受外界的触动而闪现的智慧之光，它是人们在平时知识积累的基础上，在特殊情况下受到触动而迸发出来的创新力。灵感是随意迸发的，是不可刻意企求的。

3. 敏锐的洞察力

洞察力是以批判的眼光，准确入微、入木三分地观察并认知复杂多变的事物之间的相互关系以及提出正确的问题的能力。敏锐的洞察力是创意者提出创意构想和成功解决问题的方案的基础，缺乏洞察力就会漏掉大量的创意资源。

4. 丰富的想象力

想象是表象的深化，想象力是人们凭借感知而产生的预见、设想。想象力是发展知识的源泉，也是推动创意的源泉。想象力包括联想、设想、幻想，它是思维的无拘束的自由驰骋，也是智慧的发散和辐射。只有美妙的想象，才能产生诱惑力，才能创造色彩斑斓的世界。

案例 4-12

中国造马桶盖在欧美被抢购：竹子秸秆制，月销上万套

外国人开始“抢”中国造的马桶盖！而这款马桶盖还是贵州造。

这就是思特马桶盖，其售价在 35 ~ 70 美元。2003 年，思特马桶盖就卖到了意大利，后来其市场又扩展到德、美、英、法等国。

那么，在和洁具界一批“百年老店”的角逐中，这家贵州公司作为后起之秀，是如何取得如此战绩的呢？思特有三大制胜“法宝”。

（1）环保：原材料过硬

赤水万亩竹海，是思特的原料基地。思特与当地一家竹制品加工企业已经合作了 10 多年。可是在双方合作之初，对方怎么也想不到，竹子还能做成马桶盖。

竹子经过切片、打磨、粘贴、成形，就成了马桶盖的竹原料板。随后，竹原料板被运往 300 多公里外的安顺夏云工业园，也就是思特的工厂所在地。

思特已经不满足于以竹子为原料，它又开发了一种新产品：以稻草秸秆为原料的马桶盖。这款产品可以用生物胶水充当黏合剂，更环保。

（2）个性：设计有个性

对德国和瑞士的出口已经占到了思特马桶盖出口量的 80%。而吸引客户的重要因素，就是思特马桶盖的设计感。

思特马桶盖的设计图案超过 5000 种，包括浮雕、3D 图画等多种样式。个性化的图案设计，在欧洲市场大受欢迎，每年销售量超过 200 万套。

但是，“一招鲜”未必能“吃遍天”，同样的设计在美国市场却遇到了困难。为此，思特调整了针对美国市场的设计方向——变个性化设计为实用性设计。

（3）创意：产品有创意

思特的吸附式子母马桶盖曾经登上美国《今日秀》节目。

这款吸附式子母马桶盖可以供成人和儿童共同使用，它改变了以往成人使用的大圈和儿童使用的小圈需要锁扣固定的方式，改用磁铁将小圈吸附住，操作更方便。

这款产品一经推出，就风靡一时，很快就创造了 3000 万元的纯利润。

不仅如此，思特还迎合顾客需求，进行了缓慢关上的设计、方便拆卸的设计等。思特还在美国建立了研发中心和销售公司，每年有 20 多万套产品进入美国家庭。

可以说，思特卖的不是马桶盖，它卖的是创新创意。贵州的公司、贵州的原料、贵州的产品，以世界的眼光，开拓国际市场。

（案例来源：根据网络资料整理编写）

4.2.3　营销策划创意的方法

营销策划创意方法是营销策划的起点、前提、核心、精髓。一条好的营销创意，可以使企业迅速发展起来，甚至可以救活一个企业。

下面列举几种国内外常用的营销策划创意方法，如图 4-6 所示。

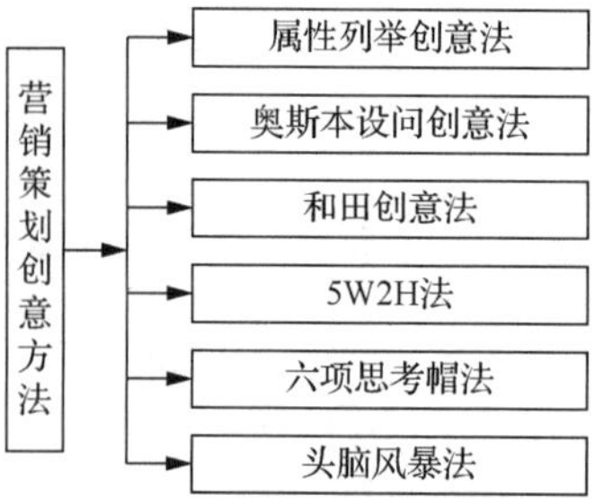

图 4-6　营销策划创意方法

1. 属性列举创意法

属性列举创意法是指将事物的属性分解为不同的部分或方面，并全部列举出来，然后以某一部分或方面的属性为置换内容，提出对该问题的创新构思。此法是美国内布拉斯加大学的克劳福德教授于 1954 年提出的，他认为不论某种技术原理、设备、工艺、产品，还是某种组织管理形式都有其属性。而所谓创意，在一定意义上，就是掌握呈现在自己眼前的事物属性，并将其放置到其他事物上或者用其他形式来置换，从而实现对该事物的创新。

属性列举创意法包括 5 个阶段，如图 4-7 所示。

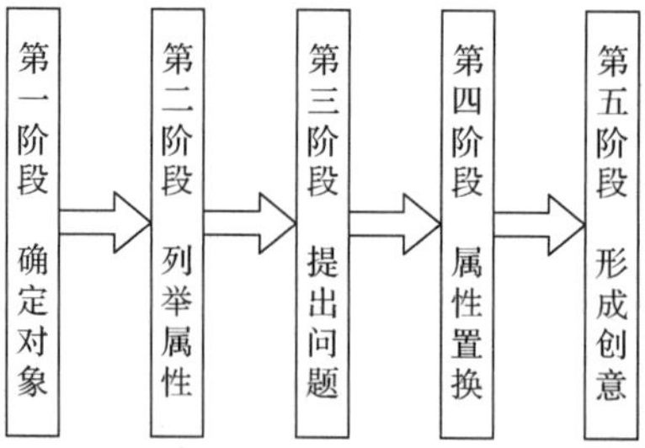

图 4-7　属性列举创意法

第一阶段：确定对象。

对象的确定原则上具有任意性，但在营销策划中还是应该根据市场发展前景及与营销目标的关联性来确定对象。

第二阶段：列举属性。

所谓属性，包括外部特征、整体形态、功能、性能、运动方式、操作方式等方面。这些属性可以分成三大类：名词属性、动词属性和形容词属性。根据具体情况，列举属性可以是列举对象的全部属性，也可以是只列举关键属性。

第三阶段：提出问题。

提出问题就是将属性列举出来后，借助缺点列举法或希望点列举法，针对某一属性或某些属性提出创新问题。

第四阶段：属性置换。

属性列举创意法解决问题的措施就是属性置换，因此在对各属性所引发的问题或希望点进行分析后，就需要针对这些问题或希望点，按照属性置换或移用的原理提出解决的方案或措施。属性置换或移用，可以是把该对象的某些属性置换或移用于其他事物，也可以是将其他事物的某项属性置换或移用到该对象上。

第五阶段：形成创意。

形成创意就是把形成的解决问题的方案具体化、方案化，形成创意，并用创意说明书进行描述与说明。

2．奥斯本设问创意法

奥斯本设问创意法又称检核表法，是美国奥斯本博士在总结自己和他人的创造活动，特别是新产品开发经验的基础上，概括出来的 9 种问题模式，他把这 9 种问题归纳成一张全方位的检核表——奥斯本检核表，如表 4-1 所示。

表 4-1　奥斯本检核表

序　号	问　　题	创　　意
1	能否改变用途	是否还有其他用途、能否用于其他场所、能否改造后另作他用
2	能否模仿	能否引用别人的创意、能否引申出新的创意
3	能否改变	能否在原来的基础上改变形态、颜色、声音、味道、制造方法
4	能否缩小或舍去	能否缩小体积、减少质量、微型化
5	能否扩大或增加	能否增大体积、增加质量、延长寿命、增加功能、扩大面积
6	能否替代	能否材料替代、工艺替代、方法替代、动力替代
7	能否重组	能否改变结构、改变布局、改变成分、改变顺序
8	能否颠倒	能否颠倒方向、调整正负、里外翻转、时间倒计
9	能否组合	能否将产品功能组合到其他产品上

创意通常始于问题，有了需要解决的问题，才会有解决问题的办法。奥斯本检核表就是通过专门列表提问的办法，强制性地对自己已经熟悉的事物设定问题，如果找到了有价值的问题，则意味着找到了一个策划的新起点。这种强制性地设定问题的思考方式，可以有效突破人们“固有的、已成熟的事物不可改变”这一习惯思维的束缚。

在营销策划活动中，无论遇到什么项目，策划者都可以根据需要研究的对象之特点列出有关问题，形成奥斯本检核表，然后一个一个地核对讨论，开拓思维想象空间，提出创新问题或寻找创意思路，从而产生新设想、新方案。

3．和田创意法

和田创意法是指上海市闸北区和田路小学吸收各种创新技法的精华，并结合小学生的心理、生理与知识基础，将创造心理学中的“检核表法”加以改造、提炼，使之通俗化，逐渐归纳出 12 个“一”的方法。和田创意法以它儿童化、通俗易懂的创意特点跻身于众多创意方法之中，多年来一直受到人们的青睐，被国际组织宣传推广，在国内外广泛传播，显示出很强的生命力。和田创意法不仅告诉策划者如何掌握创新方法的相关知识，还告诉策划者如何形成一种创新思考的习惯和方式。

和田创意包括 12 个“一”，具体如下所述。

“加一加”——加高、加厚、加多、组合等；

“减一减”——减轻、减少、省略等；

“扩一扩”——放大、扩大、提高功效等；

“变一变”——改变形状、颜色、气味、音响、次序等；

“改一改”——改掉缺点、缺憾，改进不便或不足之处；

“缩一缩”——压缩、缩小、微型化；

“联一联”——原因和结果有何联系，把某些似乎不相干的东西联系起来；

“学一学”——模仿形状、结构、方法，学习先进的；

“代一代”——用别的材料代替，用别的方法代替；

“搬一搬”——换个地区、换个行业、换个领域，移作他用；

“反一反”——把次序、步骤、层次颠倒一下；

“定一定”——定个界限、标准，以提高工作效率。

4．5W2H 法

5W2H 法就是分别从 7 个方面对策划创意对象、目标进行设问。这 7 个方面既是策划的角度，也是分解创意策划对象的程序。

这 7 个方面的英文单词的第一个字母正好是 5 个 W 和 2 个 H，所以称为 5W2H 法。这 7 个方面如下所述。

Why——为什么需要创新？

What——什么是创新的对象？即创新的内容和要达成的目标。

Where——从什么地方着手？

Who——什么人来承担任务？

When——什么时候完成？

How——怎样实施？即采用什么样的方法。

How much——达到什么样的水平？或需要多少成本。

5W2H 法能够帮助策划者实现思维路径条理化，引导策划者围绕目标，理清步骤，从而避免在营销策划中出现思维盲目性、随意性。

案例 4-13

在不断问问题中翻转思考

2010 年，黑松旗下的等渗透压饮料 FIN 对各大广告公司发出比稿邀请，由于该款饮料已经上市 8 年，其重新征求广告代理商，显然是希望有所改变。所有参与比稿的广告公司，都收到了以下要求：要与舒跑、宝矿力等运动饮料区隔开来；要呈现出年轻、都市的休闲感。

创略广告总经理黄志靖回到公司的第一件事，就是向团队抛出问题。他认为，“比稿最重要的就是提问。问完就几乎等于结束了。先问过自己一轮，再把最犀利的问题拿去问客户就对了!”在头脑风暴会议上，黄志靖一边用黄色粉笔用力地在黑板上书写，一边连珠炮式地提问:“如果做出都市和休闲感,这款饮料就会热卖吗？”“还是用名人代言会热卖呢？”“如果以上都不会，那到底怎么样才会热卖？”黄志靖先大胆地跳出客户的限定，直指客户的“未问之题”。

结果，这一连串的问题引起了最后的大翻转。黄志靖在提案时，没有直接回应要求，反而用问题引导黑松的代表:“如果这不是运动饮料。而是水呢？”黑松的代表听到这个提问非常激动，他们纷纷质疑：“你要我们去抢水的生意？”“水市场有多大你知道吗？”“FIN是有味道的等渗透压饮料，不是水!”

面对客户的质问，黄志靖早就有心理准备，他再度抛出一个个问题：“你们有多久没运动，没去运动场观察大家都喝什么了？有没有去超市看看消费者都买什么饮料？”见众人哑口无言，他才接着说：“这些，我们都做了!人们喝运动饮料，并非只在运动时喝，而是渴了就喝!”

原来，黄志靖早就让团队到校园、球场、便利店、超市、路边进行市场调研，逢人便问：“你一周运动几次？一次运动几分钟？会大量流汗吗？运动完会喝运动饮料吗？”

市场调研结果大大出乎众人的意料。甚至有大学生反问：“为什么运动饮料一定要运动才能喝？”这让黄志靖恍然大悟。如果运动饮料平时也能喝，又何必将产品定位限定死呢，不如开创一个全新的市场。

最后，黄志靖提出关键问题：“如果想跟舒跑、宝矿力区隔开来，却又说自己是运动补给饮料，不管广告怎么打，消费者打开超市的冰柜，还是会看到 FIN 跟竞争品摆在一起，那么请问 FIN 是什么饮料？”黄志靖清楚这些问题不只是疑问，他能借着这些问题带着对方顺着同一思路前进。

黑松营销处副处长蔡曜光表示，在采用了黄志靖的广告策略后，FIN 的市场占有率不断提升，表现十分亮眼。

回到创意的起点，黄志靖深谙质问能帮助人们进行“探索”，他最常以“如果不是，那会是什么”的反问法取代一般的直接思考，从而引出全新的方向。

黄志靖能在比稿中脱颖而出的秘诀就是不断地问问题，问自己、问员工、问客户。创略广告的所有人都知道：“在这家公司工作，一定要会问问题!”创略广告创意指导吴素惠指出，在广告业界，许多老板喜欢下指导棋，“他们会觉得自己最懂客户，要创意人员按照他们的意思设计，但黄志靖在说出自己的想法前，会先问大家，久而久之，我们也习惯先自问一遍‘他待会儿会问什么’。”

（案例来源：林建煌. 消费者行为[M]. 4 版. 北京：北京大学出版社，2016）

5. 六顶思考帽法

英国剑桥大学的博诺在 1980 年发明了“六顶思考帽法”。该方法突破了传统的逻辑思维模式，用平行思考替代了以往对抗和相反的思考，将思考的不同方面分开进行，取代了一次解决所有问题的做法。同一个时刻，人们在思考时，其情感、信息、逻辑、希望、创造力等都要参与到思考之中。

该方法主张把情感和逻辑分开，将创造力与信息分开，以此类推。博诺形象地把各个概念比作不同颜色的思考帽，戴上一顶帽子代表使用一种思维方式，具体如下。

白帽：纯白，白色显得中立而客观，不掺杂个人情感，代表纯粹的事实、数字和信息。

红帽：刺目的红，红色暗示愤怒、狂暴与情感，强调主观感受，代表情绪上的感觉、知觉和预感。

黑帽：漆黑，黑色是阴沉、负面的，即考虑事物的负面因素，是对事物负面因素的注意、判断和评估。

黄帽：黄色是耀眼的、阳光的、肯定的、建设性的，代表乐观、积极、正面，是对事物积极方面的肯定和评价。

绿帽：绿色是生机盎然、肥沃丰美的草地，代表创意与创造性的想法。利用绿帽可以寻求新方案或备选方案；激发创新能力，追求方案的不唯一性。

蓝帽：蓝色代表天空的颜色，在万物上方，是一顶具有控制力的帽子。蓝帽对思维过程进行组织，它可以控制其他思考帽的使用。

六顶思考帽的应用步骤为：

①陈述问题事实（白帽）；②提出解决问题的建议（绿帽）；③评估建议的优缺点，列举优点（黄帽）、列举缺点（黑帽）；④对各项选择方案进行直觉判断（红帽）；⑤总结陈述，得出方案（蓝帽）。

六顶思考帽是管理思维的工具，戴上不同颜色的帽子，从不同的角度思考问题，得出的结论会有所不同，综合这些思维结果后得出的总结论往往是最好的决策。

案例 4-14

六顶思考帽创新思维模式的成功应用

作为思维工具，六顶思考帽在美、日、英、澳等 50 多个国家的学校被设定为教学课程。同时也被世界许多著名商业组织作为创造组织合力和创造力的通用工具。

麦当劳日本公司让员工参加六顶思考帽思维训练，取得了显著成效——员工更有激情，坦白交流减少了黑色思考帽的消极作用。

摩根大通用六顶思考帽思维模式减少了 80%的会议时间。

杜邦公司的创新中心设立了专门的课题，探讨如何用博诺的思维工具改变公司文化，并在公司内广泛运用六顶思考帽法。

波音公司将六顶思考帽引入罢工谈判，成功避免了两次工人罢工，在第三次罢工谈判中，工会对公司管理层讲，除非用六顶思考帽，否则不愿谈判。

据统计，南非凯瑞白金矿曾经每月约有 210 次冲突，在这些从未上过学的矿工上了一天博诺的思维培训课后，冲突下降至每月 4 次。

英国 Channel 4 电视台说，经过培训，他们在两天内创造出的新点子比过去 6 个月想出的还要多。

英国政府为失业的年轻人进行了 6 个小时的博诺思维培训，结果就业率增加了 5 倍。

ABB（芬兰最大的跨国集团）以前讨论一个国际项目往往要花费 30 天，但运用了六顶思考帽以后，讨论时间缩短为仅仅 2 天。

（案例来源：根据网络资料整理编写）

6．头脑风暴法

美国创造工程学家奥斯本于 1939 年提出了著名的头脑风暴法，这是一种激发人的大脑思维产生创造性设想的集体讨论方法，又称 BS 法。奥斯本把这种方法的有效性归因于 4 个方面。

其一，思想的产生有赖于联想，联想能力在一定程度上依赖于不同思想的相互启发和诱导。

其二，对一般人来说，他在小组讨论中比单独思考时更能发挥想象力。

其三，智力活动在竞争情况下产生思想的能力可以增强 50%，其中尤其以产生灵感的能力的增强最为突出。

其四，在小组中个人设想往往会立刻得到他人的鼓励、引申和发展，从而激发个人提出更好的设想。

头脑风暴法的具体做法是：围绕某个目标明确的主题，召开一次有 5～10 人参加的小组讨论会。会议主持人要能使讨论会气氛轻松、和谐，要善于引导、激励会议成员积极思考。为了使会议气氛热烈，每个成员都毫无顾忌地发表自己的观点，都能提出大量新观念，创造性地解决问题，对到会的人员约定 4 条原则：第一，不允许批评别人提出的设想；第二，提倡无约束的自由思考，不允许私下交谈；第三，尽量提出新奇设想；第四，结合他人的见解提出新设想。会议设记录员 1～2 人，记录员要认真将与会者的每个设想都完整地记录下来。

头脑风暴法包括准备、热身、明确问题、畅谈、加工设想 5 个步骤，通过这 5 个步骤，把设想分为明显可行的、荒谬的和介于两者之间的 3 类，最终评选出最佳方案。

各国创造学家进一步对头脑风暴法进行丰富和发展，先后提出了默写式智力激励法、卡片式智力激励法、三菱式智力激励法等。

4.2.4　营销策划创意意识的培养、营销策划创意的思维原则与开发途径

美国广告大师詹姆斯·韦伯·扬在给芝加哥大学商学院研究生讲广告创意时说："创意发现的过程就像福特在装配线上生产汽车一样，也就是说，在创意发现的过程中，心智是遵循着一种可学习、可控制的操作技巧运作，这些技巧经过熟练的操作后，就跟使用其他任何工具一样。"

营销策划创意切忌脱离企业的实际，不能只从纯粹的形式上、理论上、艺术手法上、表现手段上去提出创意。营销策划创意必须自始至终围绕客户的实际情况展开。所以说，营销策划创意是需要培养的。

1. 营销策划创意意识的培养

营销策划创意要求策划者必须具有广博的知识、敏锐的观察力、丰富的想象力、强烈的好奇心、广泛的兴趣、深刻的感受力、灵活发散的思维和独到的见解等，还要有踏实严谨的作风、敢为人先的精神、习惯性创意意识、多角度思考问题的方式方法。策划者要不断加强自己各方面的修养，存储和积累于头脑中的知识与智慧的要素越多，直觉思维越活跃，酝酿出让人印象深刻的、杰出的营销策划创意的机会就越多。

营销策划创意意识的培养途径有外部强制和自我强制两种。

外部强制是指由外部因素激发创意意识，如上级布置指令性课题、领导委派开发任务等。对具有一定的敬业精神和责任感的人来说，外部强制也可以让人在一定时期内保持旺

盛的创意意识。

自我强制是由自我需要而引发创意意识。自我需要既有经济利益的需要，如为获取奖金、转让费等而强制自己去创意；也有个人显示心理的需要，如要借此显示自己的才能，认为发明创造是一种享受，可以满足心理上的成就感，故强制自己去创意；更高境界的则是宏伟的抱负和崇高的理想的需要，从而激发出创意意识。如果说习惯性创意意识是一种自我行为，是自然流露，那么强制性创意则是一种自觉行为，是人们理智地驱使自己按照一定目标创意的行为。

2．营销策划创意的思维原则

营销策划创意是一种复杂高级的思维活动，创意活动应遵循 4 个思维原则，如图 4-8 所示。

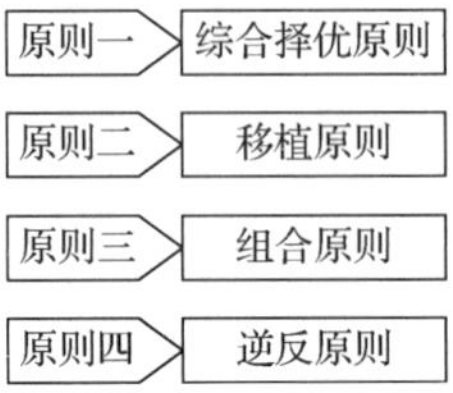

图 4-8　营销策划创意的思维原则

（1）综合择优原则

综合择优原则要求选择最可操作又最能实现意图的创意。在营销策划过程中，选择无时不有，无处不在。只有通过综合择优，才能使营销策划的整体功能最优化。

（2）移植原则

客观事物中存在着大量的相似现象，在相似的基础上加以适当改变，就容易产生新的创意。

（3）组合原则

奥地利经济学家熊彼特指出，一多半的发明是新组合。在思维过程中把系统的各种要素、方法等加以重新组合，也容易产生新创意。组合可以是原理组合、功能组合、材料组合、方法组合。不论是什么组合，一要考虑其能否组合；二要考虑组合后的结果是否更优。

（4）逆反原则

逆反原则是指人们习惯于按照事物间存在的对应性、对称性去构思，而要产生与众不同的创意，创造出自己的特色，就必须采用逆向思维，不能人云亦云。

案例 4-15

“防克菜篮”

某厂家向一个公司经理推销自己生产的专利产品“防克菜篮”——一种可以防止缺斤少两的菜篮，希望由该公司总经销。其他方面都没有问题，但是双方在价格问题上始终谈不拢。一次、两次、三次，谈判都因价格问题而失败。第四次，厂家改变了策略。双方刚一见面，公司经理就说：“价格不降，我们不能接受，即使再谈也没有用。”厂家马上回答说：“经理先生，今天我不是来同您谈价格的，我是有一个问题要向您请教，您能花一点时间满足我的要求吗？”经理愉快地接受了。坐定后，厂家说：“听说您是厂长出身，曾经挽救过两家濒临倒闭的企业。您能不能给我们一些点拨？”在对方谦虚一番之后，厂家接着说：“我们的菜篮正如您所说，价格偏高，所以销售的第一站就在您这里受阻了。再这样下去，工厂非倒闭不可。您有拯救即将倒闭的企业的经验，您能不能告诉我，如何才能降低这菜篮子的成本，达到您所要求的价格而我们又略有盈余呢？”

随后，厂家与公司经理逐项算账，从原材料的型号、价格、用量，到生产工艺、劳务开支等，进行了详细核算，并对生产工艺进行了改进，结果价格却只是微微降了一点。当然，对公司经理先生所付出的劳动，厂家报以真诚的感谢，并送上一件礼品以示感谢，同时表示一定接受经理的意见，在工艺上进行改进，以降低生产成本。当厂家再谈到总经销的价格时，对方没有任何犹豫就接受了，并说：“看来这个价格的确不能再降了，你们做了努力，我们试试吧。”

（案例来源：龚荒. 商务谈判与沟通：理论、技巧、案例[M]. 3 版. 北京：人民邮电出版社，2022）

3. 营销策划创意的开发途径

营销策划创意的开发途径有 5 种，如图 4-9 所示。

图 4-9　营销策划创意的开发途径

（1）模仿创造

模仿创造是指通过模拟仿制已知事物来构造未知事物。模仿创造又分为仿生法和仿形法。仿生法是指对已知事物进行模仿创造的方法。仿形法是指仅仅对已知事物的形状进行模仿的方法。

模仿创造是人类常用的创造性思维方法。当人们欲构建未知事物的原理、结构和功能而不知从何入手时，最便捷易行的方法就是对已知类似事物进行模仿再创造。所有的创意行为最初总是从模仿创造入手的。

模仿创造不是抄袭、照搬，而是因时、因地、因物、因势而采取最适合的创意。对已知事物的模仿只是借鉴，是基础，要通过借鉴做出适合未知事物的选择、再造。模仿创造不是依葫芦画瓢，而是要立足于创造、创新。

（2）移植参合

移植参合是指将某一领域的原理、方法、技术或构思移植到另一领域而形成新事物。

它是策划者思维领域的一种嫁接现象。比如，企业形象策划通过对不同领域、不同行业的企业的某些方面进行移植、嫁接，从而形成新的企业形象，新的企业形象中蕴含着新创意。

移植参合包括以下 4 种类型。

① 原理性移植，即把思维原理、科学原理、技术原理、艺术原理移植到某一新领域，如把价值工程应用于市场营销实践，便形成了营销价值分析法；把社会化大生产原理应用于传统零售商业改造，就创造了连锁经营的形式。

② 方法性移植，即把某一领域的技术方法有意识地移植到另一领域而形成的创造方法，如把数学的许多模型应用到经济学研究中，形成了经济数学、数理经济学等。

③ 功能性移植，即把某一种技术或艺术所具有的独特功能以某种形式移植到另一领域的方法。

④ 结构性移植，即把某一领域的独特结构移植到另一领域，形成具有新结构的事物的方法。

案例 4-16

航空航天、军事技术在生活中的应用

现在非常流行的方便面中往往有个蔬菜包，里面脱水蔬菜的制作工艺就来自航空航天领域，蔬菜包早期是专门给宇航员食用的。实际上来自航空航天的技术应用非常多，今天较为普及的太阳能电池最早就来源于航空航天技术。

当前婴儿和老年人用的“尿不湿”的主要原料之一是高吸水性树脂（SAP），它是以淀粉和丙烯酸盐为主要原料制成的。之所以称为“尿不湿”，是因为其突出特点是蓄水量大得惊人。实验发现，SAP 可以吸收的生理盐水是其自身重量的 40 ~ 60 倍，可以吸收的纯净水是其自身重量的 50 ~ 100 倍。SAP 最早的产品是单独制造给宇航员用的，在 20 世纪 90 年代初期开始大规模民用的时候，也是借鉴了早期制造飞机零部件的粉尘打孔技术，这也是使该产品走向民用领域并被大规模生产的重要技术之一。

当代计算机技术最早可以追溯到第二次世界大战期间启动研发的用于军事领域的埃尼阿克（ENIAC）。该设备于 1946 年 2 月 15 日正式运行，用于计算原子弹和氢弹的爆炸参数。1996 年 2 月 15 日，在世界上第一台通用电子数字计算机问世 50 周年之际，时任美国副总统的戈尔再次启动了这台计算机，以迎接信息时代的到来。

（案例来源：李牧南. 产品创新思维与方法[M]. 北京：机械工业出版社，2021）

（3）联想类比

联想是由某一事物想到另一事物的心理过程。由当前事物回忆过去事物或展望未来事物，由此事物想到彼事物，都是联想。人们经常会自觉或不自觉地作各种联想。

联想是创意思维的基础。联想在创意设计过程中起着催化剂和导火索的作用，许多奇妙的新观念和主意，常常是由联想的火花点燃的。事实上，任何创意活动都离不开联想，联想是孕育创意幼芽的温床。

案例 4-17

联想法：销售化妆品

一位化妆品销售人员来到顾客家销售化妆品，接待她的是一位脸上长着雀斑的女主人。当销售人员在向女主人介绍产品时，故意强调其对面部雀斑有特殊的效果。并拿了几张客户使用效果照片让女主人看。然后说："她们几位脸上有这么明显的雀斑，使用了这种化妆品后，都看不见了，面部如镜，真是增色不少，何况像您这么年轻漂亮的姑娘，使用后效果就会更理想了。"女主人听后，心里明白销售人员的好意，知道她是在保全自己的面子，没有点破自己长雀斑的事实，而是采用联想的方法，有针对性地介绍了产品。于是，女主人很高兴地买了几瓶化妆品。

（案例来源：陈涛，孙伟. 销售管理[M]. 北京：机械工业出版社，2016）

联想类比按原理可分为直接类比、拟人类比、象征类比、幻想类比、因果类比、对称类比、仿生类比和综合类比 8 种。

① 直接类比。直接类比就是从自然界或者人为成果中直接寻找与创意对象类似的东西或事物，进行类比创意。这种类比的例子，古今中外比比皆是。我国战国时期墨子制造的"竹鹊"、三国时期诸葛亮设计的"木牛流马"、唐代韩志和创造的能飞行的飞行器等，都是仿生学的直接类比。鲁班发明锯子，也是与带齿的草叶能把人手划破和长有齿的蝗虫板牙能咬断青草进行直接类比实现的。

案例 4-18

传感器技术在种苗培育中的应用

传感器技术成熟以后，被广泛应用于各行各业。

天津百利种苗培育有限公司运用物联网技术开展种苗生产。该公司的物联网信息系统通过在温室中安装相关传感器，可实时收集温室中的温度、湿度、土地酸碱度等信息，并通过无线网络将这些信息传送到数据终端。这样，工人们足不出户就可以第一时间了解种苗的生长状况，就像育苗温室里的"电子保姆"。

育苗对温湿度有较严格的要求。以前，工人们要 24 小时不间断地在每个温室里来回巡查，凭经验对温室的温湿度进行调整。现在有了这个"电子保姆"，工人完全可以按照设定值在计算机上观察种苗的长势。一旦哪个数值超出了正常值，就会马上收到警告信息，很方便。"使用这个（物联网），大大减轻了技术人员和操作人员的劳动强度，使他们在办公室或宿舍里就能获得很多数据，不像原来还得跑到棚室里看温度，一天看四五回。使用传感器技术后，工人能及时开启温室风口，保证温室里边温湿度适宜，使种苗长得旺盛、健康"，该公司负责人说。

（案例来源：白东蕊，岳云康. 电子商务概论[M]. 5 版. 北京：人民邮电出版社，2022）

② 拟人类比。拟人类比又称亲身类比、自身类比或人格类比，就是使创意对象"拟人化"。这种类比就是创意者使自己进入创意对象"角色"，产生共鸣，以获得创意。比如，

设计师将体育馆的屋顶与人脑头盖骨的结构、性能进行了类比：头盖骨由数块骨片组成，形薄、体轻，但却极坚固，那么体育馆的屋顶是否可做成头盖骨状呢？这种创意获得了巨大成功，于是薄壳建筑风行起来。

③ 象征类比。象征类比是一种借助事物形象或象征符号表示某种抽象概念或情感的类比，有时也称符号类比。这种类比可使抽象问题形象化、立体化，为创意问题的解决开辟新路径。美国创造学家戈登说过："在象征类比中利用客体和非人格化的形象来描述问题，根据富有想象的问题来有效地利用这种类比""这种形象虽然在技术上是不精确的，但在美学上却是令人满意的"。比如，建造纪念碑、纪念馆这类建筑，需要体现"宏伟、庄严"之感，于是人们就在其高度、范围、色彩、造型等创意设计上动脑筋，以体现这种象征意义。又如，咖啡馆要有幽雅的格调，茶馆要有民族风格，音乐厅必须有艺术性，公、检、法办公大楼要雄壮威严，于是人们就通过具体造型、色彩、装饰等来表达这些象征意义。

④ 幻想类比。幻想类比是在创意思维中用超现实的理想、梦幻或完美的事物类比创意对象的创意思维法。戈登认为："当问题在头脑中出现时，有效的做法是，想象最好的可能事物，即一个有帮助的世界，让最能满意的可能见解来引导最漂亮的可能解法。"

⑤ 因果类比。两个事物的各种属性之间可能存在着同一种因果关系。因此，可根据一个事物的因果关系，推测出另一事物的因果关系。例如，在合成树脂中加入发泡剂，得到质轻、隔热和隔音性能良好的泡沫塑料，于是有人就用这种因果关系，在水泥中加入发泡剂，结果发明了质轻、隔热、隔音的气泡混凝土。这种创意技法就被称为因果类比。

⑥ 对称类比。自然界和人造物中有许多事物或东西都有对称的特点。因而可以通过对称类比进行创意，获得人工造物。例如，物理学家狄拉克从描述自由电子运动的方程中，得出正负对称的两个能量解。一个能量解对应着负电子，那么另一个能量解对应的是什么呢？人们都知道电荷正负的对称性，狄拉克从对称类比中，提出了存在正电子的对称解，结果被实践证实了。

⑦ 仿生类比。人在创意、创造活动中，常将生物的某些特性运用到创意、创造上。比如，人们通过模仿鸟类展翅飞翔，造出了具有机翼的飞机；同样，发现鸟类可直接腾空起飞，不需要跑道，又发明了直升机；发现蜻蜓的翅膀能承受超过其自身好多倍的质量，就采用仿生类比，试制出超轻的高强度材料，用于航空、航海，以及房屋建筑领域。

⑧ 综合类比。事物属性之间的关系虽然很复杂，但可以综合它们相似的特征进行类比。例如，在设计飞机时，先做一个模型放在风洞中进行模拟飞行试验，就是综合了飞机飞行中的许多特征进行的类比。同样，各领域的模拟试验，如船舶模型的模拟试验、大型机械设备的模拟试验等，都属于综合类比。

（4）逆向思维

逆向思维是指按常规思维去分析问题没有效果时，反其道而行之，进行非常规思考以获得意想不到的效果的方法。

逆向思维是有意识地从常规思维的反方向思考问题的思维方式，是一种打破常规、寻求变异的思维，也就是从反面去思考。逆向思维改变了人们从正面去探索问题的习惯，主动打破了常规的意向性、单一性，虽然不符合常规思维的逻辑，却可以产生超常的构思和创新的观念。常用的逆向思维主要包括：方向逆向，即从已知事物属性或者功能的相反方向去设想，反其道而行之，从而开辟解决问题的新途径；方法逆向，即利用人们普遍认为最不可能的方法，出其不意地解决问题，从而得到意想不到的结果。

案例 4-19

“毒药”香水

“毒药”（Poison）曾是法国迪奥公司推出的一个香水品牌。该品牌刚上市时市场反应极为强烈，巴黎一家大型百货公司每 50 秒便可售出一瓶。

为何“毒药”的名称大受女性欢迎呢？原来这是西方女性解放、独立意识增强的反映。这个名称触动了当时女性内心深处寻求冒险刺激、反叛传统温柔和娇艳女性角色的心理。此后，世界女用化妆品市场上刮起了一阵“毒药”风，接连诞生了雌虎（Tigress）、鸦片（Opium）、禁忌（Tabu）、野蛮（Savage）等品牌。

（案例来源：何佳讯. 战略品牌管理：企业与顾客协同战略[M]. 北京：中国人民大学出版社，2021）

逆向思维的运用有两个前提条件：第一，客观事物必须具有可逆性，而且前后两者之间互为因果关系，否则强硬使用逆向思维会导致违背规律的盲动；第二，策划者具有超常意志，否则逆向思维往往会因被视为狂想或臆想而被扼杀在萌芽状态，从而丧失获取创意的机会。

逆向思维改变了人们固定的思维模式和轨迹，提供了全新的思维方式和切入点，这无疑拓宽了创意的渠道。逆向思维与正向思维往往交替进行，在交替使用这两种思维方法时，要不断地变换解决问题的思路，这就要求人们运用灵活、变通的思维去寻求最恰当的方法。

（5）组合创造

组合创造是指通过建立某种关系将多种因素组合在一起从而形成组合优势的方法。组合创造是现代生产经营活动中常用的方法。比如，市场营销过程是产品、价格、渠道、促销等可控因素的组合；整体产品是核心产品、形式产品、附加产品的组合。

运用组合创造的基本前提是各组成要素必须建立某种关系而成为统一体。没有规则约束的组合只能说是堆砌，有了规则约束才会形成新的事物。

组合包括原理组合、结构组合、功能组合、材料组合、产品组合、方法组合等。不论是什么组合，一要考虑能否组合，二要考虑组合的结果是否优化了，是否有更佳的效果。

案例分析

康立医院年终学术研讨会策划案

临近 2018 年年末，国内著名的康立医疗集团的董事长邵康立面露难色。集团下辖的康立耳病医院（以下简称康立医院）已经连续 7 年召集业界耳病治疗专家到医院举行耳病治疗学术研讨会，目的是提高康立医院的知名度和美誉度，提升该院医生的耳病治疗水平，同时也让全国各大医院的专家了解康立医院的实力，加速转诊患者的介绍。但每年的安排都是在会议室研讨，到旅游景点观光，在大酒店设宴，再赠送每位专家价格不菲的纪念品。这样的学术会议每次都要花费几十万元，效果却不是特别理想。

“今年的学术会议还开不开呢？”邵康立董事长向营销策划专家樊朝晖提出了问题。结合医院的实际情况，对历届学术研讨会的情况进行分析后，樊朝晖回答：“开，一定要开！但要换个开法。”

一所专科医院的生命力在于其掌握的医疗技术是否先进，所拥有的专家是否国内一流的。召开年终耳病治疗学术研讨会时，会有来自全国各大医院的耳鼻喉专家来到运城，而这些专家既然来到运城，为什么不可以为运城的耳鼻喉患者做点贡献呢？可以让这些专家在会议期间在医院坐诊、答疑，为运城的患者面对面诊疗，从而让运城的患者省去到全国各大医院找专家求医的麻烦。而且，来自全国各大医院的耳鼻喉专家精湛的医术、先进的治疗理念、严谨的治学态度和一丝不苟的医疗作风将会对康立医院的医护人员提高耳病治疗水平、增强为患者服务的意识起到积极的引导作用。

正好康立医院刚被运城市卫生局批准更名为“运城耳鼻喉医院”，它面临着转型和扩张业务范围的问题。这一名称的转换，意味着医院的服务方向将向本地患者转移，当目标市场方向发生转移时，如何更好地切入市场，将是医院转型后面临的第一大难题！按上述思路召开耳病治疗学术研讨会，还可以为更名后的医院打开当地市场找到一个很好的切入点！

思路确定以后，樊朝晖带领团队组织策划了耳病治疗学术研讨会。

首先，他们确定了本次研讨会要达到的目的。

一是向来医院的各位专家展示医院实力，为没来医院的其他专家提供足以说服其为医院提供转诊患者的理由。

二是向当地患者发布专家来院参加学术研讨会并现场坐诊、会诊疑难病症的信息，为医院创造效益；同时举行医院更名活动，为医院快速切入当地市场打下良好的基础。

根据目的，他们制订了以下操作方案。

① 分主题举办多场学术讨论会，具体事项由相关人员和专家沟通安排。

② 医院业务部门安排专家坐诊具体事宜，医院宣传部门向当地市场发布专家坐诊信息。

③ 行政部门负责向专家展示医院实力。

④ 市场部门负责专家、运城市医疗卫生系统领导的邀请工作和与专业庆典公司的联络工作，安排更名庆典活动。

⑤ 后勤部门安排接待工作及娱乐活动。外联部门联系专业摄影、摄像人员，记录活动全过程。

本次活动总共进行了6天，得到了当地媒体的大力支持，当地报纸、电视台全程跟踪报道宣传，学术研讨会、座谈会、专家坐诊、咨询答疑等都达到了预期的目的。

活动期间，医院门诊量是平时的五六倍，手术患者更是平时的十几倍，住院部病床相当紧张，而来院就诊的患者80%是当地人，与之前策划预测的结果大致相同。本次活动收到了良好的经济效益和社会效益。

来院专家看到布置一新的医院硬件环境和络绎不绝的就诊患者，无不竖起大拇指赞叹，如果没有过硬的医疗技术，哪来这么多就诊患者？活动结束后的电视专题片和精美宣传册也让没来的专家耳目一新，认可了医院的实力，加速了转诊患者的介绍。

本次活动，大大提高了医院的知名度、美誉度，让更多运城的耳鼻喉病患者知道了本地有如此好的治疗耳鼻喉病的医院，增加了对运城耳鼻喉医院的信任。

（注：案例由北京朝晖策管理咨询有限公司提供，由赵博宇整理）

思考题：

1. 你认为本次耳病治疗学术研讨会策划有哪些优点和不足?
2. 如果由你来策划类似的会议，你会如何做?

策划专家之四　　第 4 章　在线答题

第 5 章

营销战略策划

本章教学目标与要求

（1）了解市场细分策划、目标市场选择策划、市场定位策划、市场竞争策划的内涵；

（2）掌握市场细分策划、目标市场选择策划、市场定位策划、市场竞争策划的基本方法。

本章知识架构

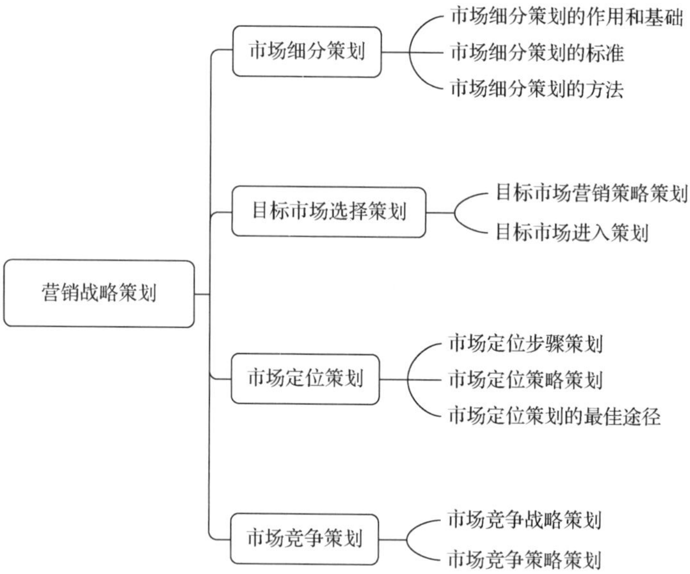

导入案例

江崎糖业公司的目标市场选择

日本泡泡糖市场年销售额约为 740 亿日元，其中大部分为“劳特”所垄断，其他企业想挤进泡泡糖市场可谓困难重重。但江崎糖业公司对此并不畏惧，该公司成立了市场开发团队，专门研究霸主“劳特”产品的不足，寻找市场的缝隙。经过周密的调查分析，该公司终于发现了“劳特”的四点不足：第一，以成年人为对象的泡泡糖市场正在扩大，而“劳特”却仍旧把重点放在儿童泡泡糖市场上；第二，“劳特”的产品主要是果味型泡泡糖，而现在消费者的需求更加多样化；第三，“劳特”多年来一直生产单调的条板状泡泡糖，缺乏新式样；第四，“劳特”产品价格是 110 日元，顾客购买时需多掏 10 日元的硬币，往往会感到不便。通过分析，江崎糖业公司决定以成人泡泡糖市场为目标市场，并制定了相应的市场营销策略，不久便推出了四大功能性泡泡糖产品：司机用泡泡糖，使用了薄荷和天然牛黄，以强烈的刺激感消除司机的困倦；交际用泡泡糖，可清洁口腔，祛除口臭；体育用泡泡糖，内含多种维生素，有益于消除疲劳；轻松性泡泡糖，添加了叶绿素，可以改善人的不良情绪。江崎糖业公司精心设计了产品的包装和造型，将价格定为 50 日元和 100 日元两种，避免了找零钱的麻烦。功能性泡泡糖问世后，便像飓风一样席卷全日本。江崎糖业公司不仅挤进了由“劳特”霸占的泡泡糖市场，而且占领的市场份额从 0%猛升至 25%，当年销售额达 175 亿日元。

江崎糖业公司的创办人江崎在谈到他的成功秘诀时说：“即使是已经成熟的市场也并非无缝可钻。市场是在不断变化的，机会总能找到。”

（案例来源：杨勇. 市场营销学实务教程[M]. 北京：中国财富出版社，2018）

从江崎糖业公司的目标市场选择案例可以看出，面对庞大而复杂的消费者群体，任何企业都无法满足其全部需求。江崎糖业公司通过分析强大的竞争对手“劳特”，找出其产品存在的市场缺陷，并对市场进行进一步的细分，找出能够满足特殊消费者需求的目标市场——司机用泡泡糖、交际用泡泡糖、体育用泡泡糖、轻松性泡泡糖，制定合理的市场营销策略，从而在短时间内占有了 25%的市场份额。目标市场营销就是企业通过实施市场细分、目标市场选择、市场定位三位一体的营销战略，寻找、辨认出最有市场价值并有能力为之服务的特定消费者群体，并将其作为自己的目标市场，为企业、产品及品牌树立鲜明的形象以形成相对优势，从而使得战胜竞争对手、实现经营目标成为可能。

这个案例告诉我们，企业要不断关注市场需求的变化，在任何市场需求的背后都隐藏着需求可以被进一步细分的潜力和可能，每一种具体的需求都有可能衍生出细分市场，企业在既定的市场需求面前有许多选择。企业要从市场需求出发，对市场进行细分，从而得到不同的消费者群体，进而以不同于竞争对手的产品或服务满足市场需求，从而取得更大的市场份额，不断创造新的利润源。公司采取的市场细分、目标市场选择、市场定位统称为营销战略。所谓的营销战略策划，是指营销策划者在现代市场营销观念指导下，为实现企业的经营目标，对一定时期内市场营销发展的总体设想和决策的谋划。它包括市场细分策划、目标市场选择策划、市场定位策划、市场竞争策划。那么什么是市场细分策划、目标市场选择策划、市场定位策划、市场竞争策划？它们对企业营销活动有什么作用？如何进行市场细分策划、目标市场选择策划、市场定位策划、市场竞争策划？这正是本章所要研究和解决的问题。

5.1 市场细分策划

5.1.1 市场细分策划的作用和基础

1. 市场细分策划的作用

市场细分策划是指营销策划者根据消费者对产品欲望和需求的不同、购买行为与购买习惯的不同，把整个市场划分为若干个由相似需求的消费者组成的消费者群的行为过程。

市场细分策划是现代企业从事市场营销的重要手段，对企业营销活动具有 3 个方面的重要作用，如图 5-1 所示。

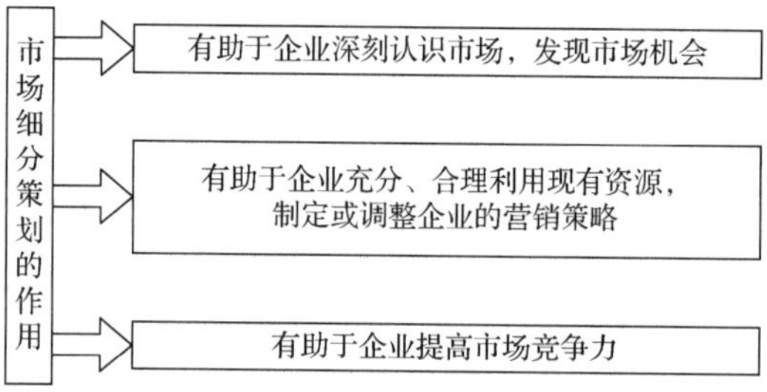

图 5-1 市场细分策划的作用

① 市场细分策划有助于企业深刻认识市场，发现市场机会。通过市场细分策划，企业可以认识到细分市场上的差异性需求，寻找到市场的空白地带，即了解现有市场上有哪些消费需求没有得到满足，如果发现某些需求没有得到满足，或被满足的程度很低，竞争者尚未进入或竞争者很少，那么就可以思考本企业能够提供什么产品来满足这些消费需求。企业如果能够提供相应产品满足这些需求，则可以将对应的市场作为企业的目标市场，这就是市场给予企业的最有利的经营机会。尤其是对中小企业而言，市场细分策划可以帮助其找到一些不被大企业重视而自己力所能及的经营机会，从而避免与大企业进行直接竞争，在大企业之间的空隙中生存和发展。在科学技术高度发达、人民生活水平普遍提高的今天，消费需求日趋多样化，这给广大的中小企业提供了更多的经营机会。

② 市场细分策划有助于企业充分、合理利用现有资源，制定或调整企业的营销策略。即实行市场细分策划，能够帮助企业集中力量深入了解所选定的目标市场的需求和愿望，充分发挥自己有限的资源条件，实施或调整其营销策略。

案例 5-1

宝洁公司的市场细分制胜

宝洁公司是美国著名的化妆品制造企业。早在 20 世纪 80 年代就已进入我国市场，其在护肤及卫生用品市场展开了一系列成功的市场细分、目标市场选择和市场定位的策略。20 世纪 80 年代初，宝洁公司发现当时我国消费者中头皮屑患者较多，从而敏锐地觉察到这一细分市场，并率先推出具有去头皮屑功能的“海飞丝”洗发水。这一产品在市场上获得了巨大成功，并且成为当时时尚的消费品。随后，宝洁公司又针对城市女性推出了“玉兰油”系列护肤品。除以上品牌之外，宝洁公司陆续推出了针对不同细分市场的多个品牌的护肤及卫生用品，如“飘柔”洗发护发二合一，既方便又能让头发飘逸柔顺；“潘婷”则含有维生素 B_5，可以令头发健康、亮泽。这一系列产品定位明确、细分市场明确的战略，在宝洁公司的发展和壮大过程中起了决定性作用。

（案例来源：杨勇. 市场营销学实务教程[M]. 北京：中国财富出版社，2018）

③ 市场细分策划有助于企业提高市场竞争力。企业的市场竞争力因受客观因素的影响而存在一定差别，但有效的市场细分策划可以帮助企业找出每个细分市场上竞争者的优势和劣势，帮助企业充分利用竞争者的弱点，有效地开发本企业的资源优势，以有限的资源优势把竞争者的顾客和潜在顾客变为本企业的顾客，提高市场占有率，从而增强企业的市场竞争力。

案例 5-2

去哪儿网以“智慧”细分市场，实现一站式服务

2017 年，在线旅游企业蓬勃发展，它们根据各自不同的特点细分市场，为企业和广大游客提供了丰富多样的选择。

去哪儿网倡导的“智慧旅游，数字服务”收获了明显的效果。智慧旅游在数字化上的要求，就是任何时候、任何地点都能够帮助消费者在移动的状态下找到信息，在最短的时间内获得最准确的答案。数字服务遵循消费者从搜索、预订、支付到评价旅游产品的使用流程，按照机票、酒店、度假、火车票、景区、租车等横向产品（或产品组合）形态及互联网、手机、多媒体终端等纵向服务渠道两个维度设计网络状服务流程，实现无盲点服务，它追求标准化、高效化、专业化、数字化的服务理念。“智慧旅游，数字服务”是传统的旅游消费方式向现代的旅游消费方式转变的“推手”。虽然旅游消费的内容还是传统的吃、住、行、游、购、娱，但是信息技术的广泛运用实现了消费方式的现代化。

据统计，去哪儿网可搜索超过 700 家机票和酒店供应商网站，向消费者提供实时价格和产品信息等的搜索结果，搜索范围覆盖 15 万家酒店和 1.5 万条国内、国际航线，以及 10 万条度假线路、2.5 万个旅游景点。截至 2017 年 8 月底，去哪儿网的团购频道已针对全国 100 多个城市开展旅游类产品团购服务，每日在线旅游类产品的团品数量超过 700 个。

去哪儿网在移动平台上为消费者提供旅游信息的入口，这个入口不仅包括酒店，还包括当地的景点、消费点，甚至包括消费者遇到旅游问题时可以投诉的通道等，使整个旅游行业更快、更好地实现真正意义上的“智慧旅游，数字服务”。2016 年年底，携程、去哪儿网、旅游百事通三家完成了产品和全能系统的整合，携程和去哪儿网共占据了 70%的在线旅游市场。2017 年 8 月，去哪儿网的主要顾客转向“95 后”。

（案例来源：李巍. 服务营销管理：聚焦服务价值[M]. 北京：机械工业出版社，2019）

2．市场细分策划的基础

市场细分策划的基础和依据是消费需求的异质性，即消费者需求、动机和购买行为的差异性。一般来说，由于消费者所处的地理环境和社会环境、所接受的教育及自身的心理素质、经济收入与购买动机等的不同，他们对产品的价格、质量、款式等的要求也不尽相同，存在着需求的复杂性和差异性。同时，也有一些消费者由于同处一样的地理环境，或接受了同样教育，或具有相同的心理素质等，他们对产品各方面的要求大致相似，这样的消费者就构成了一个细分市场，针对这个细分市场企业可以采用一种营销组合策略。

案例 5-3

以一天的不同时段进行市场细分：麦当劳在亚洲城市的营销策略

在亚洲城市，麦当劳的目标顾客在一天当中不断地变化着，如表 5-1 所示。

表 5-1　麦当劳在亚洲城市的市场细分

用餐时间	不同的消费群体
工作日早晨	希望有一个安静的用餐环境的年轻专业人士和经理
工作日中午	希望迅速解决午餐的年轻职员
工作日下午	放学后消磨时间的高中生
工作日晚餐时间	下班晚，希望吃一顿丰盛点心的人
工作日晚餐后	高中生、年轻的情侣、上班族
周末	孩子和他们的父母

在亚洲城市，麦当劳在不同的时间段，对不同的消费群体来说代表不同类型的餐厅。在一个典型的工作日早晨，在街上的交通还没有开始拥挤之前，麦当劳是一个舒适安静、能够让顾客心平气和地享受早餐的地方。在明亮的餐厅里，顾客可以选择一个安静的角落，一边享受早餐，一边阅读由餐厅提供的晨报。

当上班时间来临时，餐厅逐渐变成一个忙碌的地方，顾客排着长队，大部分人会要求打包带走食品。上班时间过后，餐厅又恢复到早晨的宁静。从上午 11:30 开始，来买午餐的人又开始增多。在排队买到食物以后，有些顾客努力在餐厅内找座位用餐，而另外一些人会打包带到办公室或附近的公园吃。在这些高峰时段，麦当劳的员工面临极大的挑战，他们必须迅速且准确无误地提供顾客需要的食品。和本地餐厅相比，麦当劳是一个典型的快餐店——高效、西式，并且性价比高。

从下午 3:00 左右，放学的学生会蜂拥到麦当劳餐厅享用圣代冰激凌、苹果派，把餐厅变成一个学校活动中心。

晚餐时间，麦当劳餐厅里通常都比较安静，因为亚洲人发现麦当劳提供的食品不适合作为晚餐，它最多被认为是为那些没有时间回家吃晚饭的人提供一顿丰盛点心的地方。

晚餐时间过后，麦当劳又是另外一番景象——年轻的上班族和高中生聚会的地方。更多一些时候，年轻的情侣会光顾。

麦当劳在美国瞄准了儿童市场。但在亚洲，儿童只会在周末和家长一起光顾。所以，在星期六和星期日的午餐时段，麦当劳餐厅才会呈现出一个典型的美式麦当劳餐厅的景象——有许多孩子跑来跑去。

清楚地认识和理解亚洲消费者行为，是麦当劳在亚洲取得营销成功的秘诀之一。麦当劳在“以一天的不同时段进行市场细分”方面做了成功的营销实践，值得中国餐饮企业学习借鉴。

（案例来源：宁德煌. 市场营销学：生活、营销与智慧[M]. 北京：机械工业出版社，2020）

5.1.2 市场细分策划的标准

从企业营销的角度来看，无论是消费者市场还是生产者市场，要使市场细分策划具有实际的意义，必须满足以下 4 个要求。

① 可衡量性。可衡量性是指根据某种特性划分出来的各细分市场，其规模和购买力的大小能够进行数量化的准确的评估和推算，各细分市场有明显的区别，有容易识别的消费者群。比如在电冰箱市场，在重视产品质量的情况下，可以分析有多少消费者更注重价格，有多少消费者更注重省电，有多少消费者注重外观或兼顾几种特性。如果被划分出来的细分市场无法衡量，这样的细分就是无效的。

② 可进入性。可进入性是指企业根据目前的人、财、物、技术和信息等资源条件，通过确定适当的营销组合策略能够进入并占领某一细分市场，使该细分市场的消费者得以购买本企业的产品。可进入性分析重点要考虑和分析消费者的集中程度、竞争者的数量以及政府政策、交通条件等因素。

③ 可盈利性。可盈利性是指被企业细分出来的市场应该有一定的规模和市场潜力，使企业能够在一定的时期获取足够的利润且有相当的发展潜力，值得企业为该市场制定专门的战略、策略及为此投入各种资源。如果企业为某个细分市场确定的营销组合并不能使企业获利，也不能在多个细分市场经营中获得联合优势，这样的市场细分策划就没有实际意义。

④ 相对稳定性。相对稳定性是指细分市场的标准要稳定。由于市场变化是绝对的，这就要求细分的标准要粗细适当，以保证时间的稳定性和消费者的稳定性，从而使企业在相对较长的时期内能够满足细分市场的需求，获得较理想的经济效益。

市场细分策划包括以下几方面的标准。

（1）消费者市场细分策划的标准

由于消费者人数众多，需求各异，因此消费者市场是一个复杂多变的市场。但总有一些消费者有某些类似的特征。这些特征就是消费者市场细分策划的标准，大体可以分为 4 类，即地理标准、人口标准、心理标准和行为标准。

① 地理标准。地理标准是指将地理因素（如消费者处于不同的地理位置、行政区域）作为消费者市场细分策划的标准。处于不同地理位置（如城市与农村、南方与北方、山区与平原、国内与国外等）的消费者，具有不同的购买需要；而处于同一地理条件下的消费者，他们的需求有一定的相似性，对企业的产品、价格、分销、促销等营销措施也会产生相似的反应。

把地理因素作为标准进行消费者市场细分策划是最简便的一种策划方法。但地理因素是一种相对静态的因素，不一定能充分反映消费者的特征，处于同一地理位置的消费者对某一类产品的需求仍有较大的差异。因此，有效的市场细分策划还必须考虑其他的一些动态因素。

② 人口标准。人口标准是指用人口方面的因素来细分消费者市场，即按照人口的一系列性质因素来辨别消费者需求上的差异。所谓人口的性质因素是指年龄、性别、家庭人口数、收入、职业、教育程度、家庭生命周期、宗教、种族、民族、国籍、社会阶层等。

人口标准是最常用的消费者市场细分策划标准，因为消费者的需求与这些因素有着密切的联系，而且这些因素一般比较容易衡量。比如，美国的服装、化妆品、理发等行业的企业按性别来细分；汽车、旅游等企业则按收入水平来细分；玩具市场按年龄来细分；食物、房屋等则按家庭规模和家庭结构来细分。

随着社会的发展，某些产品的消费者在性别或其他因素上的界限会越来越不明显。因此，有必要从更深层次上，即消费者的心理和行为上来进行细分策划。

③ 心理标准。心理标准是指根据消费者的心理特点来进行市场细分策划。心理特点主要表现在生活方式、个性等方面。

生活方式是指一个人或者一个群体对于生活、工作的不同看法或态度，如追求时髦、顽固守旧、崇尚奢华与节俭朴素等。生活方式不同的消费者，他们的消费欲望和需求是不一样的，对企业市场营销策略的反应也各不相同。西方国家有许多企业针对不同生活方式的消费者群体，设计不同的产品和安排不同的市场营销组合，也有企业用“AIO”系数来划分消费者的生活方式。A 指活动（Activities），包括消费者的工作、假期、娱乐、运动、购物、社区交往等活动；I 指兴趣（Interests），包括消费者对家庭、食物、服装款式、传播媒介、成就等的兴趣；O 指意见（Opinions），包括消费者对社会问题、政治、商业、经济、教育、产品、文化、价值等的意见。企业可以通过市场调查研究，了解消费者的活动、兴趣、意见，据此来划分不同生活方式的消费者群。

个性是指消费者的个人性格。这也是消费者市场细分的一个重要因素。很多企业给其产品赋予某些个性特征以迎合消费者的个性，并因此获得成功，如德国奔驰汽车因被赋予“一只勇猛的雄狮、一座庄严质朴的宫殿、一位严谨的老板”的个性特征，而深受消费者的喜爱。

④ 行为标准。行为标准是指消费者的购买行为、购买习惯，包括产品购买与使用时机、追求利益、使用者、使用状况、品牌忠诚度、购买阶段、购买态度等。产品购买与使用时机是指有规则或无规则的购买、平常购买或节日购买；追求利益指消费者购买产品时所追求的好处，也就是产品带给消费者的利益，如高品质、优良服务、多功能等；使用者包括

不使用者、潜在使用者、过去使用者、初次使用者、经常使用者等；使用状况包括使用量和使用频率等；品牌忠诚度分为绝对忠诚、一般忠诚、不忠诚等；购买阶段一般包括尚未知道、知道、有购买意愿、已经购买、重复购买等阶段；购买态度包括喜爱、不感兴趣、讨厌等。

（2）生产者市场细分策划的标准

生产者市场的购买者一般是集团组织，购买的目的主要是再生产。生产者市场细分策划的标准有些与消费者市场细分策划的标准相似，如地理环境、追求利益、使用状况、品牌忠诚度、购买阶段、购买态度等。但是，生产者市场还有与消费者市场不同的特点，因此生产者市场也有其不同的细分策划标准。

① 最终用户。不同的最终用户对同一产品往往有不同的要求。比如同样是轮胎，不同用户的要求就不一样，飞机轮胎的质量要求高于拖拉机轮胎的质量要求，载重卡车与赛车对轮胎的质量要求也不一样。高技术产品的用户更看重产品的质量、服务，而不仅仅是价格。

② 用户规模。很多企业也根据用户规模的大小来细分市场。用户的购买能力、购买习惯等往往取决于用户规模。在西方国家，很多企业把用户分成大用户和小用户，采取不同的对策与之打交道。大用户数目少，但购货量大，企业往往用比较直接的方式与之进行业务往来，这样可以相对减少企业的推销成本；小用户则相反，数目众多但单次购货量较小，企业可以多采用其他方式，如中间商推销，即利用中间商的网络来进行产品的推销工作。

③ 用户的地理位置。用户的地理位置对于企业的营销工作，特别是产品的上门推销、运输、仓储等活动有非常大的影响。地理位置集中，有利于企业营销工作的统筹、开展。很多国家和地区，由于自然资源和历史等方面的原因，形成了若干的工业区，如美国的五大湖地区是钢铁工业区，形成了对矿产品的集中需求；在我国，随着经济结构的调整和西部大开发战略的实施，西部地区将对纺织机械、矿山机械、大型运输工具、建筑材料形成大量需求。

5.1.3　市场细分策划的方法

市场细分策划有以下 3 种方法。

1．单项变量细分法

单项变量细分法是指只选择一个市场细分策划标准细分市场的方法，即根据影响消费者需求的某一重要因素进行市场细分。比如玩具市场，影响需求的主要因素是年龄，不同年龄的儿童对玩具的需求不同，可按年龄标准把市场细分为：1～3 岁玩具市场、4～5 岁玩具市场、6～7 岁玩具市场、8～12 岁玩具市场、12 岁以上玩具市场等几个细分市场。其中，1～3 岁的玩具应该具有启蒙功能，而 12 岁以上的玩具应具有智力开发或科技功能。

单项变量细分法的优点是：细分过程比较简单，易于操作。这种方法有两个适用条件：第一，市场竞争不太激烈，市场细分程度高，用单一变量能够细分出有效市场；第二，影响消费者购买的各个因素中有一项主导因素，其影响最为强烈。

单项变量细分法的缺点是：第一，形成的细分市场无法明确描述，在激烈的市场竞争环境中针对性不强；第二，影响消费者或用户需求的因素是多种多样的，各种因素相互交错在一起共同对某种需求产生影响，采用单项变量细分法可能会因主观因素影响而忽略了其中的重要因素，出现细分市场不准确的情况。

2．综合变量细分法

综合变量细分法又称多变量细分法，是指选择 2 个以上（少数几个）影响较大的因素作为标准进行市场细分的方法。其中以 2 个或 3 个变量进行市场细分是最常用的综合变量细分法。例如，对手机市场采用 3 个变量来进行细分，如表 5-2 所示。

表 5-2　手机市场的细分

消费者年龄	18 岁及以下，19～34 岁，35～49 岁，50～64 岁，65 岁及以上
月收入水平	1000 元以下，1000～3000 元，3000 元以上
消费心理	求实心理，求美心理，求廉心理，求奇心理等

3．系列变量细分法

系列变量细分法又称多层次变量细分法，或系列因素细分法，是指根据企业经营的需要，选择多个标准，按照一定顺序由大到小、由粗到细进行系列市场细分的方法。

案例 5-4

日本化妆品公司抢攻银发族

日本化妆品公司在不景气中拼业绩，目标对准 60 岁以上的银发族，争相开发中高龄消费者专属品牌。由于这个年龄层消费能力强，各公司主推的都是高档化妆品。

据日本共同社报道，日本第二次世界大战后出生的一代人逐渐步入 60 岁，这个年龄层的女性因子女已成年而有更多钱可自由支配，而且她们喜欢让自己美美地，各大化妆品公司都在争抢这一市场。针对银发族的化妆品的卖点已不只是遮盖皱纹，而是让银发族更漂亮。资生堂表示，60 岁以上女性的化妆品市场规模每年都在扩大。资生堂社长前田新造指出："社会高龄化，高龄者的心却年轻化。这个年龄段的女性有钱有闲，代表的是化妆品的新兴市场。"资生堂 2017 年 9 月已针对中高龄女性推出售价为 21000 日元的保湿乳液和 126000 日元的面霜，11 月下旬推出专攻 60 岁以上女性的新品牌"Elixir Prior"护肤产品。佳丽宝化妆品公司也推出 55 岁以上女性专属品牌"Chicca"，该品牌共有 166 种产品，包含眼影和口红等，售价在 1000 ~ 36000 日元。有不少女性专程从日本的东北地区和九州地区到东京和大阪的"Chicca"进行消费。

尽管百货业绩下降，日本化妆品业绩却连续多年增长。市场专家指出，化妆品业绩长红的一个原因是女性观念的改变——过去会为家庭牺牲自己的化妆品开支，现在则希望自己靓丽光鲜，有些女性每月化妆品支出达 3 万日元。

（案例来源：陈鸿雁. 市场营销学[M]. 北京：电子工业出版社，2019）

5.2　目标市场选择策划

目标市场是指企业为满足现实的或潜在的需求而开拓的特定市场。没有一个企业能够满足所有消费者的所有需求，市场细分的目的就在于从一系列的细分市场中选出对企业最有利的市场组成部分，即目标市场。

5.2.1　目标市场营销策略策划

案例 5-5

索瓦蕾服装公司的目标市场选择

日本索瓦蕾服装公司在 1954 年成立时，就下决心要在妇女流行服装市场上占据一席之地。从那时开始，它始终围绕着公司的长期发展目标选择具体的目标市场。该公司在建立初期还只是由几个人组成的缝纫组时，就仿欧美式样并根据日本女装的特点裁剪、缝制法式流行女装。20 世纪 60 年代初，日本妇女掀起西服热，该公司便上门承包定做女式西服，并由缝纫组发展成小型服装厂，在社会上站住了脚。之后，该公司不再跟在其他企业后面赶“潮流”，而是开始了解妇女对时装的需求心理和女装市场行情，在目标市场系列中选出最佳目标市场——礼服市场。因为该公司发现，随着人们生活水平的提高，妇女希望有一身参加红白喜事时穿的代替日本传统和服的黑色礼服。于是，索瓦蕾服装公司在大企业尚未经营的领域开始了黑色礼服的制作。当 20 世纪 80 年代黑色礼服在大城市市场趋于饱和时，该公司又开始制作花色女式服装和装饰品，并逐年扩大新品的比例。该公司一步一个脚印，围绕着企业长期的发展目标，不断地调整目标市场，保证了公司稳定持续的发展。

（案例来源：杨勇. 市场营销学实务教程[M]. 北京：中国财富出版社，2018）

从案例 5-5 可以看出，市场细分的结果，使企业面临许多不同细分市场上的经营机会。确定了目标市场的范围以后，企业在这些目标市场可以采取的营销策略有 3 种类型。

1. 无差异性营销策略

无差异性营销策略是指企业以整个市场为目标市场，不区分各细分市场上需求的差异性，而是寻求各类购买者需求中相同的部分，仅提供单一的产品，采用单一的营销组合策略。这种策略要求企业向市场推出一种型号的产品、统一的包装和固定的价格，采取广泛的分销渠道，进行同一内容的广告宣传。

无差异性营销策略如图 5-2 所示。

营销组合 ——► 整个市场

图 5-2　无差异性营销策略

2．差异性营销策略

差异性营销策略是指把整个市场划分为若干需求与愿望大致相同的细分市场，然后根据企业的资源及营销实力选择部分细分市场作为目标市场，并为各个目标市场制定不同的市场营销组合策略。

差异性营销策略如图 5-3 所示。

营销组合1 ⟶ 细分市场a

营销组合2 ⟶ 细分市场b

营销组合3 ⟶ 细分市场c

图 5-3　差异性营销策略

3．密集性营销策略

密集性营销策略又称集中性营销策略，是指将市场分割为若干细分市场后，只选择其中某一个细分市场作为目标市场。其指导思想是把企业的人、财、物集中用于某一个或少数几个小型市场，以求在这些市场上得到较大的市场份额。

密集性营销策略的优点是针对性较强。企业一方面能够深入了解市场，以更好地满足需求；另一方面能够集中精力服务消费者，节省营销费用，提高投资收益率，增加盈利。其缺点是由于选定的市场范围太小，企业集中经营一个狭小的细分市场，缺乏回旋的余地，经营风险较大。

案例 5-6

“尿布大王”的成功秘诀

日本尼西奇公司起初只是一个生产雨衣、尿布、游泳帽等多种橡胶制品的小厂，由于订货不足，一度面临破产的困境。该公司总经理多川博通过一个偶然的机会，从一份人口普查表中发现，日本每年出生 250 万个婴儿，如果每个婴儿用 2 条尿布，一年需要 500 万条。于是，该公司决定放弃尿布以外的产品，实行尿布专业化生产。一炮打响后，该公司又不断研制新材料、开发新品种，不仅垄断了日本尿布市场，还将产品远销世界 70 多个国家和地区，成为闻名于世的“尿布大王”。

（案例来源：陈鸿雁. 市场营销学[M]. 北京：电子工业出版社，2019）

5.2.2　目标市场进入策划

目标市场进入策划是指企业采取何种方式以及何时进入选定的目标市场的策划和谋划。

1．目标市场进入方式策划

目标市场进入方式策划可以分为国内市场进入方式策划和国际市场进入方式策划，如图 5-4 所示。

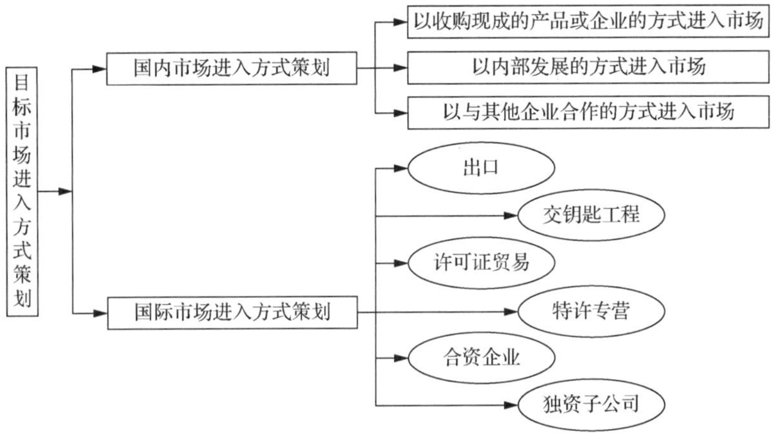

图 5-4　目标市场进入方式策划

（1）国内市场进入方式策划

在国内市场上，通常进入目标市场的方式有如下 3 种。

① 以收购现成的产品或企业的方式进入市场。这是进入目标市场最快捷的方式。在下列条件下收购现成的产品或企业是最有利的：企图进入该市场的企业所具有的行业知识还不足；尽快进入新市场能使企业获得大的利益；企业如依靠内部发展的方式进入新市场，将遇到种种阻碍，如专利权、经济规模、原料及其他所需物资供应的限制等。

② 以内部发展的方式进入市场。所谓内部发展是指企业依靠自己对目标市场的调查研究，设计、制造并推销符合目标市场需要的产品。采取这种方式进入市场，往往要考虑下列情况：内部发展的方式有利于巩固该企业的市场地位；没有适当的企业可收购；收购的对象要价过高；存在其他各种收购现成的产品或企业的障碍。

③ 以与其他企业合作的方式进入市场。这种进入方式有明显优点：首先，采用合作的方式，将使风险因合作分担而降低；其次，合作的企业将在技术上、资源上相互支持，从而使单个企业无力开拓的市场，也成为可以利用的机会；最后，合作企业可以互补，发挥协同的作用，形成大于所有单个企业经营能力总和的新能力。企业间的合作可以是生产企业与生产企业的合作，也可以是生产企业与销售企业的合作。企业在选择合作方式时，要根据对销售量、成本、利润的分析，选用对企业最有利的合作方式。

（2）国际市场进入方式策划

企业一旦确定了国际化经营战略，就意味着要面临国际市场进入方式的选择问题。国际市场进入方式多种多样，企业要从实际出发，选择适合企业的进入方式。

① 出口。企业在国内市场完成其产品开发设计和生产制造的全部或大部分过程，然后将产品出口至国外。大多数企业都是以出口作为最初进入国际市场的重要方式。

② 交钥匙工程。在交钥匙工程中，承包人承揽外国客户的工程项目并负责项目的一切细节，包括操作人员的培训。当合同完成的时候，外国客户将获得一个可以随时完全运作的整个设施的“钥匙”——“交钥匙”的名字由此得来。交钥匙工程实际上是向其他国家出口工艺技术的一种方法。从某种意义上来说，这是一种高度专业化的出口。化学工业、制药工业、炼油工业和冶金工业中交钥匙工程非常普遍，这是因为这些行业都使用复杂和昂贵的工艺技术。

③ 许可证贸易。根据许可协议，许可人把“无形财产的权利”授予被许可人，供后者在特定的时间使用。作为回报，许可人将从被许可人那里获得特许权使用费。无形资产包括专利权、发明、配方、工艺、设计、版权以及商标等。

④ 特许专营。特许专营可以说是一种专业化的许可协议。在该协议下，许可人把自己的无形资产授予被许可人，并且要求被许可人遵守严格的经营规则。许可人会经常为被许可人的连续经营提供帮助。特许专营主要为服务型企业所采用。例如，麦当劳就是通过特许专营战略发展起来的。对于被许可人应该如何经营餐馆，麦当劳都制订了严格的规则，这些规则涉及对菜单、烹制方法、员工政策以及餐馆的设计和选址等方面的控制。麦当劳还为它的被许可人建立供应商链，并且为他们提供管理培训和财务支持。

⑤ 合资企业。合资企业是由两个或两个以上的、本来相互独立的企业共同投资创建、共同拥有、共同经营管理的跨国企业。在合资企业中，取得多数股份的合资方具有对企业较强的控制权。

⑥ 独资子公司。在独资子公司中，控股企业拥有 100%的股权。在国际市场上建立独资子公司的方法有两个，企业可以在当地建立新的公司，也可以通过兼并现有公司并利用兼并的公司来促进在当地市场上的产品销售。

2. 目标市场进入时机策划

企业经过市场细分、机会分析，发掘出良好的经营机会。选定目标市场后，并不意味着企业可以立刻向目标市场全面推进，企业还必须分析和把握进入市场的时机，因为过早或过迟进入市场都将导致经营受阻。

如何确定适当的进入目标市场的时间，主要取决于两个方面。

① 企业向选定的目标市场全面推进之前，先要确定在正常情况下，做好一切准备工作需要多长时间。准备工作包括：向目标市场提供的产品必须经过精心设计，在可能的条件下让用户试用，以发现和扩展产品的优点，提高产品的适用性；留出形成预期的生产能力所需要的时间；如有必要，产品须进行试销，以便企业调整营销策略；推销人员需进行必要的培训；等等。

② 企业要调查和预测按正常时间进入目标市场时，市场形势将会出现什么变化，如目标市场的购买力将发生的变化，竞争者准备抢先进入市场时，目标市场需求将发生的变化等，以便对进入市场的时间作出调整。

5.3 市场定位策划

目标市场选定以后，企业为了能与竞争者的产品有所区别，取得产品在目标市场上的竞争优势，更好地为目标市场服务，还要在目标市场上给本企业产品作出具体的市场定位决策，即勾画企业产品在目标市场即目标顾客心目中的形象，使企业提供的产品有一定特色，满足某类顾客的需要和偏好，并与竞争者的产品有所区别。

市场定位策划，即突出企业产品的特色，满足目标市场顾客的需求和偏好，塑造产品在目标顾客心目中的良好形象，以求顾客在心中形成一种对产品的特殊偏爱。

案例 5-7

方太精准有效的品牌定位

方太自创立之初就确立了“专业化、高端化、精品化”的市场定位，它坚持“品牌+产品”共进，立志成为中国家电行业第一个高端品牌。

专业化。方太起步时规模小，资金也非常少，所以只能专注于抽油烟机，而这后来也成为方太的一个长期定位。

高端化。方太在初创时，发现行业内有几百家企业集中在中低端层级，彼此以价格战博弈。高端领域品牌的缺位吸引方太着手于此。

精品化。做高端品牌，对产品的要求就是：必须精品。所以，精品化自然而然成为方太的定位。比如方太的水槽洗碗机中使用的八边八棱工艺，一个师傅进行手工打磨，大约需要 95 分钟才能完成，总共要经过 10 道工序，精确度控制在 1.82 毫米以内，倾斜度为 45°。方太在每一件产品上都力求做精，从而以高端的品牌定位和产品卖点吸引消费者。

（案例来源：姜岩. 营销策划：方法、实务与技能[M]. 北京：清华大学出版社，2020）

5.3.1　市场定位步骤策划

市场定位的主要任务，就是通过集中企业的若干竞争优势，将自己与其他竞争者区别开来，其关键就是企业要设法在自己的产品上找出比竞争者更具有竞争优势的特性。竞争优势一般有两种类型：一是价格优势（又称成本优势），即在同样的条件下比竞争者定出更低的价格，这就要求企业采取一切努力，降低单位成本；二是偏好竞争优势（又称产品差别化优势），即能提供确定的特色来满足顾客的特定偏好，这就要求企业采取一切努力在产品特色上下功夫。因此，企业的市场定位可以通过 3 个步骤来完成，如图 5-5 所示。

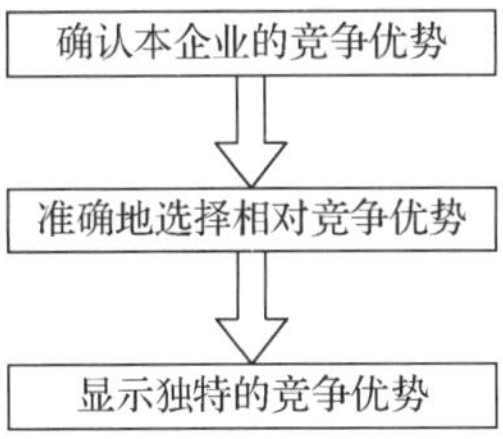

图 5-5　企业的市场定位步骤

1. 确认本企业的竞争优势

这一步骤的中心任务是明确以下 3 个问题：一是竞争对手的产品定位是什么？二是目标市场上数量足够多的顾客的欲望要满足到何种程度以及还需要什么？三是针对竞争者的市场定位和潜在顾客真正的利益要求，企业应该以及能够做什么？通过回答上述 3 个问题，企业就可确定自己的竞争优势。

2．准确地选择相对竞争优势

相对竞争优势表明的是企业能够胜过竞争者的能力。这种能力既可以是现有的，也可以是潜在的。准确地选择相对竞争优势就是一个企业将自身的各方面实力与竞争者的实力相比较的过程。比较有一个完整的指标体系，通常的方法是分析企业与竞争者在经营管理、技术开发、采购、生产、市场营销、财务、产品等方面相比，究竟哪些是强项，哪些是弱项。

3．显示独特的竞争优势

这一步骤的主要任务是企业通过一系列的宣传促销活动，将其独特的竞争优势准确传达给潜在顾客，并在顾客心目中留下深刻印象。首先，企业应使目标顾客了解、知道、熟悉、认同、喜欢和偏爱本企业的市场定位，在顾客心目中建立与该定位相一致的形象。其次，企业应尽一切努力保持对目标顾客的了解，稳定目标顾客的态度和加深与目标顾客的感情，巩固与市场定位相一致的形象。最后，企业应注意目标顾客对其市场定位出现的理解偏差或由于企业市场定位宣传失误而给目标顾客造成的误会，及时纠正与市场定位不一致的形象。

案例 5-8

我是江小白　生活很简单

江小白是重庆江记酒庄生产的一种轻口味高粱白酒，以红皮糯高粱为单一原料酿造而成。江小白将目标定位于新青年群体，在一部分人感叹“年轻人不懂白酒文化”时，江小白则认为是“白酒不懂年轻人”。它抛弃了传统白酒高档的包装，倡导简单纯粹，以印在瓶身的走心文案与消费者互动，在竞争惨烈的白酒市场硬生生杀出了一条血路。

1. 目标人群定位

江小白在竞争激烈的白酒行业中，发现了年轻人这一空白市场区域，选择行业关注相对较少的“80 后”“90 后”群体作为目标人群，成功实现了白酒与年轻消费者的“亲密接触”。

2. 产品特点定位

为了适应年轻人的需求，江小白重点打造纯净清香的口感，去除了传统白酒浓香的特点。江小白定位于“青春小酒”，采用单一高粱小曲酒酿造工艺，其产品品质稳定，入口绵甜，后味较长，略带苦味，为小曲清香型白酒。

江小白设计了 108 种口感，可以在酒中加红茶、绿茶、冰块等，而且加完之后酒不会变浑浊。这种全新的多种混饮喝法也满足了不同人的不同需求，给年轻人带来了不一样的喝酒乐趣，大大满足了年轻人的口感需求。

江小白还抓住“80 后”“90 后”消费群体年轻、时尚，同时追求简单而不失高贵的生活特点，在包装上没有采用传统白酒奢华与高贵的风格，而是采用了青春、时尚的包装，勾画了一个“80 后”男孩的卡通人物形象，并配上简短幽默的文字，使包装更加新鲜另类，赢得了年轻人的青睐。

3. 价格定位

与其他酒类不同的是，江小白一般只有一级渠道，稍微偏远的地方有两级。另外，江小白比较重视微博营销，不但费用低，而且效率高。所以，江小白的渠道费用可以节省 15% 左右，这样层层省下来，江小白的定价就很合理。江小白定位于中低档白酒，价格在 50～100 元，既不昂贵又不失档次，适合年轻消费群体。

（案例来源：姜岩. 营销策划：方法、实务与技能[M]. 北京：清华大学出版社，2020）

5.3.2　市场定位策略策划

企业可根据自身实力情况以及与竞争对手的实力的对比，选择以下市场定位策略中的一种作为市场定位策划的依据。

1. 填补市场空位

填补市场空位，又称回避定位，是指企业回避与目标市场上的竞争者直接对抗，把产品定位于目标市场上的空白处，开发并销售目前市场上还没有的某种有特色的产品。这样可以避开激烈的市场竞争，使企业有一个从容发展的机会。

采取这种策略时，企业必须明确：①市场空白处的潜在顾客数量是否足够多；②技术上的可行性；③经济上的合理性。

案例 5-9

高能集团市场空当定位的成功

江苏高能集团采用市场空当定位获得极大成功。该企业创业初期仅有 200 万元资产，却能够在激烈的市场竞争中生存并迅速发展，用 10 年左右的时间令资产增至 4 亿元。其成功得益于正确的定位方式及准确的切入点。该企业属于通信行业，但它没有选择生产竞争者云集的传统的通信产品，而是选择了做通信与计算机的接合部——传输与管理。因为传统计算机及传统通信已经有许多企业在做，市场竞争激烈，它并不具备优势。而在两者接合部却有空白地带，有足够大的市场空间。由于这一领域产品技术难度大，国内同行很难进入，而且这是个具有中国特色的市场，国外公司也很难进入，因此，高能集团如鱼得水，迅速发展起来，并成为江苏省最大的民营企业之一。

（案例来源：陈鸿雁. 市场营销学[M]. 北京：电子工业出版社，2019）

2. 与现有竞争者共存

与现有竞争者共存是指企业把自己的产品定位在与某一个竞争者同样的位置上，与现有竞争者争夺顾客，这时企业与现有竞争者在产品、价格、分销及促销等各方面差别不大。对竞争者来说，如果有足够的市场份额，而且其既得利益没有受到多大损害，它们一般是不会在乎多出一个竞争者的，因为激烈的对抗常常会导致两败俱伤。实力不太雄厚的企业经常采用这种定位策略。

3. 逐步取代现有竞争者

如果企业实力十分雄厚，有比竞争者更多的资源，能生产出比竞争者更好的产品，不甘于与竞争者共享市场，则可以发动一场攻坚战，把现有竞争者挤出市场，自己取而代之，这就是逐步取代现有竞争者策略。采用这种策略的原因有两个：一是与企业条件相符合的市场已被竞争者占领，而且这个市场的需求不够大，不足以让两个企业共同分享；二是企业有足够强的实力，想成为行业领先者。当然，采用这种策略的风险是相当大的，企业应做好充分的准备。

4. 重新定位

重新定位是指企业改变产品特色，改变目标顾客的原有印象，使目标顾客重新认识其产品的新形象。产品的重新定位对于企业适应市场环境，调整市场营销战略是必不可少的。企业产品在市场上的定位即使很恰当，但在出现某些情况时，企业也需要考虑重新定位。一是竞争者推出的产品的市场定位与本企业产品接近，侵占了本企业的部分市场，使本企业的市场占有率下降，通过重新定位可区别于竞争对手；二是消费者偏好发生变化，从喜爱本企业某品牌变为喜爱竞争对手的某品牌，通过重新定位可重新定义消费者；三是如果消费者对品牌的印象与品牌的市场定位不一致或比较模糊，就说明品牌本身定位不明、品牌传播内容不统一、传播时间不连续，企业通过重新定位可重塑品牌个性。正如广告大师奥格威所说，最终决定品牌市场地位的是品牌本身的性格，而不是产品间微不足道的差异。

案例 5-10

美国米勒啤酒公司的重新定位

20 世纪 60 年代末，美国米勒啤酒公司（以下简称米勒公司）在美国啤酒市场排名第八，市场份额仅为 8%，与百威、蓝带等知名品牌相距甚远。为了改变这种现状，米勒公司决定采取积极进攻的市场战略。

米勒公司首先进行了市场调查。调查发现，若按使用率对啤酒市场进行细分，可将啤酒饮用者细分为轻度饮用者和重度饮用者，前者人数虽多但饮用量却只有后者的 1/8；美国啤酒的 80%是被 50%的顾客消费掉的，另外 50%的顾客的消费量只占消费总量的 20%。

米勒公司还发现，重度饮用者具有以下特征：多属蓝领阶层；年龄在 25 ~ 50 岁；爱好体育运动；喜欢观看体育节目；每天看电视的时间为 3 ~ 5 小时。米勒公司决定把目标市场定位在重度饮用者身上，并果断地对米勒公司的“海雷夫”牌啤酒进行重新定位。

重新定位从广告开始。米勒公司先在电视台特约了一个“米勒天地”栏目，广告主题变成了“你有多少时间，我们就有多少啤酒”，以吸引那些“啤酒坛子”。广告画面中出现的尽是些激动人心的场面：船员们神情专注地在迷雾中驾驶轮船，年轻人骑着摩托车冲下陡坡，钻井工人奋力止住井喷等。

结果，“海雷夫”的重新定位策略取得了很大的成功。1978 年，这个牌子的啤酒年销售量已达 2000 万箱，仅次于百威啤酒，在美国名列第二。

（案例来源：杨勇. 市场营销学实务教程[M]. 北京：中国财富出版社，2018）

5.3.3　市场定位策划的最佳途径

打造企业或产品特色，使本企业的产品与市场上其他竞争者的产品区别开来，是市场定位策划的根本出发点。要做到这一点必须进行创新策划，强化差别化优势，为此，企业可从 3 个方面着手策划，如图 5-6 所示。

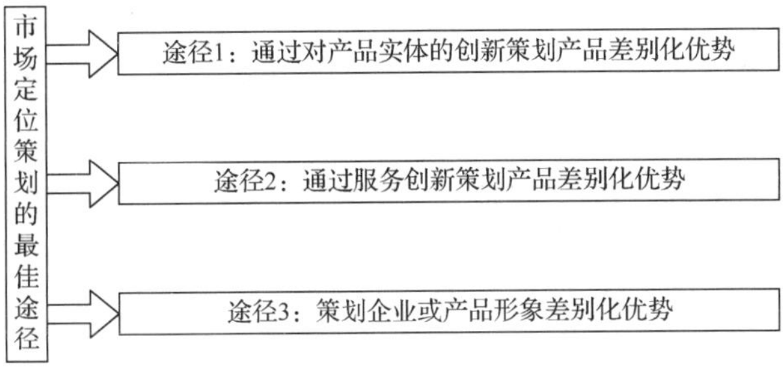

图 5-6　市场定位策划的最佳途径

1．通过对产品实体的创新策划产品差别化优势

这是指为有形产品实体创造差别化优势，即对市场上同一产业内不同企业所生产的用途、功能相近的产品，进一步在产品设计、外观特征、款型构造、包装式样、质量、功能等方面找出 1～2 个创新点，从而使产品与众不同、差别化优势明显，进而赢得消费者的喜爱，增加消费者对本企业产品的注意力，促使消费者作出购买决策。

2．通过服务创新策划产品差别化优势

当有形产品的差别化优势越来越小时，无形化服务差别就可以成为企业提高差别化优势的重要选择。企业通过服务创新营造差别化优势的关键在于提升服务质量，增加服务数量和拓展服务内容，具体表现为向购买本企业产品的消费者以及潜在消费者提供产品信息、免费咨询、购货快递、准确配送、安装和调试服务、优质的使用指导、快捷的维修服务和产品质量承诺等。这些优质服务手段可感化消费者，使他们对本企业产品产生偏好，不断增强对本企业产品和服务的印象，从而提高本企业产品的市场占有率。

案例 5-11

盒马鲜生

在 2016 年 10 月的阿里云栖大会上，阿里巴巴集团创始人马云首次提出了“新零售”的概念，这是一种“以消费者为核心，以提升效率、降低成本为目的，以技术创新为驱动，要素全面革新进化的商品交易方式”。盒马鲜生正是阿里巴巴对这一概念的成功实践。盒马鲜生是以数据和技术驱动的新零售平台，其希望为消费者打造社区化的一站式新零售体验中心，用科技和人情味带给人们“鲜美生活”。盒马鲜生通过独具特色的定位以及差异化的战略，从同类型竞争者中脱颖而出，赢得了消费者的偏爱。

盒马鲜生敏锐地察觉到了我国当前零售市场的空缺，实施差异化战略，走中高端社区化的品牌路线，开辟出了新的市场领域。它将传统线下超市销售与盒马 App 线上零售结合，开创了线下体验与互联网驱动的复合模式。这种新颖的商业模式，是盒马鲜生的品牌象征。盒马鲜生的差异化战略涵盖了产品、服务、渠道、人员、品牌形象等多个方面，全方位打造品牌的特有优势。

以服务为例，在线下门店，盒马鲜生为消费者提供生鲜加工服务，并设置了智能自助取餐设备和结账设备。在线上平台，盒马鲜生为消费者提供网上商城、菜谱介绍、健康知识科普等服务，并运营了粉丝社区，为消费者提供交流平台。盒马鲜生还为消费者提供了高效的物流配送服务，"应用全链路数字化技术系统，能够在用户下单后 10 分钟内将商品分拣和打包，紧接着由配送员在 20 分钟内完成配送，实现 3 公里范围内 30 分钟送达的目标，提升消费者体验"。这种全渠道、高科技、高效率的贴心服务，是其他竞争者难以提供的。

（案例来源：何佳讯. 战略品牌管理：企业与顾客协同战略[M]. 北京：中国人民大学出版社，2021）

3. 策划企业或产品形象差别化优势

企业或品牌在消费者心目中的形象的好坏，可产生巨大的竞争优势或劣势。企业在营造企业或产品形象差别化优势时，可借助个性化设计来塑造企业或产品的良好形象；注重通过标志设计来建立企业或产品形象；借助文字、图像、声音等媒体宣传来树立企业或产品形象；通过积极参与社会公益活动来提升企业或产品形象；等等。所有这些，都是"情感动力"，最终目的是拉近消费者与企业的距离，产生动感效应，增进消费者对企业或产品的了解和信任。

5.4 市场竞争策划

市场竞争是市场经济的基本特征之一。市场竞争所形成的优胜劣汰，是推动市场经济健康有序运行的强劲动力。企业要想在激烈的市场竞争中立于不败之地，必须树立竞争观念，不断研究市场，不断开发新产品，改进生产技术，更新设备，降低经营成本，提高经营效率和管理水平。企业必须通过市场竞争策划，认真研究竞争者的优势与劣势、竞争者的战略与策略，明确自己在竞争中的地位，制定正确的市场竞争战略与策略，努力取得市场竞争的主动权。

5.4.1 市场竞争战略策划

如何制定正确的竞争战略，如何战胜竞争对手实现预定的营销目标，是市场竞争战略策划最重要的内容，市场竞争战略可归纳为以下 3 种。

1. 总成本领先战略

总成本领先战略是指企业尽可能降低自己的生产和经营成本，以使自己在同行业中取得最低的生产成本和营销成本。

实现总成本领先战略的途径主要是改进生产制造工艺、设计合理的产品结构、扩大生产规模、提高劳动生产率等。总成本领先战略虽然是比较传统的竞争做法，但仍是现代市场营销活动中比较常见的竞争做法。

要想实现总成本领先，企业一般要取得一个比较大的市场份额，因此需要将低成本和低价策略结合使用。企业在考虑这种市场竞争战略时，需考察行业的经验曲线形状，如果没有经济性的好处，企业的营销利润就会受到大量侵蚀。

（1）总成本领先战略需要的基本条件

① 持续的资本投入和良好的融资能力；

② 较高的工艺加工能力；

③ 对工人严格的监督与管理；

④ 产品的制造工艺先进，易于用经济的方法制造；

⑤ 有低成本的分销渠道。

（2）总成本领先战略需要的组织条件

① 层次分明的组织结构与责任；

② 能实现严格的定量目标的激励机制；

③ 严格的成本控制体系与制度；

④ 详细的控制报告。

（3）总成本领先战略具有的风险

① 经过多年积累取得的降低成本的方法、制度、技术等可能因为新技术的出现而变得毫无用处；

② 后来的加入者或竞争追随者可能通过模仿或其他廉价的学习途径掌握降低成本的方法，或者没有经过挫折就掌握了降低成本的方法，因此后来者可能因具有更高的成本竞争力而抵消率先实行这种战略的企业的竞争优势；

③ 过于注重成本的结果往往导致企业对市场需求变化反应迟钝，进而导致产品落后或不能满足需求；

④ 由于定价往往处于成本的最低界限边缘，因此当竞争对手发动价格进攻时，企业缺少回旋余地。

2. 差异化竞争战略

差异化竞争战略是指从产品定位、价格、渠道、促销及其他营销因素上“培植”差异，形成企业相对于整个产业或主要竞争对手的“独特性”。

差异化竞争是目前在市场营销活动中占主流的竞争做法。因为差异化竞争战略不只适用于目标市场营销，更重要的是，它是最符合“营销观念”的做法。

（1）差异化竞争战略的竞争特点

① 构建企业在市场竞争中的特定的进入障碍，以有效地抵御其他竞争对手的攻击。因

为一旦企业在营销中形成了与竞争对手的差异，如品牌的高知名度和特色、产品的独特功能、专有的销售渠道和分销方式、顾客熟悉的广告及营销沟通方式等，就很难被竞争对手模仿，因而也就很难有竞争对手能轻易打入本企业所占据的目标市场。

② 削弱顾客和供应商的议价能力。顾客从接受“差异”中形成了某种或若干方面的偏好，顾客选择“喜欢的品牌”而不是选择“便宜的品牌”的行为一旦确立，他们就很少会转向其他品牌。当顾客依赖于特定的品牌时，企业绝对市场地位就确立了，顾客的议价能力就会大大减弱。企业一旦在行业中确立了这样的营销优势或“独占”地位，就会使某些供应商更难在市场中找到其他更好的交易对象，供应商的议价能力也就被大大减弱。而且，供应商甚至会受到来自社会公众的压力，使其不能轻易地拒绝为公众所喜欢的品牌产品提供资源，在这种情况下供应商的议价能力被极大削弱。

③ 企业希望获取超额利润，也有获取超额利润的可能。原因在于，品牌差异增大时，顾客转换品牌困难，议价能力弱，这就使得不少在差异化竞争中得到成功的企业，可以为其产品向顾客索取较高的溢价。比如日本索尼公司在创业之初，将其全部经营所获利润用于树立品牌市场形象和开发新产品，取得成功后，它的产品大多以比竞争对手产品高 5%～10%的价格销售。

（2）差异化竞争战略需要的基本条件

① 企业拥有强大的生产经营能力；

② 有独特的具有明显优势的产品加工技术；

③ 对创新与创造有鉴别能力和接受能力；

④ 有很强的基础研究能力；

⑤ 有质量与技术领先的企业声誉；

⑥ 有行业公认的独特资源优势；

⑦ 与渠道成员的合作程度高。

（3）差异化竞争战略需要的组织条件

① 营销部门、研究开发部门、生产部门之间能够密切协作；

② 重视主观评价与激励，而不是采用制度式的定量指标进行评价与激励；

③ 组织内具有轻松愉快的气氛，能够吸引高技能的工人、技术人员或科技人才大量加入。

（4）差异化竞争战略具有的风险

① 与低成本的竞争对手相比，甚至与普通的竞争对手相比，成本都可能较高，以至于各种差异对顾客的吸引力下降甚至丧失；

② 顾客偏好发生变化，导致差异不再对顾客有吸引力；

③ 竞争对手在顾客特别喜欢的差异方面进行模仿。

3. 重点集中竞争战略

重点集中竞争战略是指企业集中主要力量主攻某个特定的顾客群、产品系列的一个细分区段或某个地区市场的经营战略。

重点集中竞争战略既可能涉及少数几个营销组合因素，也可能涉及多个营销组合因素。其主要特点是，所涉及的细分市场都是特定的或专一的。也就是说，重点集中竞争战略是针对一组特定顾客的。

重点集中竞争战略需要的市场条件与组织条件随集中的目标不同而变化。这一战略的前提是：企业能够以更高的效率、更好的效果为某一狭窄范围内的目标对象服务，从而超过在更广阔范围内经营的竞争对手。

案例 5-12

区域化互联网企业的生存发展之道

灵通资讯网是山西灵通资讯广告有限公司推出的区域性很强的专业分类信息网站，该公司致力于打造一个科技领先、信用可靠、资源丰富、互动性强的便民服务平台。

早期该公司借助电视台、运城日报等媒体做广告代理业务。当时该公司有一种担忧，如果这些媒体不让代理了，公司是不是就结束了。为了实现可持续发展和良性运营，该公司经过多方考察，集思广益，于 1996 年推出运城首家纸质信息源——灵通资讯纸质版。与此同时，该公司迎合时代发展，从报纸逐步拓展到手机客户端，最终发展为区域互联网媒体，采用报纸、App、小程序等多种形式将信息传至客户，建立了灵通招聘网、灵通房产网、运城婚嫁网、灵通资讯网，以及 7 个公众号、视频号。年营业额约为 3000 万元。该公司之所以能做好区域化互联网企业，主要是基于以下做法。

1. 定位区域，精耕细作

全国性互联网企业容易忽略地方需求，不能满足地域性需求。该公司针对这一点，在运城市范围内将信息做细做透。灵通资讯网始终秉承“真实、大量、分类信息”的理念，依靠强大、丰富的报纸媒体资源，在网络用户日益增加、互联网渠道日渐盛行的浪潮下，通过更多的方式与渠道为广大消费者提供更为全面与丰富的生活资讯。与国内外其他的分类广告网站不同，灵通资讯网结合了报纸和网络的双重资源，充分发挥了报纸和网络两种媒体的优势。

2. 严格自律，保障信息真实可信

互联网信息是海量的，信息的真实性难以甄别。该公司在收集信息时，严格把关，每条信息都要经过严格审核，准确无误后才能发布。曾经有客户出高价发布信息，经核实后发现有虚假成分，该公司果断予以拒绝。该公司宁肯收入少，也绝不发布含有虚假成分的信息，多年来没有接到过一起因信息虚假而引起的投诉。

3. 提供优质服务，保障客户读者双满意

该公司认为，媒体生命力的源泉在于客户信任、读者信任。该公司奉行“一仆二主”理念，全心全意为客户、读者服务，重视后续服务。灵通资讯网另辟蹊径，致力于提供最新、最实用、最完备的城市生活信息。并将大量的信息细分，让读者以最快的速度找到最需要的信息，从海量的信息中找到最适合的信息。

灵通资讯网早已在运城市深入人心，经过多年的沉淀，建立了广泛的信任度和认可度。它在垂直行业做深做细，通过信息筛选，提高了资讯的质量和真实性，真正做到了市场精细化。

（注：案例由山西灵通资讯广告有限公司提供，由赵博宇整理）

重点集中竞争战略主要有以下几种风险。

① 当覆盖整个市场的那些竞争对手因为规模经济而大幅度降低成本，或者积极细分市场以增加产品组合或产品线长度时，采用重点集中竞争战略的企业的经营特色或成本优势可能不再存在；

② 当重点集中竞争战略指向的特定细分市场的需求变得较小时，企业因为采用了集中的做法，所以很难将产品转移到其他细分市场；

③ 在过度细分的市场上，因为市场容量很小，所以采用重点集中竞争战略的企业是没有明显的好处的。

5.4.2 市场竞争策略策划

企业在进行市场竞争分析之后，还必须明确自己在行业中所处的位置，进而结合自己的目标、资源和环境，以及在目标市场上的地位等来进行市场竞争策略策划。现代市场营销理论根据企业在市场上的竞争地位，把企业分为 4 种类型，不同类型的企业对应不同的竞争策略。

1. 市场领导者

市场领导者是指在相关产品的市场上占有最大的市场份额，在价格制定、新产品开发、分销渠道建设和促销力量等方面处于主宰地位，对本行业其他企业起着领导作用的企业。它是市场竞争的先导者，也是其他企业挑战、效仿或回避的对象，这种领导者几乎各行各业都有。比如，我国著名的市场领导者企业有彩电行业的长虹、冰箱行业的海尔、烟草行业的红塔、微波炉行业的格兰仕、奶业的伊利等。

市场领导者的地位是在竞争中自然形成的，但不是固定不变的。为了维护市场领导者的优势，保住自己的领先地位，市场领导者通常采取以下 3 种策略。

（1）扩大市场总需求

市场领导者占有的市场份额较大，当一种产品的市场总需求扩大时，受益最大的自然是这些企业。例如，我国消费者如果增加微波炉的购买量，受益最大的自然是格兰仕。一般来说，市场领导者可通过 3 种途径扩大市场总需求：开发产品的新顾客、寻找产品的新用途和增加顾客的使用量。

（2）保护市场占有率

占据市场领导者地位的企业在扩大市场总需求的同时，还必须时刻防备竞争者的挑战，注意保护自己的市场阵地。市场领导者最好的防御方法是发动有效的进攻，不断创新，永不满足，掌握主动，在新产品开发、成本降低、分销渠道建设和顾客服务等方面成为本行业的领先者，持续增加竞争效益和顾客让渡价值。市场领导者即使不发动进攻，也要加强防御，堵塞漏洞，不给挑战者可乘之机。可供市场领导者选择的防御战略有 6 种：阵地防御、侧翼防御、以攻为守、反击防御、运动防御和收缩防御。

（3）扩大市场份额

市场领导者设法提高市场占有率、扩大市场份额，也是增加收益、保持市场领先地位的一个重要途径。

案例 5-13

日本索尼公司：创造市场

作为家电行业的市场领导者，日本索尼公司（以下简称索尼）致力于开发新产品、扩大市场总需求，成为“创造营销”的典型。“创造”营销者发现和生产顾客并未提出但顾客反响热烈的产品。索尼成功推出了很多新产品，顾客从来没有说过需要这样的产品，甚至没有想过可能出现这样的产品，如随身听、录像机、摄像机和 CD 机。可见，索尼是驱动市场型公司，而不仅仅是市场驱动型公司。索尼的创始人盛田昭夫曾经说，索尼不为市场服务，而是创造市场，随身听的诞生便是典型的案例。当时，索尼的工程师坚持认为随身听这样的产品没有社会需求，但盛田昭夫坚持他的梦想。在随身听问世 20 周年时，索尼已经销售了近百种类型、超过 2.5 亿部随身听。

（案例来源：宁德煌. 市场营销学：生活、营销与智慧[M]. 北京：机械工业出版社，2020）

2．市场挑战者

市场挑战者是指在行业中占据第二位及以后位次，有能力对市场领导者和其他竞争者采取攻击行动并希望夺取市场领导者地位的企业。

市场挑战者如果要向市场领导者和其他竞争者挑战，必须先确定自己的战略目标和挑战对象，然后选择适当的进攻战略。战略目标与进攻对象密切相关，对不同的对象应有不同的目标和战略。一般来说，市场挑战者可选择以下 3 种方案：攻击市场领导者（风险大，潜在利益也大）；攻击与自己实力相当但经营不佳、资金不足者；攻击规模较小、经营不善、缺乏资金的企业。在确定了战略目标和进攻对象之后，市场挑战者还需要考虑采取什么进攻策略。一般有 5 种进攻策略可供选择：正面进攻、侧翼进攻、包围进攻、迂回进攻和游击进攻。市场挑战者通常不能同时使用所有的进攻策略，也很难单靠某一种进攻策略取得成功。

3．市场追随者

市场追随者是指那些居于市场次要地位，在产品、技术、价格、渠道和促销等大多数营销战略上模仿或跟随市场领导者的企业。在很多情况下，市场追随者通过让市场领导者和市场挑战者承担新产品开发、信息收集和市场开发所需的大量费用，减少自己的经营风险，以及避免因向市场领导者挑战而造成的重大损失。

当然，市场追随者并非完全被动地跟随市场领导者，它必须找到一个既有利于自我发展又不会引起竞争性报复的追随策略。以下是 3 种可供选择的追随策略。

① 紧密追随——全面模仿市场领导者；

② 距离追随——基本模仿，但在包装、广告和价格等方面保持一定差异；

③ 选择追随——某些方面模仿，某些方面独辟蹊径。

4．市场补缺者

市场补缺者是指精心服务于市场的某些细小部分，不与主要的企业竞争，只是通过专业化经营来占据有利市场位置的企业。

市场补缺者的作用是拾遗补阙，见缝插针，它虽然在市场上只占有很小的份额，但是比其他企业更了解也更能满足某一细分市场的需求，能够通过提供高附加值产品而得到高利润。

对市场补缺者来说，选择多重补缺基点比单一补缺基点更能减少风险，增加保险系数。

市场补缺者经营补缺基点的主要策略是专业化市场营销，具体包括最终用户专业化、垂直专业化、用户规模专业化、特殊用户专业化、地理市场专业化、产品或产品线专业化、产品特色专业化、用户订单专业化、质量-价格专业化、服务专业化和销售渠道专业化。

市场补缺者面临的主要风险是，当竞争者介入或目标市场的消费习惯发生变化时，企业可能会陷入绝境。因此，市场补缺者必须完成 3 项任务：创造补缺市场、扩大补缺市场、保护补缺市场。

案例分析

关帝表的重新定位

关帝表创立于 1997 年，在 1998 年关公诞辰 1838 周年之际，关帝表推出关公诞辰纪念表，售价为 3900 元，纪念表一上市就被抢售一空，市场反响极佳，但之后由于企业市场定位不明晰，关帝表的发展一度受阻。

2008 年以后，关帝表重新进行品牌营销与策划，旨在找准市场，它最终精准锁定高端市场。随着时代的进步和社会的发展，手表的实用功能降低，渐渐成为装饰品和身份的象征，如卡西欧带来运动感、百达翡丽彰显身份，品牌的差异化定位，让手表与人的性格、习惯、地位产生关联。关帝表在工艺方面很难和瑞士手表数百年的历史沉淀相比，在科技方面又无法与日本手表相比，因此差异化定位就显得极为迫切而重要。在核心品牌文化方面，关帝表精准定位：源自关公故里，福佑每时每刻。关公虽来自运城，但关公的精神却可以代表整个山西，由此首先把关帝表定位为非常好的礼品。关帝表饱含了山西人对友人的美好祝福。福佑每时每刻，体现了关帝表作为护身符的意义，关帝表不仅是一件追求精密的机械计时装置，还是一个拥有关公福佑文化的护身符。无论馈赠亲朋还是自己随身佩戴，关帝表皆能充分满足人们祈求鸿运当头、幸福平安、财源广进的美好愿望。有了这两层特殊的内涵，关帝表作为山西的好礼品就和别的品牌有所区分了。

关帝表的平均销售价格为 6000 元，它通过价格对顾客进行筛选，精准定位成年男士顾客群，为了满足顾客需求，还延伸开发了皮带、钢带等 160 款产品，每款产品背后都有其历史和文化渊源，关帝表致力于将文化做透，让顾客和关公文化有更深的关联。

一个企业做任何产品都要清晰定位，关帝表研究潜在顾客，力求在以山西文化和关公文化为依托的市场区域内做到最好。

现在是一个物质十分丰富的时代，后来的企业在不具备资金、技术等优势时就得在品牌上找到差异化优势，赋予品牌和产品深刻的文化内涵。产品的生命力最终还是应该回归品质，关帝表采用瑞士进口机芯，在工艺细节上精益求精，无论是品质还是工艺都与品牌定位相匹配。

关帝表以运城悠久的关公文化作依托，引入现代制表工艺，凝练出“福佑每时每刻”的隽永内涵，为我国钟表行业开启了一条缤纷的文化品牌创新之路。

2009 年，关帝表被当地政府作为最具运城代表性的礼品赠送给运城舰全舰官兵，这是当地市政府对关帝表作为山西好礼品的认可和背书。

2010 年，在上海世博会上，全国各省区市使出“浑身解数”，拿出自己的独特精品参展，以体现当地的文化特色，展示城市形象。关帝表成功入驻上海世博会，成为山西展馆的合作伙伴。

作为山西省唯一的钟表品牌制造企业，关帝表始终秉承“传承关公文化，铸造百年品牌”的宗旨，不断汲取博大深厚的关公文化，将其与现代制表工艺巧妙结合，推出具有浓厚关公文化的关帝金表、关帝机械表、关帝石英表、关帝纪念表，产品远销周边国家和地区。关帝表为中国钟表行业进行民族品牌自主创新做出了大胆的尝试，成为山西经济转型发展的一个亮点。

(注：案例由运城关帝表业有限公司提供，由赵博宇整理)

思考题：

1. 运城关帝表业有限公司是如何重新进行市场定位的？
2. 收集运城关帝表业有限公司相关资料，分析其发展壮大的主要原因。

策划专家之五　　第 5 章　在线答题

第6章

产 品 策 划

本章教学目标与要求

（1）了解新产品的种类、新产品开发的风险类型、产品包装策划应注意的问题；
（2）理解产品策划、品牌策划、产品包装策划的含义；
（3）熟悉如何塑造和发展品牌，以及产品包装策划的内容；
（4）掌握新产品开发的思路、新产品开发策划方法、产品包装策划方法。

本章知识架构

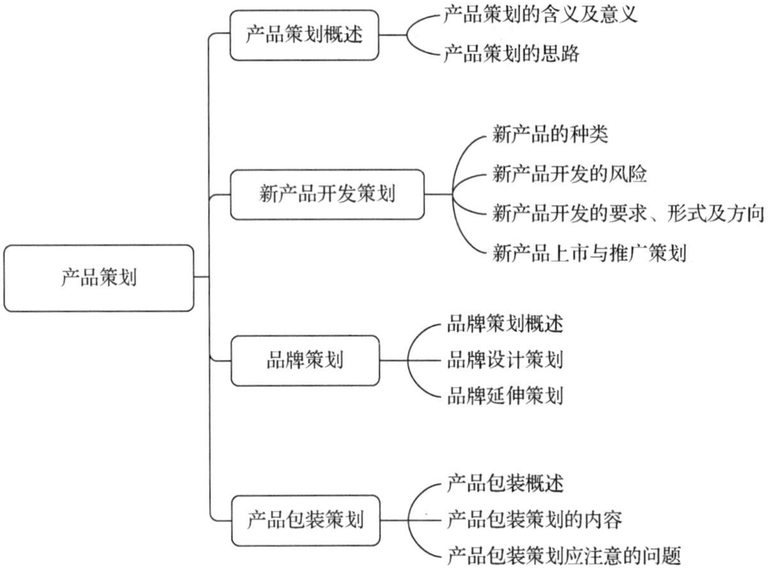

导入案例

百威在中国的包装创新之路

百威于1876年诞生于美国，是世界知名的啤酒品牌，公司总部设在美国密苏里州圣路易斯市。百威啤酒以其纯正的口感、过硬的品质赢得了消费者的青睐，成为世界最畅销的啤酒之一。1995年，百威啤酒正式进入中国市场，并迅速以其卓越的品质在中国的超高端啤酒市场占据了主导地位。为了保证每一箱、每一瓶、每一罐百威啤酒都拥有从内到外的卓越品质，“啤酒之王”百威还不断改良包装以进一步提升其品牌形象，这也使得百威以其在包装上所体现出来的丰富创意而闻名于世。

百威不断在包装上推陈出新，为中国消费者提供了更多的选择，如1997年的压花玻璃小瓶装百威、1999年的大口盖拉环罐装百威、2000年四罐便携装百威。百威在包装上的每一个创新都为中国消费者带来了惊喜，其中700毫升装和500毫升装更是针对中国啤酒市场特别推出的，充分显示了百威对中国消费者的重视。

除整体包装外，对于包装的各个细节百威也在不断完善和创新。1998年，百威推出可显示啤酒最佳饮用温度的温度感应锡箔标签；2000年，百威对标签重新设计，全新的标签在金色叶片的衬托下更显高贵，百威还对瓶身标签的文字进行了修改，以方便消费者阅读。这些对包装细节的精益求精无不体现出百威对产品质量的不懈追求。

在酒瓶的选择上，自1997年中国要求使用“B”瓶（啤酒专用瓶）包装以来，百威就一直严格遵照执行。此外，百威不使用回收瓶，并为其专用酒瓶制定了非常严格的检测标准。全新的玻璃瓶无异物、无油污、无杂质，干净卫生，充分保证了百威啤酒的纯正口味和新鲜程度。在使用前，百威要对所有啤酒瓶进行抗内压力检测，以最大限度地减少瓶爆现象。百威的瓶盖垫是从美国和德国进口的，经过特别密封和风味测试并确保无任何异味后才可投入使用。

百威的与众不同还体现在其对高强度耐压纸箱的使用上。百威从1998年起就开始使用高强度耐压纸箱外包装。这种保护力强、质量高的多重包装保证了百威啤酒瓶不会裸露在外，避免啤酒口味因阳光的直射而被破坏，从而确保了百威啤酒的新鲜程度。这样，消费者品尝到的百威啤酒就和它出厂时的口感一样清澈、清醇、清爽。

更新包装设计是百威国际化战略中的一步。百威的老版包装版式略显拥挤，给人一种传统感，而不断革新的新版包装上美式感弱化，文字用色更加优雅尊贵，整体设计更加清晰、硬朗及现代。

此外，对所有想为其生产易拉罐和啤酒瓶的供应商，百威都一律实施严格的资格审核，如对厂房及生产工艺技术进行审核、抽样检测产品，甚至对每个原材料进行审核等。即使是在对方获准成为百威的供应商后，百威仍然对它们实行严格的管理。

优质的包装与卓越的品质紧密相连，体现了百威精益求精的企业精神。正是这种对每一个细节都追求完美的工作态度，成就了百威在中国啤酒市场上的领先外资品牌地位。

（案例来源：宁德煌. 市场营销学：生活、营销与智慧[M]. 北京：机械工业出版社，2020）

从导入案例可以看出，作为产品的重要组成部分，包装在消费者的心目中代表了企业形象和产品质量。优质的包装与卓越的品质紧密相连，体现了百威精益求精的企业精神。

正是这种对每一个细节追求完美的工作态度，成就了百威在中国啤酒市场上的领先外资品牌地位。由此可知，在进行产品策划时，营销策划者除了要关注产品本身，还要注意产品之间的关系，注意产品与竞争者产品的区别，更要关注产品与顾客需求之间的联系，从而通过产品组合开拓产品策划的新途径。那么，什么是产品策划？产品策划的思路有哪些？新产品上市推广应该如何进行策划？品牌、包装策划应该如何做？这些正是本章要学习、探讨和思考的重要内容。

6.1 产品策划概述

6.1.1 产品策划的含义及意义

1. 产品策划的含义

在现代营销学中，产品是指能提供给市场，可以满足人们某种欲望或需求的任何有形物品和无形服务，包括实物、场所、服务、组织、观念等。以往学术界多用 3 个层次来表述整体产品概念，即核心产品、形式产品和附加产品（又称延伸产品）。但近年来，菲利普·科特勒等学者认为 5 个层次的内容能更深刻、准确地表述整体产品概念，如图 6-1 所示。

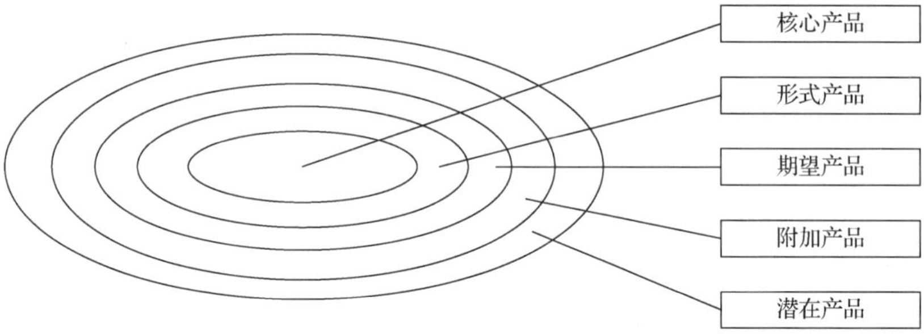

图 6-1　整体产品概念的 5 个层次

（1）核心产品

核心产品是整体产品概念中最主要、最基本的层次，是满足顾客需要的核心内容，是顾客真正想要购买的东西。营销策划者的任务就是发现隐藏在产品背后的真正需要。

（2）形式产品

形式产品是核心产品得以实现的形式，即满足顾客需求的各种具体产品形式。一般来说，形式产品具备 5 个方面的特征：质量、特色、样式、品牌和包装。产品的基本效用必须通过某些具体形式才能得以实现。营销策划者应努力寻求更加完善的外在形式以满足顾客的需要。

（3）期望产品

期望产品是指购买者在购买该产品时期望得到的与产品密切相关的一整套属性和条

件。当期望产品大致相同时，顾客会就近购买。比如，旅馆的顾客期望得到清洁的床位，洗浴用品等，因为大多数旅馆均能满足旅客这些期望，所以旅客在选择档次大致相同的旅馆时，一般不考虑哪些旅馆能提供期望产品，而是考虑哪家旅馆更近、更方便。

（4）附加产品

附加产品又称延伸产品，是指顾客购买产品时所得到的全部附加服务和利益，如提供信贷、免费送货、安装、保养、包换、技术培训等。许多企业案例说明，新的竞争并非发生在各公司所生产的产品上，而是发生在附加在产品上的包装、服务、广告、咨询、融资、运送、仓储等具有其他价值的形式上，能正确开发附加产品的公司必将在竞争中赢得主动。

（5）潜在产品

潜在产品是指现有的可能发展为未来最终产品的处于潜在状态的产品。潜在产品指出了现有产品的可能的演变趋势和前景。

总之，从以上 5 个层次不难看出，整体产品概念的内涵、外延都是以消费者需求为标准的，由消费需求来决定。可以说，整体产品概念是建立在“需求=产品”这一等式基础上的，没有整体产品概念，就不可能真正贯彻现代营销观念。而产品策划也是建立在整体产品概念基础上的策划活动，只有从产品的 5 个层次出发，产品策划思路才会更加清晰。

产品策划是指企业对如何使自己的整体产品或产品组合更好地适应消费者的需求与动态而进行的有创意的市场开发活动的谋划。产品策划不是产品设计，它是从营销的角度来勾勒企业现有的产品与产品构成方案及有针对性的市场开发方案，以满足消费者与动态市场需求，从而使得产品更容易被消费者接受。要使消费者满意，最重要的是提供消费者需要的产品，这个思想要贯穿整个营销策划工作过程。实际上，产品策划是营销部门代表目标消费者向设计部门提出的产品要求方案。

在营销策划中，产品策划是难度比较大的策划任务，因为产品策划是具有始发性、原创性的营销策划。

2．产品策划的意义

产品策划的目的是使企业的产品能更好地满足消费者的需求。产品策划作为营销策划的重要组成部分，具有 4 个方面的意义，如图 6-2 所示。

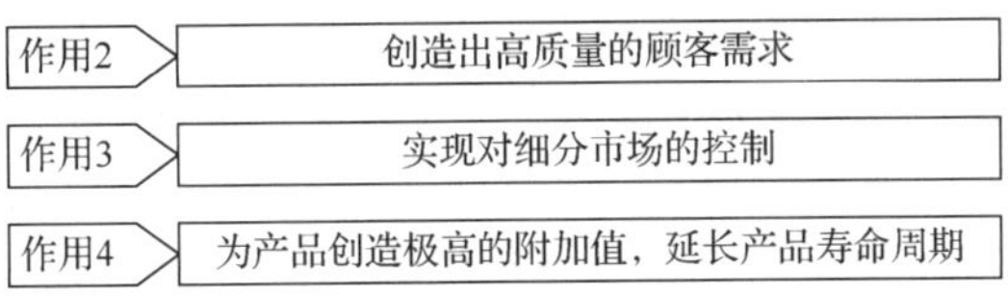

图 6-2　产品策划的意义

（1）为企业制订营销战略规划提供依据

营销战略规划是指企业在总体战略指导下，根据市场等营销环境及自身营销条件的动态变化趋势，对自身营销工作做出的全局性的谋划与组织实施过程。产品策划是企业在制订营销战略规划时首先要解决的问题，是制定营销组合战略的基石。

（2）创造出高质量的顾客需求

顾客需求可分为显性需求与隐性需求两大类。显性需求就是大家都能看得见的市场需求，是整个消费市场的主体。大多数企业在刚刚进入市场时，首先面对的就是显性需求。

隐性需求就是可以转化为显性需求但尚未显现出来的市场需求。隐性需求的特点是多数人包括顾客自己都看不到。企业通过产品策划可以深入挖掘产品的差异性功能，从而满足顾客的隐性需求。

（3）实现对细分市场的控制

面对日趋激烈的市场竞争，企业要通过产品策划，充分利用市场机会，增强企业的竞争力；使企业的产品更能满足目标市场的需求，从而实现对细分市场的控制。有时，产品好未必好卖，因为你说好，消费者未必知道你的产品好在哪里。而有些产品虽然未必有多好，但通过产品策划，企业可以加强对消费者的了解，改善产品的不足，让它更容易满足消费者的需求，使不好的产品变得好起来。

（4）为产品创造极高的附加值，延长产品寿命周期

产品策划不是产品设计，而是为消费者提供超越产品本身的附加价值，即对附加在产品上的功能、包装、服务、广告、咨询、运送、仓储等具有其他价值的方面不断挖掘，寻找产品的新用途、开发新市场、进行产品的重新组合等，从而不断延长产品寿命周期。

案例 6-1

微信的迭代故事

说到微信，中国人一点儿都不陌生。从 2011 年上线至今，微信用一种纯粹的创新理念，给数以亿计用户的生活带来改变。集即时沟通、娱乐社交和生活服务于一体的新移动生活方式在微信里逐步形成。用户可以通过发送语音、图片和文字信息实现多种形式的即时沟通；“摇一摇”及“附近”创造了一种全新的社交体验；“朋友圈”分享生活点滴，带动熟人社交；“游戏”及“购物”提供更多娱乐休闲生活体验；“公众号”让每一位用户都能打造自己的品牌，也让更多的创新不断涌现；微信支付更是开启了移动生活的大门；小程序链接更多线下商家与线上用户。似乎在日常生活中，打开微信早已成为人们每天必不可少的事情。微信也从基础交流工具慢慢成长为连接各行业，连接人与设备，连接人与企业服务的开放平台，让人们感受到科技带来的智慧生活。那么微信实现了哪些智慧变革呢？

微信 1.0 时代——熟人之间的通信工具。受当时通信发展的影响，短信和彩信仍旧是采用按条付费的形式收取通信费用，所以当时涌现出了微信、飞信、米聊、易信等很多免费发送信息的产品。这个阶段微信只是一个在手机上可以免费发信息和图片的聊天工具，而且仅限于熟人之间使用。

微信 2.0 时代——陌生人社交的开始。到了 2.0 时代，微信先开发了语音对讲功能，然后陆续增加了好友验证、查看附近的人等功能，这个阶段的微信已经在有意识地向移动互联网伸出触角，开始探索智能手机风潮下人们的行为和生活变化。

微信 3.0 时代——从社交工具到社交平台。在游戏里面要想战胜对手，除了提升技战术，还有两种方法：提升装备、技能，以及提升自己的等级。微信在这个时候选择了两种方法

一起上，一方面发布了“摇一摇”功能，通过陌生人社交这个功能来优化自己；另一方面在3.5版本和3.6版本中连续增加了“扫描二维码”和“微信公众号”两个功能，完成了从单纯的社交工具到社交平台的跨越。这个阶段的微信可以说是微信发展迭代中的一个质变，从人与人的连接变成了人与信息的连接，开始有了更多的可能，对微信是，对企业、组织和个人也是。

微信4.0时代——让社交成为一种生活方式。随着智能终端和社交平台的发展，人们对于社交的需求已从原始通信升级为平台多样化。人们现在所熟知的“朋友圈”便是在这个阶段诞生的，同时诞生的还有视频聊天、评论互动等功能，微信让社交更生活化。

微信5.0时代——开始成为移动互联网枢纽。虽然朋友圈社交成为人们生活的一部分，但微信与人之间的联系还是仅限于虚拟网络当中。而这个阶段的微信彻底将移动互联网与人联系了起来。其核心功能有：微信支付、公众号/服务号、更新的“扫一扫”。微信利用微信支付打通线上、线下，并实现智慧支付，利用公众号解决了信息泛滥问题，将“扫一扫”从社交入口转变为实现商业交易的入口，真正成为连接多方的移动互联网枢纽。

微信6.0时代——开始坐拥移动互联网半壁江山。这个阶段，微信更新的最主要功能是微信红包和小程序。①微信红包。据统计，微信红包功能发布后，自然增长的红包用户就达到458万，接着微信与2015年春晚一同发起的抢红包活动，直接让红包的用户量突破了1亿，创造了微信的增长神话。红包的用户量暴增意味着用银行卡绑定微信的用户量暴增，微信也在原来的内容生态社交上叠加了金融属性，资金的流动不仅让微信与人们的生活紧密相关，也让微信所打造的社交生态更加完美。②小程序。随着流量的积累，微信已经拥有了10亿用户的流量基础。小程序开放使用带来的直接结果就是让运营商可以更快地获取流量。同时，对于用户来说，在数据爆炸的时代，利用小程序能更便捷地找到入口并节省时间，因此小程序的出现是微信与多方需求的完美结合。

微信7.0时代——直接拉近人们的距离。新增的提醒和视频功能，是对微信社交功能的完善。在信息时代，人们随时都会面临各种信息骚扰，真正想获取的信息又很容易被遗漏，而提醒功能能保障用户不遗漏任何重要信息。即刻视频则是通过24小时的时效视频动态地展示自己的即时心情。

微信仍在更新中，它利用移动互联网不断拉近人与人之间的距离，真正改变了人们的生活方式。

在微信的主页上有这样一句话：微信，是一种生活方式。通过多年的迭代，微信早已从最基础的通信工具演变成10亿多人的移动智慧生活工具。从1.0时代到7.0时代，微信最核心的聊天功能依然在优化，而围绕这个核心功能，微信已经实现了通信工具→社交平台→移动互联网枢纽→移动商业城池的进化。

（案例来源：宁德煌. 市场营销学：生活、营销与智慧[M]. 北京：机械工业出版社，2020）

6.1.2 产品策划的思路

系统的产品策划，需要依次重点思考4个问题，如图6-3所示。

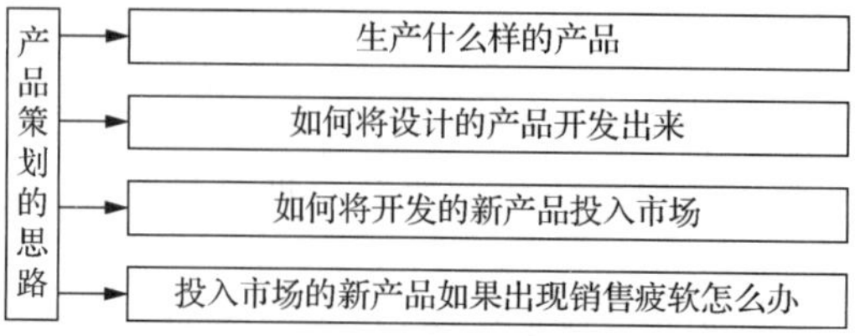

图 6-3　产品策划的思路

1．生产什么样的产品

确定生产什么样的产品，是一个与企业存在价值、企业定位密切相关的问题。产品是企业呈现价值的载体，没有产品就没有价值，有什么样的产品就会对应有什么样的价值，这是产品策划首先要思考的问题。在产品策划过程中，这个问题可以进一步细化为一系列的问题：生产什么产品？生产多少种产品？每种产品生产多少？各种产品在同一时间段是什么样的组合关系，在不同时间段是什么样的前后衔接关系？这些问题都需要产品策划人员进行严格的市场调研和认真思考后准确回答。在产品策划中，对这些问题的思考与设计称为产品规划。

2．如何将设计的产品开发出来

企业把产品规划出来后，要思考的问题就是如何将决定生产的这些产品研发出来？这个问题可具体细化为：战略层面如何配置各种资源，以及设计开发产品的目标？组织层面如何给产品的研制与开发提供保障？技术层面如何合理优化产品开发流程？等等。在产品策划中，对这些问题的思考与设计称为新产品开发策划。

3．如何将开发的新产品投入市场

开发出新产品是开拓市场的前提和基础，如何将开发出来的新产品成功投入市场就是接下来要精心策划的问题。这个问题可具体细化为：新产品以什么品牌名称上市？产品实体应该怎样包装才更容易投入市场？第一个问题属于品牌策划，第二个问题属于产品包装策划。进一步的上市策划思考还会扩展到：产品以什么价格上市？在什么地方通过什么销售渠道上市？上市广告、公关和其他促销活动怎么展开？等等。

4．投入市场的新产品如果出现销售疲软怎么办

新产品投入市场可能出现多种销售状况，其中销售疲软是新产品投入市场以后最让人担心的问题。在营销实践中也确实有可能出现这样的情况，从时间上来讲，产品并没有临近寿命周期的终点，出现的疲软问题也不是产品寿终正寝的征兆，应该怎样诊断产品出现销售疲软的原因，使产品脱离销售疲软状态，焕发应有的生机呢？产品策划应该包括对销售疲软产品的改进和提升策划。

6.2 新产品开发策划

随着科学技术的进步，消费者需求的不断变化，市场竞争的日趋激烈，产品的生命周期日趋缩短，大多数新产品问世后，就面临着被更新产品取代的命运，而更新产品又将被进一步更新的产品淘汰。企业要想在市场竞争中获得成功，使产品在市场竞争中持久地占据有利的市场地位，就必须不断适应市场潮流变化，不断推出符合消费者需求的新产品。因此，企业应重视新产品开发策划，采取正确的新产品开发策略。

6.2.1 新产品的种类

市场营销学中使用的新产品概念不是从纯技术角度来解释的。这里所说的新产品并不一定是新发明的产品，而是对企业而言的新产品，是企业第一次生产、出售的，可能是在世界上早已出现，在其他地区早已经销或本地区其他类似的企业已提供的产品。所谓新产品，是指整体产品概念中任意一部分出现创新、变革和改变，能为顾客带来新的利益的产品。

根据上述定义，新产品可分为5种，如图6-4所示。

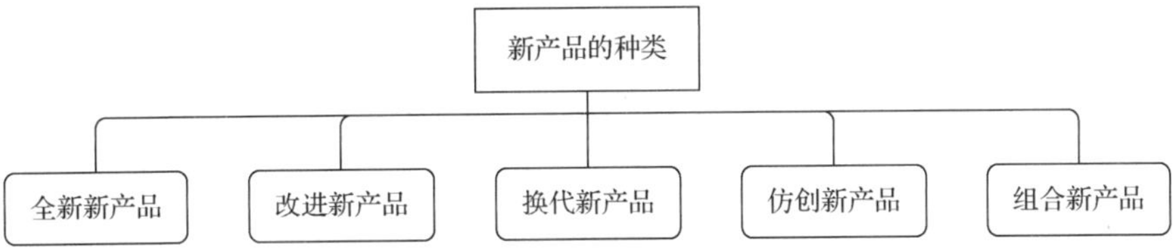

图6-4 新产品的种类

1. 全新新产品

全新新产品是指应用科技新原理、新技术、新材料制造的前所未有的产品，它们代表着科学技术发展的方向，标志着一个新科技时代的到来，是科学技术的最新成果，如世界第一辆汽车、第一架飞机。

2. 改进新产品

改进新产品是指采用新工艺、新材料、新包装等对现有产品的品质、性能、款式等做了一定改进的产品。

3. 换代新产品

换代新产品是指适合新用途、满足新需要，在原有产品的基础上采用新材料、新技术、新工艺而制造出来的产品，如黑白电视机改为彩色电视机、双桶洗衣机改为全自动洗衣机等。

4. 仿创新产品

仿创新产品是指企业模仿市场上已有的产品并加以创新而生产的产品，也称企业的新产品。日本的许多公司（如松下公司）就是通过开发仿创新产品而迅速发展起来的。

5. 组合新产品

组合新产品是指将已有产品的功能合并成能为消费者提供方便或情趣的产品，如组合音箱、音乐贺卡、组合文具等。

案例 6-2

普拉斯：把产品组合起来营销

日本的普拉斯公司是一家专营纸张、文具、图钉、回形针、尺子等文教用品的小公司。由于利润较低，该公司生意始终很清淡，眼看就要陷入破产的境地。

该公司有一位名叫玉村浩美的女职员，她通过观察发现，顾客在购买文具用品的时候，都不是仅买一样东西，而是好几样一块儿买。她从中得到了启示，想出了一个新颖的经营点子——文具组合，即将铅笔、钢笔、尺子、橡皮、小刀、圆规和透明胶带等放进一个设计精巧、轻便易携带的盒子里，盒子的表面则印上色彩鲜艳和形象生动的卡通图案。

文具还是原来普拉斯公司经营的产品，但经过新奇的组合后，一上市就成为热门商品。普拉斯公司第一年就销售了300多万盒，获得了意想不到的巨额利润。

此后，玉村浩美再接再厉，进一步改善文具组合，在盒子里装上电子表、温度计，使它的功能更多样化。她还根据孩子们的好奇心理，把文具盒做成了千姿百态的变形金刚。

这样的文具很受孩子们的欢迎，所以销售量越来越高，很快就风行全球。

（案例来源：姜岩. 营销策划：方法、实务与技能[M]. 北京：清华大学出版社，2020）

6.2.2 新产品开发的风险

开发新产品既是关系到企业生存发展的大事，又是一项艰难的工作，企业不但要投入大量资金，而且要承担很大的风险，因为不是所有新产品都能获得成功的。

案例 6-3

吉多方为什么运营得这么好

吉多方餐饮管理有限公司（以下简称吉多方）成立于2011年，是一家具有中国特色的中式快餐连锁企业。2011年8月，吉多方第一家店面在山西运城南风广场正式挂牌营业，不到两年就收回投资，目前吉多方在运城市共有16家连锁经营店，每年营业收入达5000万元。之所以能够取得如此好的业绩，是因为吉多方在运营策划过程中，重点在以下4个方面进行思考。

第一，设计易读易记的餐饮品牌，打造地方性品牌。

吉多方，大吉大利，多方来财。这是经过多方讨论的，取自易经“吉从多方来”之意，简单易记，有利于顾客记住品牌。吉多方通过连锁经营，将台湾独特的饮食文化完美融入传统面食；通过标准化管理，为顾客提供绿色、健康的高品质餐品，从而打造地方性餐饮品牌。

第二，借鉴西式快餐特点，统一进行标准化操作。

西式快餐的一大特点就是标准化，其复制性特别强，不管餐馆开到什么地方，顾客的感受都是一样的，因此有了开遍全球的可能。而传统中餐主要靠经验传承，经常是味精少量盐少许，一个师傅一个标准，无法复制，运营成本较高，也很难得到顾客的好评。吉多方借鉴西式快餐特点，对其台式牛肉面产品统一进行标准化操作，从原料采购到餐品供应，对每个环节都严格规定制作程序；明确装盘形式和装盘规格，严格把控餐品的质量标准，由此实现餐品制作标准化和口味标准化；以标准化为依据，考核餐品加工质量，使餐品质量保持稳定。这样做可以节省制作时间和精力，有利于成本核算和控制，从而实现利润最大化。目前吉多方制定的产品标准化文件加起来有一尺多厚。

第三，主食产品18种，可以调换，不增不减。

快餐讲究快，吉多方认为主食产品种类不宜过多，最终确定18种主食产品。吉多方一个季度考核一次，按季度排名，淘汰末尾产品，更换新品，绝不增加总数，以保证主食产品越做越精，越做越熟练，效率高，营业额自然更高。

第四，服务流程标准化，提高顾客满意度。

服务质量源于人，一线服务人员对顾客满意度有直接影响。吉多方一方面制定标准服务流程，一方面加强对服务人员的培训和指导，比如吉多方规定从点餐到上餐不超过6分钟。吉多方通过提供优质服务，减少顾客等待时间，提高了顾客满意度。通过顾客满意的口碑效应，吉多方吸引更多顾客光临，从而实现预期经营目标。

总之，产品质量是决定企业发展的关键，标准化管理是企业快速发展的基础。连锁重要的是标准化，吉多方通过标准化管理，为顾客提供绿色、健康的高品质餐品。

（注：案例由运城吉多方餐饮管理有限公司提供，赵博宇整理）

新产品从研究到开发，再到生产和销售，是一个充满风险的过程。有调查表明，新产品开发的失败率为：消费品40%；工业品20%；服务产品18%。新产品开发失败的原因主要包括17个方面，见表6-1。

表6-1 新产品开发失败的原因

序号	失败原因	具体细节
1	市场规模太小	对这类产品的需求不足
2	和公司能力不匹配	公司能力与生产和营销的需要不匹配
3	产品不够新或与其他同类产品没有差别	创造性差的产品实际上没有向顾客提供任何新的东西。技术可能是新的，但是顾客利益不明显
4	没有真正的利润	相对于顾客需求而言，产品没有提供更好的东西，在核心技术上投资不足
5	相对于竞争者而言定位较差	竞争产品的组合超过了该产品的认知利益，价值低

续表

序　号	失 败 原 因	具 体 细 节
6	没有分销渠道的充分支持	产品没有获得预期的分销渠道的支持。在需要的时候渠道却没有提供相应的产品展示，使得顾客无法购得产品，也没有售后服务
7	预测错误	由于高估了销售量而生产过剩。或因为对销售量估计不足，生产的产品不够，从而丧失了机会
8	没有按照时间表进行	进入市场太迟，循环时间太长，丧失了技术或市场机会
9	竞争性的反应	产品在市场上获得成功之前，竞争者反应非常迅速，一方面降低价格和促销，另一方面模仿产品的设计并加以改进
10	出现了技术上的大转变	被所在领域技术的根本改变“打得措手不及”，采用旧技术的时间太久
11	顾客口味的变化	在产品达到市场渗透之前，顾客偏好发生了根本性的变化
12	环境限制因素的变化	一些关键因素，如经济环境或者原材料成本，发生了巨大的变化
13	重复购买太少或者没有新产品的扩散	开始顾客会购买产品，但销售量永远也达不到潜量
14	较差的售后服务	产品太复杂或可靠性差，且没有相应的服务
15	投资回报率不足	相对于投资而言，利润太少（如销售量太低或成本太高）
16	各职能部门缺乏协调	研究开发的产品不能满足顾客需求，产品不能提供营销部门识别的利益，设计的改变使得产品生产起来很困难
17	公司本身的问题	营销、研究、生产等部门相互之间有冲突，在设计和营销的关键方面缺乏充分的沟通

（注：改编自中国商业技师协会市场营销专业委员会编写的市场营销方法与实践资料）

6.2.3 新产品开发的要求、形式及方向

1. 新产品开发的要求

① 要有市场。新产品在市场上要有一定的销售量，为市场所需要，因此要预测市场容量。

② 要有特色。新产品要具有独创性，有新的性能、新的用途，符合市场的新需求。

③ 要有能力。企业必须根据自身的生产条件、技术力量、原材料、资金等情况量力而行，尽可能形成一定规模的生产能力。

④ 要有效益。企业在开发新产品前必须进行可行性分析和量本利分析，充分发挥现有生产能力，综合利用边角废料，以较少投资，获得较大收益。

2. 新产品开发的形式

① 独立研制。独立研制是指企业针对现有产品存在的问题，开展独创性研究，创造出具有本企业特色的新产品。该形式有利于企业取得技术上的领先地位和市场上的优势，一

般适合资金和科研力量比较雄厚的企业。

② 技术引进。技术引进是指通过引进技术和购买专利来开发新产品。该方式可缩短研制时间，在短期内提高技术水平、生产效率和产品质量，技术引进须符合企业生产条件及市场需求，避免盲目引进。

③ 研制与引进相结合。该形式既重视引进先进技术，也不放弃独立研制，即将技术引进与技术开发结合起来，注意消化吸收。这是目前国外企业采用较多的一种形式。

④ 协作研制。协作研制是指企业与企业，企业与科研单位，企业与大专院校共同开发新产品的方式。该形式有助于企业利用外部的科研力量弥补自己的不足，也有利于科研成果商品化，加速新产品开发进程。该形式在西方企业尤其是军工企业采用得较多，这种形式也适合我国目前的大多数企业。

3. 新产品开发的方向

新产品开发的方向应从 5 个方面考虑，如图 6-5 所示。

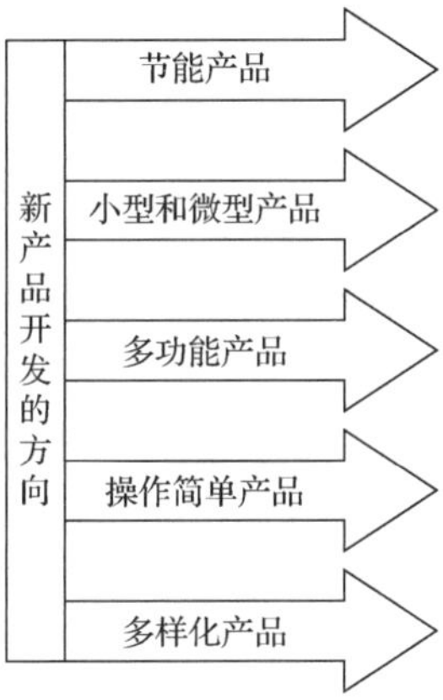

图 6-5　新产品开发的方向

① 节能产品。能源短缺是世界性的长期性问题。无论是工业产品还是日用消费品，都应尽可能减少耗能。在国际汽车市场上，美国汽车曾是无可替代的。然而，20 世纪 70 年代的石油危机使得耗能少的日本汽车战胜美国汽车，动摇了其多年的霸主地位。

② 小型和微型产品。人们的审美观念已从厚、重、长、大转向轻、薄、短、小。因此小巧的商品受到重视，如袖珍收音机、微型计算机等。

③ 多功能产品。多功能产品是指产品的性能和用途有所扩大，即一物多用。

④ 操作简单产品。新产品趋向使用高科技，但操作要力求简单、安全、自动。例如，新型的燃气热水器因做到“水龙头一开，热水即来”，而受到了消费者的偏爱。

⑤ 多样化产品。企业通过扩大或缩小现有产品、部件替换、组合等方法改变产品结构，增加产品品种、规格、型号等，满足更多消费者更多方面的需求。例如，可伸缩的晾衣架给消费者带来了方便。

6.2.4　新产品上市与推广策划

无论开发了什么样的新产品，产品具有什么样的新功效，想做成什么样的品牌，在产品上市到市场真正启动期间，企业都必须通过营销策划，不遗余力地宣传推广新产品，这样才有可能打开市场。

由于新产品会在一定程度上引起消费者生活方式和使用习惯的改变，因此新产品被消费者普遍接受需要一个或快或慢的过程，企业必须有针对性地对不同消费者进行推广。

受经济收入、社会地位、消费心理、产品价值观、性格等多种因素的影响，不同消费者采用新产品的时间有很大差异，因而形成了不同的消费者类型，见表 6-2。

表 6-2　新产品消费者类型及其比例

消费者类型	比例
创新采用者	2.5%
早期采用者	13.5%
早期大众	34%
晚期大众	34%
落后的购买者	16%

① 创新采用者：这类消费者市场信息灵通、生活富裕，喜欢标新立异，不保守，是企业投放新产品的极好目标。

② 早期采用者：这类消费者喜欢鉴赏评论，以领先采用为自豪，经济状况良好，但比创新采用者谨慎。

③ 早期大众：这类消费者接触外界事物较多，有较好的工作环境和稳定的收入，对“舆论领袖”消费行为有较强模仿心理，不甘落后于潮流，购买高档产品时特别慎重。

④ 晚期大众：这类消费者对新事物、新环境多持怀疑或观望的态度，一般要等大多数人证实新产品效用后才肯购买。

⑤ 落后的购买者：这类消费者思想保守，对新事物、新变化多持反对态度，只有当新产品被一致认可后才会采用。

1. 新产品上市策划

新产品的成功，不仅依赖于产品本身，还依赖于企业在新产品上市时机、上市地点、上市目标消费者等方面做出精心的营销策划。

（1）上市时机选择

新产品上市时机选择可以分为绝对意义上的上市时机选择和相对意义上的上市时机选择。其中，绝对意义上的上市时机选择，是指一个新的产品项目在某个年度、某个季节，甚至一天中的上午、下午或某个时段上市的时机选择。相对意义上的时机选择，是指一个企业与同行业其他竞争者相比其新产品先上市还是后上市的时机选择，这里所说的新产品上市时机选择主要指相对意义上的上市时机选择，主要有以下 3 种。

① 先于竞争者上市。这是指企业在竞争对手尚无同类或相似产品上市的情况下，率先推出新产品，这种新产品又叫行业新产品。其特点是没有同类产品的竞争者，或潜在竞争对手的条件尚未成熟。先上市可以“先入为主”。

② 与竞争者同时上市。这是指市场一有变化，企业就闻风而动，同时开发同一新产品。

由于各方面条件、水平相当，企业和竞争者很可能同时完成一项产品的创意、试制、上市。其特点是共同承担风险，共享利润成果。

③ 迟于竞争者上市。这是指在目前市场上已有此类产品或类似产品的情况下推出企业的新产品，即在产品开发、上市方面实行跟进策略。实施这一策略时，竞争者已对同类产品进行了一定程度的市场开拓工作，为企业提供了可以借鉴的经验和引以为戒的教训，可以使企业在市场开拓中少走弯路，少犯错误。这种方法即所谓的“后发制人”。

（2）上市地点选择

上市地点即推出新产品的地域，企业所选择的目标市场。企业推出新产品时，可以选择在其所有需求市场同时上市，也可以选择先在某一地点上市，再向更大范围扩展。一般资金雄厚、人力资源充足的大中型企业会撒开大网，向有需求的地区同时推出；而小型企业很少拥有大范围的销售网络，网撒得太大会造成力量分散，最好从某个地区入手，边巩固成果边向其他地区、全国市场乃至全球市场扩展。

（3）上市目标消费者的确定

消费者因年龄、性格、性别不同，购买需求也不相同，企业选准上市目标消费者，并根据他们的特点制订方针对策，方能“有的放矢”。而过于大众化的产品会备受冷落。例如，领带以白领男士为主要对象，玩具以幼儿和青少年为中心，选错目标就会适得其反。

2. 新产品推广策划

新产品推广的重点应放在“创新采用者”和“早期采用者”身上，也就是抓住市场上早期的潜在买主，使其成为现实买主，取得成效后，就迅速推广，从而扩大市场份额。新产品推广一般有以下 2 种策略可供选择。

① 渐进策略：企业将新产品有选择地投入主要市场或特定地区，然后逐步扩大范围，这种策略比较稳妥，能使新产品产量增加与市场的扩大协调起来，有利于企业不断改进、完善计划，即使出现一些问题，损失也不会太大。但采用此策略时，产品推广速度较慢，收益率较低，潜在竞争威胁较大。

② 急进策略：企业在新产品试销效果非常理想的前提下，将产品全速投入各预期市场。采用这一策略时，收益率高，见效快，能有效防止竞争，但推广所需促销费用较高，而且有一定风险，因此企业只有在正确预测新产品推广前景的情况下才能采用。

无论是选择渐进策略，还是选择急进策略，企业都要有周密的计划，而且所选择的策略要与企业的实际生产能力相协调。

案例 6-4

《疯狂动物城》“疯狂”背后的营销心计

2016 年 3 月，在北美、中国同期上映的迪士尼动画巨作《疯狂动物城》可谓“逆天”而降!北美上映首周取得 7506 万美元（3 天内累计票房）的成绩，挤下《死侍》登顶北美票房冠军，超越《冰雪奇缘》开创迪士尼动画电影首映新高，并刷新北美影史 3 月首映的最高票房纪录；同步中国市场上映首周也取得 1.5 亿元人民币的漂亮成绩，成功刷新迪士尼动画电影在华最高首映票房纪录。《纽约邮报》《西雅图时报》《芝加哥太阳报》等多家媒体也纷纷打出满分——“迄今为止的年度最佳影片”“不论是大方向还是小细节，《疯狂动物城》都是如此让人喜悦”“几乎每一帧都值得我们反复观赏和体会，影片主题足以让大人和小孩都陷入沉思”……这部动画电影究竟为何这般“疯狂”？

1. 利用社交媒体整合营销

2014 年 11 月，迪士尼宣布其最新动画电影《疯狂动物城》定档 2016 年，凭借其 2013 年《冰雪奇缘》和 2014 年《超能陆战队》的超强人气和爆棚口碑，迪士尼打响了《疯狂动物城》的定档首炮。

2015 年 3 月，距《疯狂动物城》上映还有整整一年，迪士尼率先在官方推特上曝光了一张该影片的概念图，揭开了这个动物大都市的神秘面纱；同年 6 月，迪士尼在全世界最大的视频网站 YouTube 上放出了一段在电影中出现的树懒“闪电”与兔朱迪、狐尼克在动物城车管所的爆笑片花，正式曝光了该片所采用的《冰雪奇缘》《超能陆战队》原班人马制作团队背景，成功制造舆论关注热点，在国内外各大社交媒体网站引起转发热潮，并发布首支预告片，时光网亦同步发布其中文预告“你从未见过的动物世界”，自此《疯狂动物城》开始了国内外的大规模预热。

2015 年下半年，迪士尼陆续放出多张概念图与海报，从而使动物世界的城市风光一览无余。之后，迪士尼又曝光了各类动物生活在虚构大都会里的种种细节，影迷期待指数进一步飙升。临近 2016 年春节，迪士尼联合微博、微信等社交平台以及各大门户网站发布了定档中文海报与新春海报，并以动物们的第一视角用谐音给中国的观众送上祝福，引爆了社交媒体用户一轮又一轮自发性的转发狂潮，传播效应逐渐蔓延。

2016 年奥斯卡颁奖典礼前夕，迪士尼又放出各种致敬彩蛋，并制作了一系列成熟且富有创意的“奥狮卡”海报，为 2016 年获得奥斯卡提名的多部电影制作了各种“动物城”版海报，宣传热度持续升温。

2. 口碑传播

独具匠心的产品研发设计和创新及成熟的社交媒体宣传成功地为电影做足了高频的“吸粉”传播。然而，口碑传播的成功才是《疯狂动物城》叱咤票房市场、大肆“疯狂”的最重要因素。

电影正式上映前，专业人士观影后在烂番茄进行的评分高得“蹿”上了天，从而带动了第一批“迪士尼粉”以及动画电影爱好者。电影正式上映首周内依赖于第一批观众自发的口碑传播，媒体有增无减、持续给力的宣传和北美“闪瞎眼”的票房成绩，《疯狂动物城》的疯狂势头越来越强劲；随后，微博、微信等各大社交平台上的推荐和宣传，以及各类专业分析文章的出现、影视工业网的剧作与知乎的动画技术分析、影片内的彩蛋、致敬情怀等，成功营造了一个“现象级电影”的舆论趋势。

而说到底，观众口碑的力量正映射了近年来的“熟人经济”“圈子经济”。简单来说，如果电影票单价为 30 元，拉上三五好友看电影，则票价至少 90 元，同学连接同学，同事连接同事，家庭连接家庭，弱关系辐射，强关系同化，大规模预热之下，电影未上映就能提供数千万元的潜在票房。再加上电影本身由内而外的宣传造势，《疯狂动物城》取得漂亮的票房成绩就不足为奇了。可见，这一批批自发进行口碑传播的观众才真正是电影推广宣传过程中最有效的资源。

不过这样就够了吗？当然不够!《疯狂动物城》上映后，迪士尼还顺势在社交媒体上放出了电影幕后工作花絮和对各种彩蛋的揭秘，并迎合观众推出了官方情侣——兔朱迪和狐尼克。当然，《疯狂动物城》之所以能够形成“炸裂级”口碑，是因为产品本身就是口碑之作，仅仅是“构思+设计”就花了好几年时间，这样的决心和定力不是任何人和团队说到就能做到的。所以，只要有着生动、精彩和丰富的内容做支撑，电影的宣传点甚至都不用刻意提出来就能引爆舆论。

（案例来源：宁德煌．市场营销学：生活、营销与智慧[M]．北京：机械工业出版社，2020）

6.3 品牌策划

6.3.1 品牌策划概述

1．品牌与品牌策划的含义

品牌是指用来识别某个生产者或销售者的产品或服务，并使之与竞争对手的产品或服务区别开来的商品名称及标志，它通常由文字、标记、符号、图案及颜色等要素组合构成。品牌不仅是产品的标志，更是产品质量、性能、服务、风格、文化等满足消费者效用可靠程度的综合体现。在市场竞争中，品牌不仅体现了一个企业的素质、信誉和形象，还直接影响企业的竞争力。

品牌策划，就是在品牌方面通过对竞争对手的否定、与竞争对手的差异和距离来引导目标消费者的选择，是在与外部市场所对应的内部市场（心理市场）上的竞争。

2．品牌策划的作用

品牌策划的作用具体表现在5个方面，如图6-6所示。

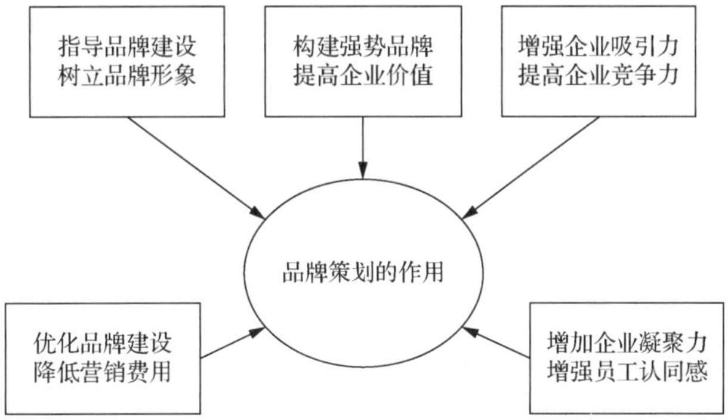

图6-6 品牌策划的作用

（1）指导品牌建设，树立品牌形象

品牌策划可以帮助企业明确品牌定位，树立良好的品牌形象，赋予品牌美好的情感或一定的文化内涵，使品牌及品牌产品在消费者心目中形成美好的记忆，从而使消费者对产品产生好感，进而重复购买并进行口碑宣传，形成品牌忠诚。

（2）构建强势品牌，提高企业价值

品牌策划可以帮助企业构建强势品牌，提高企业价值。强势品牌具有较高的利润空间，尤其在市场不景气或降价竞争的情况下更是表现出了重要的作用。事实上，这种优势不仅仅得益于通常认为的规模经济，更多的是来自消费者对该品牌产品价值的认同，也就是对价格差异的认同。品牌策划，有利于构建强势品牌，也有利于保护品牌所有者的合法权益；有利于企业约束其不良行为；有利于企业扩大产品组合；有利于企业实施市场细分战略。它能为企业带来溢价，具有极大的价值。

（3）增强企业吸引力，提高企业竞争力

企业品牌的吸引力是一种向心力。一个好的企业品牌有利于企业提高知名度和竞争力，这种提高不是来自人力、物力和财力的投入，而是依靠“品牌”这种无形的文化力。好的企业品牌使竞争者羡慕、向往，不仅能使投资价值提升，还能吸引人才，从而使资源得到有效集聚和合理配置。

（4）优化品牌建设，降低营销费用

在企业资源有限的情况下，品牌策划能指导企业对品牌建设资源进行合理调配，以尽可能少的资源投入带来尽可能多的营销产出，避免盲目行为所造成的浪费，提升企业效益。

（5）增加企业凝聚力，增强员工认同感

强势的品牌会产生一种向内的凝聚力，能使团队成员产生自豪感，增强员工对企业的认同感和归属感，使之愿意留在企业；有利于提高员工素质，以适应企业发展的需要；有利于员工以主人翁的态度工作，产生同舟共济、荣辱与共的思想，并关注企业发展，为提升企业竞争力而奋斗。

6.3.2 品牌设计策划

品牌设计就是为品牌创造出独特性，使品牌在消费者心目中留下深刻的印象，从而增强品牌的市场竞争力。品牌设计主要是指对品牌要素的设计。

1. 品牌设计的要素

品牌设计的要素主要包括 5 个方面，如图 6-7 所示。

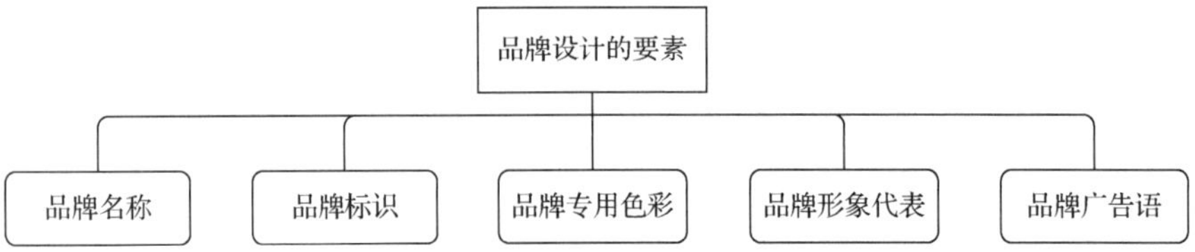

图 6-7 品牌设计的要素

（1）品牌名称

品牌名称是指品牌中可以用语言称呼的部分。作为品牌识别要素，品牌名称担负着展现品牌功能的重任，是品牌识别系统的核心要素。品牌名称与品牌的核心内涵、产品特性紧密相连，是消费者判断产品质量的关键线索，在一定程度上影响着消费者的购买行为，进而影响着一个品牌的兴与衰。正如美国当代营销大师阿尔·里斯所认为的，一个好的品牌名称是品牌被消费者认知、接受、满意乃至忠诚的前提，品牌名称在很大程度上会对产品的生产销售产生直接影响，品牌名称作为品牌的核心要素甚至会直接影响到品牌的兴衰。

品牌名称能够使消费者产生对产品有利的自然联想，如提到“农夫山泉”，消费者马上就会联想到它来自深山，是纯天然的；看到“红豆”，消费者马上就联想到相思豆、关爱、爱慕等内容；提到“娃哈哈”，消费者马上就联想到经常唱的那首儿歌，这些品牌在无形中就增强了亲和力。所以许多知名企业对品牌名称的确定非常重视。

案例 6-5

埃森哲名字的由来

埃森哲是全球最大的管理咨询公司和技术服务供应商。其前身是著名会计师事务所安达信，据调查，在安达信出事以前，其内部已经分裂，审计部与咨询部之间矛盾很大，最后法庭判定公司分拆成两家，审计部沿用原名安达信，咨询部必须在 147 天内另行取名。为此，安达信请专业命名机构兰道协会出手相助，同时还向全球雇员求救。结果，兰道协会与安达信员工累计取名达 5600 个，最后兰道协会把名称精简到 30 个，由安达信的 1250 名伙伴投票。埃森哲（Accen ture）以高票胜出，它由一名丹麦员工提供，取意“重在未来”。2001 年 1 月，安达信咨询部正式更名为埃森哲，新名字备受客户欢迎，尤其是来得格外及时。因为这一年年底，安达信就因为安然公司丑闻而身败名裂，而埃森哲则毫发无损。

（案例来源：根据埃森哲管理咨询公司网站资料整理）

（2）品牌标识

品牌标识是指品牌中易识别、易记忆但不能用语言称呼的部分。品牌标识是形成品牌一致形象的关键元素，是品牌活力元素的重要内容。

品牌标识具有可视的特点，容易识别，如消费者一看到包装上 Coca-Cola 的标志字体、白色水线和红底色的图案马上就知道是可口可乐，一看到 KFC 伯伯——山德士上校一身西装，满头白发及山羊胡子的形象就知道是肯德基。品牌标识具有的多样性，使品牌容易跨地域传递；品牌标识具有的含义，可以激发消费者的联想。

企业要规范品牌标识的使用，在品牌传播过程中使用各种宣传方式时，要避免不规范、不统一地使用品牌标识，因为这样会给品牌形象带来损害。

（3）品牌专用色彩

品牌专用色彩是用来象征品牌的并应用在视觉识别设计中所有媒体上的特定色彩。专用色彩在视觉识别中具有强烈的识别效应，如 IBM 被称为“蓝色巨人”，一看见门店有黄色的 M 就想到这里出售的是汉堡包，它代表的是麦当劳，还有可乐红、电信蓝、邮政绿等，都很容易让人们记住。

品牌专用色彩需要根据品牌的内涵而定，突出品牌与竞争者的区别；要创造出与众不同的色彩效果，符合受众的偏好并能表达品牌个性。品牌专用色彩的选用通常是以国际标准色谱为标准的，色彩不宜过多，通常最多不超过 3 种颜色。

案例 6-6

王老吉的“红色”与“黑色”

功能饮料品牌王老吉，无论是终端陈列、广告，还是产品包装，都以红色为主要基调，从而在消费者心中形成了一个鲜明的品牌个性。它针对消费者“预防上火”的诉求，在竞争激烈的饮料市场树立了差异化的形象，使销售量一路飙升。

2017年，王老吉决心开辟年轻消费者市场，打破传统红色包装，将主色调定义为黑色，在包装内容上同时采用彩色的爱心、皇冠、飞机、箭头灯等88种插画元素，以代表88种年轻态度。

用电玩风格去展现出二次元调性，符合当下年轻人猎奇爱玩的心态，带给人酷炫之感。

黑凉茶因为定义年轻消费者，所以此次使用的标语为“有趣玩到底”，符合当代年轻人爱玩的心态。

为更加迎合年轻消费者，王老吉将喝凉茶的场景重新定义，把王老吉带入许多年轻人经常出现的场景，意在告诉他们可以“随时随地王老吉”！

（案例来源：根据网络资料整理编写）

（4）品牌形象代表

有些企业会设计品牌形象代表，品牌形象代表是品牌标识的一个特殊类型，往往取材于人类本身或现实生活。常见的品牌形象代表以动画人物为主，如酷儿、米老鼠等。也有一些企业会以真实人物为形象代表，如“王守义十三香”就是以王守义的真人照作为品牌形象代表，KFC伯伯——山德士上校一身西装，满头白发及山羊胡子的形象，也已成为肯德基品牌的最佳形象代表。

（5）品牌广告语

品牌广告语是用来传递有关品牌的描述性或说服性信息的短语，是关于品牌信息的记述或品牌承诺、思想传达的短句。它能告诉消费者，这是什么品牌，能提供什么帮助，品牌广告语能从侧面对消费者认识品牌产生积极影响。品牌广告语能对品牌认知产生非常好的效果，它与品牌名称、品牌标识、品牌专用色彩及品牌形象代表一起构成非常有效的品牌传播手段。如“怕上火，喝王老吉”“麦当劳——我就喜欢”“只有可口可乐，才是真正的可乐”“劲酒虽好，可不要贪杯哦”等，都是非常成功的广告语，对品牌的传播起到了积极的作用。

2. 品牌设计的基本要求

品牌设计充满了艺术性和创造性。品牌设计的题材极其广泛，凡花鸟鱼虫、飞禽走兽、人物事件、名胜古迹、神话传说和天文地理都可作为品牌内容。在进行品牌设计时应注意7个基本要求，如图6-8所示。

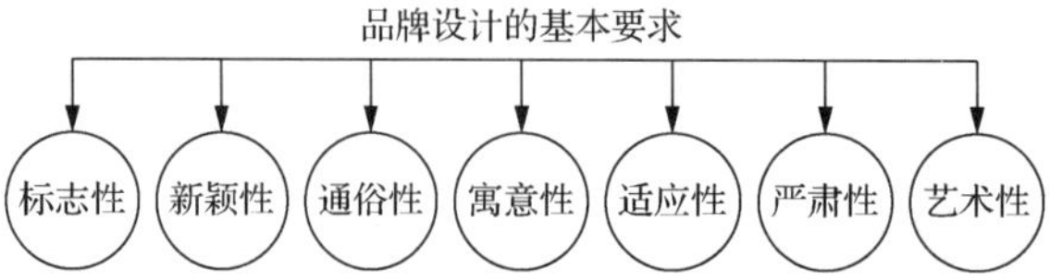

图6-8 品牌设计的基本要求

① 标志性。品牌设计要与同类企业、同类产品有明显区别，能反映本企业产品特色和风格。

② 新颖性。造型别致、新颖、美观大方的品牌或商标不仅能增强广告宣传效果，而且能给人以美的享受。

③ 通俗性。易认、易懂、易记，又便于产生联想的品牌才能在广告宣传的瞬间给消费者留下较深印象。因此，文字内容要概括、简练、醒目、主题明确，图案要清晰。通俗性要强调通而不俗，不取“俗名”。

④ 寓意性。品牌设计应通过直接形象、间接形象或含蓄的文字恰如其分地反映、表示、隐喻商品的特征和风格，以便唤起消费者美好的联想，如日本的富士胶卷用富士山和蓝天、白雪带给消费者联想。

⑤ 适应性。品牌设计应考虑不同消费者的心理需求，在图案、颜色、符号和文字上要考虑不同民族、国籍、宗教、文化的偏好和禁忌，避免误解和引起不必要的纠纷，以便在不同场合、多种媒体上使用。

⑥ 严肃性。文字、名称、图案、符号要符合中国商标法规定，不得同中国或外国的国家名称、国旗、国徽、军旗、勋章等相同或相似，不得使用政治上有不良影响或不尊重民族风俗习惯的商标。

⑦ 艺术性。一个好的品牌既要能针对消费者审美心理，启发其联想；又要强调思想内容健康，无不良含义。

6.3.3 品牌延伸策划

品牌延伸，又称品牌扩展，它是指企业利用其成功品牌的声誉来推出改良产品或新产品，从而在节省促销费用的情况下使新产品顺利地占领市场。品牌延伸是企业品牌经营的重要策略之一，早在20世纪初就盛行于欧美发达国家，许多世界著名的企业都是靠品牌延伸实现快速扩张的。美国经济学家艾•里斯说，若是撰述美国过去10年的营销史，最具有意义的就是延伸品牌线。国内企业在推出新产品、进入新领域时，也广泛采用这种策略。比如，娃哈哈在成功推出儿童营养液以后，又利用这一品牌及图样特征成功推出果奶、纯净水、可乐、八宝粥、鲜奶等新产品，如果不利用“娃哈哈”这个成功品牌，这些新产品不一定能很快进入市场。值得注意的是，若新产品不尽如人意，消费者不认可，也会影响原品牌的市场信誉。

案例 6-7

农夫山泉的品牌延伸

人们对“农夫山泉有点甜”可谓耳熟能详，这句广告语把天然、纯净的感觉带给消费者，这也是农夫山泉品牌成功的第一步。经过20多年的发展，不管在产品业务还是品牌定位方面，农夫山泉都已经成为国内瓶装饮用水当之无愧的“老大哥”。其关键之道是实施了品牌延伸和多品牌架构战略。

1993年，养生堂公司成立。在看到瓶装水以及矿泉水的市场发展潜力后，该公司果断创立了农夫山泉品牌。当年的竞争对手们主要以净化技术为核心，而农夫山泉另辟蹊径，去开发更天然健康的矿泉水。纯净水缺乏微量元素，这是背离“健康生活”理念的一大漏洞，因此农夫山泉的起点是给消费者提供环保、天然、健康的矿泉水。

2003年，该公司推出“农夫果园”混合果汁饮料，在上市之初即被业界称为“摇出了果汁行业的新天地”。农夫果园上市，标志着该公司从单一的饮用水企业跨入综合饮料开发深加工企业的行列。2004年，该公司推出全新功能性饮料——“尖叫”。2008年，公司推出新品“水溶C100”柠檬汁饮料。

2015年，农夫山泉在长白山抚松工厂举行新品发布会，推出三款瓶装水产品：农夫山泉玻璃瓶装高端矿泉水、农夫山泉天然饮用水（适合婴幼儿）和农夫山泉学生运动瓶盖天然矿泉水。这代表着农夫山泉的纵向品牌延伸。农夫山泉进入高端水市场，其包装设计赢得了不少关注，这些设计还让农夫山泉拿下了2015年的五项大奖。

农夫山泉在2020年推出了一款含锂的矿泉水——“锂水”，这也是高端产品，售价约是红白运动瓶盖矿泉水的两倍。现代人对于营养元素的需求越来越高，“锂水”就是一个很棒的市场试水。

农夫山泉除了纵向延伸外，还通过多品牌战略涉足不同的饮料领域，满足不同目标市场的需求。

2019年，农夫山泉进入生鲜领域，依靠农夫果园产品开发时期的果园种植地，开发了鲜橙。

2020年，农夫山泉推出250mL的小容量果汁，迎合年轻人日常的“轻便”需求，近年的产品延伸还包括东方树叶茶饮、天然苏打水SODA、气泡水TOT、茶π、炭仌无蔗糖拿铁、NFC果汁等。这些新品牌具有强烈的年轻时尚个性。

农夫山泉还开展联合品牌战略：2017年，与网易云共同推出“乐瓶”；2018年，与故宫文化服务中心推出了限量版“故宫瓶”，瓶身上主要以康熙、雍正、乾隆的帝王卡通画像及其妃嫔画像为背景，中国风十足。

农夫山泉通过品牌延伸和品牌架构战略，实现了业务拓展，凭借优质水进入中国高端饮用水市场，从矿泉水扩展至茶饮、功能性饮料、咖啡、果汁等饮品和食品领域，在紧密围绕“健康”“自然”“环保”等核心价值的基础上，增加了新的年轻时尚价值。

（案例来源：何佳讯. 战略品牌管理：企业与顾客协同战略[M]. 北京：中国人民大学出版社，2021）

1．品牌延伸的原则

品牌延伸不是随心所欲的，稍有不慎就可能损害原品牌形象、淡化品牌特性。品牌延伸必须遵循3项原则，如图6-9所示。

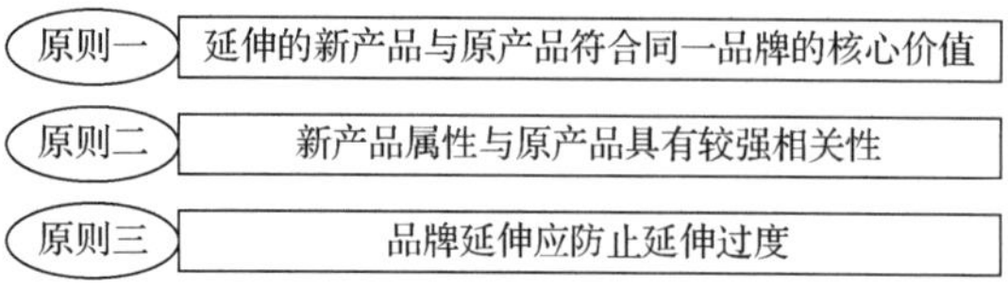

图6-9　品牌延伸的原则

（1）延伸的新产品与原产品符合同一品牌的核心价值

消费者是否视新产品与原品牌一致是预测品牌延伸成功与否的关键因素。在品牌延伸中，如果破坏了品牌核心价值的一致性，就会降低品牌的市场影响力。若在品牌延伸中，新产品与品牌定位不一致，就会动摇消费者心目中对该品牌的思维与情感定势，这种状况的持续会给公众传递不利于品牌的混乱信息，相应地，品牌的市场影响力自然就会降低，严重时甚至会危及品牌的市场地位。

案例 6-8

品牌延伸之失败典型

① 李维斯推出时装产品失败，就是因为人们对时装品质的期望与对牛仔服的大相径庭。

② “派克”笔曾号称钢笔之王，是一种高档产品。人们购买“派克”笔，绝不仅是为了买一种书写工具，更主要是购买一种形象、体面、气派，购买一种“名牌”文化，高档次是“派克”笔的强项。1982 年，派克公司新任总经理彼特森对公司进行改革。他上任后不把主要精力放在改进“派克”笔的款式和质量、巩固和延伸自己的市场强项——高档产品上，而是去争夺低档笔市场，热衷于生产每支 3 美元以下的大众化钢笔。结果没过多久，派克公司不仅没有顺利打入低档笔市场，反而被克罗斯公司乘虚而入，随后派克公司的高档笔市场被冲击，市场占有率下降到 17%，销售量只及克罗斯公司的一半。

（案例来源：何佳讯. 战略品牌管理：企业与顾客协同战略[M]. 北京：中国人民大学出版社，2021；杨勇. 市场营销学实务教程[M]. 北京：中国财富出版社，2018）

（2）新产品属性与原产品具有较强相关性

从品牌延伸的角度讲，若新产品与原产品存在较强相关性，如产品属性相近、目标顾客群相同等，就可以采用品牌延伸策略。反之，若新产品与原产品毫无关联或相互冲突，应慎用品牌延伸策略。因此，品牌延伸应尽可能避免在类别差异比较大的产品间进行；在同类产品间延伸时也要注意品牌的市场地位和社会定位，如果品牌具有很强的市场影响力，而且品牌和产品已画等号，就应慎重考虑将品牌延伸到其他同类产品上。比如，三九集团开发的“三九啤酒”惨败而归，但调整为“三九药酒”后则受到消费者欢迎。

（3）品牌延伸应防止延伸过度

虽然延伸的产品可能保持了与品牌一致的核心价值，但若不注意量的控制也可能会影响品牌的市场影响力。有一位品牌专家说，品牌是一个挂钩，如果挂的东西过多，就会把挂钩拉直了。品牌所涵盖的产品种类过多、产品线过宽会造成管理上的不便，其中任何一个产品出现问题都会对品牌形象造成极大损害，而且不同产品毕竟在定位上还有一定的差异性，因此会或多或少地冲淡或影响消费者心目中对该品牌的思维和情感定势。一个品牌定势的建立是和最初的产品相联系的，产品种类过多往往会冲淡这种定势。所以，品牌延伸要注意对产品种类、数量的控制，尽可能选择具有较好市场前景的产品。

2．品牌延伸策略

品牌延伸策略主要有 3 种，如图 6-10 所示。

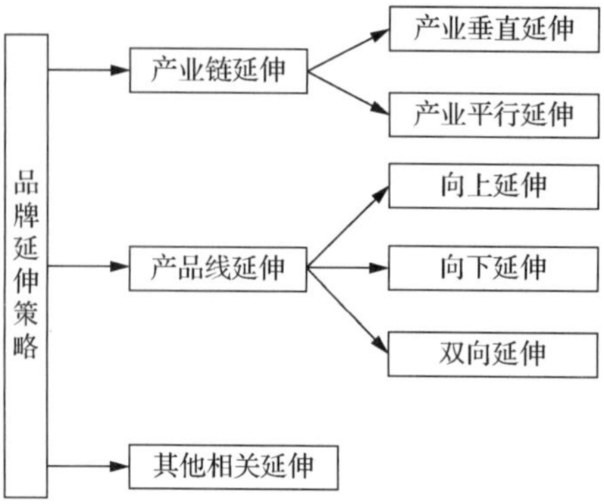

图 6-10　品牌延伸策略

（1）产业链延伸

① 产业垂直延伸。即向产业链上游、下游分别延伸或同时向上游和下游延伸。这种策略为拓展材料来源、产品销路提供了很好的途径。

② 产业平行延伸。这种策略一般适应于具有相同（或相近）目标市场和销售渠道、相同储运方式、相近形象特征的产品领域。它一方面有利于新产品的营销，另一方面有利于品牌形象的巩固。

（2）产品线延伸

① 向上延伸。即在产品线上增加高档产品，使产品进入高档产品市场。向上延伸可以有效地提升品牌资产价值，改善品牌形象。一些知名品牌，特别是一些原来定位于中档的大众品牌，为了达到上述目的，不惜花费巨资，以向上延伸策略拓展市场。

② 向下延伸。即在产品线中增加低档产品。利用高档名牌产品的声誉，吸引购买力水平较低的顾客来购买这一品牌中的低档廉价产品。

③ 双向延伸。即原定位于中档产品市场的企业掌握了市场优势以后，决定向产品线的上、下两个方向延伸，一方面增加高档产品，另一方面增加低档产品，从而扩大市场阵容。

（3）其他相关延伸

其他相关延伸又称扩散性延伸。这对于刚成长起来的企业或品牌非常有意义。它有 4 层含义：一是单一品牌可以扩散延伸到多种产品上去，形成系列产品或品牌；二是一国一地的品牌可扩散到世界各地，成为国际品牌；三是一个品牌再扩散衍生出另一个品牌；四是名牌产品可扩散延伸到企业上去，使企业成为名牌企业。

6.4　产品包装策划

案例 6-9

山姆森玻璃瓶

1898 年鲁特玻璃公司的一位年轻工人山姆森在同女友约会时，发现女友穿的筒型连衣裙非常好看，约会结束后，他突发灵感，根据女友穿的这套裙子的形象设计出一个玻璃瓶。

经过反复的修改，山姆森不仅将瓶子设计得非常美观，很像一位亭亭玉立的少女，还把瓶子的容量设计成刚好装一杯水。瓶子使用起来非常安全，易握、不易滑落。更令人叫绝的是瓶子的中下部是扭纹形的，如同少女所穿的条纹裙子。瓶子试制出来后，获得了大众的交口称赞，有经营意识的山姆森立即到专利局申请专利。

可口可乐的决策者坎德勒看到了山姆森设计的瓶子后，认为它非常适合作为可口可乐的包装，于是他主动向山姆森提出购买这个瓶子的专利，经过一番讨价还价，最后可口可乐以 600 万美元的天价买下此专利。要知道在 100 多年前，600 万美元可是一笔巨大的投资，然而实践证明可口可乐这一决策是非常成功的。

采用山姆森设计的玻璃瓶作为可口可乐的包装后，可口可乐的销售量飞速增长，在两年的时间内，销售量翻了一番。从此，采用山姆森玻璃瓶作为包装的可口可乐开始畅销美国，并迅速风靡世界。600 万美元的投入，为可口可乐带来了数以亿计的回报。

（案例来源：杨勇. 市场营销学实务教程[M]. 北京：中国财富出版社，2018）

从上述案例可以看出，包装对于产品的销售和利润的增加来说是多么重要。国外一项调查表明，有 50%～60%的消费者是受包装影响而产生购买兴趣并形成购买行为的。可以说包装是增强产品亲和力的有力手段。实现产品增值最便捷的一个方式就是进行包装上的改进与创新，出色的包装能够直接提高产品的价值、促进产品的销售。那么，如何通过包装促进销售呢？产品包装策划就能够解决这一问题。

6.4.1　产品包装概述

1．产品包装的含义

产品包装是为某一品牌产品设计并制作容器或包扎物的一系列活动。产品包装包括 3 个部分。①首要包装：产品紧靠着的包装容器，如牙膏软管、啤酒瓶等。②次要包装：保护首要包装的包装物，又称销售包装，如牙膏软管外的纸盒。③运输包装：为储存和运输需要而采用的大包装，主要为了贮存、搬运、辨认产品，如装运牙膏的纸板箱。

此外，附在产品或包装上的还有标签，标签上一般都印有包装内容和产品所包含的主要成分、品牌标志、产品质量等级、生产厂家、生产日期、有效期和使用方法等。有些标签上还印有彩色图案或实物照片，以促进销售。

2．产品包装的作用

（1）保护产品

产品包装可以保证产品在生产过程结束后至被消费掉以前，使用价值不受外部因素影响，产品实体不损坏、散失和变质，尤其是对易腐、易碎、易燃、易爆的产品来说。保护产品是产品包装的基本作用。

（2）便于储运

良好的产品包装既有助于外形不固定的产品的运输和储存，有利于产品的堆码、装卸、陈列、清点、售卖，也方便消费者购买、携带和保管。

（3）促进销售

产品包装被称为“无声的推销员”，它既便于消费者认购，又能吸引消费者，使其产生购买欲望。可以说，美观、得体的产品包装是无声的推销员。

（4）增加利润

精心设计的产品包装可以美化生活，提高产品档次，满足消费者的心理需求。因此，消费者往往也会愿意以较高价格购买。合理的产品包装可减少产品损耗，降低储运费用，增加企业利润。

6.4.2 产品包装策划的内容

产品包装策划是指运用科学的方法和原理，依据消费者对包装的要求，根据包装的目的，对包装设计、材料、装潢、标识及包装策略等方面进行全面规划和谋划。

产品包装策划涉及的内容包括以下 3 个方面。

1. 明确产品包装的目的

在进行产品包装策划之前，一定要弄清楚产品包装目的，即包装主要为企业、企业的产品带来什么好处。一般来说，产品包装目的主要有保护产品、方便运输及使用、促进产品销售、传递产品信息、展示产品文化、增加产品利润等。不同的产品包装目的将会要求企业采用不同的包装材料、包装设计、包装结构、包装定位和包装策略。

2. 确定产品包装设计

明确产品包装目的以后，要考虑的问题就是如何进行产品包装设计，即根据产品包装目的确定包装的大小、形状、材料、色彩、文字、图案、档次等。产品包装目的直接决定着产品包装设计。

（1）产品包装设计策划应考虑的因素

产品包装设计不仅要考虑保护产品、减少损失、防止污染、便利运输等实用功能，还要考虑传播企业文化和产品信息的媒介功能，以及提高产品知名度和美誉度，使之直接参与市场竞争的促销功能。因此，产品包装设计策划必须考虑以下 6 个方面。

① 产品包装设计应与产品价值或质量相符。“一等产品，三等包装”“三等产品，一等包装”都不利于销售。

② 产品包装设计应能显示产品的特点或独特风格。对于以外形和色彩表现其特点的产品，如服装、装饰品等，包装应能直接显示产品，以便于消费者选购。

③ 产品包装设计应能方便消费者购买、携带和使用。这就要求包装有不同的规模和分量，适应不同消费者的需要。

④ 产品包装上的文字说明应实事求是。如产品成分、性能、使用方法、数量、有效期限等要符合实际，以增强消费者对产品的信任。

⑤ 产品包装设计要给人以美感。设计时要考虑消费者的审美习惯，使消费者从中获得美的享受，并产生购买欲望。

⑥ 产品包装上的文字、图案、色彩，不能与目标市场的风俗习惯、宗教信仰相抵触。

案例 6-10

雪花啤酒改头换面

雪花啤酒为了“变身”花了不少心思，它对包装的整体风格进行了“改头换面”的修改，对 logo 进行全新设计，使整体形象变得更加干净、简约。

雪花啤酒在 2017 年“双十一”期间推出“未来由你定义”的主题活动，其三个系列的啤酒同时推出概念版包装，希望重新定义啤酒包装的色彩。

雪花啤酒的新品紧紧围绕着“未来由你定义”的主题，在产品包装、酿造技术、口感质量、整体风格等方面进行全面提高。

在设计上，新包装用更具未来感的设计，结合花旦、花脸等传统元素，让啤酒成为一件具有科技感、幻想性的艺术作品。雪花啤酒尝试以全新的包装为品牌赋予新内涵：色彩、智造、匠作、欢聚。

（案例来源：根据网络资料整理编写）

（2）产品包装设计策划的内容

产品包装设计策划要以科学、美观、经济为原则，可以在以下 5 个方面展开包装的创意和组合。

① 包装形状方面。包装的形状主要取决于产品的物理性能，如固体、液体、气体产品的包装形状就各不相同。包装的外形应能美化产品，对消费者有吸引力，并方便运输、装卸、保管、携带和使用等。

② 包装大小方面。包装的大小主要受目标消费者的购买习惯、购买力大小及产品的有效期长短等因素的影响，应力求让消费者使用方便、经济。

③ 包装构造方面。包装的构造设计要突出产品的特点，使产品外在包装和内在性能一致，给消费者留下深刻印象。

④ 包装材料方面。包装材料是根据产品和包装材料的自然属性及消费者审美需要来选择的。包装材料要能充分保护产品，如防潮、防震、隔热等；要有利于促销，开启方便，便于经销、储存和陈列等；要能节约包装费用，降低售价。

⑤ 包装文字说明、配图、色彩等方面。比如，文字说明既要严谨，又要简明扼要，还要符合产品的特点。文字说明主要包括产品的名称、数量、规格、成分、产地、用途、使用与保养方法等。文字说明要与配图、色彩搭配使用，要符合不同地区消费者的风俗习惯。有些产品要标明注意事项、副作用等，以便增加消费者对产品的信任度。

3. 选择产品包装策略

确定了产品包装目的和产品包装设计后，要考虑的问题是如何选择产品包装策略。这个问题在企业有多种产品时更为突出。产品包装策略可以概括为 5 种类型，如图 6-11 所示。

① 类似包装策略：企业所生产的各种产品都采用相同或相近的图案、色彩等，使消费者易于通过包装辨认同一企业的产品。使用该策略可节省包装设计费用，提高企业声誉，有利于新产品的推销，但有时也会因为个别产品质量下降影响其他产品的销售。

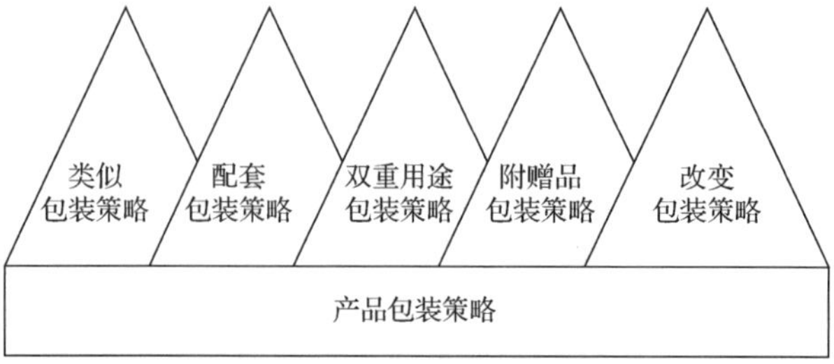

图 6-11　产品包装策略

② 配套包装策略：将多种相关联的产品配套放在同一包装物内出售，如系列化妆品、成套经典名著等。使用该策略可方便消费者购买、携带与使用，有利于扩大产品销售。但在实践中，须注意消费者购买能力和产品之间的关联程度，切忌任意配套搭配。

③ 双重用途包装策略：又称再使用包装策略，即包装内产品用完后包装物本身还可作其他用途，虽提高了成本和售价，但能使消费者感到值得。例如，玻璃器皿、铝桶、塑料桶、手提袋等包装材料都具有双重用途。使用该策略可刺激消费者的购买欲望，也可使印有商标的包装物发挥广告效果。但要注意材料适当，成本合理。

④ 附赠品包装策略：在产品包装物内附有赠品以吸引消费者购买，可附玩具、图片、奖券等。该策略对儿童和青少年及低收入者比较有效，不仅可引起消费者的购买兴趣，而且可提高重复购买率。

⑤ 改变包装策略：当某种产品销路不畅或长期使用一种包装时，企业可以依据消费者的需求更换包装材料，改变包装设计，实施新的包装策略，以引起消费者注意，达到包装一改，财源滚滚的市场效果。

案例 6-11

森永的产品畅销了

日本森永公司（以下简称森永）经营番茄酱。番茄酱是日本人最爱吃的一种调料，市场竞争十分激烈。在众多的经营者中，可果美和森永是最大的两家。长期以来，可果美的销售量一直是森永的两倍。森永的老板反复研究自己为什么不如可果美，其进行的调查研究显示：森永的产品质量与可果美一样，广告宣传甚至比可果美还多。

森永发动员工分析原因并出谋划策。有一个推销员提出，将番茄酱包装瓶的口改大，大到汤匙可以伸进去。老板觉得这一建议非常高明，立刻采纳并投入生产。结果非常成功，销售量急剧增加。不到半年时间，森永的销售量超过了可果美，一年以后，森永占有了日本大部分市场。改大瓶口获得成功的奥秘何在？原来市场上装番茄酱的包装瓶瓶口太小，以至于消费者使用时，得用力摇后将瓶倒过来，番茄酱才能慢慢流出来。而森永把瓶口改大，使原来的问题解决了。喜欢此类产品的日本人不仅不觉得消耗快了，还夸它使用方便。

（案例来源：杨勇. 市场营销学实务教程[M]. 北京：中国财富出版社，2018）

6.4.3　产品包装策划应注意的问题

产品包装策划应注意的问题有以下 4 点。

1. 应关注消费者的要求

包装是为消费者服务的，直接影响到消费者的购买欲。从消费者使用、喜好的角度考虑是进行产品包装策划最基本的出发点。由于社会文化环境不同，不同国家和地区对产品包装的要求也不同。因此，产品包装的颜色、图案、形状、大小、语言文字等一定要考虑不同国家、不同地区、不同民族消费者的生活习惯和风俗，以及普遍心理和不同要求。

2. 应考虑运输商的要求

运输商考虑的主要是产品能否以最低的成本安全到达目的地，所以要求产品包装必须便于装卸、结实、安全，不至于在到达目的地前就损坏。

3. 应达到中间商的要求

中间商对包装的要求是：外包装要便于装卸、结实、安全、防盗，内包装的设计要合理、美观，能有效地利用货架，容易取放，同时能吸引消费者，促进销售。

4. 应符合法律法规的要求

现代社会环保已经成为世界上大多数国家的共识。企业包装材料的选择要符合相关的环保要求和标准，要节约资源、减少污染，要禁止使用有害包装材料，实施绿色战略。同时标签也要符合有关法律和规定。

案例分析

当代年轻人戒不掉的盲盒

盲盒已经成了一些年轻人的生活乐趣之一。“盲盒”这个词无从考证源于哪里，据说它诞生于日本。顾名思义，盲盒就是一个盒子，里面装着不同款式的潮流玩具（手办），但购买时没有人知道里面装的是哪一款。电影《阿甘正传》中有句台词：“人生就像一盒口味各异的巧克力，你永远不知道下一块是什么味道。”除了人生，盲盒也是这样。以下是几款潮流玩具的相关数据。

1. 创造了 Molly 等潮流玩具的头部潮玩集团泡泡玛特的董事长兼创始人王宁表示，2018 年 Molly 系列产品卖了 400 万个，在中国的销售额超过 2 亿元。泡泡玛特是中国市场的拓荒者和成功代表，2017 年，它于新三板挂牌上市，2018 年，它在中国共有 100 多家直营门店，几十家无人店以及 300 多家自动售卖店。

2. 在全球超市卖潮玩的 Funko 与当红 IP 联名后，其 2019 年一季度净营收达 1.668 亿美元，同比增长 22%；净利润达 710 万美元，同比增长 216%。

3. 天猫 2019 年 8 月发布的《“95 后”玩家剁手力榜单》显示，“95 后”最“烧钱”的爱好中，潮玩手办排名第一；天猫上潮玩手办销售量大幅增长，客单价和消费频次均名列前茅。同时，盲盒收藏成为硬核玩家数量增长最快的领域。数据显示，天猫有近 20 万在盲盒上年消费超过 2 万元的“硬核玩家”，其中“95 后”占了大多数。潮流玩具为什么如此吸引年轻人？

第一，神秘的未知性。

盲盒令人着迷之处就在于人们永远不知道自己纠结半天最终选的是不是自己心仪的，而在打开的那一刻，人们有种等待彩票开奖的激动，惊喜或是失落就在开盒的那一瞬间。正是因为有这种未知性，盲盒才这样令人欲罢不能。

第二，人人都有的收集癖。

还记得小浣熊方便面里附赠的 108 张水浒好汉卡片吗？1999 年，统一公司聘请专业画师绘制水浒卡片。无数男孩立下集齐 108 张卡片的大志，甚至不惜花掉所有零花钱。据说，统一公司因此赚了几个亿。其实水浒卡是盲盒的初代形式。相比于水浒卡，盲盒的爱好者以女生为主，覆盖“80 后”“90 后”的受众，这让盲盒市场看到更大的潜力。

第三，单价不贵，还有惊喜（隐藏款）。

一般情况下，每种盲盒都会成系列按照季节售卖。盲盒单价并不算高，如泡泡玛特的一般为 39 ~ 69 元，一个系列一般需几百元。但盲盒的魔力就在于会不知不觉中把消费者的钱包掏空。

让消费者买得停不下来的一个原因是每个系列都有“隐藏款”。隐藏款一般会混在每个系列的盲盒中销售出去，消费者抽中的概率非常低。很多时候，即使消费者一次性买了一套盲盒，也不一定能抽到隐藏款，但一旦抽到隐藏款，这个隐藏款在玩具市场上的销售价格可能就要翻十倍以上，甚至超过一套盲盒的总价格。如果你没有买过盲盒，你会觉得这没什么稀奇，但大多数人只要买上一个盲盒，就会从此深陷其中。

第四，新型社交货币。

对盲盒爱好者来说，在收藏之余，交换和转让成为他们的另一大诉求。闲鱼上的盲盒交易非常火爆。据统计，2019 年闲鱼上有 30 万个盲盒玩家进行交易，每月发布的闲置盲盒数量较 2018 年增长 320%，最受追捧的盲盒价格狂涨 39 倍，盲盒已然成为年轻爱好者的一种新型社交货币。

随着新一代年轻消费者的成长，中国的零售业已经从销售商品转为销售情感，从传递货物转为传递娱乐。玩具面向的从来不只是儿童市场，曾经吃干脆面、集水浒卡的一代人成长起来；如今，小小的盲盒又如出一辙地出现在线上线下各个角落，再次成为消费热点。有人说：盲盒入坑易，出坑难，一不小心“穷三代”。所以，大家“入坑需谨慎，不要太沉迷”。

（案例来源：宁德煌. 市场营销学：生活、营销与智慧[M]. 北京：机械工业出版社，2020）

思考题：

1. 盲盒运作的原理是什么？
2. 你是如何评价盲盒营销方式的？

策划专家之六　　第 6 章　在线答题

第7章

定 价 策 划

本章教学目标与要求

（1）了解定价策划的内涵及影响定价策划的因素；
（2）熟悉新产品定价策划、价格调整策划的主要内容；
（3）掌握定价策划的原则和定价策划的风险防范。

本章知识架构

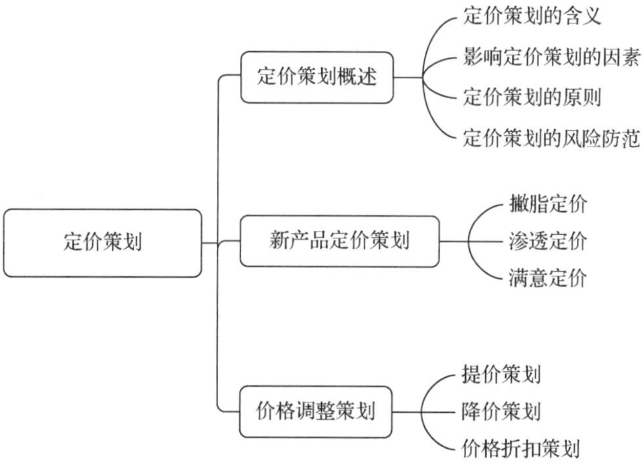

导入案例

定价策划之不同市场效果

在营销组合策略中，价格是灵活性最强的一个因素。无论是选择高价还是低价都可以，但定价不同会带来不同的市场效果，下面以低价为例。

1. 美佳西服的折扣奇迹

日本东京银座美佳西服（以下简称美佳）为了促销他们的产品，策划了收效甚佳的折扣策略——每天降价10%。

具体是这样的，首先贴出一个公告，介绍某种产品的品质、性能等基本情况，再宣布打折的具体天数和时间，最后说明打折的方法：第1天打9折，第2天打8折，第3、4天打7折，第5、6天打6折，依次类推，到第15、16天打1折。这个促销方法的实践效果是这样的：第1、2天来店的人不多，有不少是专门来凑热闹或者打探虚实的，第3、4天人渐渐多了起来，当第5、6天打6折的时候，顾客像潮水一样涌向收银台，争相购买，此后连日爆满，等到打1折时，产品早已经缺货。

2. 道格“赔了夫人又折兵”

欧洲有3.2亿对吸尘器有需求的潜在顾客，但是道格电动吸尘器公司（以下简称道格）在欧洲的子公司魔力占领欧洲市场的概率却十分小，这是因为：魔力有2家生产工厂，而竞争对手威尔博公司却有10家生产工厂；瑞典的电器制造商伊莱克斯、意大利的莫洛理集团也都是很强大的竞争对手；欧洲人对当地产品的忠诚也为道格进入欧洲市场制造了困难。

魔力策划了一种旅行营销：凡是在下一年1月份前购买魔力吸尘器且金额超过100英镑的顾客，将获得两张免费去欧洲某国的往返机票，旅行地点由顾客自己决定；超过250英镑的顾客将免费获得两张去美国或加拿大某城市的往返机票。

这个旅行营销促使顾客疯狂购买吸尘器，因为顾客意识到机票的价值远远超过了为获得机票而购买吸尘器的代价，成千上万的顾客去抢购吸尘器，结果是吸尘器的库存全部卖光，工人开始加班加点地工作，这表面看来是十分成功的营销。

按照道格的猜想，对这一促销做出反应的人应该不会超过5万人，因此准备的免费机票数量不太多。但是事实上，有近20万人对这一促销做出了反应，他们都有机会获得免费机票。而到当年4月中旬，只有6000人获得了机票并进行了旅行，其他人要么没有机票，要么机票的时间、目的地和自己的要求不符，每天有近2000名顾客打投诉热线，甚至有顾客指控该公司的促销是欺诈行为并要求赔偿。这一促销造成的总费用超过了5000万英镑，相当于道格总收入的10%。

（案例来源：杨勇. 市场营销学实务教程[M]. 北京：中国财富出版社，2018）

从导入案例可以看出，美佳和道格都采取了低价策略，美佳用价格折扣的方式进行促销，道格则采取买吸尘器送机票的方式进行促销。两家公司的相似之处是它们的产品都属于价格需求弹性比较高的产品，因此西服、吸尘器这两种产品的降价都会增加顾客数量。顾客在购买家电产品时，并不像购买日用品等消费品一样草率，而且欧洲顾客对当地产品的忠诚度很高，对刚刚进入市场的道格的电器并不了解。顾客仅仅因为购买吸尘器达到一定金额会有附赠的机票而抢购吸尘器，对道格其他的电器还是呈现出不信任的观望态度，因此通过这个定价策略刺激其他产品销售量增加的可能性不大。而美佳主要经营的产品就是西服，因此顾客对其他相关产品的购买也不多。

从上述美佳和道格都采取低价策略却收到不同效果的案例可以看出，对任何一个企业来说，有关定价的问题都不是小问题，定价会直接影响到企业产品的销售量、企业的盈利能力，甚至会影响到企业的信誉。因此，定价策划是定价过程中必不可少的一个环节。

那么，什么是定价策划？影响定价策划的因素有哪些？定价策划应遵循哪些原则？对新产品应如何定价？如何应对竞争对手的价格调整？这一系列定价策划问题将在本章予以研究和讨论。

7.1 定价策划概述

7.1.1 定价策划的含义

市场营销学中的定价，既是一门科学，又是一门艺术，价格不仅是产品的价值体现，也是产品品质的“指示器”。在复杂的市场营销环境中，以什么样的价格向市场推出自己的产品或服务，如何通过定价策划赢得消费者对产品的认可，取得市场竞争优势，是每个企业首先要面对的问题。在市场营销组合中，只有价格这个因素是能够为企业产生利润的一个要素，其他要素则都表现为成本。因此只有确定一个合适、合理的价格，才能达到企业的目的。而确定合适、合理的价格需要进行好的定价策划，正如美国哈佛商学院雷曼德·考利教授曾指出，定价是极其重要的——整个市场营销的聚焦点就在于定价决策。通用电气前董事长杰克·韦尔奇说：“价格的年代，向着我们所有的人而来，如果你不能以顾客认为的最低价格将产品售出，那么你就注定会被淘汰出局。”

定价策划是指以消费者需求为中心，围绕定价目标，综合考虑各种影响定价的因素，找到最合理的定价方法，并根据市场竞争变化调整产品价格的谋略和措施。

7.1.2 影响定价策划的因素

进行定价策划时，必须考虑影响定价策划的各种因素。影响定价策划的因素是多方面的，主要包括商品成本、市场供求状况、市场竞争状况、国家有关方针政策及国际市场价格的波动等，如图 7-1 所示。

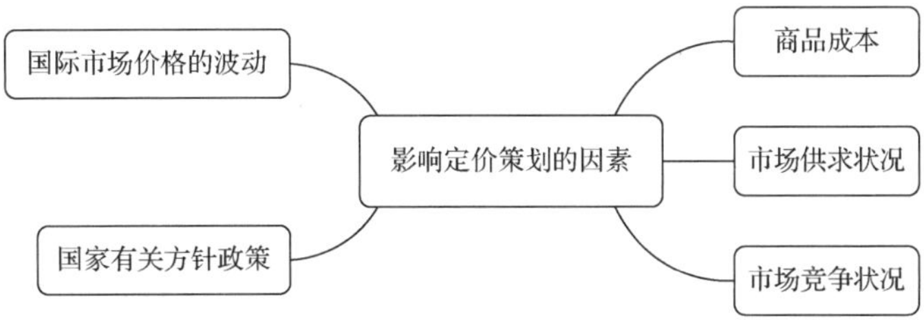

图 7-1　影响定价策划的因素

1. 商品成本

企业在定价策划中首先考虑的是商品成本，这是因为成本与价格关系密切。这种关系主要体现在以下 3 个方面。

① 成本是构成商品价格的主体。从商品价格构成的一般情况来看，工业品成本约占其价格构成的 70%～80%，农产品各品种成本差异较大，占价格构成的 50%～90%。不管具体情况如何，成本在价格构成中都占很大比重。由此可见，成本是价格构成的最基本、最主要的因素。

② 成本是制定价格的最低经济界限。进行定价策划时必须以成本为最低经济界限，这是维持正常生产经营活动的必要条件。价格高于成本，企业就盈利，反之，企业就亏损，因此定价必须考虑补偿成本。

案例 7-1

自助餐厅的火爆

在自助餐厅用餐时，交一笔固定的费用，食客就可以随意享用无限量的食品。通过观察可以发现，食客在自助餐厅吃的东西会比平常多一些，甚至会吃到自己不能再吃为止。按照新古典经济学的分析，最优的决策应该使食客吃到边际效用下降时就不再吃了，否则就会导致社会资源的浪费。但是为什么这种自助餐厅依然火爆。其原因在于它节省了接待顾客的成本，节省了度量每人消费的食物的成本，这些节约下来的交易成本必然大于不限量消费造成的浪费。

（案例来源：蔡锐，孟越. 公司治理学[M]. 2 版. 北京：北京大学出版社，2019）

③ 价格水平的变化与成本变动密切相关。因为成本是构成价格的主体，所占比重最大，因此，一般情况下，成本与价格呈正比例变动，即成本上升，价格就上涨；成本下降，价格也就有下降的趋势；成本稳定，价格也相对稳定。

商品成本，包括商品进货价、进货费用、储存费用和销售费用。

进货价是企业购进商品时的价格，是成本的重要组成部分。进货费用包括采购费用、运杂费、包装费；储存费用包括保管费、利息及商品损耗。销售费用是指为销售商品而追加的一切物质费用和人工报酬的总和。

商品价格随着成本的升降而升降，因此，降低成本可以帮助企业争取到较大的回旋余地和主动权。

2. 市场供求状况

在商品经济条件下，价格受商品供求变化的影响而波动，同时价格的升降也会引起供求的变化。价格与市场供求之间是一种互相影响、互相制约的关系。供求关系是市场的主要内容，其中商品供给是指能够提供给市场的商品，商品需求是指有支付能力的社会需要，供求关系是指市场提供的商品总量与市场有支付能力的社会需要之间的对比。具体来说，当价格升高时，就会刺激生产者扩大生产，增加市场供应量；反之，就会减少市场供应量。同样，价格的升降，也会引起市场需求的变化。价格下降，需求量就会增加；反之，需求量就会减少。市场供求关系的变化，同样影响价格。供不应求时，价格就要上升，以抑制消费，增加生产；供过于求时，价格就要下降，以刺激消费，抑制生产。所以，在价格形成中必须反映供求关系的变化。

需求价格弹性是指商品需求量对价格变动的反应程度，通常用需求价格弹性系数来衡量。其计算公式为：

$$\text{需求价格弹性系数}=\frac{\dfrac{\text{需求增减量}}{\text{原需求量}}}{\dfrac{\text{价格增减量}}{\text{原价格}}}$$

用符号表示，即

$$E_d=\frac{\Delta Q_d/Q_d}{\Delta P/P}$$

因为需求量的变动与价格的变动方向相反，需求价格弹性系数为负数，所以一般对其绝对值进行研究。不同商品的需求价格弹性是不同的，大体有 5 种类型：①$|E_d|=0$，即无论价格发生何种变化，需求量都不会改变，称为需求完全无弹性；②$0<|E_d|<1$，价格的变动率大于需求的变动率，称为需求缺乏弹性；③$|E_d|=1$，价格变动能导致需求同幅度变动，称为需求单一弹性；④$1<|E_d|<\infty$，价格变动能引起需求更大幅度的变动，称为需求富有弹性；⑤$|E_d|=\infty$，任何微小的价格变动都能引起需求的极大变动，称为需求完全弹性。

在实际工作中，主要研究的是②、③、④这 3 种情况。

影响需求价格弹性的因素很多，主要有人们对商品的必需程度，替代品的多少，商品价值的高低，商品使用寿命的长短，消费普及程度的高低，挑选性的强弱，需求的迫切程度等。对无需求弹性的商品进行降价，对企业无益。而对于需求弹性大的商品，价格调整会引起市场需求的较大变动，所以降价对企业较为有利。

3. 市场竞争状况

市场竞争是商品经济的基本特征，价格在市场竞争中处于重要地位，也是竞争的主要形式。价格与市场竞争之间存在着密切的关系，价格受市场竞争的影响而上下波动，市场竞争是供求关系影响价格水平的一般条件。当供给增大，需求小于供给时，产品出现积压，生产者竞相出售，市场价格下降；反之，当需求大于供给时，消费者竞相购买，生产者就会提高价格。

在进行定价策划时，应考虑竞争对手的价格情况，力求定出对参与市场竞争较为有利的价格。一般来说，如果商品在竞争中处于优势，可以适当采取高价策略；反之，则应采取低价策略。

案例 7-2

华为 Mate30 手机的诚心定价

2019 年 9 月 26 日，华为在上海东方体育中心召开了华为 Mate30 手机的发布会，并同时公布了华为 Mate30 手机的起售价为 3999 元。此次公布的 Mate30 手机价格仍旧维持了

2018 年 Mate20 手机的售价，更高端的配置，却保持着相同的价格。华为此次公布的手机售价出乎很多人意料，消费者的购买欲望被大大点燃。

近几年，手机市场趋于饱和，各大品牌纷纷降价，消费者对于手机价格的认识有了很大程度的改变，手机不再是一种奢侈品，手机的价格也不能再高不可攀，消费者追求价格低而品质高的手机。华为立足于消费者对手机物美价廉的追求，诚心定价，充分体现了以消费者需求为导向的合理定价方法，这样做不仅提高了消费者的满意度，还实现了企业利润的进一步增长。

（案例来源：张昊民，冼静. 营销策划[M]. 4 版. 北京：电子工业出版社，2021）

4. 国家有关方针政策

在市场经济条件下，既要充分发挥出市场在资源配置中的基础性作用，又要克服市场机制的局限性，因此，政府干预和调节成为必然的选择。国家有关方针政策对价格形成的影响表现在两个层面：直接影响和间接影响。

国家有关方针政策对价格形成的直接影响主要是通过国家对商品价格的直接管理，即直接定价来实现的。一些关系国计民生的、资源稀缺的、具有自然垄断性和社会公益性的，以及其他不适宜竞争的重要商品和服务项目，属于政府定价或政府制定指导价的范畴。此时，政府是决定价格形成的重要组成部分。

一般的商品和劳务的价格都是通过市场竞争形成的，政府不直接干预企业商品价格的制定，而是通过实施间接影响来进行干预。政府通过出台经济政策，如产业政策、投资政策、货币政策、财政税收政策等，有意扶持或有意限制一些行业，从而达到干预这些行业价格的目的。在市场经济条件下，间接干预措施是政府管理经济最常用的手段之一，这是企业在进行定价策划时必须关注的问题。

5. 国际市场价格的波动

随着我国改革开放的深化，我国对外经济交往快速发展，国际市场价格对我国企业价格形成的影响也日益增强。这主要表现在以下两个方面。

① 国际市场价格水平影响我国企业价格形成。目前，我国许多商品价格与国际市场价格存在较大差距，因而我国的商品价格会逐步向国际市场价格靠拢。

② 国际市场价格波动会给我国企业价格形成带来重大影响。随着对外贸易的发展，各国对世界经济依赖度增强，我国经济受世界经济波动影响的程度和范围也会加深和扩大。因此，国际市场供求关系变动，世界经济周期性波动，都会向我国传导，使我国企业价格形成受到影响。

企业在进行定价策划时，除考虑以上几个因素之外，还要考虑消费者心理的影响。消费者的购买行为受到消费者心理的支配，如消费者求廉求实惠的心理、追求新潮时尚的心理、炫耀心理、从众心理等，因此，企业在进行定价策划时，必须适应消费者心理，这样定价才能被消费者所接受。

7.1.3 定价策划的原则

企业对产品的定价和对价格的调整受到多种因素的影响，营销策划者需要根据企业实际情况进行综合判断才能做好定价策划。做好定价策划必须遵循和把握 5 个原则，如图 7-2 所示。

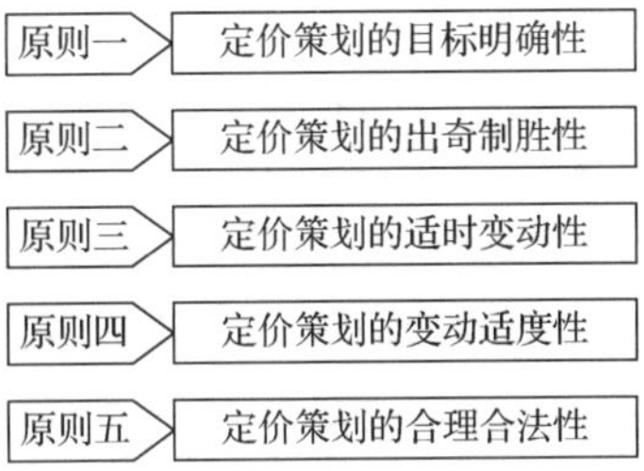

图 7-2 定价策划的原则

1. 定价策划的目标明确性

定价策划的目标性非常强。任何策划方案都是在定价目标的驱动下展开的。定价目标是整个定价策划的灵魂，定价目标主要有 6 种类型（图 7-3）。定价策划方案只有与定价目标相匹配，才能真正发挥作用。

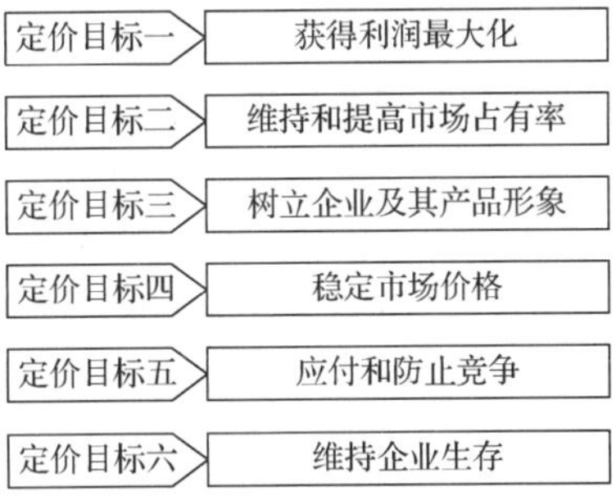

图 7-3 定价目标类型

2. 定价策划的出奇制胜性

定价策划只有出奇，方能制胜于竞争对手，实现其定价目标。定价不是一成不变的，也不是单纯以降价为策划依据的，营销策划者要对实行低价或者高价、降价或者提价进行具体分析以后，才能进行策划。另外，定价策划要做好保密工作，这样定价策划方案推出后方能出奇制胜。

3. 定价策划的适时变动性

定价相对稳定，无论对企业还是对消费者都是有利的。但是，相对稳定中还要有一定的变化。随着销售时间、销售地点、目标市场、市场供求、定价目标、定价导向等诸多因素的发展变化，企业的产品价格往往也需要进行相应的变动。所以企业要根据市场状况，选择合适时机，利用价格调整实现直接获利、创造新的市场机会或竞争获胜的目的。

4. 定价策划的变动适度性

定价策划的变动适度性是指价格变动的幅度要适度。幅度过小，不能引起消费者的关注，没有实际意义；幅度过大，可能导致老顾客产生心理落差，也可能引起市场价格的恶性竞争，甚至可能触犯法律法规，从而损害企业自身的利益。

5. 定价策划的合理合法性

合理性是指定价成本应当反映生产经营活动正常需要，应按合理方法、合理标准核算；影响定价成本各项费用的主要技术、经济指标应当符合行业标准或达到公允水平。合理性还体现在对未来一定时期内企业成本变化的合理预期。合理性是定价成本的核心，是区别于会计成本的根本特性。合理性应从成本构成、核算方法、成本水平 3 个方面进行考量。

合法性是指定价成本应当按照有关法律法规和国家统一会计制度的规定进行核算，法律法规和国家统一会计制度以及国家有关政策明确不能计入会计成本的，不能计入定价成本。合法性是定价成本的一个必要条件，但不是充分条件，并非所有符合法律法规和有关政策规定的费用都可以计入定价成本。

7.1.4 定价策划的风险防范

从本章导入案例可以看出，美佳能够意识到降价的风险并采取相应的措施，非常成功地控制了降价所带来的风险。他们先在折扣期限方面做出了明确的规定，即只有 16 天，因此不至于使公司因为折扣期过长而遭受利益损失。随后，美佳对消费者心理进行了很好的分析。而道格缺乏价格折扣会产生风险的意识，没有对附赠促销的风险进行控制。由于道格是以亏本的代价来吸引消费者的，因此应当对这种优惠进行更加严格的限制，特别是应当对低价产品的数量进行控制。但是，他们错误地判断了参与促销活动的顾客数量，结果参与促销活动的顾客是预期的 4 倍左右，致使产品和机票都出现了短缺，反而降低了顾客的信任。

识别所存在的定价风险，测评出这些风险发生的概率和损失程度，对这些风险进行有效的控制，是定价策划必须考虑的问题。即要在定价风险发生之前，降低风险发生的概率；在定价风险发生之后，降低风险的损失程度。企业通过风险防范，将可能的损失限制在可承受的范围内，有利于营销目标的实现。具体的风险防范措施有以下 5 种。

1. 以创造适度利润作为产品定价的基础因素

不论采用什么定价策略，都应以创造适度利润为基础。定价太低，利润过低，对企业生存与发展非常不利；而定价太高，虽单个产品利润高但购买者少，又可能引起激烈的市场竞争，相应地企业也难以获得较高的利润。企业应在创造适度利润的基础上，先运用各种方法进一步了解市场、消费者、竞争对手的情况，然后做出正确的定价。要考虑到价格与销售量之间的相互影响，寻求价格与销售量之间的最佳组合状态；要考虑价格与资金周转率之间的关系，寻求二者的最佳结合点，以实现企业的经营目标。

案例 7-3

双安商场的“尊赏日”

双安商场是王府井百货集团旗下的时尚精品百货店，地处北京市海淀区西北三环路畔，建筑面积 4 万余平方米，是集购物、餐饮、娱乐于一体的多元化大型百货商场。双安商场汇集了国内外 500 余家知名品牌，打造了北京海淀中关村商圈集女装、化妆品、饰品于一体的最强阵容，推行“让每个细节更完美”的管理理念，是顾客喜爱的百货店。

2008 年，双安商场自创的品牌节日“尊赏日”亮相。“尊赏日”集中双安商场和供应商优势资源，向 VIP 顾客推出全年力度最大、品牌参与度最高、多重礼遇重磅优惠的营销活动，时间定在每年 12 月的第一个周六。2019 年 12 月 7 日，双安商场迎来了第十二届“尊赏日”，作为全年最重要的 VIP 尊享活动，优惠绝对是“尊赏日”的核心，包括全场满 300 元送 150 元起，满 2000 元加送 100 元，国际化妆品满 100 元送 20 积分，满 3000 元再送 150 元，多家银行刷卡满 1000 元减 100 元等价格措施。大力度优惠的同时，双安商场对商品严格把关，保证参与活动的商品为当季商品。

据了解，为打造这个全年最闪耀的 VIP 顾客专属优惠日，双安人付出了大量的努力和心血。当然，双安商场“尊赏日”单日过亿元的销售额足以印证“尊赏日”在顾客心目中的价值。

（案例来源：白玉苓，陆亚新. 零售学[M]. 北京：机械工业出版社，2020）

2．注重市场调查，针对消费者需求确定价格

企业应注重市场调查，立足于对消费动机的分析，站在消费者的角度来确定价格。一般来说，消费者对于不同产品的价格的反应有所不同。对于那些经常购买的产品的价格反应较敏感，而对于那些不经常购买的产品，消费者相对更关注该产品能够给自己带来什么样的价值。

3．时刻关注竞争者的定价及价格变动

一般来说，企业定价的上限是市场需求，下限是产品的单位成本，在这个区间内，价格具体确定在哪一个水平上，主要取决于竞争的程度和竞争者的价格。面对竞争者的定价及价格变动，企业必须从以下 5 个方面展开调查研究并做出迅速反应。

① 竞争者为什么如此定价或调整价格？

② 竞争者打算暂时变价还是永久变价？

③ 对竞争者变价置之不理，将会对企业的市场占有率及利润产生何种影响？

④ 其他企业是否会做出反应，会做何种反应？

⑤ 竞争者和其他企业对于本企业的每一个可能的反应又会有什么反应？

值得注意的是，面对竞争者的价格变动，企业不可能花很多时间来分析并采取对策。实现快速反应的唯一途径是：预料竞争者的可能价格变动，并预先准备适当的对策。

4. 建立定价风险防范与处理机制

企业应建立定价风险防范与处理机制，其工作应包括以下 4 个方面：一是在企业内部建立定价风险预防的规章制度，并督促制度的执行；二是调查研究相关信息资料，对顾客、竞争对手的信息以及国家经济政策、法律等信息进行收集分析，并周期性地评估定价策略；三是在日常管理工作中进行定价风险处理演练，以提高对定价风险的应对能力，引导员工主动思考战略性定价问题，强化员工的定价风险防范意识；四是在企业出现定价风险后，由定价风险防范与处理部门统一处理定价风险事件。

5. 实施差异化营销战略

最好的竞争是没有竞争。实施差异化营销战略的背后，是在异质市场上企业对竞争者的价格策略及价格变动有更多的选择余地。因为在这种市场上，顾客选择产品时，不仅考虑价格因素，还考虑产品的质量、服务、性能、外观、可靠性等多方面因素。因而在这种市场上，顾客对于较小的价格差异并不在意。企业可以从产品质量、产品款式等方面实现产品差异化战略，向目标市场提供与竞争者不同的优质服务的服务差异化战略，通过聘用和培训比竞争者更为优秀的人员以获取差别优势的人员差异化战略，塑造不同的产品形象以获取差别优势的形象差异化战略等。企业在进行定价策划时将这些差异化营销战略转化为企业的差别优势，进而转化为顾客可感知的价值，从而避开了直接的价格竞争，转为展开价值竞争。

7.2 新产品定价策划

在第 6 章中我们对新产品及新产品策划有了全面的认识和了解。新产品推向市场后能否尽快为消费者所接受、能否迅速打开市场、能否使企业尽快盈利，不仅取决于新产品的功能和新产品的技术水平，还取决于企业的分销渠道、广告宣传，更取决于新产品的定价是否合理。因此，新产品定价策划不仅是定价策划中的一个重要问题，也是营销策划中一个十分棘手的问题。一般来说，新产品定价有 3 种策略可供选择，如图 7-4 所示。

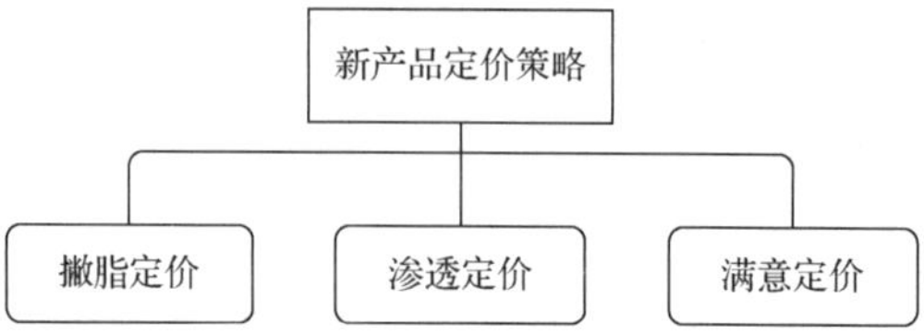

图 7-4 新产品定价策略

7.2.1 撇脂定价

1. 撇脂定价的含义及优缺点

撇脂定价又称高价厚利定价，是一种新产品以高价进入市场的策略。新产品进入市场时，需求弹性小，竞争对手少，企业有意识地将产品价格定得远高于产品成本，以攫取最大利润，有如从鲜奶中撇取奶油。

撇脂定价有很多优点。第一，在产品生命周期的投入期实行高价，有利于提高新产品投资回报率。任何新产品从研制到投入市场，都需要有一定的投资。对新产品采用撇脂定价，可在短期内收回开发、研制和促销等费用，并能获得高额利润。第二，新产品价格定得很高，往往对高收入消费者有很大的吸引力。高收入消费者对高价格、高质量、高效能的新产品最感兴趣，他们愿意为具有高层次、高格调的新产品支付高价格。加上消费从众心理的影响，高价新产品也可能吸引一部分中等收入消费者购买。第三，新产品定价高，有利于企业增加调整产品价格的主动权。撇脂定价可以使企业开始以高价格进入市场，在适当的时间，再根据市场的实际情况逐步降价，刺激市场，吸引新的消费者，从而掌握调整产品价格的主动权。第四，新产品的高价格，有利于提高新产品的形象。大多数消费者对产品不具有直接比较和鉴别的能力，以质论价是消费者评判产品质量的一种取向。新产品的高价格，可以使消费者产生这种产品是高档产品的印象，有助于树立起产品的品牌形象乃至企业形象，为产品和企业的发展奠定良好基础。

撇脂定价的缺点也是非常明显的。由于价高，因此不利于市场的开发与扩大，不利于企业较快打开市场。由于利厚，因此会吸引竞争者加入，容易诱发盲目竞争，引发价格大战。一些对价格反应比较敏感的消费者会对新产品的高价格产生反感，从而影响销售。如果高价与产品的质量和服务不相符，就会给企业造成不良影响，甚至直接损害企业形象。

案例 7-4

绅宝的撇脂定价策略

20 世纪 70 年代末期，在汽车业竞争加剧的背景下，绅宝选择生产昂贵汽车。因为经济车的利润低，在与通用、福特等大公司的激烈竞争中，绅宝必须每年生产 25 万辆以上的经济车才有利可图。而生产昂贵车，每辆车的利润高，尽管总销售量低，但绅宝利用自己的技术优势，生产起来驾轻就熟。因此，进军昂贵车市场才是绅宝的出路。

绅宝分析，到 20 世纪 80 年代末，跑车市场将急剧扩大，购买跑车的顾客年龄在 25～44 岁之间。这一年龄群大多夫妻都是双职工，都有较好的工作，薪水较高，比较富有。他们需要质量高、性能好、驾驶舒适和服务良好的汽车，即使贵一点也买得起。1979 年，绅宝推出了新的“SAAB900”涡轮增压型车，价格是每辆车 2 万美元。广告强调这款车是独一无二的高级车，提供顾客想要的各种高级设备。加上绅宝采取了适当的营销策略，有钱人对绅宝汽车产生了强烈的购买欲望。

这种产品定价策略取得了巨大的成功。1983 年绅宝汽车在美国的销售量超过 25 万辆，市场出现供不应求的局面。有些经销商甚至以拍卖方式将车出售给出价最高的人。这一年，绅宝销售增长率为 42%，成为汽车行业销售增长率最高的一家。该公司的高级管理人员曾自豪地说：“通用汽车公司要卖几百个汉堡包，而我们只卖极少的牛排便可与之竞争。”

（案例来源：杨勇. 市场营销学实务教程[M]. 北京：中国财富出版社，2018）

2．撇脂定价的适用条件

并不是所有的新产品都可以采用撇脂定价策略。从营销策划的实践来看，在以下条件下企业可以对新产品采用撇脂定价。

① 市场有足够的购买者，他们的需求缺乏弹性，即使把价格定得较高，市场需求也不会大幅度减少。

② 高价会使需求减少一些，产量减少一些，单位成本增加一些，但这些不至于抵消高价所带来的利益。

③ 在高价情况下，仍然是独家经营，无别的竞争者。有专利保护的产品或是难以仿制的创新产品即是此种情形。

④ 具有较高档次和豪华外观，能够满足高收入消费者的心理需要。新产品的价格定得很高，使消费者产生这种产品是一种高品位、高质量的高档产品的印象。

⑤ 市场上暂无替代品。

7.2.2 渗透定价

1．渗透定价的含义及优缺点

渗透定价又称低价定价。新产品上市后，企业以偏低的价格出售，只求保本或获得微利，用低价刺激消费需求，以迅速提高市场占有率，取得在市场上的主动权，从而实现长期利润最大化。

渗透定价的优点主要表现在以下几方面。第一，渗透定价有利于迅速打开销路，占领市场，提高市场占有率。第二，渗透定价不会或很少引起实际和潜在的竞争。新产品的低价，使竞争者难以与之竞争，或因为“无利可图”根本不想参与竞争。当市场成熟时，竞争者可能在价格、技术、服务等方面不占优势，从而被迫放弃竞争。第三，渗透定价有利于企业提高知名度，树立良好形象，为扩大其他产品销售奠定良好基础，从而为企业带来长远利益。

渗透定价的缺点表现在以下几方面。第一，采用渗透定价，投资回收速度慢，不利于垫付资本的及时回收。第二，采用渗透定价的产品容易被消费者误认为是低档产品，从而影响产品的形象，进而影响产品的销售。第三，渗透定价会给新产品打开市场后的价格提高带来困难，不利于企业利润的快速提升，因此企业必须有一定的资金实力做后盾。

案例 7-5

岛村芳雄：成本价销售

日本东京的岛村大楼业主、岛村产业公司及丸芳特产公司董事长岛村芳雄，在创业初期就打定主意要做纸袋绳索生意。

岛村芳雄深知要在竞争激烈的绳索生意中站住脚很不容易，为了开辟市场，他在初期采取了“成本价销售”的策略。

他去冈山的绳索商场，以一条 45cm 长麻绳 5 角钱的价格进货，然后以原价出售给东京的纸袋工厂，这种让利于纸袋工厂的生意做了一年后，“岛村的绳索确实便宜”的消息传开了，于是大量订货单自动找上门来，岛村芳雄的获利机会也来了。

因有了大批客户和大量的订货单，岛村芳雄腰板硬了起来，他拿着进货收据找订货客户诉说：“到现在为止，我是1分钱也没有赚你们的。但是如果让我继续这样为你们服务的话，我便只有破产了。”客户被岛村芳雄诚实经商的做法所感动，愿意把交货价格提到5角5分钱。

接着他又去找麻绳厂商洽谈：“您卖给我一条5角钱，我是一直按原价卖给别人的，因此才得到现在这么多的订货。如果让我继续做这种无利的生意的话，我只有关门倒闭了。”麻绳厂商看到他开给客户的收据存根也很感动，于是一口答应将每条麻绳的价格降至4角5分钱。

就这样，开业两年后，岛村芳雄就成了远近闻名的企业家。

（案例来源：杨勇. 市场营销学实务教程[M]. 北京：中国财富出版社，2018）

2. 渗透定价的适用条件

渗透定价并不适用于所有新产品，企业采取渗透定价策略或进行渗透定价策划时，新产品必须具备以下条件。

① 产品的市场需求量大，且产品需求弹性大，相关的替代品较多，因此低价会刺激市场需求使销售量迅速增长。

② 企业具备一定的资金实力，生产能力较强，生产成本和经营费用会随着生产经营经验的增加而下降。

③ 企业有较丰富的原材料供应来源和较高的生产能力，即使产品需求扩大，也能够保证产品的充足供应。

④ 采用渗透定价策略的新产品必须具有良好的质量和售后服务。渗透定价只是一种定价策略，其产品绝不能是廉价品、处理品，否则，将严重损害企业形象、产品形象。

⑤ 低价不会引起实际和潜在的竞争。

7.2.3 满意定价

满意定价又称温和定价、中间路线定价或君子定价，是指企业为了建立企业与产品的良好形象，把价格定在适中水平，兼顾企业和消费者的利益。

撇脂定价以高价推出产品，对消费者不利，易引起消费者的不满和抵制以及激烈的市场竞争，具有一定的风险；而渗透定价以低价推出产品，虽对消费者有利，但企业在新产品上市之初收入较少，投资回收期长，提价难度大。满意定价介于二者之间，既可避免撇脂定价所具有的市场风险，又可避免渗透定价所带来的经营困难，因而对企业、对消费者都较为有利。

满意定价具有风险小、能为各方所接受和简便易行的优点，有利于企业扩大市场，招徕顾客，树立企业形象，维护市场价格的相对稳定。其不足之处是特点不突出，不易打开市场，不容易真正制定出令消费者满意的价格，并且随着消费者收入的变化，这种定价同样存在着需不断修正的问题。因而满意定价多用于一些生产、生活必需品的定价，是生活必需品普遍适用的定价类型。

案例 7-6

大宝 SOD 蜜

在中国化妆品市场竞争激烈的情况下，大宝不仅没有被击垮，还逐渐发展成知名品牌。在日益增长的中国化妆品市场上，大宝选择了普通工薪阶层作为销售对象。既然是面向工薪阶层，销售的产品就一定要与他们的消费习惯相吻合。一般来说，工薪阶层的收入不高，很少选择价格较高的化妆品，而他们对产品的质量也很看重，并喜欢固定使用一种品牌的产品。因此，大宝在注重质量的同时，坚持按普通工薪阶层能接受的价格定价，其主要产品“大宝 SOD 蜜”市场零售价只有十几元，日霜和晚霜也不过是几十元。价格与市场上的同类化妆品相比具有很大的优势，本身的质量也不错，再加上人们对品牌的信任，大宝很快争得了顾客。许多人不但自己使用，也带动家庭其他成员使用大宝产品。大宝还了解到，使用大宝产品的消费者年龄在 35 岁以上的居多。这一消费群体性格成熟，接受一种产品后一般很少更换，他们向别人推荐时，可信度又比较高。化妆品的口碑好坏对销售起着重要作用，大宝正是靠着群众路线获得了市场。

（案例来源：马继华，郭献山. 市场营销策划[M]. 长沙：湖南师范大学出版社，2012）

7.3　价格调整策划

产品价格在确定以后，并不是固定不变的。随着销售时间、销售地点、目标市场、消费者需求、市场竞争等诸多因素发生变化，企业的产品价格往往也需要进行相应的调整。从一定意义上来说，价格的稳定只是相对的，而价格的调整和变化是绝对的。

案例 7-7

无印良品的降价“艺术”

2015 年 2 月，无印良品的官方公众号发了一条推文：无印良品在 2014 年 10 月精选了约百种生活必需品进行价格调整，并于 2015 年年初又精选了多款服装商品，展开新一轮的“新定价”活动。

“新定价”活动实质就是降价。但是不得不说，无印良品的这条推文不仅让降价本身变得清新脱俗，还顺势为品牌做了一波宣传，让消费者觉得这只是无印良品的让利活动。2016 年 1 月，无印良品的官方公众号又发了一条推文：为了让更多的客户可以更加方便，用更优惠、更贴心的价格选购无印良品的商品，通过无印良品的提案获得更多美好生活的提示，无印良品一直在努力为商品“新定价”。

没错，这次的理由是为消费者的美好生活而重新定价。随后的 2017 年和 2018 年，无印良品也基本上沿袭“为美好生活而新定价”的思路，只是稍微做了一些调整。2017 年降价的理由是，让顾客在需要的时候用合适的价格买到合适的商品。2018 年的理由是，生活还在继续，改良便也在继续。也就是说，尽管每年给“新定价”找的理由各不相同，但实际上都不过是噱头而已。在无印良品看来，降价的原因不重要，重要的是姿势一定要优雅。

2019 年，无印良品在“新定价”上又发明了一个新词，叫作“价格的重新审视”。简单来说，就是从 2019 年 1 月 18 日开始，无印良品对明星商品的价格进行了新的审视，希望更好的商品以更合理的价格传递到消费者手里。

无印良品对于“新定价”的官方解释有以下几个。①降低了进口关税。由于无印良品直接选择在中国生产货物，这样就不需要缴纳关税了；同时中国与部分东南亚国家签订了特惠关税合约，使得从这些地方进口的货物的关税也降低了。②高效的库存管理。无印良品通过更高效的库存管理办法，减少了配货的流程，让流通环节的成本得到了降低。③扩大了生产规模。订单数量的增长，使得工厂可以用更低的成本生产。事实是，2015 年之前，无印良品在中国市场可以说是一路高奏凯歌。但是进入 2016 年后，以名创优品和网易严选为代表的新时尚品牌先后诞生，前者主打线下，后者则以线上为突破口，无印良品在中国遭遇了强劲的竞争对手。无印良品的财报显示，2018 年第三季度其在中国的继存店（即开店满一年以上的门店）总体销售额下降 4.1%。销售额的下降也许才是无印良品一直在努力为商品进行“新定价”的真正动因。2016—2019 年，无印良品进行了十余次降价，但无印良品从未承认自己的“降价”行为。无印良品的这个“新定价”更高级、更艺术，也算是给品牌降价树立了一个典范。

（案例来源：白玉苓，陆亚新. 零售学[M]. 北京：机械工业出版社，2020）

企业必须根据社会经济环境的变化、竞争对手的价格变化、消费者的价值观念变化、市场需求和成本的变化，随时对产品价格做出主动调整，包括提价、降价以及价格折扣，从而给自己创造新的市场机会。

7.3.1 提价策划

提价策划是指根据市场环境的变化等主动提高产品价格的一种定价策划。提价容易引起消费者、经销商和企业推销人员的不满，但是一个成功的提价策划既可以使消费者理解，又可以使企业的利润大大增加。企业提价的主要原因有以下 2 个。

（1）物价上涨

企业的成本费用增加，因此不得不提高产品价格。在这种情形下，企业提高价格的方式有：①采取推迟报价定价的策略，即企业暂时不规定最后价格，等到产品制成时或交货时方规定最后价格；②在合同上规定调整条款，即企业在合同上规定在一定时期内（一般到交货时为止）可按某种价格指数来调整价格；③采取不包括某些服务的定价策略，即在物价上涨的情况下，企业产品价格不动，但原来提供的某些服务要计价，这样一来，原来提供的产品价格实际上是提高了；④降低价格折扣，即企业决定削减正常的现金和数量折扣，并限制销售人员以低于价目表的价格联系业务；⑤取消低利产品的生产；⑥降低产品质量，减少产品特色和服务，企业采取这种策略可保持一定的利润，但会影响其产品声誉和企业形象。

（2）产品供不应求，不能满足所有消费者的需要

在这种情形下，企业提价的方式包括：①取消价格折扣；②在产品大类中增加价格较高的项目，或者开始提价；③尽量不直接提价，采用其他方法来弥补增加的成本和满足增加的需求，如按件定价的糖果、饼干，可以减少产品的实际数量，以便宜的配料代替价格上涨的配料，减少产品的某些特色或服务等。

提价时应向消费者说明提价的原因，并帮助消费者寻找节约的途径，以减少消费者的不满。

7.3.2 降价策划

当面对以下几种情况时，企业需要进行降价策划。

① 企业生产能力过剩，需要扩大销售，但是企业又不能通过产品改进和强化营销活动来扩大销售，在这种情况下，企业就需考虑降低价格；

② 在强大的市场竞争压力下，企业的市场占有率不断下降，企业为保持其市场占有率，会被迫降低价格；

③ 企业的成本费用比竞争对手低，企业企图通过降低价格来控制市场或提高市场占有率，从而扩大生产和销售量。

案例 7-8

自动降价 顾客盈门

在美国波士顿的中心区，有一家名为法林的自动降价商店，它以独特的定价方式和经营方式而闻名。

这家自动降价商店里的商品摆设与其他商店并无区别。架子上挂着一排排各种花色、各种式样的时装，货柜上分门别类地摆放着各类商品，五花八门、应有尽有。这家商店的商品并非低劣货、处理品，但也没有什么非常高档的。

这家商店的商品不但全都标有价格，而且标着首次陈列的日期，价格随着陈列时间的增加而下降。在商品开始陈列的头 12 天，按标价出售，若这种商品未能卖出，则从第 13 天起自动降价 25%。若再过 6 天仍未卖出，即从第 19 天开始自动降价 50%。

若又过 6 天还未卖出，即从第 25 天开始自动降价 75%，即价格 100 元的商品，只花 25 元就可以买走。再经过 6 天，如果仍无人问津，这种商品就会被送到慈善机构。

这家商店利用这种方法取得了极大的成功，受到美国人及外国旅游者的欢迎。很多人都慕名而来，演员、运动员格外喜欢这家商店，波士顿的市民更是这家商店的常客。商店每天接待的顾客比波士顿其他任何商店都多，熙熙攘攘，门庭若市。这家自动降价商店在美国已有 20 多家分店。

（案例来源：姜岩. 营销策划：方法、实务与技能[M]. 北京：清华大学出版社，2020）

7.3.3 价格折扣策划

价格折扣策划是指企业在基本价格的基础上，采用多种方式给予顾客一定比例的价格减让，以促进商品销售的一种定价策划。

1. 价格折扣的主要类型

价格折扣主要有7种类型，如图7-5所示。

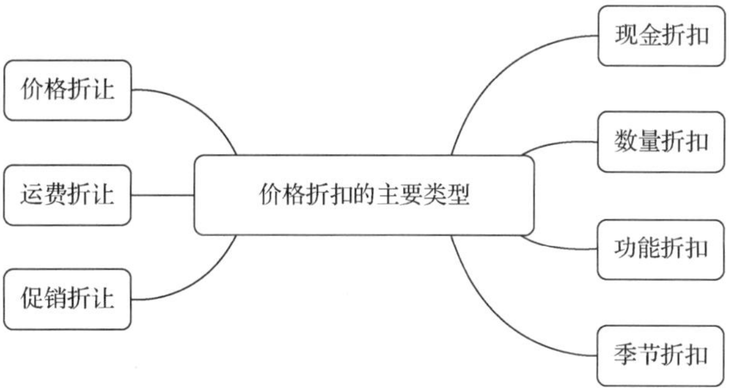

图7-5 价格折扣的主要类型

（1）现金折扣

这是指企业给予用现金或提前付款方式购买商品的顾客在原定价格上享受一定折扣的优惠，鼓励顾客按期或提前偿付货款，以加速商品和资金的周转。比如，正常情况下顾客必须在30天内付清货款，而如果10天内付清货款，则给予2%的折扣。

（2）数量折扣

这是指企业为鼓励顾客大量购买或集中在一家购买，根据顾客的购买数量和金额，给予顾客不同的价格折扣，购买的数量或金额越大，给予的折扣就越大。大量购买能使企业降低生产、销售、储运、记账等环节的成本费用，同时还有利于企业建立稳固的销售渠道和拥有稳定的顾客群。数量折扣可分为累计折扣和非累计折扣。顾客在一定时期内，如一年、一季度、半年等，购买商品总量达到一定数量时，按其总量的多少给予折扣称为累计折扣。顾客一次购买的商品总量达到一定数量时，按其总量多少给予折扣称为非累计折扣，又称一次性折扣。

（3）功能折扣

功能折扣又称交易折扣，是指制造商按各类中间商在市场营销中的不同功能给予不同的额外折扣，促使他们愿意执行某种市场营销功能（如推销、储存、服务），如给予批发商大于零售商的折扣，以此鼓励批发商努力销售本企业商品。

（4）季节折扣

这种价格折扣是企业给那些购买过季商品或服务的顾客的一种折扣，可以使企业的生产和销售在一年四季保持相对稳定。比如，雪橇制造商在春夏季给零售商季节折扣，以鼓励零售商提前订货；旅馆、航空公司在旅游淡季给游客季节折扣，以调节旅游淡旺季的客流量。

（5）促销折让

这一般是给予零售商的。企业对零售商为本企业经营的商品提供各种促销活动（如刊登地方性广告、布置专门的橱窗、组织人员促销等）进行鼓励，以津贴或减价作为给予零售商的报酬，这就是促销折让，又称推广折让。

（6）运费折让

这是针对距离较远的顾客，以减价来弥补其部分或全部运费。这种价格折扣可吸引远方顾客购买本企业的商品，扩大市场范围，开辟新的销路。

（7）价格折让

这是一种“以旧换新”的价格折扣类型。顾客在购买企业的商品时，若同时交回旧商品即给予其降低价格的优惠。比如，一台液晶电视机标价为 5999 元，顾客以旧电视机折价 300 元购买，最终只需付 5699 元。

2．价格折扣策划应注意的问题

从本章导入案例可以看到，美佳的西服是以折扣的形式降低了价格，这种形式的降价会刺激销售量，但通常不会出现价格低到成本以下而导致销售额无法弥补成本的情况。急于打入欧洲市场的道格以免费赠机票的低价方法吸引消费者，机票的成本高于一台吸尘器所能带来的利润。因此，道格吸尘器的吸引力会更大，但是道格面临的风险也比美佳高很多。因为两个公司面临的风险大小不同，并且对风险控制的做法也不同，所以它们获得了截然不同的结果。因此，在进行价格折扣策划时一定要注意以下问题。

第一，采取价格折扣策划的目的之一就是通过折扣带动这种降价商品或该公司其他相关商品的销售，以带来规模经济效益。

第二，进行价格折扣策划时应尽量挑选价格敏感度比较高、价位比较适中、需求量较大的商品，因为这些商品比较容易产生拉动力。

第三，低价策略存在着较大的风险，要把采用这种定价方法会带来的风险控制在可控范围内，进行价格策划时一定要顾及这一点。

案例分析

奥乐齐（ALDI）“虐哭”沃尔玛

说起沃尔玛，那可是全球零售领域的老大，连电商大鳄亚马逊都撼动不了它的零售地位。不过，有一家叫 ALDI（中文名为奥乐齐）的德国连锁超市，不仅把沃尔玛赶出德国市场，还在美国开了 1300 家店。

ALDI 作为德国最大的连锁超市，最初创建于 1913 年，它当时是位于鲁尔工业区埃森市的一家小食品店“艾玛婶婶商店”，其服务对象主要是中低收入的工薪阶层、无固定收入居民及退休的老年人。为适应上述消费客群的需求，ALDI 的大部分连锁网点设在德国的城市居民区、大学校区附近或小城镇。

ALDI 这个名称其实来源于德语单词 Albrecht（创始人的家族姓名）和 Discount（折扣）。百年来，ALDI 以便捷为原则，坚持物超所值的经营理念，致力于让消费者每天都能够以超值的价格享受到高品质的自营商品。

拿商品来说，沃尔玛有十几万种，ALDI才700多种。比如番茄酱，沃尔玛有几十款，ALDI只有一款，用时髦的词来说，ALDI是单点突破，把每个商品都“卖到爆”。ALDI在单一商品上的采购量是沃尔玛的20倍，是世界上最大的单品采购商。量大了，价格肯定便宜。品种一少，仓储、运输、物流之类的就都简单了。顾客也省心啊，不用想不用挑，拿了就走。

ALDI的管理也极简单。商品整箱地放在地上，想买直接搬。想退货？没问题!哪怕一瓶酒喝了半瓶也能退，ALDI认为没必要为这事纠缠。因为找零钱影响效率，所以ALDI把零头全抹了，结账金额一律是整数。顾客称ALDI“从不提供不必要的服务”，比如顾客需自带购物袋或另付钱购买塑料袋，使用购物车要付押金。而在低价吸引下，顾客也不计较这些“不完善”。别人一家超市雇用四五十人，ALDI只雇四五个人，且全是高薪聘请的精英员工，真正实现一人多岗。另外，ALDI不做预算，没有市场研究部门，老板只看核心数据。

此外，ALDI的店面也极为朴素，没有豪华的装饰，没有幽雅的环境，店铺面积仅为300~1100平方米，各店样式统一。这样可以保证开设分店时简单快速，费用也可以尽量降到最低。

其实ALDI成功的关键主要有三点：商品精挑细选、最低成本经营，以及最低价格销售。ALDI商品的价格比其他零售店及那些小杂货店的价格低25%~30%，这是一个很吓人的数字。ALDI创始人卡尔坦承：“我们唯一的经营原则就是最低价格。”

沃尔玛的“天天平价”在其他市场都能奏效，但在德国却失灵了，这是因为它遇到了这个比自己定价更低的竞争对手。ALDI的目标市场与沃尔玛相同，但成本控制更出色，因而商品价格更低廉，在“节约社会”德国大受欢迎。ALDI是真正将零售做到极致的一家企业。

ALDI于2017年通过天猫国际海外旗舰店进入中国市场，2018年年初开设的天猫旗舰店，是该公司第一次以线上平台的方式进入全新的市场。2019年6月7日，ALDI于上海静安和闵行开设两家线下试点店。ALDI在其中国官网上写道：奥乐齐致力让中国消费者每天都能享受到物超所值的商品，秉承“亲选为你”的理念，与全球各地优质供应商及合作伙伴共同携手，为中国消费者提供优质的进口商品和本土好物。

ALDI向顾客提供的不只是低价，更是“高品质+低价格”“更简单+更智能”，ALDI让节俭变得更有价值。

（案例来源：宁德煌.市场营销学：生活、营销与智慧[M]. 北京：机械工业出版社，2020）

思考题：

1. ALDI的产品定价采用了哪些定价技巧？
2. 你认为ALDI产品定价的成功体现在哪些方面？
3. 你认为沃尔玛应如何应对ALDI的定价策略？

策划专家之七　　第7章　在线答题

第 8 章

营销渠道策划

本章教学目标与要求

（1）了解渠道策划的影响因素；

（2）熟悉渠道风险防范；

（3）掌握招商策划、物流运作策划的方法。

本章知识架构

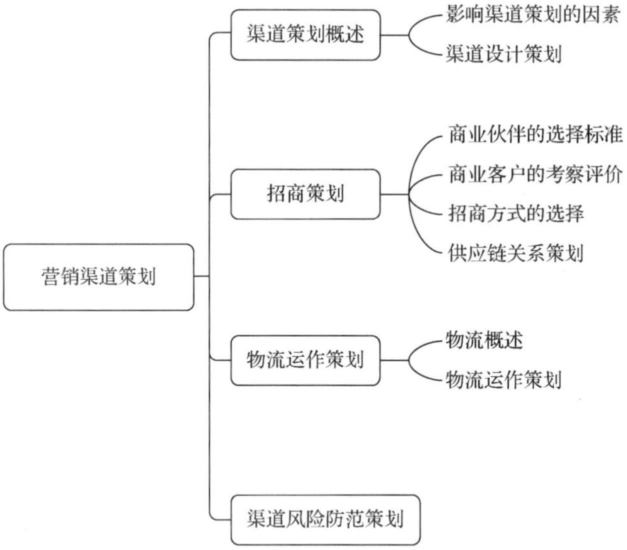

导入案例

肯德基攻占大城市，准确选址

1986 年，肯德基考虑打入人口众多的中国市场，挖掘这个巨大市场所蕴含的潜力。但对肯德基来说，面前的中国市场是完全陌生的，诸多难题使肯德基的决策者犹豫不决。比如，肯德基的纯西方风味能否为中国消费者所接受？开发中国市场，不仅需要技术资源，还需要宝贵的管理资源。最为关键的是，要打入中国市场就必须选择一个特定的投资地点，即第一家肯德基店址应当选在何处？这一决策将对今后的盈利，对在中国其他地区的进一步开拓以及对投入管理资源时的决心等产生影响。肯德基通过全面深入的市场调查，发现进入中国市场必须以大城市作为目标市场，即用 100%的精力进攻北京，然后是上海、杭州等。

1987 年 11 月 12 日，肯德基在北京前门设立了在中国的第一家餐馆，而北京肯德基有限公司也是当时北京第一家经营快餐的中外合资企业。以北京为起点，肯德基在全国的发展形成燎原之势。

肯德基选址主要按以下步骤进行。第一步，商圈的划分与选择。商圈的划分，主要以吸引消费者的能力为衡量标准，即确定目前重点在哪个商圈开店、主要目标消费者是哪些人。在商圈的选择上，肯德基一方面要考虑餐馆自身的市场定位，另一方面要考虑商圈的稳定度和成熟度。餐馆的市场定位不同，吸引的消费者群体不一样，商圈的选择也就不同。第二步，聚客点的测算与选择。这一步主要是确定商圈内最主要的聚客点在哪里，以及考虑人流会不会被竞争对手截住等。

为了规划好商圈，肯德基开发部门付出了巨大的努力。就北京肯德基有限公司而言，其开发人员跑遍北京各个角落，对这个每年建筑和道路变化极大、当地人都易迷路的城市了如指掌。经常发生这种情况：北京肯德基有限公司接到某位顾客的电话，建议肯德基在他所在的地方设店，开发人员一听地址就能随口说出周边的商业环境，以及是否适合开店。肯德基根据自己的调查划分出商圈，成功在北京开设了多家餐馆。

上海是中国商战必争之地，影响着杭州、南京、苏州、无锡以至整个长江三角洲。自 1989 年在上海开设第一家肯德基餐厅以来，肯德基在上海已有多家连锁店，并屡屡打破全球快餐行业的营业额纪录。广州有地利、人和的优势，成为肯德基进入的第三个大城市。20 世纪 90 年代以后，肯德基又一鼓作气，进攻天津、福州、沈阳、西安、成都、武汉、深圳、哈尔滨等城市。

（案例来源：宁德煌. 市场营销学：生活、营销与智慧[M]. 北京：机械工业出版社，2020）

从导入案例可以看出，在确定“攻占大城市”战略后，选址策略是相当重要的。地点是饭店、酒店经营的首要考虑因素，餐饮连锁经营当然也是如此。正确选择连锁店的地址，不仅是其成功的先决条件，也是实现连锁经营标准化、简单化、专业化的前提条件和基础。肯德基对连锁店选址非常重视，选址决策一般采取两级审批制，即要两个委员会的同意，一个是地方公司，另一个是总部。其选址成功率几乎达到百分之百，这是肯德基的核心竞争力之一。由此可见，渠道策划对企业的营销组合来讲是一个非常重要的环节。企业在确定了目标市场之后，就应该考虑如何去接触目标消费者。企业通过产品策划，完成了新产品的开发或形成了一定的产品组合形式；通过价格策划，给产品制定出最有利的价格，以实现企业的定价目标。但这些产品要打开市场，最终实现其价值，就必须经过营销渠道策划这个重要环节来沟通生产者与消费者，解决生产者与消费者之间存在的诸多矛盾，使产品适时、适地、经济、方便地提供给消费者。那么什么是渠道策划？影响渠道策划的因素有哪些？通路招商、物流运作应如何策划？渠道风险应如何防范？这些问题是本章将要研究和探讨的主要内容。

8.1 渠道策划概述

8.1.1 影响渠道策划的因素

如图 8-1 所示，影响渠道策划的因素很多，营销策划者在决定选择何种分销渠道前，应将各种因素进行综合分析，以便做出正确选择。

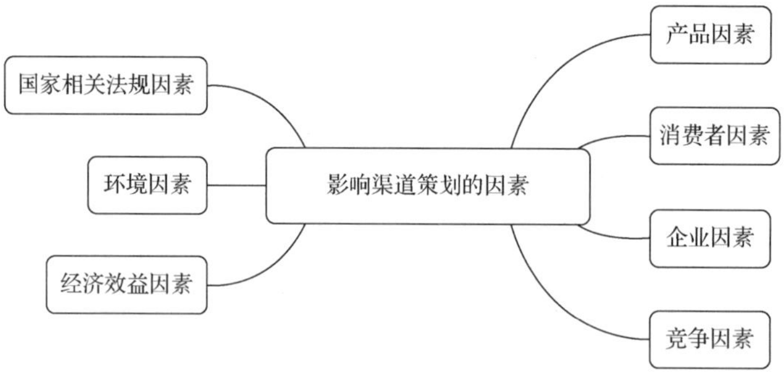

图 8-1　影响渠道策划的因素

1. 产品因素

① 产品的单价。一般而言，单价越高的产品，分销路线越短，对于这类产品企业也可选择直接销售渠道；而单价较低的产品，分销线路一般较长、较宽。

② 产品的体积与质量。考虑到产品的运输、存储条件和费用，体积和质量大的产品应尽量选择短的分销渠道；体积和质量小的产品可采用较长、较宽渠道。

③ 产品的物理、化学性质。对于易腐、易毁、易震、易烂、易爆、易损、易碎的产品，如牛奶、水果、啤酒、蔬菜等，应尽量缩短分销渠道，以最快速度出售给消费者。

④ 产品的款式。式样多变、时尚性强的产品，如时装等，应尽量缩短分销渠道。

⑤ 产品的类型和品种、规格。产品不同，对渠道的要求也有很大的不同。日用品需求面广，一般须经批发商分销；特殊品则可由生产商直接交给少数零售商销售。品种、规格单一、销售量大的产品，可交中间商销售；而品种、规格复杂、技术性较强的产品，则一般由生产商直接销售。

⑥ 定制品和标准化产品。定制品（如客户定制的机器），通常由生产商直接销售；而标准化产品，可通过中间商按样品或产品目录销售。

⑦ 新产品。为尽快把新产品投入市场，企业往往会采取强有力的推销手段，直接向消费者推销，但在情况许可时，也应考虑利用原有的分销渠道。

2. 消费者因素

① 消费者的人数。消费者人数越多，生产商越倾向于采用每一层次都有许多中间商的长渠道。

② 消费者的地理分布。如果潜在消费者分布较广，生产商就需采用较长的分销渠道；如果潜在消费者集中在少数地区，生产商可采用最短的分销渠道，直接销售。比如，可口可乐和康师傅的目标市场是大城市，所以它们采用扁平化的渠道模式。

③ 消费者的购买方式。消费者对日用品的购买，量少而频繁，他们希望购买方便，因此生产商就应多采用中间商，扩大销售网点；而对于特殊品，生产商一般只通过少数几个甚至一个零售商销售。

④ 消费者的渠道要求。为消费者设计的渠道能否满足消费者的需要，还是应该询问消费者。在询问消费者过程中特别要注意的是，消费者对现有渠道在总体上的满足往往会掩盖某些关键服务项目上的缺陷。研究消费者不满的目的是得出新的构建渠道的方式，以克服各种问题。在这个消费者至上的时代，渠道设计的目标是发现顾客想从渠道中获得什么，并通过改进和创新更好地为消费者服务。

3. 企业因素

① 企业的财务能力、规模和知名度。如果企业资金雄厚、规模大、知名度高，在对中间商的选择上就有很大的自由度，甚至还可自建销售网点，实现产销合一；而资金薄弱、无知名度的企业，则必须利用中间商分销。

② 企业自身的销售能力和经验。如果企业自身有足够的销售力量和丰富的经验，就可少用或不用中间商。否则，只能将销售工作全部或部分交给中间商。

③ 企业的产品组合。企业产品组合的宽度越大，则与消费者直接交易的能力越大；产品组合的深度越大，则使用独家专售或选择代理商就越有利；产品组合的关联性越强，则越应使用性质相同或相似的市场营销渠道。

④ 企业的营销政策。企业现行的营销政策也会影响渠道的选择。如果企业要求严控产品价格，或者要对终端消费者提供快速交货服务，或者要为消费者提供售后服务等，就应采取短的分销渠道。

4. 竞争因素

营销策划者一定要了解主要竞争对手使用的渠道种类以及其每条渠道的市场份额，比较本企业与竞争对手在货物周转、市场覆盖度和成本变动趋势等方面的差别，掌握有关价格、交付条款、收益、存货周转等业绩指标的细节。

一般而言，生产企业应尽量避免和竞争者使用相同的分销渠道。但有时，企业对同类产品可采用与竞争者相同的分销渠道，以方便消费者进行质量、价格方面的比较。

5．经济效益因素

企业在进行渠道策划时，必须考虑经济效益因素。在比较不同渠道选择的获利能力时，必须判断不同组合的收入、成本和资金需求情况，应详细估算相对收入、交易成本以及流动资金和固定资金需求等。

一般来说，缩短渠道能减少环节、降低流通费用、提高经济效益。但对于某些产品，则需增加渠道环节，才能拓展市场、扩大销售、提高市场占有率，从而提高经济效益。是缩减渠道环节还是增加渠道环节？企业必须根据其综合效益的大小进行决策。

6．环境因素

在进行渠道策划时要考虑到环境因素的制约问题。比如，当经济萧条时，生产商会采用短的渠道，并免除不必要的服务，使终端消费者能以低廉的价格购买其产品，这是经济环境对渠道选择的影响。

7．国家相关法规因素

在市场经济条件下，国家已经放开对绝大多数产品的管制，这些产品的销售渠道完全由企业决定，但极少数关系国计民生的重要产品的销售，还是要受到有关法律法规的限制，如专卖制度（香烟）、专控商品（某些药品）等，这时企业就需要根据有关政策法规的规定选用相应的销售渠道。

8.1.2 渠道设计策划

1．渠道设计原则

进行渠道设计时应该遵循 6 个设计原则，如图 8-2 所示。

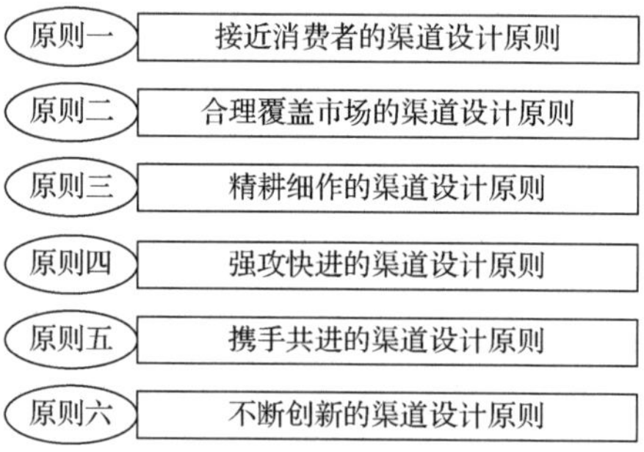

图 8-2　渠道设计原则

（1）接近消费者的渠道设计原则

接近消费者，实际上就是抓住终端，和消费者面对面。因此，消费者在哪里，分销渠道的触须就必须伸到哪里，正如可口可乐所做的“哪里有商店，哪里就有可口可乐”，这是分销渠道设计的基本原则。远离消费者的分销渠道是不切实际、不能给企业带来效益的。麦当劳、肯德基的分销渠道设计就充分体现了接近消费者这个原则。

（2）合理覆盖市场的渠道设计原则

很多企业在分销渠道的设计和建设上要求覆盖面越广越好，区域越大越好，热衷于让销售网点遍布全国各地，办事处到处都是。但是遍地撒网的时候，企业应慎重考虑以下问题：企业的销售管理、市场维护能否跟上网络的步伐？企业有没有足够的资源去满足市场的巨大需求？网络建设付出的成本有多大？什么时候可以收回投资？网络是自己建设还是借助经销商以及众多中间商的网络？企业是否有足够的能力应对网络突发事件？竞争对手的网络情况是什么样的？网络建设不是一蹴而就的，没有对市场的深入研究，没有对企业资源的全面规划，没有战略思想的指导，盲目布点、遍地撒网的做法在初期可能会一时红火，但最终将难逃失败命运。

（3）精耕细作的渠道设计原则

在市场覆盖面较大时，如果缺乏管理，缺乏精耕细作，那么分销渠道的风险是很明显的。从企业的长远发展或从大部分优秀企业的发展历程来看，分销渠道建设是企业的百年大计，只有不断投资、不断调整、不断维护，才能有丰厚的回报。在竞争越来越激烈的今天，抛弃粗放经营方式，实行精耕细作是很重要的，它可以保证网络的正常运转和健康发展。在精耕细作的网络设计中，所有的网络管理工作必须做到定点、定时、定人、定路线、定效应，推行细致化、个性化服务，及时准确地反馈市场信息，全面监控市场的动向。

（4）强攻快进的渠道设计原则

强攻快进是新产品投放市场的重要手段，强攻快进给市场、消费者及竞争品牌带来的冲击是巨大的，它可以帮助新产品有力地占据目标市场，在短时间内赢得消费者的认同。因此，强攻快进是分销渠道设计的核心环节。资源雄厚的大中型企业可以全面强攻，资源单薄的中小型企业可以局部快进。

（5）携手共进的渠道设计原则

携手共进要解决的问题是企业如何对待中间商。企业选择中间商是因为他们具有区域网络资源和经营实力，而中间商选择企业是看到了企业、产品能给自己带来的利润和市场空间。因此，和中间商携手共进、共存共荣是必须体现在分销渠道的设计中的。只有这样，分销渠道才能健康成长并逐步壮大。企业只有和中间商达成战略上的一致，才能实现长期稳定的合作关系，这种关系就是伙伴型渠道关系。企业要发展与中间商的长期战略伙伴关系，把中间商当成自己的生意伙伴，而不仅仅是当成自己的客户和交易对象。

（6）不断创新的渠道设计原则

在企业或品牌发展的不同阶段，以及在产品的不同生命周期，对分销渠道的要求应该有所不同，因此，分销渠道的设计应该注重求新、求变，应根据竞争和市场发展的要求，根据消费者的需求变化，不断调整分销渠道，让分销渠道和企业、产品、品牌共同进步。在当今社会，进行渠道创新是企业进行分销渠道设计的趋势。

2. 渠道设计策划内容

渠道设计是渠道策划的核心，它主要包括以下内容。

（1）确定渠道的类型

渠道的类型多种多样，每种渠道类型都有其适用范围。在渠道设计中，企业要先确定渠道的类型，即确定采用哪一种或哪几种类型的渠道来分销产品。企业必须根据实际情况和制约因素来选择合适的分销渠道。

（2）确定渠道的长度

在确定了渠道的类型后，企业若选择用间接渠道和复合渠道分销产品，则面临着确定渠道长度的策划问题。技术和服务含量较高的产品，如计算机、汽车等，需要较短的渠道，而消费者选择性不强的产品、要求购买方便的产品等，则适宜采用较长的渠道。

案例 8-1

戴尔：以新奇而制胜

戴尔公司的创始人戴尔 18 岁时对他父亲说："我想跟 IBM 竞争。"他父亲当时很惊讶，结果后来戴尔真的做到了。戴尔发现当时一部 IBM 个人计算机的零售价约为 3000 美元，而其零部件很可能仅需 600 ~ 700 美元，中间环节利润很大，而且零售店对客户的服务也不好。所以，戴尔说："我是以一个简单的问题来开展事业的，那就是：如何改进购买计算机的过程？答案是把计算机直接销售给消费者，去除零售商的利润剥削，把省下来的钱回馈给消费者。"

（案例来源：马继华，郭献山. 市场营销策划[M]. 长沙：湖南师范大学出版社，2012）

（3）确定渠道的宽度

确定渠道的宽度，即企业要确定在每个层次上使用多少个中间商，实际上就是对宽窄渠道的选择。根据企业所追求的市场覆盖面，有 3 种渠道可供企业选择：广泛分销渠道、选择分销渠道及独家分销渠道。

（4）确定渠道成员的权利和义务

在确定了渠道的类型、长度和宽度后，还要确定渠道成员的权利和义务，这主要包括价格政策、销售条件、渠道成员的地区分权和各方面所能提供的服务和义务。其中，价格政策主要是指生产商制定的价目表和折扣明细表，以及根据中间商的不同类型及经营数量给予的不同优惠。销售条件主要是指付款条件和生产商的担保，如对提前付款的中间商给予现金折扣，向中间商提供质量和价格方面的担保。对渠道成员的权利和义务的确定，应本着合理、明确、公平、公正的原则来进行。

（5）渠道方案评估

渠道设计策划是在一个广泛的背景中做出的，因此，渠道受到可用资源、渠道战略等条件限制。渠道方案评估的目的就是把在先前的步骤中识别出的最优渠道与现实条件相匹配。如果已经确认某项选择适应现实条件，是可行的，那么还必须看它是否适应将来的战略需要。如果一种渠道方案很容易被竞争对手模仿和超越，那么它就不能产生一种具有实质性的优势。对渠道方案的评估可从以下 4 个方面进行。

① 经济性。主要是分析每种渠道的销售额与成本的关系。一方面要考虑采用企业销售人员和利用中间商这两种方式中哪一种所产生的销售额较大；另一方面要评估每种渠道的成本，渠道成本就是企业建立、发展与维持渠道所需要的费用。生产商一般要选择那些能够承担一部分广告费用和其他销售促进费用的中间商，以减轻企业的负担，降低销售费用。

② 可控性。从长远目标来看，企业对分销渠道的选择不仅要考虑其经济性，还要考虑

企业能否对分销渠道进行有效控制。一般来说，企业在其产品的分销渠道中涉入越深，对渠道的控制力越大，则投资也会越大。当销售渠道变得越来越长时，企业对价格、销售量、推销方式和零售形式等的控制力就会越来越弱。实践中，建立了特约经销或特约代理关系的中间商比较容易控制，而对于密集性分销渠道，由于涉及的中间商多，企业的控制能力就比较弱。

③ 中间商实力。企业要选择资金力量比较雄厚、财务状况良好的中间商，而且选择的分销渠道必须适合企业本身的特点及其产品的特点。企业要考虑中间商的销售对象是否与企业所要进入的目标市场一致，即所要选用的中间商的经营范围应该与企业产品的销路基本对口。同时，企业必须考虑中间商的经营连续性。

④ 中间商能力。选择中间商时除了考虑其经济实力，还要考虑中间商的信用和分销能力。信用是指中间商的信用度大小，如履行合约的信用、回款及时性等方面的信用；分销能力是指中间商开拓市场的能力、营销能力、管理能力、提供技术支持与售后服务能力、商品储存和运输能力等。企业一般选择信用好、分销能力强、市场覆盖面大的中间商经销本企业的产品。

8.2 招商策划

在渠道策划中，招商策划是一个非常重要的内容，它直接影响到企业营销的成败。招商策划是指运用招商人员的知识和智慧，筹划一系列活动去吸引商业客户入驻落户的活动，包括商业伙伴的选择标准、商业客户的考察评价、招商方式的选择等内容。

8.2.1 商业伙伴的选择标准

企业确定了其产品分销策略后，就应根据营销的需要选择理想的中间商作为渠道成员，即招募商业伙伴。商业伙伴的选择影响到企业的分销效率与分销成本，影响到企业及产品在消费者心目中的形象与定位，关系到能否实现企业的营销目标和效率问题，因而应十分慎重。一般而言，较理想的商业伙伴应具备以下 6 个条件。

① 与生产企业的目标消费者有较密切关系。所谓较密切关系，是指商业伙伴所联系的消费者，是企业所希望的销售对象。

② 经营场所的地理位置较理想。企业选择批发商时，往往要考虑其所处的位置能否发挥运输、存储功能，能否节省费用、降低成本。而对于零售商的选择，则往往要考察其所处位置的客流量，以及是否有利于消费者将产品与竞争者产品进行比较。

③ 拥有尽可能完整的产品线。理想的商业伙伴应拥有与企业所提供产品相关联的尽可能完整的产品线。比如，木材生产商愿将其产品交给拥有多条产品线的建材商出售，因为齐全的产品线会吸引众多有不同购买目的的木工和消费者，他们在店里购买其他建材的同时，也可能在该店购买木材。另外，如果商业伙伴还同时经销其他竞争者的产品，企业就必须考虑本企业产品的质量与价格能否在竞争中取胜。

④ 财务状况和商誉良好。所有企业都期望中间商能及时结清货款，有些企业甚至希望预收货款。所以调查、了解中间商的财务状况和商誉是必不可少的。

⑤ 管理规范，拥有具有专业知识的管理人员和营销人员。

⑥ 规模和效益俱佳，拥有提供服务和运输、存储的能力。

8.2.2 商业客户的考察评价

在具体的招商过程中，在确定商业伙伴之前，企业要根据 8.2.1 节所述条件或选择标准对商业客户进行考察评价与筛选，商业信誉、经营作风等是考察评价的重点。企业主要从 4 个方面对商业客户进行考察评价，如图 8-3 所示。

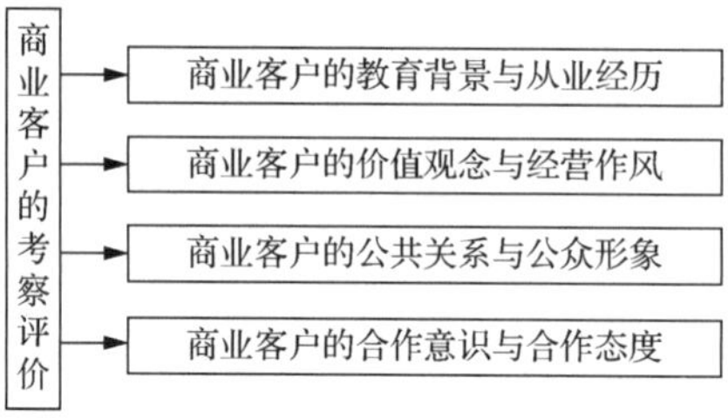

图 8-3 商业客户的考察评价

1. 商业客户的教育背景与从业经历

对商业客户的教育背景与从业经历的考察评价，主要是了解经营者本人的年龄、学历、从业经历和创业过程，经营团队主要成员的教育背景和工作经历等。

2. 商业客户的价值观念与经营作风

对商业客户的价值观念与经营作风的考察评价，主要是了解其对正在代理和经营的产品的认识和评价，愿意接受生产厂家给予什么样的销售政策、利益承诺、风险保障，以及愿意接受什么样的合作方式，对同类产品的市场竞争有何看法，对与新品牌、新厂家的合作表现出的关注度等。

3. 商业客户的公共关系与公众形象

对商业客户的公共关系与公众形象的考察评价主要包括走访商业客户的同行、终端消费者，以及工商行政管理、税务、金融和司法部门等。

4. 商业客户的合作意识与合作态度

对商业客户的合作意识与合作态度的考察评价主要包括对其是否认同企业文化与价值观念，是否认同企业的经营理念和经营模式，能否理解和接受企业关于分销渠道模式、产品价格、推广策略、结算周期和结算方式等方面的制度规定，对新产品、新品牌是否有足够的经营信心等进行考察与评价。

8.2.3　招商方式的选择

通过考察评价可以选择出合适的商业客户。如何将招商信息传递给商业客户，寻找到有合作意向的商业客户进行进一步的沟通，并确定商业伙伴，是招商能否成功的前提。结合招商实践与招商信息的传播方式，可将招商方式分为 8 种，如图 8-4 所示。

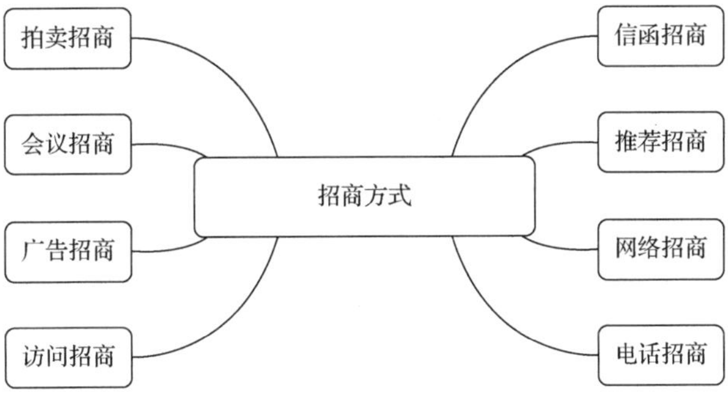

图 8-4　招商方式

1．信函招商

信函招商即通过直接给目标市场范围内的有关商业客户发出招商信函，寻求合作意向。这是较传统的招商方式，招商费用比较低，但信息意向传播、沟通不充分，客户反馈率低，反馈速度慢。这种招商方式缺乏主动权，不容易找到合适的商业伙伴，适用于商业客户类型较少、数量较少的情况。

2．推荐招商

推荐招商即通过老客户推荐、中介提供的信息、亲朋好友或熟人介绍推荐寻找商业伙伴。这也是一种传统的招商方式，招商效率不高，不适合快速招商，也难以在异地使用。

3．网络招商

网络招商即通过企业网站、电子邮件、博客、微博或手机短信等渠道发布招商信息，是一种信息发布速度快、费用低的招商手段，但是信息发布的冲击力不强，信息反馈比较被动，招商推进速度不够快。因此，这种方式可以作为招商的补充手段，不宜作为大型快速招商运作的主要手段。

4．电话招商

电话招商即通过固定电话、移动电话等沟通方式向商业客户传递招商信息，游说商业客户加入企业的销售网络，从事企业产品的销售工作。这种方式比信函招商和网络招商主动，信息反馈也快，因此效率比较高。电话招商只有与实地访问、实地考察等沟通方式相结合，才能有效提高招商沟通的质量和成果。

5．访问招商

访问招商即通过派招商人员深入市场实地考察，访问商业客户，来选择合作伙伴。这也是一种传统的招商方式，速度虽然不快，但对商业客户的考察、了解比较真实、稳妥，因此即使是在广告招商和信函招商等招商运作方式下，也可以采取实地访问商业客户的方式作为补充手段来最终确定合作关系。这种方式需要前期做好广告宣传，如果没有广告支持，那么工作的推进就会难度大、进展慢，取得商业客户信任和支持的难度也比较大，招商速度会比较慢。

6. 广告招商

这是一种通过公开发布招商广告来征求合作伙伴的方式。对于招商广告媒体，一般会选择招商区域的主流报纸媒体、行业性报纸、行业性杂志或行业内期刊，以及商业客户比较关注的销售与市场类实战性杂志。也可以采取在大众媒体密集投放一个阶段的广告，这样做一方面是为了预热终端市场，另一方面是为了启动招商工作。所以，广告招商与其说是做给消费者看的，不如说是做给商业客户看的。这种方式声势较大，易被商业客户认为企业有实力、产品有市场，从而增加了企业招商谈判的实力和筹码，因此这种方式吸引的商业客户比信函招商的多且反馈速度快，企业有可能找到比较有实力的合作伙伴。

7. 会议招商

会议招商即在通过广告、信函、邮件、电话和实地访问等方式与商业客户达成一定意向后，组织这些商业客户参加企业召开的招商大会，通过产品展示、会议讲解、市场分析与研讨、企业领导与商业客户见面沟通及会场气氛的渲染，调动商业客户的合作意愿，并通过现场签约能够享受优惠政策的刺激，达成会议期间的签约合作，完成招商的主体工作。会后再进一步跟踪有意向的商业客户，巩固和完善招商工作。

8. 拍卖招商

这是一种通过拍卖的方式选择有竞争实力的商业客户的方式。这种方式由于有现场气氛的强烈渲染和限定时间的紧迫感，因此竞争性强、收获大，是一种比较新颖的招商方式，但是需具备完善的招商策划、良好的营销造势实力和技巧。

拍卖招商的方式有巡回拍卖和集中拍卖两种。企业在缺乏销售网络的情况下，可以通过巡回拍卖的舆论造势吸引商业客户参与，从而实现招商。已有雄厚销售网络的企业，可以将各地商业客户召集在一起进行集中拍卖，以便于产品快速入市。

采用拍卖招商方式主要有 3 个好处：第一，拍卖是一种公开竞价行为，拍卖公告与招商广告合为一体，能够吸引和发现有经营实力、有合作意愿的商业客户；第二，一般性招商活动难以成为媒体关注的新闻事件，而拍卖独家经销权可以得到媒体的关注，企业也可以借助媒体合作宣传带来的较强的新闻效果进行新闻公关宣传，对产品上市进行宣传造势，也可以对其他区域的潜在商业客户形成一定的激励作用；第三，拍卖会在确定的时间和地点举行，时间的紧迫感和现场的竞争气氛往往能促使商业客户快速做出选择，因此企业能够快速找到有实力的合作伙伴，及时完成招商工作。

拍卖招商策划有以下 4 个注意事项：第一，拍卖招商的品牌必须是具有相当知名度的强势品牌，这是拍卖招商成功的基本前提；第二，拍卖招商的产品必须具有明显的消费利益、良好的市场潜力和权威的支持证明，这是拍卖招商成功的重要条件；第三，具有号召力和诱惑力的招商广告以及准备细致、内容丰富、具有说服力的产品推介会，是拍卖招商策划的重要内容；第四，选择优秀的拍卖公司进行合作是拍卖招商策划成功执行的重要保证。拍卖公司应当与拍卖会所在地的政府、新闻媒体、企业界具有良好的关系，并且富有无形资产拍卖或经销权拍卖经验。

8.2.4　供应链关系策划

1．供应链的内涵与特点

（1）供应链的内涵

所谓供应链，是指围绕核心企业，通过对信息流、物流、资金流等的控制，从采购原材料开始，到中间产品及最终产品，最后再到产品送到消费者手中，全过程涉及的供应商、制造商、分销商、零售商、最终用户形成一个整体性功能网络结构。

（2）供应链的特点

供应链是一个网链结构，由围绕核心企业的供应商、供应商的供应商和用户、用户的用户组成。一个企业是一个节点，节点企业和节点企业之间是一种需求与供应关系。供应链具有以下 4 个特点。

① 复杂性。因为供应链节点企业组成的跨度不同，供应链往往由多个、多层次、多类型甚至多国企业构成，所以供应链结构模式比一般单个企业的结构模式更复杂。

② 动态性。供应链形成以后并非一成不变，它会因企业战略或为适应市场需求的变化而变化，供应链具有明显的动态性。

③ 面向用户需求。供应链的形成、存在、重构，都是基于一定的市场需求发生的，并且在供应链的运作过程中，用户的需求拉动是供应链中信息流、物流、资金流运作的驱动源。

④ 交叉性。节点企业可以是这个供应链的成员，也可以是另一个供应链的成员，众多的供应链形成交叉结构。

2．供应链关系策划的作用

通过策划建立良好的供应链关系，无论是对整个行业的进步，还是对一个企业的生存与发展来说，都具有极其重要的作用。供应链关系策划的作用如图 8-5 所示。

（1）促使企业机构和供应链的重构

构建供应链关系不仅涉及技术和管理方法，还涉及企业组织和产业组织的重构等深层次问题。要想真正实施供应链关系策划，就要在企业内部进行业务流程的重构和企业组织机构的重构。

（2）改变市场竞争的方式

在传统的生产和流通中，竞争主要是企业之间的竞争，既有同行业企业之间的竞争，也有供应链中上、下游企业之间的竞争，这种竞争往往会破坏生产和流通的规律和程序，使企业效益下降，甚至使产品加速退出市场。这是一种低档次的竞争，企业往往以降价为主要手段。现代的供应链关系策划将使上、下游企业形成战略联盟，市场竞争从企业之间的竞争转为供应链之间的竞争。

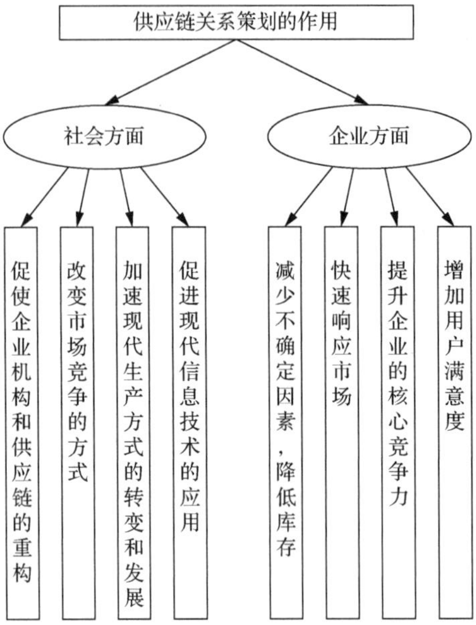

图 8-5　供应链关系策划的作用

（3）加速现代生产方式的转变和发展

供应链关系策划是为适应现代生产方式而产生和发展起来的现代流通方式，而它的不断完善又加速了现代生产方式的发展。

（4）促进现代信息技术的应用

供应链关系策划比一个企业的策划更为复杂。由于供应链中各个企业的地域分布更广，因此现代信息技术是供应链管理必不可少的技术，如电子支付、自动补货、预先发货通知、厂家库存管理等信息技术将得到广泛的应用。

（5）减少不确定因素，降低库存

供需关系方面的不确定因素可以通过企业相互之间的合作来消除。通过合作，供应链中企业可以共享需求与供给信息，从而降低库存，甚至实现零库存。

（6）快速响应市场

企业可以集中力量于自身的核心竞争优势，并充分发挥各方的优势，迅速开展新产品的设计和制造，从而大大缩短新产品进入市场的时间。

（7）提升企业的核心竞争力

以合作关系为基础的供应链关系策划，能发挥企业的核心竞争优势，使企业获得竞争地位。

（8）增加用户满意度

从产品设计、产品制造到售后服务，供应链成员企业共同应对，提高了产品和服务质量，增加了用户满意度。

3. 供应链关系策划的重要方面

作为供应链的“链主”（核心企业），要处理好供应链关系，必须与供应链中的重要供应商、中间商进行更好的合作，以提高供应链的运作效率，提升供应链的整体竞争实力。

为此，供应链关系策划，也要从供应商和中间商两个方面考虑。

（1）供应商关系策划

供应商是指向企业及其竞争对手供应生产特定产品和劳务所需的各种原材料、辅助材料、设备、劳务、资金等资源及商品的工商企业和个人。供应商对企业营销活动的影响主要表现在以下 3 个方面。

① 供货的及时性和稳定性。在现代市场经济条件下，面对瞬息万变的市场需求，企业必须及时地调整生产和营销计划，而这一调整又需要供应商及时地提供相应的生产资料，否则，实现营销目标将是空谈。所以，原材料、零部件、能源、机器设备等生产资料的保证供应，是企业营销活动顺利进行的前提。

② 供货的质量水平。任何企业生产的产品的质量，除了与自身的管理有关，还与供应商供应的生产资料（货物）本身的质量好坏有密切关系。供应商的货物质量直接影响到企业产品的质量。供应商的货物质量除货物本身的质量以外，还包括各种销售服务。

③ 供货价格的变化趋势。这将直接影响企业产品的成本，因此企业在营销活动中，必须密切注意供应商的货物价格变化趋势，特别是构成产品重要部分的原材料和主要零部件的价格现状及变化趋势。

由于供应商会对企业营销活动产生直接影响，为了在营销活动中取得最佳效果，企业必须做好以下 3 个方面的工作。

① 企业必须选择在质量、价格及运输、供货、承担风险等方面条件较好的供应商，并与他们保持密切的关系，及时了解和掌握供应商的动态，以保证及时、连续、足额地得到供应。

案例 8-2

零售商（沃尔玛）与供应商（宝洁）之间的信息共享与协同

沃尔玛每销售一件宝洁公司的产品，宝洁公司都可以很快得到产品的销售信息。宝洁公司通过信息管理系统时刻监控沃尔玛的每种宝洁公司产品的库存量，因而宝洁公司能够及时了解哪种产品的库存量达到了临界值，然后就会启动自动订购和配送程序，而所有这些事情都是由系统自动检测进行的。这种做法使宝洁公司能够获得精确的需求信息，而沃尔玛也能够获得充足的库存。宝洁公司与其他主要零售商、沃尔玛与其他主要供应商也保持着类似的合作关系。

（案例来源：白东蕊，岳云康. 电子商务概论[M]. 5 版. 北京：人民邮电出版社，2022）

② 企业应广开供应门路，向多个供应商采购，避免过于依赖单一或少数供应商而导致营销业务受制于人的被动局面。同时，供应商和供货来源的多样化能够促使供应商之间进行竞争，从而使供货质量得到提高并使价格保持稳定，使企业处于一个有利的位置。

③ 条件成熟时，企业应采取后向一体化的策略，即自己生产主要的资源，以保障原材料供应，增强对供应链的控制能力。

（2）中间商关系策划

在进行渠道设计时，必须对中间商进行选择与激励。

① 选择具体的渠道成员。企业在众多的中间商中选择自己的渠道成员时，一般要对各个可选择的中间商进行全面调查和认真分析，要评估中间商经营时间的长短及其成长记录、清偿能力、合作态度和声望等。当中间商是销售代理商时，企业必须评估其经营的其他产品大类的数量与性质、推销人员的素质与数量。当中间商打算授予某百货公司独家分销时，企业必须评估商店的位置、未来发展潜力及经常光顾的消费者类型。

② 激励中间商。企业不仅要选择中间商，还要与中间商建立良好关系，激励中间商，使之尽职。一般而言，对中间商的激励，应以交易关系融洽为基本水平。如果对中间商激励不足，则企业可考虑以下激励措施：提高中间商可得的毛利率，放宽信用条件或改变交易关系组合，使之更有利于中间商；采取各种方法激励中间商，使之付出更大努力，如举办中间商销售竞赛等；为了更好地培养中间商对企业的深厚感情与营造和谐的商业气氛，要有计划地与经营长久、思维新潮的中间商建立战略伙伴关系，定期举办联谊会、新品发布会、政策阐释会，会间通过新品测试、联欢、礼品派送等形式增进双方友谊，使中间商形成主人翁意识，从而增强对品牌的忠诚度。

案例 8-3

阿里巴巴的“淘工厂”

阿里巴巴“淘工厂”是连接淘宝卖家与工厂的平台，是阿里巴巴旗下 1688 事业部的一个平台，于 2013 年 12 月正式上线。

“淘工厂”实质上是将淘宝商家的生产需求（如订单件数、工期等），与工厂有能力生产的产品类型、剩余产能等信息同时发布在网络平台上，让供需双方双向选择。这一方面解决了商家找工厂难的问题，另一方面通过分享闲置的生产线产能，提升了工厂的生产效率。

“淘工厂”根据 90 天的历史数据进行分析，匹配相应的订单与资源，实现精准的“买卖匹配”+ 精准的“订单匹配”。“淘工厂”不直接生产商品，它只是为订单提供合适的制造者。

“淘工厂”把零售端数据和生产端数据打通，通过互联网平台整合分散、闲置的资源，通过资源的重新配置生产产品，进而刺激新的消费需求，在改变生产方式的同时为经济发展注入了新活力。

（案例来源：白东蕊，岳云康. 电子商务概论[M]. 5 版. 北京：人民邮电出版社，2022）

8.3 物流运作策划

8.3.1 物流概述

在社会再生产过程中，物流效率与生产效率同样重要，它是提高国民经济总体运行效率的重要方面。党的二十大报告提出，要加快发展物联网，建设高效顺畅的流通体系，降低物流成本。由此可见，物流在国民经济中具有重要地位。为了保证产品适时、适地、适量地从生产者到达消费者或用户，满足其需求和欲望，企业必须进行产品的仓储和运输等物流管理。制定正确的物流管理策略，对企业降低成本、增强竞争力、提高服务水平、促进和便利消费者购买、提高经济效益等都具有重要的意义。

1. 物流的含义

“物流”一词源于英语的“Logistics”，原意是军事后勤保障，其核心是将战时物资的生产、采购、运输、配给等活动作为一个整体来进行统一布置，以求对战略物资进行补给的费用更低、速度更快、服务更好。第二次世界大战后，物流的概念被广泛运用于经济领域，成为一个跨学科、跨行业、涉及面广、多环节的综合性概念。根据美国物流管理协会的定义，物流是为满足消费者需求而进行的对原材料、中间库存、最终产品及相关信息从起始地到消费地的有效流动与存储的计划、实施与控制的过程。

传统的物流一般是指商品在空间与时间上的位移，以解决商品生产与消费的地点差异与时间差异。进入 20 世纪 90 年代，传统的物流向现代物流转变。现代物流包括运输的合理化、仓储自动化、包装标准化、装卸机械化、加工配送一体化、信息管理网络化等。现代物流被广泛认为是企业继降低生产成本、减少物资消耗、提高劳动生产率之后的重要利润源泉。

2. 现代物流的特点

与传统的物流相比，现代物流具有以下 6 个特点。

① 现代物流是多种运输方式的集成，把传统运输方式下相互独立的海、陆、空的各个运输手段按照科学、合理的流程组织起来，从而使客户获得最佳的运输路线、最短的运输时间、最高的运输效率、最安全的运输保障和最低的运输成本，形成一种有效利用资源、保护环境的“绿色”服务体系。

② 现代物流打破了运输环节独立于生产环节之外的分业界限，通过供应链关系策划建立起对企业供产销全过程的计划和控制，从整体上完成最优化的生产体系设计和运营，在利用现代信息技术的基础上，实现了商流、物流、资金流和信息流的有机统一，降低了社会生产总成本，使供应商、厂商、销售商、物流服务商及最终消费者实现了共赢。

③ 现代物流突破了运输服务的中心是运力的观点，强调运输服务的宗旨是客户第一，客户的需求决定运输服务的内容和方式，在生产趋向小批量、多样化和消费者需求趋向多元化、个性化的情况下，物流需要发展专业化、个性化的服务项目。

④ 现代物流着眼于运输流程管理和高科技信息情报，使传统运输的“黑箱”作业变为公开和透明的，有利于运输适应生产节奏和产品销售计划。

⑤ 现代物流与电子商务日益紧密地结合在一起。随着互联网的普及，电子商务的应用呈现迅猛增长之势。电子商务的推广，加快了世界经济的一体化，使国际物流在整个商务活动中占有举足轻重的地位。电子商务带来的对物流的巨大需求，推动了物流的进一步发展，同时物流也在促进电子商务的发展，因此可以说二者互相依存，共同发展。

⑥ 现代物流业正在全球范围内加速联系和集中，通过国际兼并与联盟，形成了越来越

多的物流巨无霸。兼并活动不仅拓宽了这些物流企业的服务领域，还增强了它们的市场竞争力。

3．物流的主要环节

从物流的基本功能来看，物流主要包括运输、储存、装卸搬运、包装、流通加工、配送、物流信息等环节，如图 8-6 所示。

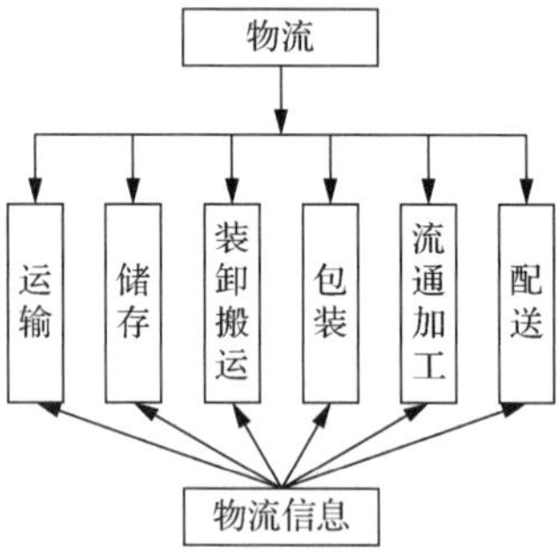

图 8-6　物流的主要环节

（1）运输

运输是现代物流各环节中最主要的部分，运输的任务是使物资进行较长距离的空间移动。物流部门通过各种运输方式的有效组合解决物资在生产地点和需要地点之间的空间距离及时间间隔问题，从而创造产品的空间效益及时间效益，实现其使用价值，满足社会需要。运输方式有铁路运输、公路运输、水路运输、航空运输、管道运输。

（2）储存

储存是指在社会总生产过程中对暂处于周转状态的那部分物资的保管过程。产品从生产出来到最终消费之前，一般都要有一个存放、保养、维护和管理的过程。储存就是对物资进行保管、保养，克服产品的生产与消费在时间上的差异，创造物资的时间效用，以保证流通和生产的顺利进行。产品流通是一个由分散到集中，再由集中到分散的流通过程。为了不间断地销售产品，必须有一定量的周转储存。有些产品需要在流通领域内进行整理、组装和再加工，形成销售前的准备储存。由于某些产品存在产销时间上的背离，因此还必须有一定的季节储存。在储存期间可对储存的产品进行检验、整理、分类、保管、保养和加工，然后进行集散、转换运输方式等各种作业。因此说，储存在物流中具有重要作用，是物流的一个主要环节。

（3）装卸搬运

装卸搬运是指在同一地域范围内，以改变物资的存放状态和空间位置为主要内容的作业活动，是运输、储存、包装等物流作业得以顺利实施的根本保证。任何产品，不管它处于什么状态，当要对它进行运输、储存、配送、包装或流通加工时，都需要进行装卸搬运作业。因此，装卸搬运是物流各环节的接合部，贯穿于物流的全过程。装卸搬运作业包括堆放拆垛作业、分拣配货作业、搬运作业、移送作业等。

（4）包装

包装是指在流通过程中为保护产品、方便储运、促进销售，按一定技术方法而采用的容器、材料及辅助物等的总体名称，以及为达到上述目的而进行的操作。它是包装物和包装活动、包装手段、包装作业的总称。现代包装不仅有保护产品的作用，还在物流中发挥着重要的作用。包装分为两类：一类是工业包装，又称运输包装、大包装，主要作用是便于运输和防止运输途中的损坏；另一类是商业包装，又称销售包装、小包装，主要作用是便于消费者购买、使用，便于零售商销售，能鲜明地显示产品的特点，起到广告宣传作用，以吸引消费者注意和使其产生偏爱，从而扩大产品销售。

（5）流通加工

流通加工是指产品在流通过程中，根据用户的要求，改变或部分改变产品的形态或包装形式的一种生产性辅助加工活动。其目的是克服生产加工要求和用户对产品要求之间的差异，节约材料，提高成品率，保证供货质量，更有效地满足用户需要，提高生产和流通的经济效益。集中化和专业化的流通活动，有助于流通加工功能的进一步发挥。

（6）配送

配送是指在经济合理区域范围内，根据客户要求对货物进行拣送、加工、包装、分割、组配等作业，并按时送达指定地点的物流活动。在市场竞争中，将货物送达收货人的活动需要逐步降低成本、提高效率，以达到占领和扩大市场、增加企业利润的目的。配送的意义在于：完善了整个物流系统；提高了末端物流的经济效益；有助于企业实现低库存或零库存；可简化手续、方便用户；提高了供应保证程度。

案例 8-4

京东物流

京东集团是目前我国最大的自营物流电商企业，其业务涉及电子商务、金融和物流三大板块。

1. 成立京东物流集团

京东集团自 2007 年开始自建物流，于 2017 年 4 月 25 日宣布成立京东物流。京东物流通过智能化布局的仓配物流网络，为商家提供包括仓储、运输、配送、客服、售后在内的双向一体化供应链解决方案。

2. 业务介绍

① 仓配一体：京东物流通过布局全国的仓配物流网络，为商家提供线上线下、多平台、全渠道、全生命周期、全供应链、一体化的物流解决方案。

② 冷链物流：可提供优先配载、定制化温控配送及专业冷链技术与设备支持的多种产品的全程冷链配送服务，保证新鲜直达。

③ 大件物流：京东物流致力于成为中国 B2C 电子商务领域订单履约专业物流服务商，拥有标准定价和标准操作流程，物流网络覆盖全国。

④ 国际供应链：多个海外仓及保税仓可满足跨境业务的需要。

⑤ 供应链金融：盘活企业库存，加速资金流转，联合仓储品类质押，采用数据化驱动新模式。

3. 时效服务

① 211 限时达。当日 11:00 前提交的现货订单当日送达，当日 23:00 前提交的现货订单次日 15:00 前送达。

② 京准达。京准达是为用户提供的一项可以选择精确收货时间段的增值服务，是针对"最后 1 千米"推出的每 2 小时一个波次的精准送达服务（2017 年 5 月，2 小时预约送达时间缩短为 1 小时）。用户需额外支付 6 元（大件 39 元），可预约在未来一周的特定时间段内收货，最早可至 9:00，最晚可至 22:00。截至 2017 年 5 月，京准达服务已经覆盖京东物流的三张大网——中小件网、大件网、生鲜冷链网，"又快又准"成为电子商务消费的标配。

③ 夜间配。夜间配服务是京东物流为用户提供的更快速、更便利的一项增值物流服务。用户如需要晚间送货上门服务，下单时可选择 19:00—22:00 时段。属于夜间配服务范围的商品，京东物流会尽可能安排配送员在选定日期晚间 19:00—22:00 送货上门。

（案例来源：白东蕊，岳云康. 电子商务概论[M]. 5 版. 北京：人民邮电出版社，2022）

（7）物流信息

物流信息是指物流活动中物品从生产到消费过程中的运输数量和品种、库存数量和品种、装卸质量和速度、包装形态和破损率等必要信息。物流信息是连接运输、储存、装卸搬运、包装等环节的纽带，在物流活动中起着神经系统的作用。在物流活动中，按照作用的不同，可将物流信息分为订货信息、库存信息、生产（采购）指示信息、发货信息、物流管理信息等。

8.3.2 物流运作策划

物流运作策划是指为满足客户要求，有效率和有效益地对原材料、在制品和制成品从产地到消费地的流动与保管进行计划、执行和控制。它是根据物流各环节之间客观存在的有机联系，对物流各环节进行综合、系统的策划，以取得全面经济效益的过程。

1. 物流系统的设计

目前，企业物流运作模式包括自营物流、外包物流、自营和外包相结合 3 种。物流系统的设计主要从自营物流、外包物流两种模式来考虑。

（1）自营物流系统的设计

自营物流系统的设计主要包括仓库系统、运输系统、库存系统、物流配送系统的设计，如图 8-7 所示。

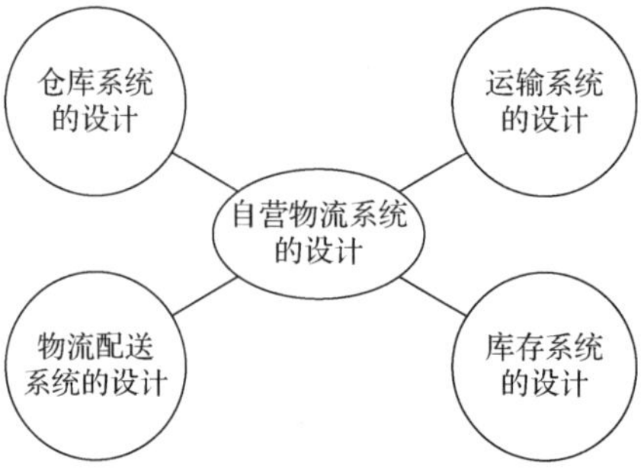

图 8-7 自营物流系统的设计

① 仓库系统的设计。仓库系统的设计涉及仓库选址、仓库数量和仓库类型。选择仓库地址时主要考虑仓库位置与每个客户的间距及其所需的运输总量，既要能方便、及时地给每个客户运送货物，又要设法使运费降到最低。如果生产企业的仓库数量多且分布广，就可更好地满足客户的供货要求及降低运输费用，但仓库多，支付的租赁费用、仓库设施的投资费用也高，因此应综合考虑，再决定仓库数量。仓库可以自建，也可以租赁。自建仓库更能满足企业的特殊需要，但建库投资较大。租赁仓库不需要投资，只需支付租金，可根据需要随时调整，较为灵活，但是不一定完全适合企业。仓库有单层，也有多层的。单层仓库可降低搬运费用，但地基面积大，土地投资较高；多层仓库的搬运费用较高，但土地投资较低。

生产企业在进行仓储决策时，应根据具体情况而定。随着新技术的发展，由计算机控制的简洁而自动化的仓储系统将逐渐代替以人工操作和半自动化为主的仓储系统。目前西方许多大公司已实现了仓储自动化。

② 运输系统的设计。在进行运输系统设计时，要注意必须在符合客户要求的前提下，根据产品和市场情况将产品及时、安全、准确无误地运达目的地。目前使用的运输方式一般包括铁路运输、公路运输、水路运输、航空运输、管道运输 5 种。由于不同运输方式有不同的限制，只靠一种运输方式较难完成产品的运输任务，因此，在实际的运输方式选择中，多采取两种或多种运输方式结合使用，如使用铁路和公路联运，或水路、铁路、公路联运等。集装箱技术的发展，也为不同运输方式的联运创造了良好的条件。

③ 库存系统的设计。要维持企业的正常生产和销售的稳定，以及控制企业物流占用流动资金的比例，必须进行很好的库存系统的设计。库存系统的设计主要包括两方面的内容：一是确定订货点；二是确定订货量的大小。

订货点是指重新开始订货时的存货水平，即当库存量下降到这一水平时，就必须重新订货，以补充库存。在决定订货时，还应考虑其他不可预见的因素和市场需求的变化。因此，通常实际订货点比理论订货点要稍高些，以保证有一个安全库存量，保证不会因库存量的不足而造成交货延误。但是，也不能为追求安全库存量而无限制地提高订货点。这是因为提高订货点，就意味着提高存货成本。因而订货点的确定是从成本和收益两方面来权衡决定的。

在确定订货点时，主要考虑两方面的因素：一是从订货到交货的时间长短，二是市场需求及其变化。订货到交货的时间一般是比较容易确定的，而市场需求及其变化则需要认真进行市场研究才能确定。

④ 物流配送系统的设计。物流配送系统，又称物流配送中心、购物中心，是集商流、物流、资金流、信息流于一体的现代化经营设施。在进行物流配送系统的设计时，要处理好以下两个问题。

一是配送模式的定位。

目前，我国自营物流配送大致有两种模式。第一种是企业内自营型配送模式，即企业通过独立组建配送中心，实现内部各部门、厂、店的物品供应配送。它在满足企业内部生产材料供应、产品外销、零售店供货和区域外市场拓展等企业自身需求方面发挥了重要作用。较典型的就是连锁企业的配送。第二种是共同配送模式，即企业之间为实现整体的配送合理化，以互惠互得为原则，互相提供便利的配送服务的协作模式。比如，美国的“沃尔玛"、日本的"7-11"等公司的商品配送业务大多是委托社会物流企业承担，或与专业运输公司、仓储公司等社会物流企业合作建立物流配送中心；麦当劳所拥有的当今零售市场中最复杂、最先进的配销系统也是由专业化配销公司代理的。

二是配送中心的设置。

配送中心有采购、配送和其他辅助功能。下面以典型的商业系统配送中心——连锁店配送中心为例，说明物流配送系统的设计策划。第一，考虑配送中心的地理位置和配置数量。比如，连锁店的物流半径为 30 千米，也就是说，连锁店可在半径为 30 千米的圈内，设 70 个店铺，一个配送中心。每个配送中心有 4～5 辆车，根据总部的送货单送货，一辆车一次可为 10～15 个店铺送货，若装车合理，送货则更方便，经济效益也可以充分体现。第二，必须配备必要的现代化设施。配送中心和各分店都应有总店提供的计算机终端，实现网络化。利用电子支付、电子订货等系统，不但可提高订货与收货的精确性、提高销售能力、降低库存、节省人力，还可以及时收集、掌握各方信息，以便进行分析比较，做出正确决策。第三，为实现配货的自动化，配送中心还必须建立条码自动扫描系统，进行配货、检验等工作。配送中心一般设有采购部、储运部、开发部、计划部等部门，专门进行组织协调和管理，对产品进行统一定价，办理发货业务，组织店内资金的合理使用，制订并实施员工培训计划，落实各项业务指标等。

（2）外包物流的设计

外包物流是指企业为了获得比单纯利用内部资源更多的竞争优势，将其部分或全部物流业务交由合作企业完成。为了保障供货的准确和及时，提高物流企业为本企业及本企业客户提供服务的能力，必须对外包物流加以设计。

① 外包物流的特点。外包物流统称为第三方物流。外包物流是独立于供需双方，为客户提供专项或全面的物流系统设计以及系统运营的物流服务模式。从概念可以看出，外包物流有以下 4 个特点。

一是关系合同化。外包物流为客户提供的服务是以合同形式确定的，因而又称合同制物流。合同内容包括业务类别、业务量、时间、地点范围、价格、运输方式等。

二是服务个性化。不同的物流消费者对外包物流的服务有不同的要求，即使是同一个物流消费者，在不同情况下也会有不同的要求。外包物流企业根据物流消费者的不同要求提供针对性强的个性化服务。

三是功能专业化。外包物流的核心功能就是提供专业化的物流服务。对于专门从事物流服务的企业，它的物流设计、物流操作过程、物流管理都是专业化的，物流设备与设施也都是标准化的。

四是信息网络化。信息技术是外包物流生存和发展的基础和保障，在物流服务过程中，信息网络化使得物流管理更加科学，大大提高了物流服务的效率。

② 外包物流的作用。凭借着信息优势、专业优势、规模优势、服务优势等，外包物流企业能够给供应方和需求方提供比其采用自营物流系统运作更快捷、更安全、更高服务水准，且成本相当或更低廉的物流服务。外包物流的作用如图 8-8 所示。

③ 外包物流的模式。在物流系统设计中，仓库系统、库存系统一般以自营物流为主，而外包物流主要从运输系统和物流配送系统两个方面考虑，其中物流配送系统的设计是主要内容。

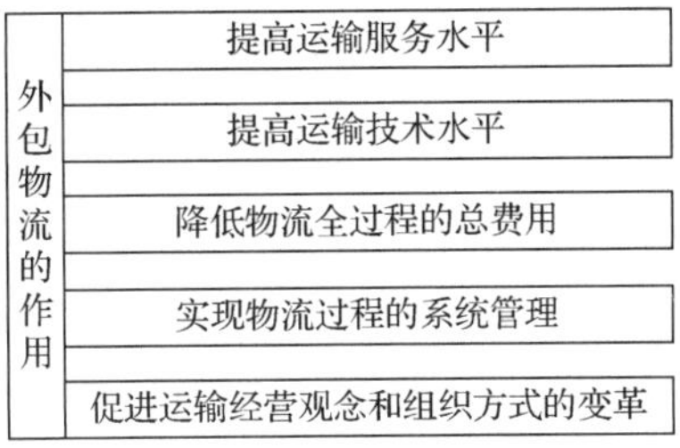

图 8-8　外包物流的作用

外包物流配送系统主要有两种模式。一是单项服务外包型配送模式，即由具有一定规模的物流设施设备（库存、站台、车辆等）及专业经验技能的批发、储运或其他物流业务的经营企业，利用自身业务优势，为其他生产性企业在该区域内进行市场开拓、产品营销而开展的纯服务性的配送。二是社会化的中介型配送模式，即物流企业通过与上家（生产、加工企业）建立广泛的代理或买断关系，与下家（零售店铺）形成较稳定的契约关系，将生产、加工企业的产品或信息进行统一组合、处理后，按照客户订单的要求，配送到店铺。

（3）选择物流模式的依据

对于物流模式的选择，企业应根据自身的资源条件和市场实际需要而定，具体有 7 个依据，如图 8-9 所示。

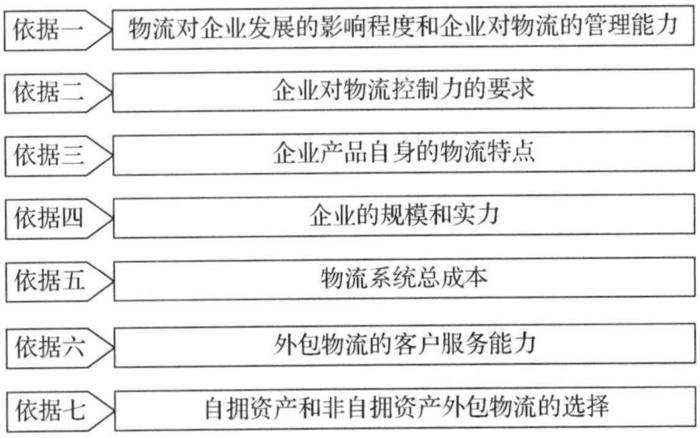

图 8-9　选择物流模式的依据

① 物流对企业发展的影响程度和企业对物流的管理能力。如果物流对企业发展的重要程度高，企业处理物流的能力相对较低，则采用外包物流；如果物流对企业发展的重要程度低，且企业处理物流的能力也低，则采用外包物流；如果物流对企业发展的重要程度很高，且企业处理物流的能力也高，则采用自营物流。

② 企业对物流控制力的要求。越是市场竞争激烈的行业，企业越是要加强对供应和分销渠道的控制，这种情况下企业应该选择自营物流。一般来说，最终产品制造商对渠道或供应链过程的控制力比较强，往往会选择自营物流，即作为龙头企业来组织全过程的物流活动，并制定物流服务标准。

③ 企业产品自身的物流特点。对于大宗工业品原料的回运或鲜活产品的分销，宜选择相对固定的专业物流服务供应商和短渠道物流；对于全球市场的分销，宜选择地区性的专业物流公司；产品线单一的企业，则应在龙头企业统一组织下采用自营物流；对于技术性

较强的物流服务（如口岸物流服务），宜采用委托代理的方式；对非标准设备制造商来说，自营物流虽有利可图，但也可以交给专业物流服务公司去做。

④ 企业的规模和实力。大型企业由于实力较雄厚，通常有能力建立自己的物流系统，制订合适的物流需求计划，保证物流服务的质量，另外，它们还可以利用过剩的物流网络资源拓展外部业务（为别的企业提供物流服务），因此适宜建立自营物流。而中小型企业受人员、资金和管理等资源的限制，物流管理效率难以提高。因而它们应把资源用于核心业务，而把物流管理交给专业的物流代理公司。

⑤ 物流系统总成本。在选择物流模式时，还必须弄清物流系统总成本的情况，其计算公式为：

物流系统总成本=总运输成本+库存维持费用+批量成本+总固定仓储费用
+总变动仓储费用+订单处理和信息费用+客户服务费用

这些成本之间存在着二律背反现象：减少仓库数量可降低仓储费用，但会带来运输距离和次数的增加，进而导致运输成本增加，如果运输成本的增加部分超过了仓储费用的减少部分，总的物流成本反而会增加。所以在选择和设计物流系统时，要对物流系统的总成本加以核算，最后选择总成本最小的物流系统。

⑥ 外包物流的客户服务能力。在选择物流模式时，外包物流为本企业及本企业客户提供服务的能力是至关重要的参考因素。即外包物流的及时性和可靠性、满足企业对原材料需求的能力、对企业的零售商和最终客户不断变化的需求的反应能力等方面应该作为首要因素来考虑。

⑦ 自拥资产和非自拥资产外包物流的选择。自拥资产外包物流是指有自己的运输工具和仓库，从事实实在在物流操作的专业物流公司。它们有较大的规模、雄厚的客户基础和到位的系统。自拥资产外包物流通常专业化程度较高，但灵活性往往受到一定的限制。非自拥资产外包物流是指不拥有硬件设施或只租赁运输工具等少量资产，主要从事物流系统设计、库存管理和物流信息管理等业务，而将货物运输和仓储等具体作业活动交由别的物流企业承担，但对系统运营承担责任的物流管理公司。这类公司通常运作灵活，能够修订服务内容，可以自由组合、调配供应商，管理费用较低。企业应根据自己的要求对两种外包物流进行选择和利用。

2. 物流成本控制

根据《中华人民共和国国家标准：物流术语》（GB/T 18354—2021）的解释，物流成本是物流活动中所消耗的物化劳动和活劳动的货币表现，即在产品运动过程中，包装、运输、储存、流通加工等各个环节所支出人力、物力和财力的总和。物流成本是完成各项物流活动所需的全部费用。

物流策划的目标之一就是降低物流成本。物流成本控制就是对从原材料供应开始直到产品送达消费者的各环节发生的费用进行计划和管理，减少不必要的成本，以达到预期目的。

降低物流成本以实现物流成本控制的方法主要有：①降低物流直接成本；②完善物流途径；③扩大运输量；④保持合理库存。

8.4　渠道风险防范策划

1．渠道风险类型分析

渠道风险是指企业所选择的分销渠道不能履行分销责任，不能满足分销目标，以及由此造成的一系列不良后果。渠道风险包括中间商风险、储运风险和货款回收风险等。

① 中间商风险。大多数企业都选择由中间商销售产品，企业在选择中间商时若出现失误，就难以达到预期的目的。中间商风险主要包括中间商的实力不适应企业产品销售条件、中间商的地理位置不理想、各中间商之间不能协调甚至相互倾轧、中间商的其他违约行为等。

② 储运风险。储运风险主要是指物流过程导致的产品损失，主要表现为 3 种形式：一是产品数量上的损失；二是产品质量上的损失；三是供应时间上的损失。

③ 货款回收风险。货款回收风险是指企业因不能按约从中间商处及时收回货款而产生的货款被占用、损失等现象。其主要表现包括中间商恶意拖欠和侵占货款、中间商因经营发生困难而无力支付等。

2．渠道风险管理

（1）建立风险防范与处理机构

在变化的市场环境下，企业在运营过程中随时都可能发生风险，因此建立风险防范与处理机构就如同建立营销机构一样重要。风险防范与处理机构的工作应包括以下 4 个方面：一是在企业内部建立风险预防的规章制度，并督促制度的贯彻执行；二是调查研究相关信息资料，对公司客户的信息和能力进行分析和评定；三是在日常管理工作中进行风险处理演练，以提高风险处理能力，强化员工的风险防范意识；四是在企业出现风险后，由风险防范与处理机构统一处理风险事件。

（2）充分发挥渠道信息系统的作用，加强与渠道成员之间的信息交流与沟通

渠道信息系统是以人为主导，利用计算机硬件、软件、网络通信设备以及其他办公设备，进行有关产品所有权转移、产品实物运动、回收货款等信息的收集、加工、储存、更新和维护，借以加强渠道管理，及时、准确、高效地满足客户需要的一个人机系统。企业应充分发挥渠道信息系统的作用，通过与渠道成员之间进行充分的信息交流与沟通，实现信息共享，加强彼此的了解和信任，建立和维护彼此间的良好合作关系，从而达到预防和化解渠道风险的目的。

案例 8-5

亚马逊的客户描述性数据与交易性数据

亚马逊高速增长的销售额，与其不断利用客户数据信息改进服务质量和客户关系是分不开的。为了使客户能获得愉快而便捷的网购体验，亚马逊利用多种工具和手段收集客户

信息。例如，通过“一点就通”的设计，客户只要在亚马逊网站购买过一次商品，其通信地址和信用卡账号就会被安全地存储下来，下次再购买时，客户只要点击一下商品，系统就会自动完成接下来的大部分步骤。当客户在亚马逊网站购买图书时，其销售系统会自动记录书目，生成有关客户偏好的信息。当客户再次进入亚马逊网站时，销售系统就会识别其身份，并依据其爱好来推荐书目，巧妙提醒客户去浏览可能会引发其兴趣的其他图书。客户与网站的接触次数越多，系统了解的客户信息也就越多，服务也就越好。方便、快捷、安全、有效的个性化服务使亚马逊成为网络零售行业的典范。

（案例来源：白东蕊，岳云康. 电子商务概论[M]. 5版. 北京：人民邮电出版社，2022）

（3）厂商结盟，规避风险

对一个成熟的经销商而言，与超额利润相比，有一个长期且稳定的合作同盟和收益来源更为重要。比如娃哈哈的“级差价格体系”“区域责任制”“联销体”“无偿助销”等，让经销商觉得“能够有保证地长期挣到钱”，因而他们会自觉维持市场秩序，使娃哈哈最大限度地降低了渠道风险。

案例分析

美菜网：“两端一链一平台”重塑农产品供给体系

美菜网是农产品移动电商平台，成立于2014年6月6日，定位为餐饮食材行业的B2B平台。美菜网的核心业务是通过全程精细化管控采购、仓储、物流、商品品质、售后等各个环节，为中小餐厅（馆）提供食材采购服务，并利用需求撬动现有的农产品供应链，整合仓储、物流资源，对接蔬菜、肉、蛋、米面粮油、酒水饮料、调味品等生产商及农业基地。

美菜网通过“两端一链一平台”建设，全面打通了农产品“采仓配销”，压缩了中间环节，从而推动了农业供给侧结构性改革，实现了农产品的标准化。

1. 生产端直采

① 提高行业效率。商家与农户、基地和产地加工商签订采购订单，建立长期合作关系，可以帮助交易各方有效规避市场风险，提高产品质量，保证整条供应链的稳定通畅。

② 通过自有品牌建设获得品牌溢价。创建自有品牌可以帮助平台获得更为稳定的品牌溢价。美菜网建立了自有品牌的开发流程，并针对每一个品类制订详细的开发计划，从内部实现自有品牌精细化开发。

③ 为供货商提供金融服务。鉴于农产品供货商大都面临短期资金短缺、缺乏抵押品难以获得贷款的问题，美菜网推出了供应链金融产品“美供货”，为供货商提供周转资金贷款，利率比市场上供应链金融的平均贷款利率略低。

2. 派送端直达

① 物流团队建设和管理。发展之初，在占成本很大比重的物流配送环节，美菜网采取社会化方式招募司机和车辆，按照配送里程和客户量付费，节约了自建物流成本，抢占了市场先机。在物流团队的管理方面，美菜网采用的是军事化管理方式。

② 通过信息技术确保物流的时效性和标准化，降低损耗。最能代表美菜网物流技术软硬件水平的，是其自主研发并全面推广使用的WMS2.0仓储管理系统和TWS物流管理系统。这两个系统一方面减少了人工成本，另一方面减少了人为错漏，还为平台沉淀了大量

的交易、仓储物流数据。对仓储物流进行全流程信息化监测管理，可有效提升现场作业的效率。

③ 售后服务。鉴于生鲜类产品的特性，美菜网承诺生鲜类产品（蔬菜、水果、肉、蛋等）支持 24 小时质量问题退货，而非生鲜类产品（米面粮油、调味品、厨房用品等）则支持 7 天无理由退货。这样既保障了客户的权益，又为自己减少了不必要的损失。

④ 为餐厅（馆）客户提供增值服务。美菜网的核心业务是为中小餐厅（馆）提供价格更优惠、品质更高的生鲜农产品，帮助本小利薄的中小餐厅（馆）降低总成本，提升利润空间。

3. 高效冷链物流网络

美菜网采用的自建仓储、冷链配送模式虽然成本较高，但同时也提高了行业壁垒，对竞争对手的进入形成了相当大的阻力。同时，美菜网通过专业化的管理体系和规范化的成本分摊措施来降低成本，形成了一定的行业垄断优势。

4. 开放“供应商入驻平台”

美菜网商城开启了“供应商入驻平台”功能，符合条件的食材供应商都可以入驻美菜网商城，开一家自己的店。美菜网将其业务全面覆盖仓储、配送、营销、售后等环节。入驻商家可以免费享受美菜网在全国铺设的仓储物流系统，这实实在在地解决了生鲜产品电子商务所面临的配送难、规模小的难题。

美菜网的战略构想是：通过缩短产品供应链，压缩物流成本，从而降低产品价格；通过搭建城乡通道，为农民提供更多的农产品销路；解决当地的就业问题；解决食品安全问题。

（案例来源：白东蕊，岳云康. 电子商务概论[M]. 5 版. 北京：人民邮电出版社，2022）

思考题：

1. 美菜网是如何通过“两端”提高农产品供给效率的？
2. 美菜网是如何全面打通农产品“采仓配销”，为餐厅（馆）客户提供增值服务的？

策划专家之八　　第 8 章　在线答题

第9章

促 销 策 划

本章教学目标与要求

（1）了解促销策划的基本知识；

（2）熟悉人员促销策划、广告策划、营业推广策划和企业形象策划的基本内容；

（3）掌握人员促销策划、广告策划、营业推广策划和企业形象策划的方法。

本章知识架构

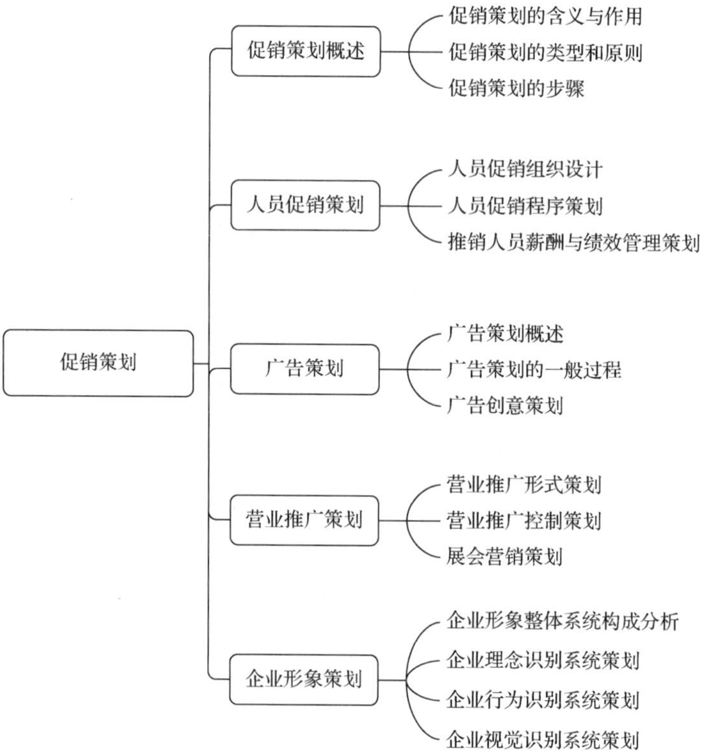

导入案例

天逸公园“醉”美灯展

天逸公园“醉”美灯展是由山西七彩光亮化工程有限公司投资搭建的，投资约 500 万元，于 2017 年 1 月 20 日—2 月 27 日举办，活动主题为“一带一路”，活动区域主要由三大片区组成：“一带一路”、三国城、儿童乐园。

由于宣传不到位，合作渠道单一，特色不明显，活动前期销售惨淡，1 月 20 日—2 月 2 日（正月初六）销售额仅为 1 万元。

2 月 2 日，运城鲲鹏广告策划公司（以下简称策划公司）接手后期活动策划，邀请了一些有知名度的单位（60 家旅行社、3 个微商群体、20 家培训机构，以及当地电视台、电台、报社等）来参观，同时，引进异业合作。

① 汽车 4S 店：举行车展。在提高知名度的同时，为景区带来收益。

② 电商平台“去哪儿网”：提供 100 间免费客房。进行现场互动抽奖，使门票增值。

③ 温泉：免费提供 300 张温泉票。进行有奖问答，满足了周边人群的出游需求。

④ 户外运动：跑酷、真人 CS 的加入丰富了景区的内容。

⑤ 景区摊位：夜光玩具销售的介入让夜晚游玩更具趣味性。

⑥ 节目拍摄：运城电视台某节目的拍摄选址于天逸公园。

另外，对于门票销售混乱、客户流失现象严重、停车位紧张等一系列情况，策划公司也进行了调整。

① 利用媒体进行宣传，加深人们的印象，从而达到再次引流的目的。

② 针对天逸公园特殊的地形，采取了分组销售。在人流量较多的项目附近加派人手，促进成交率。

③ 组合销售：对大马戏、蜡像馆与灯展的门票进行联合销售。

④ 停车位：在天逸公园正门口设立明显的停车指示标识。

在灯展举办期间，一首《成都》风靡全国，策划公司邀请 0359 乐队现场演唱运城版《成都》，赢得在场观众阵阵掌声，自媒体上的宣传文章的阅读量超 10 万次。

在互动环节，围绕“您知道您父母的生日吗”这个话题随机进行街头采访，回答正确者有礼品赠送。

在连续 3 天的多渠道宣传推广后，正月初十开始门票销售量持续大幅增长，灯展结束时，仅门票销售额就达 50 万元，解决了山西七彩光亮化有限公司的燃眉之急，最大限度地控制了风险，降低了该公司的损失。

（注：案例由运城鲲鹏广告策划公司提供，由赵博宇整理）

从导入案例可以看出，运城鲲鹏广告策划公司的促销策划目标是提高天逸公园“醉”美灯展活动的知名度和美誉度，从而提高其门票的销售量，促销策划的一切活动都是为了实现这一目标而设计的。该公司运用各种媒体资源组合来表现自己的创意策划，运用各种促销方式的组合促进门票的销售，最终天逸公园“醉”美灯展活动的促销策划取得了较大成功。那么，什么是促销策划？促销策划包括哪些内容？人员促销策划、广告策划、营业推广策划、企业形象策划应如何运作？这些是本章将要探讨与学习的主要内容。

9.1 促销策划概述

9.1.1 促销策划的含义与作用

1. 促销策划的含义

促销策划分为广义促销策划和狭义促销策划。

（1）广义促销策划

广义促销策划是指根据市场竞争环境分析和项目自身优劣势分析，针对目标市场需求，在组合运用各种促销方式时进行的具有创造性的谋划与设计。它包含以下两个层面。

① 整体促销策划。整体促销策划是指根据市场竞争环境分析和项目自身优劣势分析，针对目标市场需求，对企业促销工作进行的整体谋划和设计，即思考人员促销、广告、营业推广等如何实现最佳配合。策划的目的是使企业形成整体促销合力，在有限的促销预算下取得最好的促销效果。

② 单一促销策划。单一促销策划是指在一定时间内，针对确定的市场，采用特定的促销方式进行的单项促销活动，如公关促销策划、广告促销策划、销售促进策划和人员促销策划等。它既是整体促销策划的基础，又具有相对的独立性和完整性。

（2）狭义促销策划

狭义促销策划，即营业推广（或销售促进）策划，是以市场目标为导向，通过多种促销工具实现良好交互作用的策略设计、策略评价和策略控制，是促进销售增长的一系列有计划的策略活动。

2. 促销策划的作用

促销策划具有 4 个作用，如图 9-1 所示。

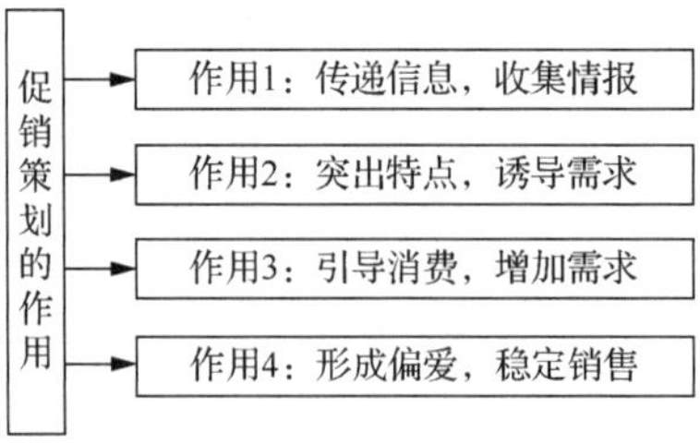

图 9-1　促销策划的作用

（1）传递信息，收集情报

销售产品是市场营销活动的中心任务，信息传递是产品顺利销售的保证。信息传递有单向和双向之分。单向信息传递是指卖方发出信息，买方接收，间接促销有此功能。双向信息传递是买卖双方互通信息，双方都是信息的发出者，直接促销有此功能。促销策划，一方面可促使卖方（企业或中间商）向买方（中间商或消费者）更好、更快、更便捷地传递有关企业现状、产品特点、价格及服务方式和内容等信息，从而诱导消费者对产品或服务产生欲望并采取购买行为；另一方面可以收集买方反馈的对产品价格、质量，以及服务内容、方式是否满意等有关信息，帮助企业及时更新改进产品，从而更好地满足消费者需求。

（2）突出特点，诱导需求

在市场竞争激烈的情况下，同类产品很多，并且有些产品差别较小，消费者很难分辨。如何让消费者在众多的同类产品中分辨出本企业的产品？企业可通过促销策划，寻找本企业产品与竞争对手产品的区别，宣传说明本企业产品有别于其他同类竞争产品之处，以便于加深消费者对产品定位、卖点及形象的认知，便于消费者了解本企业产品在哪些方面优于同类产品，从而使消费者乐于认购本企业产品；通过促销策划，还能突出产品的特点信息，变潜在需求为现实需求。

（3）引导消费，增加需求

需求是有弹性的，有效的促销活动不仅能诱导和刺激需求，还可在一定条件下创造需求，这就需要进行行之有效的促销策划。当企业的某种产品处于需求不足的状态时，可通过促销策划招来更多的消费者，扩大需求；当需求处于潜伏状态时，促销策划可以起到催化作用，实现需求；当需求波动时，促销策划可以起到导向作用，平衡需求；当需求衰退、销售量下降时，促销策划可以使市场需求得到一定程度的恢复。

（4）形成偏爱，稳定销售

在激烈的市场竞争中，企业产品的市场地位常不稳定，致使企业产品销售波动较大。促销策划可以帮助企业选择和运用适当的促销方式，开展促销活动，使较多消费者对本企业的产品产生偏爱，从而稳定住已经占领的市场，进而达到稳定销售的目的。

9.1.2 促销策划的类型和原则

1．促销策划的类型

促销的方式有人员促销和非人员促销两类。人员促销，又称直接推销，是指企业雇用推销人员向消费者推销产品或劳务的一种促销活动，它主要适用于消费者数量少且比较集中的情况。非人员促销，又称间接推销，是企业通过一定的媒体传递产品或劳务的有关信息，以促使消费者产生购买欲望并发生购买行为的一系列促销活动，包括广告、营业推广、展会营销和企业形象宣传等。它适用于消费者数量多且比较分散的情况。

促销策划主要是针对人员促销与非人员促销进行谋划与设计，因而包括人员促销策划和非人员促销策划。企业在进行促销策划时通常会将人员促销和非人员促销结合运用。

2．促销策划的原则

促销效果的好坏直接影响甚至决定着企业在市场活动中的命运。为了取得良好的促销效果，在进行促销策划时一定要遵循以下 4 个原则。

① 出奇制胜原则。出奇制胜是营销策划的基本要求，促销更是如此。促销一定要达到新、奇、异、特的效果，抓住消费者求新、求奇、求异、求特的心理来构思促销方案，制订促销措施。

② 突出优势原则。让消费者从市场上众多的同类产品中准确地识别出本企业产品的性能和效用，是促销策划必须遵循的原则。策划者必须通过促销活动突出企业、企业产品的性能优势，或者显示产品能给消费者带来的利益，以及能够为消费者解决的问题，从而使目标消费者对企业或企业产品留下深刻的印象。

③ 时空性原则。任何促销活动都是针对一定时空条件下的特定情况进行的，无论哪一种促销方式，都会有时间、空间限制，因而一定要做到事先周密准备、事中合理调配、事后及时总结。

④ 针对性原则。促销是产品进入或即将进入目标市场时，企业向中间商和消费者提供信息，以及与中间商和消费者进行沟通的重要手段。因此，促销策划必须有针对性，如针对企业的目标市场，针对目标消费者的消费特点、购买习惯、购买力等，这样既可以节约促销成本，又能保证与目标消费者沟通的有效性。

9.1.3 促销策划的步骤

促销策划一般包括 3 个步骤，如图 9-2 所示。

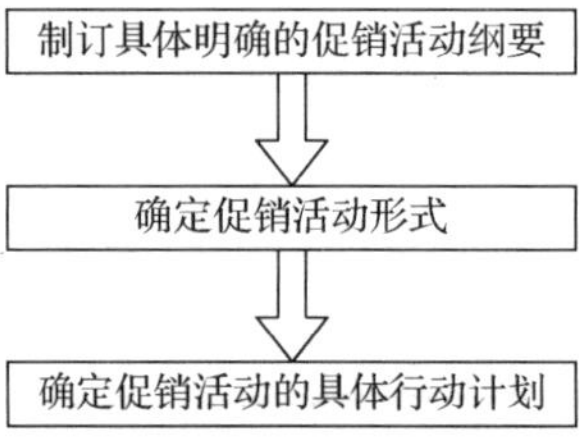

图 9-2 促销策划的步骤

（1）制定具体明确的促销活动纲要

纲要主要包括以下 7 个方面的内容。

① 企业促销活动的主要任务是什么？

② 企业促销活动的主要目标是什么？如增加销售量（额）、发展新顾客、激励老顾客反复连续地购买、培养和增强顾客的忠诚度、塑造公众的品牌意识、寻求中间商的支持等。

③ 企业促销活动针对的是哪些目标消费群体？

④ 促销问题可能出现在哪些环节上？

⑤ 哪些环节的问题对整个促销活动影响最大？

⑥ 促销的各个环节应如何协调？

⑦ 企业需要为促销活动投入多少资金？

（2）确定促销活动形式

此步骤主要包括以下内容。

① 选择促销活动的具体形式，如公关促销、人员促销、营业推广和广告等。

② 选择奖励形式，如奖品、奖金、奖券、赠品或旅游活动等。

③ 确定促销活动的程序和后援支持。

（3）确定促销活动的具体行动计划

此步骤主要是确定有关活动的各项规定、各项设计工作、需要的广告宣传品和奖品、各项管理与辅助支援工作、必要的应急措施等。

9.2 人员促销策划

人员促销是企业运用推销人员向消费者推销产品和劳务的一种促销活动。这是一种最古老、最传统、最富有技巧性的促销方式。人员促销在现代企业市场营销中占有相当重要的地位，特别是在与消费者建立关系、争取消费者偏爱及树立消费者购买信心方面效果比较显著。

案例 9-1

北京客商乘私人飞机来运城，究竟是为了什么

“安民红 · 红木家具”具有“型美、艺精、材良、韵浓、质优”的优点，在晋陕豫黄河金三角地区取得了一定的市场份额。2013 年 4 月，山西安民集团从“营销突围”的战略布局（实现从区域强势品牌到全国知名品牌的跨越式发展）考虑，决定聘请在营销策划领域具有一定影响力的尚兆明担任集团董事长助理兼销售公司副总经理。

尚兆明在充分调研红木家具市场后，为企业确立了“面向高端，精准销售”的营销策略。

为了扩大“安民红”品牌的影响力，2013 年 5 月，尚兆明在北京组织策划了一场由“安民红 · 红木家具”作为赞助方之一的《琪花万树满枝红——段红个人演唱会》，特邀原结识的北京客商作为嘉宾。在尚兆明的介绍下，北京客商和安民集团董事长薛安民在极为融洽的气氛中进行了友好交流。北京客商对尚兆明人格的欣赏及对“安民红 · 红木家具”的兴趣，为双方未来的合作奠定了基础。

2013 年 6 月 8 日，北京客商从深圳打来电话，请尚兆明在 9 日的某个时间接机。经查询，那个时段并无从深圳抵运的航班。当尚兆明等人到运城关公机场接机时，方知北京客商是乘坐私人飞机专程来运城的。

北京客商在安民集团董事长和尚兆明的陪同下，实地考察了红木家具展厅和生产车间，现场了解“安民红 · 红木家具”所特有的名贵稀有的原材料和独特的制作工艺，肯定了“安民红 · 红木家具”的上乘品质。他当即邀请尚兆明带领“安民红 · 红木家具”的设计团队一同乘专机到北京进行现场实测、设计。

一个多月之后，北京客商再次乘专机抵达运城。尚兆明拿着设计书向北京客商详细阐述了“安民红 · 红木家具”深厚的传统文化底蕴和鲜明的地域特色。北京客商被尚兆明的诚挚深深打动，当天拍板签订了价值 2100 万元的订购合同。

尚兆明以自身的人格魅力推广“安民红”品牌的案例，是营销策划方面值得学习和借鉴的成功实践之一。

（注：本案例由运城市健康时尚广告有限公司提供，由赵博宇整理）

9.2.1 人员促销组织设计

1. 人员促销组织形式设计

哪种促销组织形式能使推销人员产生最高的工作效率，是人员促销策划需要探讨和解决的问题。一般来说，可供选择的人员促销组织形式有 4 种，如图 9-3 所示。

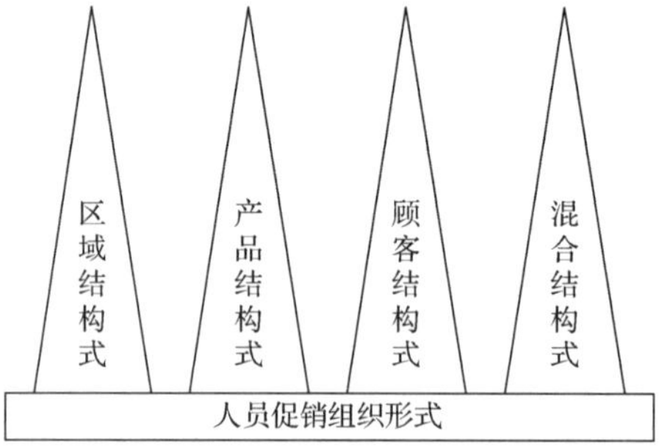

图 9-3 人员促销组织形式

（1）区域结构式

这是一种最简单的组织形式，即每一个推销人员分管一个地区，负责企业所有产品在该地区的推销。它的优点是责任明确，便于考核，节约销售费用，区域稳定，便于与当地公众建立固定联系，提高推销效率。这种形式适用于产品、市场较单纯、较类似的企业。

（2）产品结构式

这种形式是每个推销人员负责某种或某类产品的推销业务，适用于产品技术性强、生产工艺复杂、经营品种多而买主又不大相同的企业。因此，推销人员必须熟悉其所推销的产品。若由同一个推销人员同时推销他所不熟悉的多种产品，必然会影响他的推销效果。

（3）顾客结构式

不少企业会按顾客类别来组织推销队伍，按不同行业、不同规模、不同分销渠道分别配备推销人员。这种形式的优点是推销人员更熟悉和了解自己的顾客，更能掌握其需求特点及购买过程，适用于顾客较集中、分销策略较稳定的企业。

（4）混合结构式

这种形式是对其他 3 种组织形式的混合运用。适用于顾客类别复杂而分散的企业。

总之，推销工作不仅是一门技术，还是一门艺术，企业应根据不同顾客的情况和不同产品的特点，不断调整促销组织形式，改进推销方法。

2. 确定推销队伍规模

确定推销队伍规模，一般有 3 种方法。

（1）工作量法

工作量法是企业最常采用的确定推销队伍规模的方法之一，具体方法为：将顾客按年销售量分成大小不同的类型；确定各类顾客所需要的访问次数；求出各地的访问工作量；确定一名推销人员平均每年能进行的访问次数；最后求出所需要的推销人员数量。

（2）下分法

该方法是先将目标市场划分为若干个地区，根据每个地区的销售潜力确定所需要的推销人员数量，将各个地区所需的推销人员数量加总求和，即为企业需要的推销人员数量。

（3）边际利润法

由于推销人员在创造利润的同时增加了销售成本，因此企业可计算出每增加一名推销人员的边际利润，在边际利润递减法则发生作用之前增加推销人员。一旦发生边际利润递减现象，就说明推销人员已饱和。

9.2.2 人员促销程序策划

人员促销程序一般来说可分为 6 个步骤：目标顾客选择、接近顾客、与顾客面谈、处理顾客异议、达成交易和跟踪服务，如图 9-4 所示。每一个步骤都需要进行很好的策划，方能达到预期的目标。

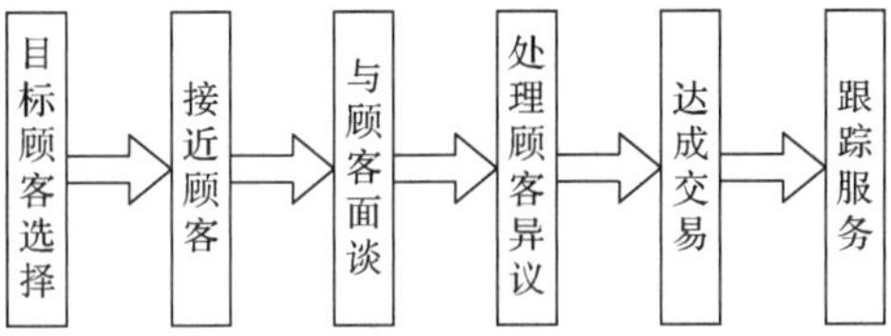

图 9-4 人员促销程序

1. 目标顾客选择

（1）目标顾客选择的步骤

目标顾客，又称准顾客，是指推销人员认为有接近价值和接近可能，可以作为接近目标的个人或组织。

目标顾客选择，一般按以下 3 个步骤进行。

第一，根据所推销产品的特征，提出成为目标顾客的基本条件。

第二，根据目标顾客的基本条件，通过各种线索和渠道，运用适当的方法，寻找潜在顾客。

第三，根据通过寻找得到的资料，拟定潜在顾客名单，为进行顾客资格审查做好准备。

（2）目标顾客寻找方法

根据目标顾客的基本条件来寻找潜在顾客有以下 12 种方法，如图 9-5 所示。

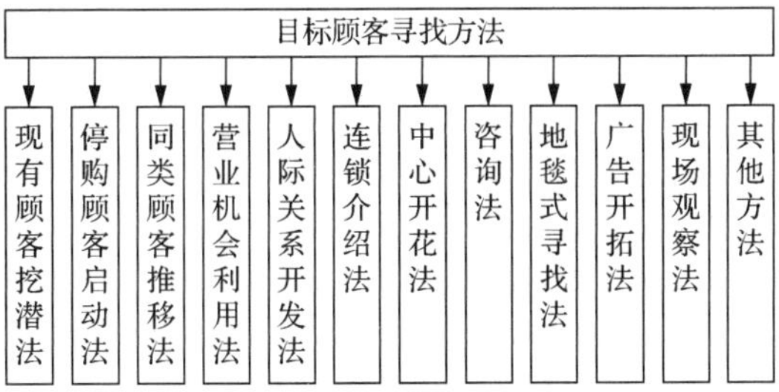

图 9-5 目标顾客寻找方法

① 现有顾客挖潜法。如果现有顾客正在使用企业提供的某类产品，比如他购买了电动机，那么推销人员就可以充分利用这种关系去推销电动机以外的产品。现有顾客挖潜法，就是充分挖掘正在使用企业产品的顾客的购买力，力争做到他们所需要的所有产品，只要在企业的经营范围之内，都要先从企业选择，从而使他们成为企业新产品的目标顾客。

② 停购顾客启动法。一些本来由企业提供产品的顾客不再来购买产品，这些顾客就是停购顾客。停购顾客启动法就是在寻找潜在顾客时，搞清哪些顾客已经停购，分析停购原因，把具有重新购买可能的顾客列入潜在顾客名单，通过启动措施，使他们成为目标顾客。使用这种方法时，一要及时发现停购顾客，二要弄清原因。

③ 同类顾客推移法。如果推销人员向某个顾客推销成功，那么推销人员就应该想到，与其打交道的绝不仅仅是一个顾客，他代表一类顾客，代表一个市场面，这就是同类顾客推移法。

④ 营业机会利用法。到营业现场来的人中有相当一部分是很好的潜在顾客，有经验的推销人员会重视到营业现场来的每一个人。

营业机会利用法就是推销人员充分利用顾客到营业现场来的机会，想方设法地了解他们，与他们建立联系，使他们成为潜在顾客。

⑤ 人际关系开发法。推销人员充分利用与人交往的各种机会，尽量让熟人、亲朋好友成为自己的顾客，使自己的潜在顾客名单不断拉长。

⑥ 连锁介绍法。这是推销人员请求现有顾客介绍未来可能成为目标顾客的人的方法，其实质是“客观世界普遍联系”原理在推销中的运用。

推销人员在与现有顾客商谈时，先向现有顾客提出“麻烦您帮我介绍值得信赖的朋友”，然后将这些名单图表化，逐一击破。

连锁介绍法有直接介绍和间接介绍两种方式。连锁介绍法的关键是现有顾客对推销人员的信任程度。

⑦ 中心开花法。该方法又称“有力人士利用法”，即先说服在一定范围内有较大影响的中心人物，通过他来影响其他人成为准顾客。这实际上是连锁介绍法的特殊形式，只是选择的人物必须是中心人物。

⑧ 咨询法。这是指推销人员利用社会上的各种技术、信息咨询部门的有偿服务和国家行政管理部门的咨询服务，来寻找顾客的方法。

⑨ 地毯式寻找法。该方法遵循“平均法则”，在被寻找的区间的所有人当中，假若一定有推销人员所要寻找的目标顾客，且这些顾客的数量与该区间人数成正比，即可认为要寻找的顾客是平均分布在该区间所有人当中的，这样就从理论上为地毯式寻找法找到了依据。采用这种方法的关键是挑选一条比较合适的“地毯”——寻找区间。地毯式寻找法适用于寻找需要各种生活和工业消费品及人人必需的各种服务的顾客。

⑩ 广告开拓法。这是推销人员利用各种广告媒介来寻找顾客的方法，可利用的媒介有电视与广播、报纸与杂志、广告信件与电话等。推销人员还可利用刊载本企业产品的报纸杂志，将相关页面剪下来或复印下来收集于推销目录中，以此来提高本企业的信用及加深顾客对企业的印象。

⑪ 现场观察法。这是指推销人员在可能存在潜在顾客的现场，通过对在场人士直接进行观察和判断，寻找潜在顾客。现场观察法的关键在于推销人员自身的素质和职业灵感。

⑫ 其他方法。其他方法有集会利用法、名录利用法、团体利用法、有利人士利用法等。

2. 接近顾客

接近顾客是指推销人员为进行推销面谈，对目标顾客进行的初步接触或者再次访问。

（1）接近顾客的方法

接近顾客的方法主要有以下 11 种，如图 9-6 所示。

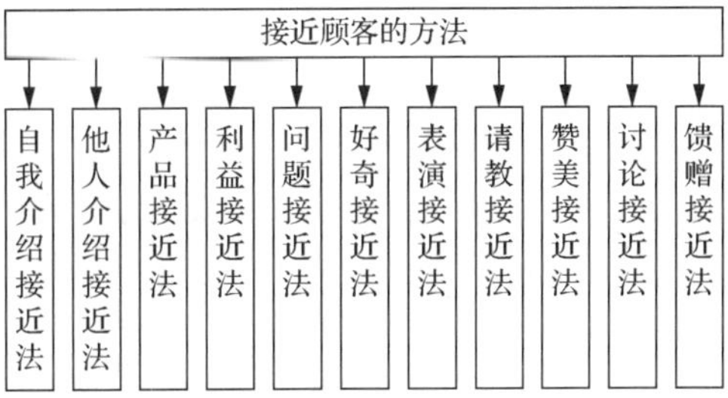

图 9-6 接近顾客的方法

① 自我介绍接近法。自我介绍接近法是指推销人员通过自我介绍的方法达到接近顾客的目的。自我介绍接近法是推销人员最常用的一种接近顾客的方法，大多数推销人员都采用这种方法。在实际推销活动中，自我介绍接近法一般是采用口头形式或书面形式进行自我介绍，由于单一的口头介绍往往不太容易获得顾客的信任，效果不明显，因此除了进行必要的口头自我介绍，推销人员还要主动出示能证明自己身份的有效证件，如名片、工作证、身份证、委托书等，以便消除顾客的疑虑。同时，由于这种方法很难在一开始就引起顾客的注意和兴趣，因此推销人员通常会配合使用其他方法和技巧，以便顺利开展推销洽谈。

② 他人介绍接近法。他人介绍接近法是指推销人员通过与顾客熟悉的第三者的介绍来接近顾客的一种方法。在推销人员与顾客彼此不熟悉的情况下，他人介绍接近法是一种行之有效的方法，通过第三者的介绍，可以缩短推销人员与顾客的心理距离，比较容易引起顾客的注意。推销人员接近顾客时，只需递上介绍人的便条或名片，或者只需介绍人打一个电话，便可轻而易举地接近顾客。一般情况下，介绍人与顾客之间的关系越密切，介绍的作用就越大，推销人员也就越容易达到接近顾客的目的。因此，运用这一方法来接近顾客的关键在于推销人员能否找到与顾客关系较为密切的第三者充当自己的介绍人。

③ 产品接近法。产品接近法又称实物接近法，是指推销人员直接利用产品来引起顾客的注意和兴趣，从而顺利转入推销洽谈的接近方法。这一方法主要是通过产品自身的魅力与特性来刺激顾客的感官，通过产品无声的自我推销来吸引顾客，从而达到接近顾客的目的。

④ 利益接近法。利益接近法是指推销人员利用顾客的求实心理，通过强调产品能给顾客带来的实际利益来引起顾客的注意和兴趣，从而接近顾客的方法。顾客之所以购买产品，是因为它能给顾客带来一些实际利益或提供解决问题的办法，如增加收入、降低成本、提高效益等。而在实际推销活动中，许多顾客并不太了解产品所蕴含的利益。推销人员如果能让顾客正确认识产品利益，就能引起顾客的注意和兴趣，增强其购买欲望，进而达到接近顾客的目的。

⑤ 问题接近法。问题接近法又称询问接近法，是指推销人员直接向顾客提出与销售等有关的问题，以引起顾客注意和兴趣的方法。这一方法符合现代推销的原理，现代推销就是推销人员不断帮助顾客发现需求方面的问题，进而分析问题，寻找最终解决办法的过程。推销人员可以把顾客需求与推销的产品有机地联系起来，通过面对面提问的形式激发顾客兴趣，进而顺利进行正式面谈。

案例 9-2

帕特的针对性推销

美国推销员帕特在向一家公司推销一套可供一座 40 层办公大楼用的空调设备时，不厌其烦地向这家公司的董事们介绍空调系统的功能。但董事们反应冷淡，并说了一大堆刁难的话。这时，他心急如焚，浑身发热。而这一热使他急中生智，他询问道："今天天气很热，请允许我脱去外衣，好吗？"说罢，还掏出手帕擦了擦额头的汗珠。他的话似乎使董事们也感到闷热难熬，人们纷纷脱去外衣，有位董事还抱怨说："这房子没有空调，热死了。"结果在 20 分钟内，这笔买卖就成交了。

（案例来源：陈鸿雁. 市场营销学[M]. 北京：电子工业出版社，2019）

运用问题接近法的关键是发现并适时地提出问题，问题要明确具体、有的放矢、直切要点、针对性强。问题接近法只有与其他接近顾客的方法结合起来运用，方能取得满意的接近效果。

⑥ 好奇接近法。好奇接近法主要是利用顾客的好奇心理来接近顾客，引起顾客的注意和兴趣，从而顺利进入洽谈。推销人员利用顾客的好奇心理来接近顾客是一种行之有效的方法。

⑦ 表演接近法。表演接近法与产品接近法相似，是指推销人员利用各种戏剧性的表演活动来引起顾客注意和兴趣，进而转入面谈的接近顾客的方法。这是一种传统的接近方法，如街头杂技就是采用现场表演的方法来吸引顾客。在现代推销活动中，有些场合仍然可以用产品演示的方法接近顾客。

⑧ 请教接近法。请教接近法是指推销人员以慕名拜访和上门请教的方式接近顾客的方法。请教接近法可以是真有问题需要请教，也可以是找一个借口。请教接近法在实际应用中的效果较好，尤其是面对一些较强势的专家型顾客时，这种方式更受欢迎。这类顾客往往认为自己是某个方面的专家，推销人员解释产品的性能反而会引起他们的反感。请教接近法尤其适合推销新手。

⑨ 赞美接近法。赞美接近法是指推销人员利用顾客的虚荣心，通过赞美顾客的优点接近顾客的方法。每个人都有值得夸赞的地方，推销人员若能适时、巧妙地利用夸奖的话真诚地赞美顾客，就可以达到缩短双方心理距离、调动顾客积极性，最终成功接近顾客的目的。推销人员赞美的内容可以是顾客周围的环境，如办公环境、居住环境等，也可以是顾客的外表、知识、修养、品质等。但不论赞美顾客的哪个方面，都要本着尊重顾客的原则，要讲究赞美的方式和方法，真心实意、态度诚恳、语气真挚、切合实际地对客人值得赞美

的方面加以赞美，使顾客在一种自然亲切的环境中接受赞美，切记不要将赞美歪曲为巴结、卖弄、拍马屁等不良做法。

⑩ 讨论接近法。讨论接近法是指推销人员利用研讨会、恳谈会、看样订货会、质量征询会等双向或多向沟通形式接近顾客的方法。

⑪ 馈赠接近法。馈赠接近法是指推销人员通过赠送小礼品来引起顾客注意，进而达到接近顾客的目的的方法。把小礼品作为推销人员与顾客之间传递感情、沟通思想的媒介，对于拉近彼此的距离，形成融洽的商谈气氛具有重要的作用。

除了以上一些常见的接近顾客的方法，在实际推销活动中，还有不少行之有效的其他方法，如调查接近法、搭讪接近法、演示接近法等。推销人员应该不断实践、积极思考，在每次推销活动中选择和探索适当、有效的接近方法。

（2）接近顾客的注意事项

接近顾客应注意以下事项：拜访的时间不宜过长；不要向不适当的人推销；缩短与顾客的心理距离；给顾客留下良好的第一印象；正确处理各种人际关系；学会与陌生人接触。

3. 与顾客面谈

与顾客面谈是指推销人员当面向顾客宣传产品，使顾客产生购买欲望。常见的与顾客面谈的方法有提示法和演示法，如图 9-7 所示。

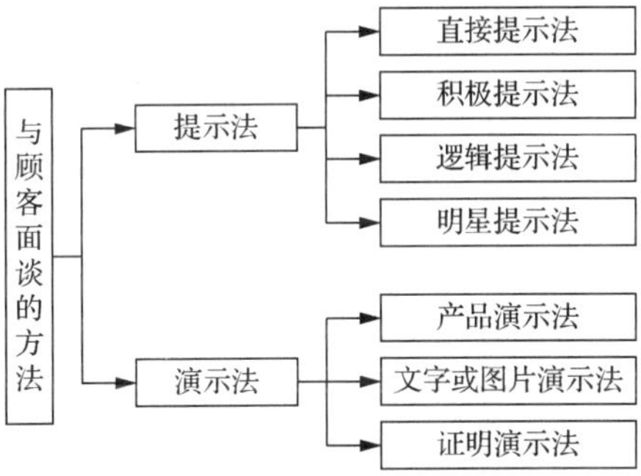

图 9-7　与顾客面谈的方法

（1）提示法

提示法是指推销人员通过语言和行动等，提示顾客产生购买动机，促使其做出购买决策、采取购买行为的一种推销面谈方法。具体来说，提示法可以分为直接提示法、积极提示法、逻辑提示法和明星提示法。

① 直接提示法。直接提示法是指推销人员开门见山，直接劝说顾客购买其所推销的产品的方法。这是被广泛运用的推销方法，这种方法的特征是推销人员接近顾客后，先向顾客介绍产品，陈述产品的优点与特征，然后建议顾客购买。这种方法能节省时间，加快洽谈速度，符合现代人的生活节奏，因而非常具有优越性。

② 积极提示法。积极提示法是推销人员用积极的语言或其他积极方式劝说顾客购买其所推销的产品的方法。积极的语言与积极的方式可以理解为肯定的、正面的提示或热情的赞美等能产生正向效应的语言和行为。

③ 逻辑提示法。逻辑提示法是指推销人员利用逻辑推理劝说顾客购买的方法。它通过

逻辑的力量促使顾客进行理性思考，从而明确购买的利益与好处，并最终做出理智的购买决定。

④ 明星提示法。明星提示法是指推销人员借助一些有名望的人来说服、动员顾客购买产品的方法。这种方法迎合了顾客求名的情感购买动机，另外，这种方法充分利用了一些名人、名家和名厂等的声望，可以消除顾客的疑虑，在顾客心目中产生明星效应，从而有力地影响顾客的态度。

（2）演示法

演示法是指推销人员通过操作示范或者演示的途径介绍产品。根据演示（推销）工具的类别，演示法可分为产品演示法、文字或图片演示法、证明演示法等。

① 产品演示法。产品演示法是指推销人员通过直接向顾客展示产品来说服顾客购买的洽谈方法。

② 文字或图片演示法。文字或图片演示法是指推销人员通过展示介绍产品的图片或文字等来劝说顾客进行购买的方法。推销人员在平时的工作中，应该注意收集有关文字资料，并做好文字资料的整理工作，以便在推销时可以熟练、生动地向顾客进行介绍说明。在演示时，如果全部内容都采用文字的形式，可能比较单调，难以吸引顾客，推销人员一般应该结合有关图片，做到图文并茂，以获得更好的推销效果。

③ 证明演示法。证明演示法是指推销人员利用一些有效证件、证书等材料来向顾客证明本人的合法身份或产品的质量，以赢得顾客信赖的方法。这种方法常与产品演示法结合使用。

与顾客面谈时应注意以下问题：面谈时要先赢得顾客信任；说明产品给顾客带来的利益和价值；要提供生动、有力、真实的产品证据；要情理并重，形成互动。

4. 处理顾客异议

任何推销活动都会遇到顾客持有不同意见，甚至是反对意见的情况，我们把顾客的这种不同或反对的议论与意见称为顾客异议。顾客异议是顾客对推销人员推销意向的不认同或否定的看法，即“拒绝”。顾客异议往往具有两面性：其一，它可能是达成交易的障碍，如果顾客异议没有得到很好解决，顾客没有得到满意的答复，他就不可能采取购买行动；其二，顾客提出异议也为交易成功提供了机会，如果推销人员能够恰当解决顾客提出的问题，使其对产品及交易条件有充分的了解和认同，那么顾客就可能产生购买意向。

现实中，顾客异议千差万别，处理顾客异议的方法也灵活多样，常用的方法有 6 种，如图 9-8 所示。

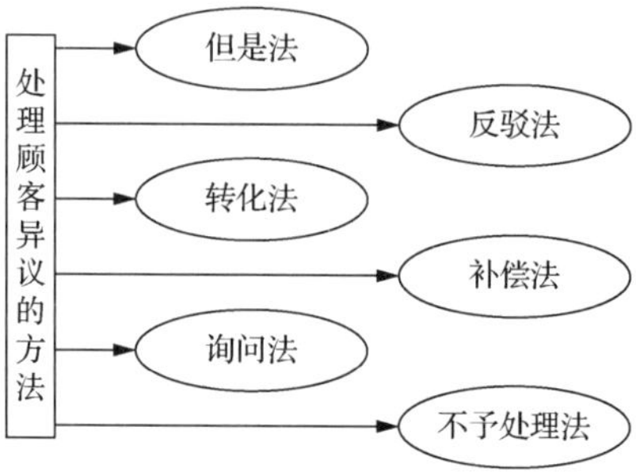

图 9-8 处理顾客异议的方法

（1）但是法

但是法又称间接法，是指推销人员根据有关事实与理由，间接否定顾客异议的一种方法。在运用这一方法时，推销人员在顾客表达完异议后，要先肯定顾客的说法，对顾客异议表示同情和理解，缓解顾客的情绪，然后用类似“但是”的转折词把话锋一转，对顾客异议进行反驳或解释。其表现形式往往是“是的，您说得很对，但是……”这种处理方法能使顾客产生被尊重的感觉，但有时候也会增加顾客的信心，从而产生更多的异议，阻碍成交。过多采用这种方法，容易弄巧成拙，使顾客感到推销人员在玩弄技巧，不可靠，进而拒绝购买。

（2）反驳法

反驳法又称直接法，是指推销人员根据较明显的事实与理由，直接否定顾客异议的一种方法。反驳法一般适用于应对顾客的偏见、误解、无知等。反驳法如果运用恰当，可以增强销售面谈的说服力，增加顾客购买信心。但这种方法也存在明显的缺陷：容易让顾客产生反感，甚至伤害其自尊心，从而引起与顾客的正面冲突，导致推销失败。

（3）转化法

转化法又称利用处理法，是指推销人员利用顾客异议中有利于推销成功的因素，并对其进行加工处理，使其转化成自己观点的一部分去消除顾客异议，说服其接受推销的方法。

转化法是一种有效处理顾客异议的方法，推销人员改变了顾客异议的性质和作用，把顾客拒绝购买的理由转化为说服顾客购买的理由，把顾客异议转化为推销展示，把成交的障碍转化为成交的动力。这样不仅有针对性地转变了顾客在最关键问题上的看法，还使其不再提出新的异议。运用这种方法时，推销人员应直接承认、肯定顾客意见，并在此基础上转化顾客异议，这样可以保持良好的关系和洽谈气氛。

但是，如果这种方法运用不当，反而会给推销工作带来麻烦。比如，推销人员直接对顾客异议进行转化处理，会使顾客产生一种被利用的感觉，可能会引起顾客的反感甚至恼怒，也可能会使顾客失望，进而提出更难以解决的异议。

（4）补偿法

补偿法又称抵消处理法、平衡处理法，是指推销人员利用顾客异议以外的，能补偿给顾客的其他利益，对顾客实际获得进行补偿的方法。在推销实践中，推销人员应该承认这样一个事实，那就是：本企业及本企业产品并不是尽善尽美的，推销活动也有疏忽与不妥之处，与市场上竞争对手的产品相比也各有优劣。对此，推销人员应当辩证地去看待，尊重事实，不必回避与躲闪，客观地看待顾客的异议，要使顾客相信产品的优点大于缺点。

（5）询问法

询问法又称问题引导法或追问法，是指推销人员利用顾客提出的异议，直接以询问的方式向顾客提出问题，引导顾客在回答问题的过程中不知不觉地回答了自己提出的异议，甚至否定自己，同意推销人员观点的方法。

运用询问法来处理顾客异议，能使推销人员掌握更多的顾客信息，为进一步推销创造条件。但这种方法如果运用不当，可能会引发顾客的反感与抵触情绪，或在推销人员的多次询问下，产生更多的异议，破坏推销气氛，阻碍推销工作的顺利进行。

（6）不予处理法。

不予处理法又称装聋作哑处理法、沉默处理法、糊涂处理法，是指推销人员有意不理睬顾客提出的异议，以分散顾客注意力、回避矛盾的处理方法。

通常情况下，推销人员应该热情地解答顾客提出的各种问题，以帮助顾客了解、认识产品。对于那些无效的、无关的、虚假的异议，推销人员可采取不予处理法，故意忽视、回避或转移话题，以保持良好的洽谈气氛，避免与顾客发生冲突。但是，在实际推销活动中，如果一味地回避问题和矛盾，也会导致顾客不满，甚至对推销人员产生疑心，进而导致推销失败。

处理顾客异议应注意以下几点：尊重顾客，不直接反驳顾客异议；适当追问，找准异议根源；依靠事实与逻辑力量说服顾客，向顾客提供正确信息；始终保持良好态度，维持良好气氛。

5. 达成交易

达成交易是指顾客接受推销人员的购买建议及推销演示，完成产品交易的行动过程。“编筐织篓，全在收口”，唯有顾客的购买变成事实，才能说得上是推销成功。

达成交易是推销人员的直接目的，要达成交易，也是需要讲究方法的。达成交易的方法主要有 7 种，如图 9-9 所示。

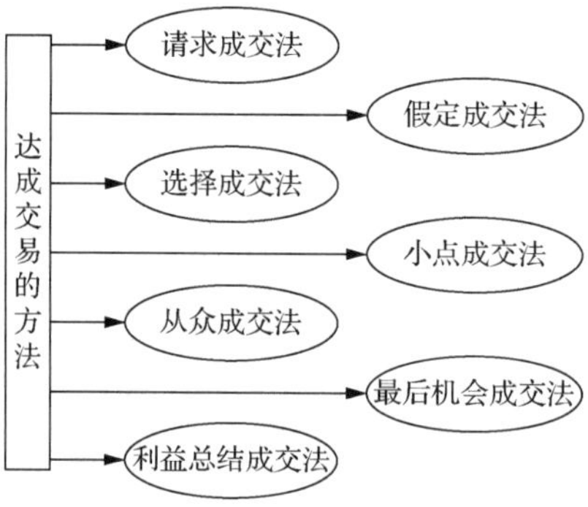

图 9-9 达成交易的方法

（1）请求成交法

请求成交法又称直接成交法，是指推销人员向顾客主动提出成交的要求，直接要求顾客购买产品的方法，这是一种最基本、最常见的成交方法。运用这一方法，有助于推销人员及时抓住各种有利的机会，可以有效地促成交易、节省双方的时间、提高推销效率，但如果时机选择不当，就容易导致顾客压力过大，破坏推销气氛。

（2）假定成交法

假定成交法又称假设成交法，是指推销人员在假定顾客已经接受推销建议、同意成交的基础上，通过提出一些具体的成交问题，直接要求顾客购买产品的一种方法。例如，一位推销人员发现顾客表现出一些购买意向后，立即问顾客：“您希望我们什么时候把货送到您府上呢？”采用此种方法来促成交易，要求推销人员始终有这样的信念——准顾客将要购买且一定会购买，并且对自己也充满了必胜的信心，认为自己的推销洽谈十分出色。推销人员不但要有这样的念头，而且应通过言谈举止、神态表情表现出来，推销人员应密切注意顾客所发出的购买信号，以便及时、主动地提出成交的假定，如果顾客不反对，交易就可达成。

（3）选择成交法

选择成交法是指推销人员直接为顾客提供一些购买选择方案，并要求顾客立即购买产品的成交方法。例如，饭店服务员对顾客说：“您要点什么饮料？啤酒还是可乐？”它是假定成交法的应用和发展，即推销人员在假定成交的基础上向顾客提出成交选择的比较方案，先假定成交，然后选择成交。顾客不是在买与不买之间选择，而是在产品的数量、规格、颜色、包装、样式、交货日期等方面做出选择。顾客无论做出何种选择，最终的结局都是成交。

选择成交法的优点在于既调动了顾客的积极性，又将顾客的决策控制在一定范围之内。

推销人员虽然把选择权交给了顾客，但顾客只能在有限的范围内选择，无论顾客选择什么，都在目标范围内，都可以实现推销目标。采用这一方法时，推销人员应该科学设定提供给顾客的备选方案，确保每个方案都是根据顾客需要设计的，而且应该控制备选方案的数量，要给顾客充分的选择余地，同时选项也不能过多，不能让顾客拿不定主意，以免浪费推销时间。

（4）小点成交法

小点成交法是指推销人员通过次要问题的解决来促成交易的一种成交方法。从顾客购买心理的角度来看，顾客面对重大购买决策时，往往心理压力大，较为慎重，特别是在面对成交金额大的交易时。而顾客在进行较小的交易决策时，心理压力较小，会较为轻松地接受推销人员的推荐。小点成交法正是利用了顾客的这一心理活动规律，避免直接提出大的、顾客比较敏感的成交问题。在推销过程中，推销人员可以先让顾客对产品做出有关“小点”方面的决策，再就“大点”方面达成协议，从而促成交易。

运用小点成交法有利于减轻顾客压力，营造良好气氛，保留余地，一个“小点”不成交，可以换另一个“小点”，直至达成交易。推销人员通过顾客对待“小点”的态度可以捕捉成交信号，如果顾客非常爽快地答应“小点”，那么推销人员就可以开始寻求“大点”成交。但是，小点成交法也有其自身的局限性：小点成交法坚持循序渐进、积少成多的方式，可能会拖延时间，降低推销效率；将注意力集中在“小点”问题上，可能会忽略了“大点”问题的解决，不利于实现推销整体目标。

（5）从众成交法

从众成交法是指推销人员利用顾客的从众心理，促使顾客立刻购买产品的方法。“从众”是一种比较普遍的社会心理和行为现象。顾客在购买商品时，除了满足自身需要，还会顾及社会规范，服从于社会的某种压力，以社会上大多数人的行为作为自己选择的参考。

从众成交法利用顾客或多或少的从众心理，先吸引一部分有影响力或有代表性的顾客，再由他们来影响、带动其他顾客，这种方法有利于吸引和招揽顾客。但是，由于从众成交法需要借助顾客之间的相互影响，因此推销人员会失去主动权，推销信息容易在顾客之间的传递过程中“失真”，进而产生误会。而且，在当今社会，越来越多的人开始向个性化消费趋势发展，从众心理的影响可能会减少。

（6）最后机会成交法

最后机会成交法是指推销人员利用顾客的机会心理，利用涨价或增加费用的信息，促使顾客立刻购买产品的方法。这一成交方法要求推销人员运用购买机会原理，向顾客提示“机不可失，时不再来”，给顾客施加一定的成交压力，使顾客感到应该把握时机，尽快采取购买行为。

最后机会成交法可减少顾客异议，促使其快速下定决心。但如果运用不当，顾客可能会产生怀疑并采取观望态度，从而无法成交。

（7）利益总结成交法

利益总结成交法是指推销人员在推销过程中，通过总结产品的各项特色、优点、利益，促使顾客立刻购买产品的方法。

利益总结成交法包括以下 3 个基本步骤。

① 在推销洽谈中确定顾客关注的核心利益。

② 总结这些利益。

③ 向顾客提出购买建议。

利益总结成交法是通过向顾客全面阐述产品的优点，激发顾客的购买欲望。但产品的优点可能有很多，如果每个都提到，顾客很难记住，反而会引起顾客反感。在运用利益总结成交法时，推销人员必须准确把握顾客真实的内在需求，有针对性地总结、阐述产品的优点，帮助顾客认识到产品与自己利益的关联，从而愉快地做出购买决定。

达成交易应注意以下问题：观察购买信号，把握成交时机；把握顾客心理，掌控交易方向；讲究职业道德。

6. 跟踪服务

跟踪服务是推销人员在成交后继续与顾客联系，并完成与成交相关的一系列工作，提供完善的售后服务，以便更好地实现推销目标的行为过程。推销人员的推销目标是在满足顾客需求的基础上实现自身利益，而顾客利益与推销人员的利益是相辅相成的，这两种利益在成交签约后并没有真正实现，顾客还需要得到完善的售后服务，推销人员还负有回收货款及发展与顾客的关系等方面的任务。因此，成交后的跟踪服务仍是一项重要的推销工作。

跟踪服务的主要任务包括：及时收回货款；做好售后服务；与顾客建立良好的人际关系。

9.2.3 推销人员薪酬与绩效管理策划

1. 推销人员的薪酬策划

建立合理的薪酬制度，既有利于调动推销人员的积极性、主动性、创造性，保证企业销售目标的顺利实现，也有利于建立一支高素质的销售队伍。

推销人员的薪酬方式主要有 3 种，如图 9-10 所示。

（1）单纯薪金制

单纯薪金制又称固定薪金制，是指在一定时间内，无论推销人员的销售业绩是多少，推销人员都获得固定数额的报酬，具体说来就是职务工资＋岗位工资＋工龄工资。

单纯薪金制的优点主要有：①易于操作，计算简单，易于管理；②收入有保障，推销人员有安全感；③在调整销售区域或客户时，遇到的阻力较小。单纯薪金制的缺点主要有：①对销售效率和销售利润缺乏直接的激励作用；②由于不按业绩获得报酬，因此容易厚待业绩差的推销人员而薄待优秀推销人员；③薪金属固定费用，在企业出现经营困难时难以进行调整。

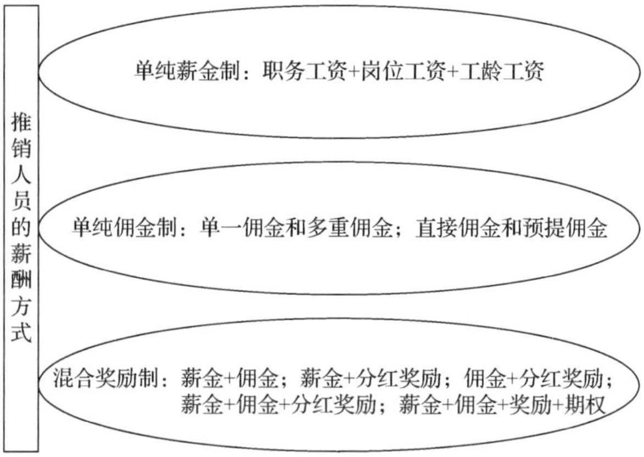

图 9-10 推销人员的薪酬方式

（2）单纯佣金制

单纯佣金制是与一定时间内的销售业绩直接相关的报酬形式，即推销人员按销售基准的一定比率获得佣金。单纯佣金制的具体形式有单一佣金和多重佣金（累退制和累进制）、直接佣金和预提佣金之分。

单纯佣金制的优点主要有：①推销人员的报酬是其销售行为的直接结果，具有激励作用；②业绩越高，报酬越高，推销人员通过努力可获得较高的报酬；③推销人员清楚了解自己薪酬（佣金）的计算方式，容易使行为与收入挂钩；④佣金属变动成本，公司易于控制销售成本；⑤奖勤罚懒的效果非常直接，业绩差的推销人员通常会自动离职。

单纯佣金制的缺点主要有：①推销人员收入不稳定，精神压力大，甚至容易焦虑；②推销人员对企业的忠诚度较差，可能会为了分散风险而多处兼职；③推销人员采用高压式推销，不关心客户对服务的需求；④推销人员不愿意调整自己的销售领域，造成企业管理困难；⑤在企业业务处于低潮时，优秀销售人员离职率高。

（3）混合奖励制

混合奖励制兼顾激励性和安全性的特点。当然，混合奖励制有效的关键在于薪金、佣金和分红的比例。一般来说，混合奖励中的薪金部分应大到足以吸引有潜力的推销人员，同时佣金和分红竞争足以大到刺激他们努力工作。

混合奖励制的常见形式有：薪金＋佣金；薪金＋分红奖励；佣金＋分红奖励；薪金＋佣金＋分红奖励；薪金＋佣金＋奖励＋期权。

除了薪金、佣金和分红，还有特别奖励，就是在正常奖励之外所给予的额外奖励，包括经济奖励和非经济奖励。其中，非经济奖励包括给予荣誉、表扬记功、颁发奖章等。特别奖励的具体形式有业绩特别奖、销售竞赛奖等。

2. 推销人员的绩效管理策划

为了加强对推销人员的管理，企业必须对推销人员的工作业绩进行科学而合理的考核与评估。推销人员业绩考评结果，既可以作为分配报酬的依据，又可以作为企业人事决策、晋升、提拔的重要参考指标。

推销人员的绩效管理主要包括收集考评资料和建立考评标准两方面内容，如图 9-11 所示。

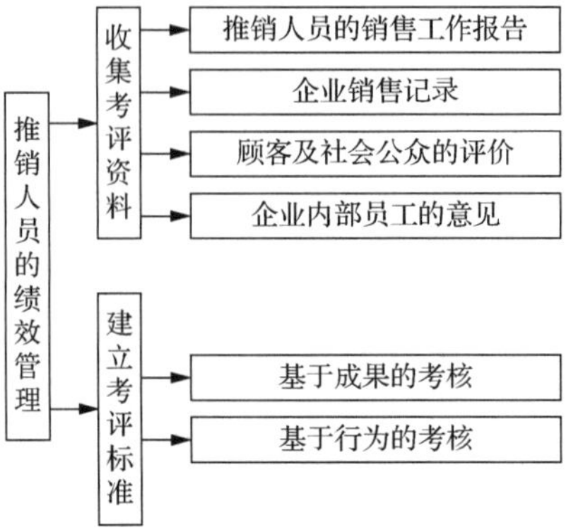

图 9-11　推销人员的绩效管理

（1）收集考评资料

收集推销人员的考评资料是考评推销人员的基础性工作。全面、准确地收集考评所需资料是做好考评工作的客观要求。获得考评资料主要有 4 个途径。

① 推销人员销售工作报告。销售工作报告一般包括销售活动计划和销售绩效报告两部分。销售活动计划指导推销人员合理安排推销活动日程，它可展示推销人员的地区年度推销计划和日常工作计划的科学性、合理性。销售绩效报告反映了推销人员的工作实绩，据此可以了解销售情况、费用开支情况、业务流失情况、新业务拓展情况等与推销绩效有关的内容。

② 企业销售记录。企业销售记录因包括顾客记录、区域销售记录、销售费用支出的时间和数额等信息而成为考评推销业绩的宝贵基础性资料。通过对这些资料进行加工、计算和分析，可以得到适宜的评价指标，如某一推销人员某个时期所接订单的毛利等。

③ 顾客及社会公众的评价。推销人员面向顾客和社会公众提供各种服务，这就决定了顾客和社会公众是推销人员服务质量最好的见证人。因此，评估推销人员理应听取顾客及社会公众的意见，对顾客投诉和定期顾客调查结果进行分析，从中发现各推销人员在完成推销工作的同时，其言行对企业整体形象的影响。

④ 企业内部员工的意见。企业内部员工的意见主要是指销售经理、营销经理或其他非销售部门有关人员的意见。此外，推销人员之间的意见也可作为考评时的参考。依据这些资料可以了解有关推销人员的合作态度和领导才干等方面的信息。

（2）建立考评标准

要评估推销人员的绩效，科学而合理的标准是不可缺少的。绩效考评标准的确定，既要遵循基本标准的一致性，又要考虑推销人员所处的工作环境、区域市场拓展潜力等方面的差异性，不能一概而论。当然，绩效考核的总标准应与销售增长、利润增加和企业发展目标相一致。

公平而富有激励作用的绩效标准，需要企业管理人员根据过去的经验，结合推销人员的个人行为来综合制定，并需要在实践中不断加以调整与完善。常用的推销人员绩效考核指标主要有两类。

① 基于成果的考核。基于成果的考核是定量考核，主要包括：①销售量，最常用的指标之一，用于衡量销售增长状况；②毛利，用于衡量利润的潜量；③访问率（每天的访问

次数），用于衡量推销人员的努力程度；④访问成功率，用于衡量推销人员工作效率；⑤平均订单数目，多与每日平均订单数目一起，用来衡量、说明订单的规模与推销的效率；⑥销售费用及费用率，用于衡量每次访问的成本及直接销售费用占销售额的比重；⑦新客户数目，衡量推销人员特别贡献的主要指标。

② 基于行为的考核。基于行为的考核是定性考核，主要考核销售技巧（包括倾听技巧、获得参与、克服异议等）、销售计划的管理（有无记录、时间利用等）、信息收集、客户服务、团队精神、企业规章制度的执行情况、外表举止、自我管理等。

9.3 广告策划

9.3.1 广告策划概述

1. 广告策划的内涵

“广告”（Advertise）一词源于拉丁语，有“注意”“诱导”“大喊大叫”“广而告之”之意。随着商品经济的高度发展，广告成为传播经济信息和促进商品销售的重要手段，尤其是在信息化程度越来越高的现代化社会，广告已成为最有效、最常见的促销手段之一，它在传递信息、沟通产销、激发需求、指导消费、扩大销售、增加效益、美化生活、促进文明等方面，都起着其他促销方式无法比拟的作用。美国市场营销协会对广告的定义是：由明确的发起者以公开付费的形式、以非人员的任何形式，对产品、服务或某项行动的意见和想法等的介绍和推广。

作为营销策划学科的一个重要分支，广告策划是根据企业的营销策略，按照一定的程序对广告活动的总体战略进行前瞻性规划与部署的活动。广告策划以科学、客观、细致周密的市场调研为基础，以富于创造性的定位策略、创意和设计策略及媒介策略为核心内容，以具有可操作性的广告策划方案为直接结果，追求广告活动进程的合理化和效益的最大化。广告策划不能使劣质产品变为优质产品，但能为一流的产品塑造强有力的品牌，广告策划是企业营销运作的一个重要环节。

2. 广告策划对企业的重要意义

广告策划对企业有非常重要的意义，主要表现在以下 4 个方面。

① 广告策划为企业产品的快速销售提供了思路。广告策划帮助企业挖掘潜在消费者的购买力、开拓新市场、促进产品销售、避免或减少产品积压，帮助企业及时回笼资金，扩大企业再生产，提高企业盈利水平。

② 广告策划的创意内容和理念能够规范企业的经营行为。积极的广告策划能对消费者产生号召力，并且能对企业和企业产品做出高度的形象的概括。当广告把“唯全”“唯美”“唯信”“唯诚”的理念传递给消费者时，也就对企业本身提出了相应的要求，使企业必须规范经营行为、建立科学的管理制度、完善企业形象，以符合消费者对企业的要求。

③ 广告策划对树立企业整体形象具有重要作用。持续不断的、理性的、时尚的广告，通过各种媒介的传播，把企业在受众心中的形象具体化、优先化，使受众对企业产生更多的欣赏和信赖，并对企业文化给予认可，还可以在企业内部形成强大的凝聚力，造就出一支具备战斗力的团队。

④ 广告策划能使企业保持经营特色，规避竞争风险。现代市场竞争激烈，产品更新换代速度大大加快，企业为了生存和发展必须有自己克敌制胜的法宝。始终生产平淡无奇、步人后尘的产品的企业，终究是会被市场淘汰的。广告策划可以为企业提供新思路，促进企业不断进行技术创新、不断完善管理机制，使企业在竞争中保持活力。优秀的广告创意，不仅能给产品打开市场，还能给企业带来新的启示，能促使企业不断提高创新能力，争得更多的市场份额。通过广告策划，企业可以为产品创立鲜明的个性和特色，塑造出独特的市场卖点。另外，广告策划也是企业回击竞争对手的有力武器。

3. 广告策划的原则

进行广告策划应遵循 7 个原则，如图 9-12 所示。

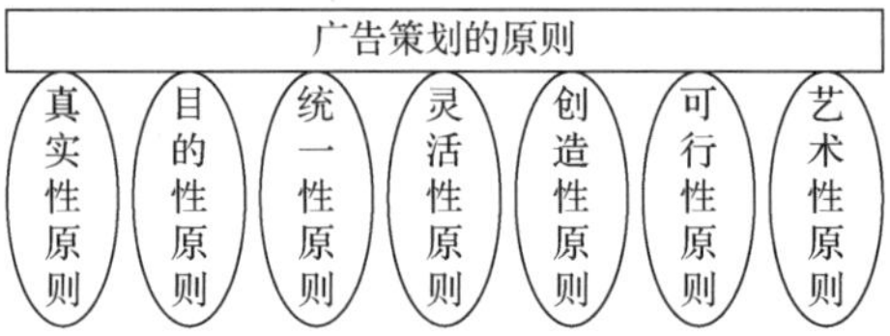

图 9-12 广告策划的原则

（1）真实性原则

真实性原则是指广告传递的信息内容要真实、准确、明晰，虚假、欺骗性广告的结果只能是自毁信誉。真实性原则是一个涉及广告法的重要原则，也是一种商业道德和社会责任。这是广告活动的根本原则和基本规范，广告策划者必须遵守这一原则。要做到真实性，就要做到以下两点：第一，要实事求是地宣传产品的特性、功能、价值及相关服务信息；第二，广告表述要准确、清晰，不能模棱两可。

（2）目的性原则

整体广告策划是以追求经济效益和社会效益相统一为目标的广告活动。因此，广告策划要明确广告活动的目的，目的必须以广告主题为依据，或者是为了扩大影响，提高企业或产品的知名度；或者是为了抢占市场，取得市场竞争优势；或者是促进产品销售，追求经济效益；等等。

（3）统一性原则

广告活动是一个整体，广告策划者要进行综合分析和策划，以便选出最优方案。在广告策划过程中，必须使广告活动的各个环节保持一致，如保持广告目标的统一性、广告策略的统一性、广告媒体及表现形式的统一性等。这样可以减少广告活动的随意性和无序性，逐步累积广告效果，从而实现广告目标。

（4）灵活性原则

广告活动的目标受众的购买动机极为复杂，广告环境和竞争状况等都在不断变化，因此广告策划要有弹性。如果广告策划方案与实际情况出现偏离，就应及时调整、修订，甚至重新策划广告活动。广告策划者还必须结合实际情况不断调整策划工作，如修改广告创意、调整广告媒体、调整地区、广告时机和方式等，以保证广告效果。

（5）创造性原则

创造性是广告策划的保证。广告策划者可以从产品上找优势、找特色，也可以从竞争者的特点中找出空隙，挖掘竞争者没有的特点，作为广告策划的切入点。创造性原则具体体现在广告定位、广告创意、广告设计、广告媒体等方面。

（6）可行性原则

广告策划必须从企业、企业的产品、市场需求、市场竞争等实际情况出发。广告策划方案只有使用科学的方法，并符合相关法律法规的要求，才能被实施并且取得预期效果。不具备可操作性的策划方案，即使新颖独特，也毫无实用价值。

（7）艺术性原则

广告是一门科学，也是一门艺术。广告把真实性、思想性、针对性寓于艺术性之中。广告策划者应利用科学技术，吸收文学、戏剧、音乐、美术等各学科的艺术特点，把真实的、富有思想性、针对性的广告内容通过完善的艺术形式表现出来。只有这样，才能使广告成为精美的艺术作品，给人以很高的艺术享受，使人受到感染，从而增强广告的效果。这要求广告策划要构思新颖，语言生动、有趣、诙谐；图案美观大方，色彩鲜艳和谐；广告形式不断创新。

案例 9-3

RTB 广告——全新的广告形式

RTB（Real Time Bidding）作为一种新兴的广告形式，具有精准投放和实时竞价的特点，可以显著地提高互联网广告投放的精确性并提高媒体和广告平台的收益，是一种发展前景非常好的网络广告形式。

RTB 广告并不是固定在某个页面上的，在用户打开某个页面的瞬间，广告平台通过各种技术手段获得打开页面的人的基本信息，并根据这些基本信息最终决定应该投放什么样的广告给这个用户。即在相同的页面上，不同用户会看到不同的广告，而该广告是为每个看到广告的人定制的。

同一个客户对于不同的广告主的价值是不同的，每个广告主的预算也是不同的。为了获得每次展示的最高出价，RTB 广告实行的是拍卖制，符合要求且出价最高的广告主将获得展示机会。而传统的网络广告一般会根据展示的位置，制定一个固定的价格，这个价格可能是每千次展示的价格，也可能是每次点击的价格等，不管如何，这个价格都是在广告被展示前就根据双方协定确定下来的。

RTB 的实现，需要整个产业链上不同参与方的合作。RTB 实现过程中的主要的 3 个参与者为 Ad Exchange（互联网广告交易平台）、SSP（供应方平台）和 DSP（需求方平台）。

Ad Exchange 服务是基石，所有的广告必须通过 Ad Exchange 挂牌出售，Ad Exchange 承担了交易所的功能。

SSP 帮助媒体管理自己的广告位资源，类似股票交易中的承销商，它保证页面被访问时，相应的资源可以及时在 Ad Exchange 挂牌出售。

DSP 帮助广告主出价，类似股票交易中的券商，当有广告位被挂牌出售时，DSP 通过数据分析来决定是否要出价及出价多少。

（案例来源：杨风召. 电子商务概论[M]. 2 版. 北京：电子工业出版社，2020）

4. 广告策划应注意的问题

（1）广告策划必须以消费者为中心，明确广告诉求对象

广告策划要明确广告诉求对象的性别、年龄、性格爱好、职业、收入、教育程度、教育背景、思维方式、生活形态、价值观念、消费观念、购买决策形式、媒体接触习惯、信息接收处理方式等方面的特征，这样才能使广告有良好的传播沟通效果。

当然，诉求对象可以是目标消费者，也可以是目标消费者中的一部分群体，还可以是目标消费者中具有领先消费行为和带动效应的“意见领袖”或目标消费者中的购买决策者。

（2）广告要有特色和亮点，诉求点必须准确无误、恰到好处

为了吸引消费者的注意力，引起消费者的兴趣，使其形成美好联想与深刻记忆，广告必须有特色和亮点，能让消费者从众多同类产品中对广告产品产生特别兴趣。

（3）广告投放策略要与产品生命周期有对应关系

当产品处于其生命周期的不同阶段时，消费者对产品和品牌的了解程度不同，因而应采取不同的广告投放策略，见表 9-1。

表 9-1 广告投放策略与产品生命周期对应表

产品生命周期	广告目标、重点	广告投放策略
投入期	宣传、介绍，建立产品知名度	各种介绍性广告
成长期	提高产品知名度	改变广告形式（如形象广告）
成熟期	建立产品美誉度	改变广告形式
衰退期	维持消费者的信任、偏爱	提示性广告
整个周期阶段	消除消费者的不满意感	不断改变广告内容

（4）正确选择广告发布时段

广告发布时段是指广告在媒体发布的具体时间或时间段。广告在媒体上发布的时间要依据媒体组合来确定，在各媒体发布的时段要根据受众的媒体接触情况来确定。一般来讲，广告应选择诉求对象对媒体接触最为集中的时段发布。有些广告策划方案非常好，却因广告发布时段选择不当而直接影响了广告的宣传效果，最终导致企业丧失了战胜市场同类产品品牌的机会。

9.3.2 广告策划的一般过程

为了保证广告策划不是缺乏章法的凭空设想，广告策划要遵循科学、规范的程序来进行。广告策划的一般过程可以分为 4 步，如图 9-13 所示。

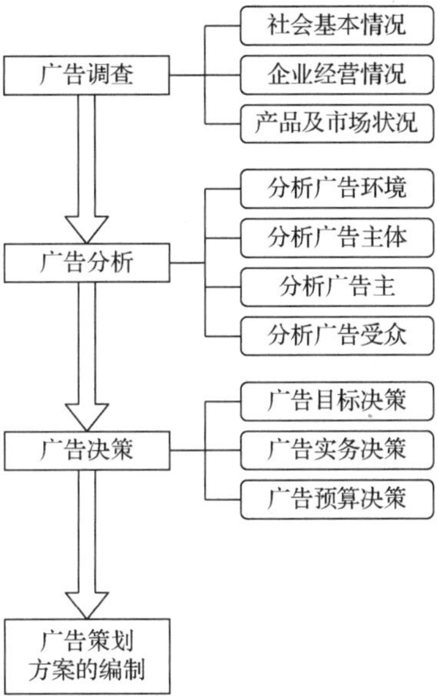

图 9-13 广告策划的一般过程

1. 广告调查

广告调查是指策划者对与广告策划有关的一切因素开展的调查活动，是广告策划的依据和开端，主要包括 3 个方面：人口、社会文化及风土人情等社会基本情况；企业的历史与现状、企业规模与特点、经营状况和管理水平等企业经营情况；产品生产状况、产品特性、产品生命周期、市场竞争情况、消费者心理及购买行为等产品及市场状况。

2. 广告分析

首先要分析广告环境，了解其对广告活动的影响，主要包括对自然环境、国际环境、产业环境、政治环境、经济环境等的分析；其次要分析产品和服务、品牌及观念等广告主体，识别其类别和品质，了解其历史、现状及其潜在的广告机会，以及在市场中的形象；再次要分析广告主，了解广告策划项目委托者的经营资质和经营现状，分析其广告目的与期望值，了解其对广告策划认可的方式、资金支付能力及潜在的广告机会等；最后要分析广告受众，了解广告信息主体，即目标消费者的特点。分析广告受众时，一方面要明确广告传播的信息有哪些接受者，识别有意购买者；另一方面要了解有效广告受众对该产品或该企业的关注点是什么，如性能、品牌、包装或服务等。

3. 广告决策

广告决策直接影响整个广告策划活动的水平，以及广告实际操作的效果。广告决策的具体内容如下。

① 广告目标决策。在确定广告目标时，要从企业自身的资源及市场环境出发，以保证广告目标经过努力可以实现；要将注意力集中于最主要的问题，以保证人力、财力和物力的集中使用；要能具体明确地检验广告的实际效果。

② 广告实务决策。一是要确定广告活动形式，选择广告媒体和表现形式；二是要确定

广告传播的内容，选择广告将要发出的有效信息；三是要确定广告传播频率和发布时机、地点，明确广告活动的流程。

③ 广告预算决策。广告预算受产品生命周期、竞争对手的预算、广告目标和市场范围及企业财务状况等多方面因素的影响，在进行广告预算决策时要综合考虑、精打细算、合理预算。

4．广告策划方案的编制

在广告调查、分析和决策过程中，策划者会逐步形成一套广告活动构想，这种构想落到文案上，就形成了广告策划方案。广告策划方案既是前期广告策划工作的总结，又是下一步实施广告活动的指导性文件。广告策划方案完成之后，广告策划也就告一段落。

案例 9-4

××户外俱乐部针对大学生的广告策划方案

××户外俱乐部是杭州市一家集登山、露营、徒步、溯溪、漂流、自驾等户外活动为一体的综合性俱乐部，主要为户外运动爱好者了解户外资讯、查找户外活动、租售户外用品、结交户外朋友等提供便利。随着近年来大学生旅游热度的逐渐升温，××户外俱乐部经过前期市场调研决定进军杭州市大学生市场，以扩大自己的市场份额，目前杭州市尚未有专门为大学生提供专业户外项目的团队。本策划力图通过一系列的广告推广活动，使××户外俱乐部（以下简称俱乐部）成功打开大学生户外运动市场，并迅速成为该细分市场的领导品牌。

1. 市场分析

（1）宏观环境分析

一般来说，当人均 GDP 为 1000 ~ 3000 美元的时候，户外运动发展最快，而超过 3000 美元以后，就意味着户外运动进入产业化阶段。早在 2007 年，杭州市人均 GDP 就已经突破 8000 美元大关。同时，杭州市“东方休闲之都”的城市定位对户外运动也是一个很大的支持。除此之外，杭州周边地区丘陵起伏，山川、河流、溪谷、瀑布较多，正是开展户外运动、野外生存拓展的理想场所。

（2）竞争对手分析

当前杭州市尚未有专业的户外项目团队针对大学生这一细分市场提供专业服务，大学生选择户外项目主要是靠旅行社介绍，但是旅行社提供此类服务有以下几点劣势。

① 旅行社并不具备提供专业户外运动知识的能力，对户外运动了解深度不够，存在一定的安全隐患。

② 旅行社聚集的大多是业余的户外爱好者，大学生在其介绍的户外运动中获得的户外知识和能力锻炼较少。

③ 旅行社以传统旅游的方式运作户外项目，无法使大学生在户外运动中享受到足够多的乐趣。

④ 某些户外项目，如野外求生、溯溪等，旅行社无法提供。

（3）消费者分析

据调查，大学生消费群体中有70%以上的人对登山、露营两项户外活动充满兴趣；有30%～50%的人对漂流、探洞和溯溪感兴趣；喜好攀岩、潜水、徒步的比例为20%～30%；速降由于技术要求和危险程度过高，选择比例最低。大学生的经济能力决定了他们可以承受的活动费用上限，63%的大学生能够承受250元以内的费用；31%的大学生能够承受251～450元的费用；能够承受450元以上费用的仅占6%。综合来看，大学生市场是有一定开发潜力的。

2. 广告目标

① 吸引大学生参加户外活动，摆脱“宅”生活，寻找生活中的乐趣。

② 通过3个月的市场营销推广及广告促销活动，使俱乐部在细分市场占有率提高到50%，成为细分市场的行业领导者。

③ 俱乐部品牌知名度达到80%，形成一定的品牌忠诚度。

④ 会员规模达到500人。

3. 目标市场定位策略

在一定的市场调研基础上，结合俱乐部自身特点，我们将目标市场定位如下。

（1）人群定位

18～28岁的年轻人。他们精力旺盛、兴趣广泛、充满激情、敢于接受挑战，是户外运动最主要的参与人群。

第一目标消费人群：在校大学生。大学生族群是一个个性鲜明、特征突出的细分市场，他们年龄基本在18～25岁，年轻、充满活力、爱冒险、敢于接受挑战，并且空余时间相对较多。这一细分市场是户外运动理想的消费市场。

第二目标消费人群：已工作的年轻人。这部分人群同样年轻有活力，并且有一定的经济基础，但是空余时间有限，可以作为俱乐部次要目标对象。

（2）区域定位

主要推广区域：杭州市各高教区（高新文教区、下沙高教园区、浙江大学紫金港校区等）。

其他推广区域：杭州老城区（西湖、上城、下城、拱墅、滨江、江干六区）。

（3）产品定位

对杭州市大学生户外运动现状的问卷调查显示，大学生选择活动持续时间为1～2天的约占51%；3～4天的约占34%；5天以上的约占15%。可见，大学生一般愿意选择不超过4天的短途游。结合杭州附近的天然地理资源，俱乐部一方面可开发几条杭州周边地区的短途户外旅行线路，包含溯溪、露营、徒步和登山等户外项目；另一方面可适当开发中长途线路，如包含浙江省内及其他户外旅行较为热门地区的项目，满足部分大学生假期远足的需要。

同时，调查显示，58%的大学生没有个人户外运动基本用具，需要租或借；即便有些大学生拥有一些户外运动用品，他们也会因户外运动基本用具价格昂贵而不得不择要购买，其中以登山鞋、登山包购买得较多；至于帐篷、睡袋、防雨衣裤等，拥有者寥寥无几。针对上述情况，俱乐部在户外用品零售方面，应以中档实用的登山鞋、登山包等户外用具为主，同时适当经营一些户外运动类及休闲类服饰。另外，由于大部分目标消费者需要租或借户外运动基本用具，俱乐部可开展相关户外用具的出租业务，以帐篷、睡袋、防潮垫、地席、烧烤用具等需求较大的用具为主。

（4）价格定位

鉴于大学生的经济能力，俱乐部在定价策略上应以物美价廉为主旨，突出实惠性、实用性、实际性，倡导以中低档次的价格享受中高档次的产品。

4. 俱乐部核心广告语：Try my best!

广告语不仅是对消费者的激励，能够鼓励大学生挑战自然、征服自我、放飞自我，还是对俱乐部本身的激励，能够提醒其注重自身长期发展，尽自己最大努力为每位消费者提供细致、周到、个性化的服务。

5. 广告表现策略

针对广告诉求对象的特点，广告采用感性诉求方法，其特点是“以境动人”，通过营造理性化、实体化的意境画面、刺激目标消费者的感官系统，引导他们进入浪漫的境界。感性诉求方法的表述语言充满了刺激性和鼓动性，能够影响目标消费者的联想心理和梦幻心理，在年轻群体中颇具影响力。

（1）广告主题

根据广告诉求重点，提炼出俱乐部的广告主题：Try my best!

通过展现俱乐部激情、年轻、活跃的形象，自信、勇敢、坚毅、诚信、合作的品质以及户外运动的挑战性和刺激性，诠释“Try my best!”的核心理念。

（2）广告创意策略

从俱乐部名称的内涵、户外运动特色等多个角度出发，进行一系列联想，通过对多种抽象、具象物体进行有创意的结合，有效表现广告主题。广告创意注重体现俱乐部核心理念、品质和形象定位。

（3）广告表现要求

风格：酷、运动、活力四射、激情迸发。

基调：刺激、浪漫。

色调：亮丽、跳跃。

6. 广告媒介选择

（1）广告媒介总体策略

从目标消费者的媒介接触习惯出发，合理地选择广告媒介，有效地进行媒介整合，以最低的成本，达到最好的宣传效果。

（2）广告投放区域选择

根据目标消费区域定位确定广告的主要投放区域为杭州市各高教区，次要投放区域为杭州老城区。

（3）媒介选择

根据目标消费者的媒介接触习惯及杭州有关媒体指标，选择以下媒介进行广告投放。

电视：杭州有线电视台。

广播：杭州交通经济广播。

报纸：《青年时报》。

路牌、候车亭：文一路、教工路。

海报、传单：各大高校信息栏。

网络：微博、微信以及俱乐部主页。

（案例来源：孟韬. 市场营销策划[M]. 4版. 大连：东北财经大学出版社，2018）

9.3.3 广告创意策划

广告创意作为观念性的构思，为广告的设计提供了明确的指导思想，是广告策划的核心。有创意的广告具有很强的吸引力和感染力，能使品牌在激烈竞争中处于有利的地位。

广告创意是指为了实现广告活动的目标，广告策划者对广告的主题、内容和表现形式所提出的独创性的见解与构思。正如广告大师伯恩巴克所说："广告创意是赋予广告生命和灵魂的活动。"广告创意策划要以产品及其特点为基础，以目标受众为主要对象，力求在形式和手法上有所创新，使广告被目标受众所认知，最终形成目标受众对产品的兴趣及选购能力。

1. 广告创意的主要内容

广告创意的基础是产品及其特点。策划者要了解和熟悉产品性能，确认产品质量，分析产品与竞争产品的差异，在此基础上进行广告创意。围绕产品展开的广告创意的内容具体包括4个方面，如图9-14所示。

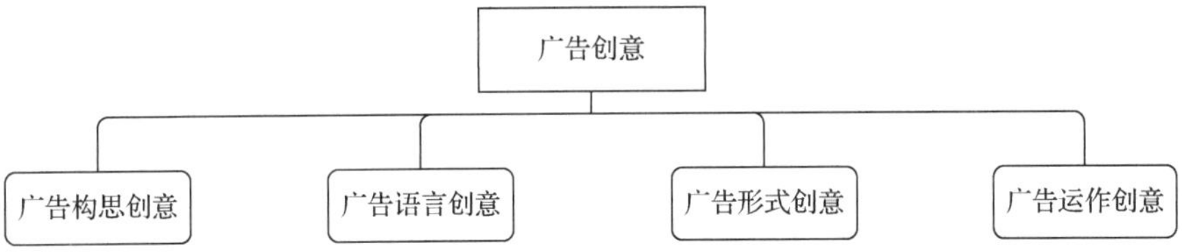

图9-14 广告创意的主要内容

（1）广告构思创意

广告策划是对目标受众传播信息并刺激其行动的活动，广告策划的成败应视它能否有效地把想要传达的信息在正确的时间、用正确的方式、以正确的成本，传达给正确的人，实现正确的目标。而要实现这5个"正确"，首先要有正确的构思。构思可以说是广告策划的灵魂，一旦确定了有创意的广告构思，其他方面的问题就比较容易解决了。

（2）广告语言创意

广告是一门综合艺术，语言（包括有声语言和无声语言）是其中最具灵活性、应用性和表现性的艺术。广告语言要通俗易懂、准确真实和生动幽默。广告构思上的独特创意再配上精妙绝伦的广告语言，会大大提升广告的效果。许多经典的广告语言精练、用词准确、主题鲜明，具有很强的影响力、冲击力、持久力，常常令人念念不忘。

（3）广告形式创意

广告形式多种多样，一方面，广告媒体的种类繁多，如电视、报纸、杂志、广播、网络、户外广告、直接邮寄广告、POP广告（购买点广告）等，可以使广告形式的创意多样化；另一方面，每种广告媒体都可以进行形式创意。这就使得广告形式创意有了广阔的思维空间。

（4）广告运作创意

广告的一个重要目标就是吸引目标受众的注意，让产品在目标受众心目中占据独特的位置。广告运作创意是实现这个目标的有效途径。广告运作就是把制作的一组或几组广告通过选定的媒体按事先的计划进行播放的过程。一则平淡无奇的广告经过巧妙的运作，如运用不同的表现技巧（写实、对比、示范、想象、艺术等），就可以达到预期的效果。

2. 广告创意方法

在第 4 章已经学习了营销策划创意的基本内容，广告创意是营销策划创意的重要内容之一，其创意表现手法也是多种多样的。结合广告策划专家的创意经验和创意思路，我们归纳出 10 种常见的广告创意方法，如图 9-15 所示。

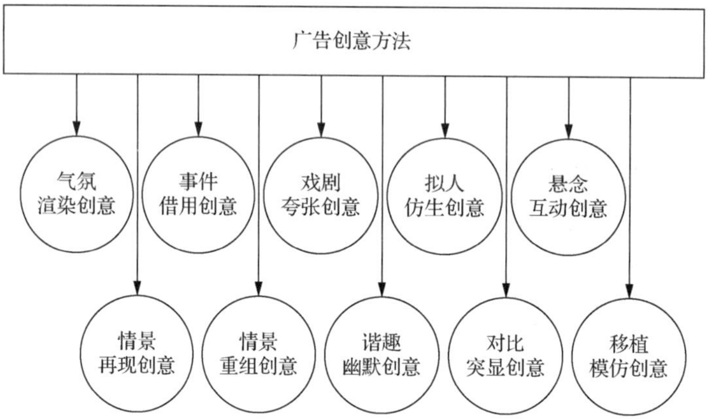

图 9-15 常见的广告创意方法

（1）气氛渲染创意

气氛渲染创意是指通过场景布置，以及人物语言、表情、动作、音乐、灯光等多种镜头语言，强烈地渲染消费者的心理渴求与消费享受，从而实现与目标消费者的心灵沟通。

（2）情景再现创意

情景再现创意指通过真实地再现目标消费者曾经经历过或感知过的典型而又动人的消费场景来达到预期的广告效果。

（3）事件借用创意

事件借用创意是指巧妙地借用目标消费者比较熟悉的某些事物或具有深刻印象的事件来表现新的广告信息，通过借用实现广告目标。

（4）情景重组创意

情景重组创意是指通过戏剧性重组消费者曾经经历过或见识过的不同场合的情景故事，来达到意想不到的戏剧性效果。

（5）戏剧夸张创意

戏剧夸张创意是指以夸张的表现手法放大产品功能卖点，引起消费者注意，产生记忆效果。

（6）谐趣幽默创意

谐趣幽默创意是指利用广告语言文字的谐趣幽默，引起消费者兴趣和注意。这种创意表现手法只要贴切、自然，就能产生良好的传播与记忆效果，但要注意不能故意玩弄语言文字游戏，尤其是低俗的创意，会适得其反。

（7）拟人仿生创意

拟人仿生创意是指用拟人化手法或仿生学原理表现产品利益，这种方法往往能达到意想不到的效果。

（8）对比突显创意

对比突显创意是指通过与竞争者或其产品对比，突显企业或企业产品优势，从而说服目标消费者。但运用对比突显创意时要注意避免触犯法律法规。

（9）悬念互动创意

悬念互动创意是指通过制造各种悬念，引起目标消费者兴趣，调动目标消费者参与，从而形成互动效果，达到广告目的。策划者要注意的问题是悬念和互动要把握好尺度，以免引起公众恐惧与反感。

（10）移植模仿创意

移植模仿创意是指借鉴与模仿经典广告创意表现手法的创意方法，其前提是这种广告创意目标消费者还未曾见过。

9.4 营业推广策划

营业推广又称销售促进，是指企业为了促使目标市场的消费者尽快、大量、重复购买其经营的产品而采取的一系列鼓励性促销措施，是运用于一定时期、一定条件下的短期特殊推销。营业推广是促销组合的一个重要组成部分，也是一种行之有效的辅助性促销方法。

由于营业推广是在短期内迅速刺激需求、取得立竿见影效果的一种促销方式，因此它具有以下特点。

① 刺激需求效果显著。为了实现一时一事的推销成功，营业推广攻势猛烈，以“机不可失，时不再来”的强吸引力，打破了消费者购买某种产品的惰性，因此能以较少的费用，在局部市场取得较大收益。

② 是一种辅助性促销方式。营业推广虽能在短期内取得明显效果，但由于多数营业推广方式是非正规的和非经常性的，因此一般不能单独使用，常常配合广告、人员促销等常规性促销方式使用。

③ 有贬低产品之意。由于企业运用营业推广时，多是想在短期内实现销售目标，因此许多营业推广方式会表现出卖者急于抛售产品的意图。若频繁使用或使用不当，就会促使消费者对产品质量、价格等产生怀疑，有损企业或产品的形象，从而导致不良的促销结果。因此，营业推广只适用于一定时期、一定产品，而且营业推广形式需审慎选择。

9.4.1 营业推广形式策划

营业推广形式很多，可归纳为3类：第一类是直接鼓励消费者购买和重复购买；第二类是鼓励中间商大量进货代销，加速资金回笼；第三类是鼓励推销人员努力开拓市场、扩大销售。企业可以根据营销目标、实力及目标市场环境来确定适当的营业推广形式。

1. 针对消费者的推广策划

针对消费者的营业推广形式主要有以下几种。

（1）赠送样品

这种形式是通过让顾客免费试用、试看、试听产品，使消费者了解产品、产生兴趣，从而产生购买欲望并发生认购。采用这种形式还可获取消费者对产品的反馈。样品可有选择地赠送，也可在商店或闹市或附在其他产品中赠送。采用这种形式，消费者不必付出任何代价，因而这种形式是诱导消费者试用的妙方，尤其在新产品刚进入市场时特别有效。但是，采用赠送样品形式的费用较高，因此事前须谨慎考虑，做好预算工作。

（2）代价券

代价券是送给消费者的一种购货券，即消费者可按优惠价格购买某种产品。代价券可以邮寄，也可附在产品和广告之中赠送，还可向购买产品达到一定数量或数额的消费者赠送。代价券可以使消费者节省支出，引起其尝试的兴趣，增加其每次购买产品的数量，还可以起到刺激潜在消费者的作用。有些专家认为代价券要提供15%～20%的折扣才有效。

（3）廉价包装和包装兑现

廉价包装主要是吸引“经济型”消费者，企业可以将小包装换为大包装，还可采用多用途包装、系列包装。包装兑现是指用产品包装来兑现现金或实物，如收集若干个某种饮料的瓶盖可兑换一定数量的现金或实物，它可以鼓励消费者重复购买，也体现了绿色营销观念。

（4）有奖销售

有奖销售是使消费者在购买时不仅能得到产品，还能获得额外收获的形式，它主要是利用消费者的侥幸心理。这种形式是工商企业，特别是零售企业常用的一种营业推广形式。

2. 针对中间商和推销人员的推广策划

针对中间商和推销人员的营业推广形式主要有以下几种。

（1）产品展销

产品展销会、交易会、订货会是不定时或定时、不定点或定点举行的应用广泛的营业推广形式，企业通过参展可以显示自身的经济实力和贸易水平。因此，产品展销是难得的营业推广机会和有效的促销方式。

（2）购买折让

购买折让是指为刺激、鼓励中间商大批量购买本企业产品，对第一次购买的中间商和购买数量较多的中间商给予一定折扣优待。

（3）津贴

津贴是指企业为中间商陈列本企业产品支付部分广告费和部分运费，这种形式有助于巩固与中间商的合作。

（4）推销奖金

推销奖金是指对经销本企业产品有突出成绩的中间商或推销人员给予奖励，奖励可以是现金，也可以是附有企业名字的特别广告赠品，如钢笔、日历、文化衫、领带等。

（5）推销竞赛

推销竞赛是指为刺激和鼓励中间商或推销人员努力推销，确定一些推销奖励办法，对业绩优良者进行鼓励，奖励可以是现金，也可以是物品，还可以是旅游机会等。

（6）红利提成

红利提成是指为鼓励推销人员积极推销而给予其提成，可按业绩提成，也可按利润提成。另外，还可以奖励其股份，以增强其工作积极性和主动性。

9.4.2 营业推广控制策划

营业推广是一种促销效果比较显著的方式，但倘若使用不当，不仅达不到目的，反而会影响产品销售，甚至损害企业形象。因此，企业在运用时应加强对以下因素的控制。

① 目标对象控制。由于消费者、中间商、企事业单位有各自不同的购买特点，因此在选择营业推广形式时，应根据目标市场和整体策略来确定推广目标和对象，在企业能力所及的情况下，确定促销规模和程度。

② 期限控制。营业推广时间既不能过长，也不宜过短。因为时间过长，消费者会认为这是一种长期降价，会习以为常，产品就会失去吸引力，进而伤害品牌形象；时间过短，可能会遗漏一些目标消费者，不少潜在消费者也许恰好这阶段未进行采购，最终收不到最佳促销效果。因此，要在有限的时间内，利用消费者从众心理和限期促销所产生的“机不可失、欲购从速”的紧迫感和吸引力，最大限度地拉动销售。同时，还要注意避免草率从事。

③ 切忌弄虚作假。营业推广这种促销方式本身就有贬低产品质量之意，企业再弄虚作假，无疑是自毁商誉。在市场竞争日益激烈的情况下，企业商誉是十分重要的竞争优势，企业没有理由自毁商誉。然而，在实践中这样的案例还是很多的，应引起企业足够的注意。弄虚作假是营业推广中的最大禁忌。

④ 切忌恶俗促销。恶俗促销是与现行社会及他人的风俗习惯、道德观念相背而行，突破道德底线，诱惑人们违背自身意愿，冲击社会公序良俗的促销方式。企业应切记不能进行恶俗促销。

⑤ 推广中后期宣传控制。开展营业推广的企业往往比较注重推广前期的宣传，这当然非常必要。但推广中后期宣传也不能忽视。在营业推广的中后期，企业面临的十分重要的宣传内容是营业推广中的企业兑现行为。这是消费者验证企业推广行为是否具有可信性的重要信息源。令消费者感到可信的企业兑现行为，一方面有利于唤起消费者的购买欲望，另一方面可以换来企业形成良好的口碑效应，强化企业的良好形象。

此外，还应注意加强营业推广预算的控制，即确定合理的推广预算，科学测算营业推广活动的投入产出比，以最小的投入实现最大的产出。

9.4.3 展会营销策划

近年来，展会营销越来越受企业重视，国内外各种名目的展会活动非常多，商业展会不仅在数量上，而且在规模上都达到了空前水平，展会营销策划也应运而生。

1. 展会营销及其作用

展会营销是指通过展览会、博览会、展销会、看样订货会、展评会、物资交流会、供货会、商品洽谈会及其他交易会形式，多家企业集中在一起，向参观者展示自己的商品或服务，边展边销，以展促销，从而把产品（服务）的宣传、销售、市场调研、公关活动有机地结合在一起的一种营销方式。

展会营销的作用主要表现在以下 4 个方面。

① 通过展会，企业可以展示自己的品牌，通过展会提供的信息渠道和网络宣传自己的产品（服务）。企业可以在很短时间内与目标客户直接沟通，可将产品（服务）的信息发送给特定的客户，并可观察、收集客户的即时反应。

② 展会是生产商、经销商进行交流、沟通和贸易的汇聚点。专业性展会是其所代表行业的缩影，在某种程度上就是一个专业市场，企业可以在展会上建立并维持与利益相关者的关系，树立在市场中的企业整体形象。

③ 通过展会期间的调查和观察，企业可以收集到有关竞争者、经销商和新老客户的各种信息，企业能够迅速、准确地了解国内外最新产品和发明的现状与行业发展趋势等，从而为企业制定下一步的发展战略提供依据。

④ 展会营销成本较低。调查结果表明，展会是最佳的推销、公关、广告等营销手段，通过展会找到一个客户的成本仅相当于其他营销渠道和途径的 1/70。

2. 展会营销策划应考虑的因素

可以说，展会营销具备了其他营销沟通工具的共同属性。作为广告工具，展会利用特定媒体将消息发送给有针对性的客户；作为促销工具，展会具有促销的多种功能并能带给客户购买的紧迫感；作为直销的一种形式，展会可获得客户的即时反应；作为公共关系，展会通常可以宣传和提升企业形象。

企业进行展会营销策划时，应考虑以下因素。

① 展会参观者中，有多少人是本企业的目标客户，并可能购买本企业的产品（服务）。他们的地区分布、职业分布、所属单位、对本企业产品是否有支付能力等资料可以从展会的主办者那里了解到，企业必须对这些资料的可靠程度做出判断。

② 展会主办者的背景、主办能力和水平、信誉如何。

③ 展会举办的历史有多久，社会影响力如何，一般能吸引多少客户参与。

④ 展会举办的时机是否合适。如果同时期或前不久已举办过同类型的展会，那么本次展会的参观者会大量减少。另外，对一些销售季节性强的产品，或对一些流行时尚性产品来说，展出的时间应与产品的销售季节或流行时间相一致，或稍稍提前。

⑤ 参展企业有哪些，这些企业的档次、规模、知名度如何。

⑥ 展会有多少媒体配合？有多少新闻记者前来采访？其宣传效果如何？

⑦ 展会举办地点是否合适。展会举办的地点多选在信息辐射能力强的大城市，或某种产品的产地，或交通便利、四通八达的产品集散地城市，或进出口口岸城市，或旅游风景区等。展会地点选择得合适与否将直接影响展会的效果。

⑧ 参展所需基本费用。

此外，准备参展时还可以向过去参加过类似展会的企业咨询，了解他们过去参加此类展会的效果、费用开支等情况，以及遇到过什么问题，如何解决这些问题等。

案例 9-5

品牌引领，合作共赢

——第二届山西（运城）国际果品交易博览会

河东大地硕果飘香，高朋嘉宾共襄盛会。2017 年 11 月 5 日—11 月 9 日，第二届山西（运城）国际果品交易博览会（以下简称果交会）在运城农业会展中心隆重举办。本次展会以“品牌引领，合作共赢”为主题，以“运城果品，世界品质”“因运而生，匠心成果”为口号，以“办出山西特色、办出运城亮点、办出平台效益、办出国际水平”为宗旨，以扩大合作、扩大出口、扩大交流为目的的。主办方希望把展会举办成具有创意性、开放性、国际性的果业盛会和农业盛会，并借助这一平台把“运城苹果”打造成享誉国际的知名品牌。

展会集中展示国内 96 个苹果品种和来自其他 18 个国家的 65 类特色果品。设置了国际精品水果博览区、运城水果展示区、运城干果展示区、苹果品种科普区、农产品深加工引导区、果品包装创意区、出口平台成果展区等 17 个展区；举办了果王争霸赛、采购专场、国家级出口食品农产品质量安全示范市创建暨运城苹果品牌发布会、签约仪式、2017 中国苹果年会等 15 项活动。参观果农和群众超过 40 万人次，签约贸易金额达 121.8 亿元。全面展示山西优势农产品的发展成果，全面提高“运城苹果”区域品牌的市场知名度，推动运城优势农产品出口平台建设，促进山西省出口创汇农业再上新台阶。

本次展会营销策划有以下八大亮点。

1. 首次公开亮相“运城苹果”区域公用品牌。为打造运城享誉国内外的农业品牌，主办方按照“区域公用品牌+县域品牌+企业商标”模式，构建母子品牌体系的思路，聘请浙江大学制订“运城苹果”区域公用品牌建设规划。运城市优质果品在对外推介、产品包装和广告宣传上统一使用“运城苹果”这一品牌，做到口径一致、商标一致、包装一致，以进军国内外高端消费市场。这标志着运城市开启了由农业大市向农业强市转变、由规模农业向品牌农业转变的新时代。

2. 山西首个国家级出口食品农产品质量安全示范市创建活动全面启动。本次展会联合山西省农业农村厅、商务厅、出入境检验检疫局，启动山西省首个国家级出口食品农产品质量安全示范市创建活动，通过创建示范市，用出口标准倒逼产业转型升级，用标准化引导农产品提质增效。

3. 全面提升展会的国际化水平。主办方在展会上专门设立国外名优果品展区，集中展示 18 个国家、65 种特色名优果品，几乎囊括了目前世界上所有的苹果种类，其中包括美国红啤梨、麒麟果、刺角瓜、日本秋月梨、黑手指葡萄、网纹瓜、法国树莓等国内市场不常见的品种。展示近百个苹果品种，目的就是凸显本次展会的国际性定位，进一步开阔果农视野。

4. 首次邀请国内苹果主产省份同馆“打擂”。为助推运城果业转型升级，打造发展出口创汇农业的新标杆，主办方邀请山东、陕西、辽宁、甘肃、新疆、河北、河南 7 个苹果主产省份的果农代表、合作社负责人和果业生产企业负责人来运城参展，通过同馆“打擂”，达到互相交流、互相学习、取长补短的目的。其间，还举办果业新品种、新技术、新模式推广会，在服务果农的同时，一起探讨山西果业发展之路。

5. 四项活动首次以文艺节目的形式打包举办。为了进一步激发果农、果企、果商生产优质果品及提高出口积极性，主办方精心策划了“果王争霸赛”“我为运城苹果传美名”活动，同时，对 6 家重点出口企业进行“运城苹果”品牌运营授权，对 10 名做出突出贡献的果业战线优秀人士进行表彰。这四项活动集中用文艺节目的形式打包举办，并制成专题片宣传播放，旨在促进运城市果业转型升级，加快山西优势农产品出口平台建设步伐，大力发展出口创汇农业的新高潮。

6. 参会人员规模大，影响广。本次展会邀请了来自全球 33 个国家的 50 多家外商、22 个国家的驻华使馆和全国 30 个省区市的 1200 余位政、商界人士和农业专家参加。人民日报、新华社、中央电视台等 50 余家国内主流新闻媒体对本次展会进行了报道。

7. 重视扩大山西旅游的影响力。本次展会增加了旅游展区，在嘉宾驻地空港度假村设立旅游分会场，集中宣传展示山西旅游景点，扩大山西旅游的影响力。

8. 加强宣传力度。本次展会除会前的宣传造势以外，还加强了会中和会后报道。会中报道重点突出了买卖双方交易热点、农民和商家关注的焦点、达成的合作项目和交易成果等；会后报道重点突出了展会取得的丰硕成果及其深远影响等，社会反响强烈。一系列的宣传报道活动及其形成的良好社会舆论氛围，对于保证展会的圆满成功，提高运城的知名度发挥了积极作用。

（注：案例由运城市健康时尚广告有限公司提供，由赵博宇整理）

9.5 企业形象策划

9.5.1 企业形象整体系统构成分析

企业形象是企业文化的综合反映和外部表现，是企业通过自己的行为、产品、服务在社会公众心目中绘制的图景和造型，是公众以其直观感受对企业做出的评价。

从管理的角度来看，企业形象整体系统由 8 个要素构成，如图 9-16 所示。

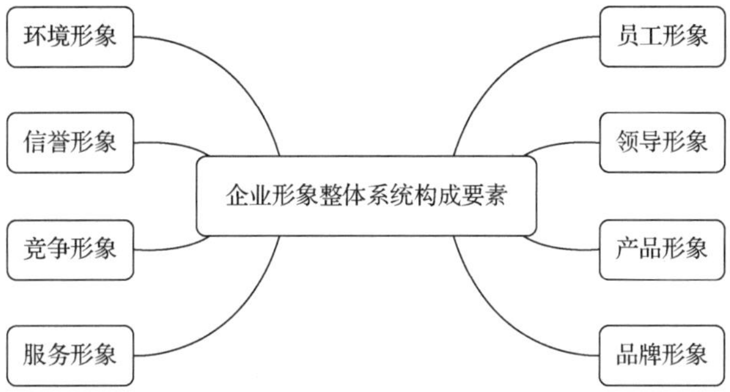

图 9-16 企业形象整体系统构成要素

1. 员工形象

员工是企业的主体，是塑造和传播企业形象最活跃的因素，是企业形象的代表者、传播者和展示者。因此，塑造员工形象是塑造企业良好形象的基础。

塑造员工形象主要有 3 个途径：一是要通过培训提高员工的整体素质，促使员工不断提高自身修养与素质，使员工认识到形象塑造的重要性，自觉成为企业形象的塑造者和代表者；二是要在实践中培养员工的敬业精神，使员工形成对事业执着追求和对工作一丝不苟的态度，自觉把自己的未来发展与企业的发展紧密结合起来；三是通过企业文化培养员工高尚的道德情操、不断进取的精神和健康向上的价值观，使企业形成蓬勃向上的活力。

2. 领导形象

领导形象是社会公众对企业领导者的总体看法和评价。它包括领导者的仪表、气质、工作方法和交际方式等外在形象，也包括领导者的理论水平、决策能力、创新精神和信念、意志力等内在的素质形象。对外而言，领导是企业的代表，领导形象在很大程度上代表着企业的形象。塑造领导形象的目标是使领导者成为有奉献精神和服务意识的高素质的决策者和精明的管理者。

塑造领导形象主要有 3 个途径：一是建立合理的领导班子结构，即要使领导层的知识结构多元化，年龄结构合理化，具有与时俱进、开拓创新、务实拼搏和朝气蓬勃的精神；二是实行唯才是举的用人方针，不拘一格地选拔那些有能力、有前途的年轻人；三是培养领导者的服务意识，让领导者正确认识自己的角色，严于律己、爱岗敬业、率先垂范、不徇私舞弊、不投机取巧，展现良好的社会形象。

3. 产品形象

产品是企业形象最直观、最具体的代表，是公众认识企业形象的第一个接触点，在塑造企业形象中有十分重要的作用。产品包括物质产品和精神产品，物质产品形象要求实用、新颖、规格齐全、价格合理；精神产品形象要求健康、生动和富有活力。

塑造产品形象主要有 4 个途径：一是重视产品的基础设计，采用新思路、新技术、新工艺和新材料，开发富有特色的产品；二是认真实施全面质量管理，即针对生产、经营或者管理过程的每道工序、每个岗位、每个部门甚至每个员工，都制订明确的质量标准和目标，保证产品质量最优；三是注重产品的外观形象塑造，产品的式样、颜色、包装、装潢图案应该新颖别致、美观大方；四是要充分利用各种传播手段，提高产品的知名度和美誉度。

4. 品牌形象

品牌是企业为自己的产品所设计的有别于其他企业产品的名称、图案、标记、颜色、符号、字母等因素及其组合。品牌形象塑造是指为本企业产品树立高美誉度、高知名度的优秀的产品形象。

品牌形象塑造主要有 3 个途径：一是要设计出消费者喜闻乐见的品牌；二是要实施名牌战略，即集中企业的人、财、物打名牌攻坚战；三是要既注重外在的品牌形象，设计出产品的名称、包装、广告等，也重视品牌内在的形象塑造，在产品的质量、服务、价格等方面独具特色，形成持久的市场竞争力。

5. 服务形象

21 世纪是服务竞争的营销时代，当代消费者是有文化素养、价值追求和感情需要的人，他们在购买产品的同时还注重服务需求的满足。

服务形象的塑造主要有 3 个途径：一是树立优质服务的意识，它要求企业全体员工牢固地树立起提供优质服务的观念，将自己的一切活动和工作都看作自己为消费者提供服务的机会；二是要配置完善的服务设施和条件，因为当代消费者对企业要求的是一流设施、一流环境、一流服务的统一，没有物质基础的服务是不可能达到高水平的；三是要提供周到、全面、细致的服务项目，即要从消费者的需求出发，如供应配件、免费提供安装、调试、上门服务、培训、包退包换、建立用户档案、处理好投诉等，一经承诺，就要切实履行。

6. 竞争形象

塑造企业竞争形象的目标，就是塑造出企业遵循竞争规则、注重相互合作、相互理解和公平竞争的形象。

塑造企业良好的竞争形象主要有 3 个途径：一是要把握竞争的焦点，在产品定价上既要考虑竞争的要求，也要考虑消费者的需要和成本，在技术上既要注重开发新的技术，也要重视技术成果的保密和有偿使用；二是要正确处理竞争矛盾，在矛盾出现后保持冷静的头脑，谨慎处理矛盾，不要因小失大，更不能通过不正当手段开展竞争；三是在竞争的同时，寻求合作的机会，因为企业不可能有永久的竞争对手或合作伙伴，在一个问题上双方可能是竞争对手，在另一个问题上双方可能又是合作伙伴。化竞争为合作，可以增进相互之间的了解和信任，也可以减少双方的矛盾和摩擦，为企业争取更有利的营销环境。

7. 信誉形象

企业的信誉是社会公众对企业工作效益、产品质量、技术水平、服务态度、人员素质和总体实力等方面所表现出的信任程度与赞美程度。对于企业而言，信誉是其重要的无形资产，能够为企业带来高于正常投资报酬的利润。塑造信誉形象的目标是让企业在社会公众心目中树立一种恪守信用、对公众负责、勇于承担社会责任的良好形象。

塑造信誉形象的主要途径有 3 个：一是要注重在生产经营活动中重合同、守信用，即恪守合同，按时履约，讲究职业道德，不搞假冒伪劣，不以牺牲社会公众的利益来获取不法利益，不做违法犯罪的事情；二是要勇于承担社会责任，要通过优质的产品和服务为社会做贡献，敢于对因自己过错造成的社会损失负责；三是努力为社会公众办实事，即用实际行动维护消费者的合法权益，为公众提供物质上和精神上的帮助，为社会解决如就业、污染治理等实际问题。

8．环境形象

对社会公众而言，企业环境是他们认识和识别该企业形象的窗口；对于企业员工而言，企业环境是他们工作的岗位环境；对于企业本身而言，环境代表了企业的精神风貌和管理水平。企业环境的好坏，对员工的精神状态、行为模式、工作态度、人际关系、工作质量和数量有极大的影响。环境形象的塑造也是企业形象塑造的重要方面。塑造环境形象的目标是为企业塑造出一种优美高雅、整洁有序、个性鲜明的环境形象。

塑造环境形象的途径有 2 个：一是要注重环境的全方位美化，要搞好厂区及周边的美化与绿化工作，要使办公和生产场地整洁有序，非正式工作场地中的雕塑、装饰及点缀设计要有特色，企业建筑群落的艺术风格和特征设计要力求精美，要做好企业区域内的废水、废气、废渣及噪声的治理；二是强调环境的个性特征，即企业的环境应当具有鲜明的特色。不管是建筑物、绿化带，还是车间、办公室、庭院的装饰和布置，均应别具一格，以充分体现本企业的形象特征。

9.5.2 企业理念识别系统策划

企业理念是指企业在组织和谋划企业的经营管理实践中所依据的指导思想和行为准则，是企业经营哲学和思维方法的体现。企业理念的设计是对企业灵魂的塑造，是将企业领导人的理念进行锤炼、抽象并形成企业管理人员和广大员工的共识，从而确定企业的经营宗旨和共同价值观的过程。

1．企业理念识别系统策划的内容

企业理念识别系统是企业赖以生存的原动力，是企业价值的集中体现，在企业发展中起着导向、规范、凝聚和激励的作用。企业理念识别系统包括企业使命、企业价值观、企业的经营方向、经营思想、经营道德、经营风格等内容。

案例 9-6

周黑鸭的企业理念

周黑鸭国际控股有限公司（以下简称周黑鸭）是一家专业从事鸭类、鹅类、鸭副产品和素食产品等熟卤制品生产的品牌企业，它集生产、销售于一体，拥有独立的培训基地、成熟的技术研发团队和销售团队，以其独特的风味深受广大消费者的喜爱，产品早已畅销湖北，辐射全国。在企业不断发展过程中，周黑鸭结合企业现实状况及创始人的经营理念，形成了独一无二的企业文化。

企业使命——让生活有滋有味。
企业愿景——走向世界的美味缔造者。
企业核心价值观——开明务实，诚实守信。
品牌理念——没滋味，就吃周黑鸭。
（案例来源：周黑鸭官网）

（1）企业使命

企业使命是指企业在社会经济活动中所扮演的角色、履行的责任以及因此而从事的业务。企业使命为企业发展指明方向，是企业确定目标和制订战略方案的前提，也是企业整合、分配资源的基础，更是企业设计组织结构的前提。

企业在确立其使命时，可以参考美国管理学家彼得·德鲁克的5个经典问题：我们的企业是干什么的？顾客是谁？我们对顾客的价值是什么？我们的业务将是什么？我们的业务应该是什么？这些问题听起来很简单，却是企业必须慎重、全面做出解答的难题，也是企业确立使命时经常使用的方法。

（2）企业价值观

企业价值观是企业内部形成的、全体员工共同认可的对待客观事物的态度和观念。企业价值观可以准确反映全体员工对其工作意义的认识和行为目标的取舍，也可以体现企业的经营风格和作风。价值观作为一种意识形态，对企业员工行为产生重大影响，坚定了员工的信念，确立了员工的行为准则和道德规范，并且贯彻到企业生产经营的各个环节中，此时企业意志也就得到了充分展示。

（3）经营方向

经营方向是指企业的事业领域（业务范围）和企业的经营方针。企业事业领域是指企业在哪一个或哪几个行业、领域为社会提供服务；经营方针是指企业经营战略目标及路线。

（4）经营思想

经营思想是企业生产经营活动的指导思想和基本原则，是企业领导者的世界观和方法论在企业经营活动中的运用和体现。经营思想的形成非一日之功，它是企业长期经营实践之后形成的精华。经营思想是企业成功之所在，也是企业要永远坚持和维护的传家宝。

（5）经营道德

经营道德是企业全体员工在经营活动中应该遵循的，靠社会舆论、传统习惯和内心信念来维系的行业规范的总和。企业的经营道德应以“自愿、公平、诚实、守信”为基本准则。

（6）经营风格

经营风格是企业精神和企业价值观的体现。企业精神包括员工对本企业特征、地位、风气的理解和认同，由企业优良传统、时代精神和企业个性融汇的共同信念，以及员工对本企业未来发展抱有的理想和希望。企业价值观是企业全体员工对其行为意义的认识体系和所推崇的行为目标的认同和取舍。

2．企业理念识别系统的应用

企业理念识别系统的应用包括2个方面：一是将企业理念通过各种方式，如口号、歌曲、培训教育等，渗透到企业员工的行为中，形成企业行为识别系统的策划；二是将企业理念渗透到视觉标志中，形成企业视觉识别系统的基本要素及应用要素设计的策划。

案例 9-7

金科物业：用心创造美好

近年来，我国物业服务行业蓬勃发展，物业服务水平不断提升，物业服务市场竞争也日益激烈。如何才能在激烈的市场竞争中立于不败之地？金科物业作为“美好生活理念”以及“中国邻里文化”的倡导者与践行者，坚持做好精细化服务，从以下 7 个方面用精心设计的“有形线索”展示“金科式美好生活”，从而展示出金科物业的良好形象。

第一，“0～30 分贝”的上班路。为了使业主在上班时拥有一个美丽整洁的园区，保洁人员会较早开始一天的工作。但在作业过程中使用机具难免会产生一些噪声，为了使业主有安静的休息环境，金科物业提出了“分贝之路”这个制度化的标准，在保洁工作区域设置分贝仪，将作业声音严格控制在 30 分贝之内。

第二，垃圾桶上的 5cm 刻度线。金科物业会在所服务社区的垃圾桶边缘统一设定一条白色刻度线，保洁人员需要仔细将垃圾桶内的垃圾袋翻到垃圾桶口上沿往下延伸 5cm 处，误差不得超过 1cm。这一小小的标准使得园区内的垃圾桶看起来十分统一美观。

第三，“白式刀法”。“白式刀法”不是一门祖传的“武功”，而是金科人摸索出的一种草坪切边技术。金科阳光小镇的环境主管在进行绿化养护工作时，发现原有的草坪与灌木间养护沟打理技术效率较低，打理后的草坪不美观。于是她认真钻研，最终创造出“菜刀+木条”的切边法，使得草坪边缘更加整齐。这一技法后来推广到金科物业所服务的各个项目。

第四，“白手套”之约。“白手套”是金科物业的一项针对保洁人员的内部评优机制，每月一次，由项目主管随机抽测评比：用干净白手套抚摸电梯、扶手、墙面、地面等，最终评出最优者为“白手套”拥有者。在“白手套”的激励下，社区环境越来越整洁美观，成功达到了金科物业创立这项制度的初衷。

第五，“平安到家”行动。社区安全作为物业服务的重要一环，一直受到物业管理企业和业主的关注。在每个金科物业服务的社区，夜间协管队员都会护送独自晚归的业主回家，并用应急手电照亮业主的回家路，用行动让每位业主感受到社区平安美好的生活环境。

第六，电梯真人应急演练。金科物业服务的每个项目每季度会进行 1 次及以上的电梯故障演练，而其中最细致的便是“真人电梯困人演练”。为了演练的真实性，项目工作人员会进入轿厢内模拟被困情形，之后根据自己的实际体验和感受，对“电梯被困话术”进行完善，使业主万一遭遇此类情况时能得到最贴心的安抚。

第七，社区植物的“名片”。居住在社区内的孩子们拥有无限的好奇心，他们的家长经常被“这棵树是什么树”“这朵花是什么花”等问题难住。金科物业通过为社区内的植物建立详细“名片”，帮助家长及孩子们了解社区内植物的名称与种属，形成人与自然的良性互动。

金科物业通过多样化的企业形象展示，让业主切身感受到身边的优质服务。截至 2018 年 8 月，金科物业已进入全国 129 个城市，服务超过 600 个项目，服务面积超过 2.2 亿平方米，服务业主超过300万人，连续3年蝉联中国物业服务十强，企业成长性及创新性均位居行业前列。

（案例来源：李巍. 服务营销管理：聚焦服务价值[M]. 北京：机械工业出版社，2019）

9.5.3 企业行为识别系统策划

企业行为识别的宗旨是企业在内部和对外交往中有一种规范性准则，这种准则具体体现在全体员工上下一致的日常行为中。也就是说，员工的行为都代表着企业行为，能反映出企业的经营理念和价值取向，而不是独立的随心所欲的个人行为。行为识别，需要员工在理解企业经营理念的基础上，把它转化为自觉的行动，只有这样，才能使同一理念在不同的场合、不同的层面具体落实到管理行为、销售行为、服务行为和公共关系行为中去。

企业的行为识别是企业处理和协调人、事、物的动态运作系统。行为识别的贯彻，对内包括新产品开发、工作分配以及文明礼貌规范等；对外包括市场调研及商品促销、服务及公关准则，与社会公众、上下游合作伙伴以及代理经销商的交往行为准则。

1. 企业行为识别系统策划的内容

企业行为识别（BI）系统是动态的识别系统，主要包括内部行为规范和对外行为规范两方面。

（1）内部行为规范

内部行为规范包括组织结构、管理导向、运作流程、人事政策、培训制度、奖惩制度、福利政策、职业道德、行为准则、沟通方式、公司礼仪、文化活动、环境规划等。

（2）对外行为规范

对外行为规范包括市场调研、产品开发、市场推广、售后服务、物流处理、招聘方式、竞争行为、协作方式、公众咨询、社区服务、公益活动、环保措施、外交活动、宣传广告等。

2. 企业行为识别系统的传播与推广

（1）内部的传播

企业可通过内部通信、公告栏、板报、标语、广播、简报、企业报等方式进行内部信息传播，内部员工交流的主要形式有幻灯片、公司汇报、企业识别系统消息、员工手册、海报、讲习会等公关活动。

（2）外部的推广

外部的推广主要包括策划“新闻事件”、广告活动、社区交往、大型活动等。

9.5.4 企业视觉识别系统策划

1. 企业视觉识别系统策划的内容

企业视觉识别系统是企业最外在、最直观、最具有传播力和感染力的部分。企业视觉识别系统是静态的识别系统，它将企业的基本理念转化成系统化的视觉传达形式，塑造与企业经营理念、行为规范相一致的视觉形象。

企业视觉识别系统的基本要素包括企业名称、企业标志、企业标准字、企业标准色、企业造型角色、企业象征图案、企业版面编排模式。

2. 企业视觉识别系统基本要素的设计与开发

企业视觉识别系统基本要素包括 7 种，如图 9-17 所示。企业应从自身实际出发，对基本要素进行设计与开发。

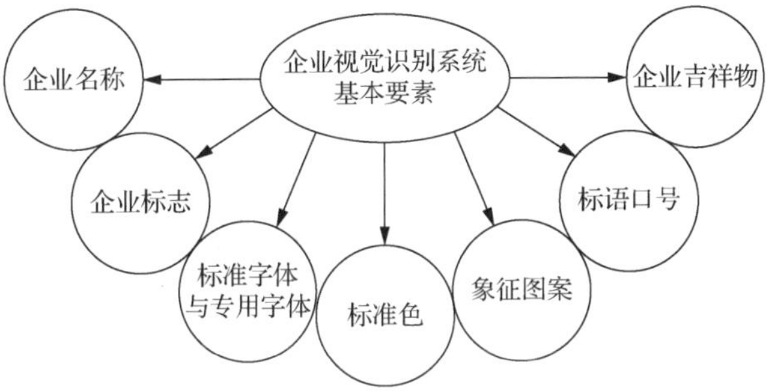

图 9-17 企业视觉识别系统基本要素

（1）企业名称

企业名称与企业形象有着紧密的联系，是企业视觉识别设计的基础，是采用文字来表现的识别要素。企业名称，必须反映企业的经营思想，体现企业理念；必须有独特性，发音响亮并易识易读，要注意谐音的含义，避免引起不佳的联想。企业名称的文字要简洁明了，还要注意国际性，适应外国人的发音，以避免外语中的错误联想。表现或暗示企业形象及产品的企业名称，应与商标或其代表的品牌相一致，企业也可将市场上比较有知名度的产品作为企业名称。企业名称的确定不仅要考虑传统性，还要具有时代特色。

（2）企业标志

企业标志是特定企业的象征与识别符号。企业标志是通过简明的造型、生动的形象来传达企业的理念、产品特性等信息的。企业标志的设计不仅要具有强烈的视觉冲击力，而且要表达出独特的个性和时代感，必须广泛地适应各种媒体、各种材料及各种用品的制作，其表现形式可分为图形表现（包括再现图形、象征图形、几何图形）、文字表现（包括中外文字和阿拉伯数字的组合）、综合表现（包括图形与文字的结合应用）3 个方面。企业标志要以固定不变的标准原型在企业视觉识别设计形态中应用，设计时必须绘制出标准的比例图，并表达出企业标志的轮廓、线条、距离等精确的数值。其制图可采用方格标示法、比例标示法、多圆弧角度标示法，以便企业标志在放大或缩小时能精确地描绘和准确地复制。

企业标志的设计要注意：①标志应简洁鲜明，富有感染力；②标志在保持相对稳定的同时，也应具有时代精神；③应把握一个“美”字，使其符合人类对美的共同认知，符合点、线、面、体四大类标志设计的造型要素，能构成独立于各种具体事物结构的美感。

（3）标准字体与专用字体

标准字体包括中文、英文或其他文字字体。标准字体是根据企业名称、企业品牌和企业地址等来进行设计的。标准字体要有明确的说明性，能直接传达企业、品牌的名称并强化企业形象和品牌诉求力。字体的设计，要求字形正确、富于美感并易于识读，在字体的线条粗细处理和笔画结构上要尽量清晰简化和富有装饰感。在设计时要考虑字体与标志在组合时的协调统一，对字距和造型要做周密的规划，注意字体的系统性和延展性，以适应于各种媒体和不同材料的制作，适应各种物品的大小尺寸。企业的标准字体的笔画、结构和字形的设计也可体现企业精神、经营理念和产品特性。其标准制图方法是将标准字配置在适宜的方格或斜格之中，并表明字体的高、宽尺寸和角度等位置关系。

专用字体是根据企业新使用的主要文字、数字、产品名称，结合对外宣传文字等，进行统一设计的。它主要涉及为企业产品设计的标识字和为企业对内、对外活动而设计的标识字，以及为报刊广告、招贴广告、影视广告等设计的刊头、标题字体。

（4）标准色

标准色是用来象征企业并应用在企业视觉识别设计中所有媒体上的指定色彩，如可口可乐的“红色”、IBM 的“蓝色”，可表现出企业的经营理念和产品特质，体现出企业属性和情感。标准色具有强烈的识别效应。标准色要根据企业的行业属性来确定，突出企业与同行的差别，并创造出与众不同的色彩效果。标准色的选用是以国际标准色为标准的，企业使用的标准色不宜过多，通常不超过 3 种颜色。

（5）象征图案

象征图案是为了配合基本要素在各种媒体上的广泛应用而设计的，在内涵上要体现企业精神，起到衬托和强化企业形象的作用。象征图案通过丰富的造型，来补充标志符号建立的企业形象，使其意义更完整、更易识别、更具表现力。象征图案在表现形式上应简单抽象，与标志图形既有对比又保持协调，也可由标志或组成标志的造型内涵来进行设计。在与基本要素组合使用时，要有强弱变化的动感和明确的主次关系，要根据不同媒体的需求做各种展开应用的规划组合设计，以保证企业识别的统一性和规范性，强化整个系统的视觉冲击力，产生视觉的冲击效果。

（6）标语口号

标语口号是企业理念的概括，是企业根据自身的营销活动或理念而研究出来的一种文字宣传标语。企业的标语口号要文字简洁、朗朗上口。准确而响亮的标语口号对企业内部能激发员工为企业目标而努力，对外则能表达出企业发展的目标和方向，提高企业在社会公众心目中的形象。其主要作用是对企业形象和企业产品形象进行补充，以达到使社会公众在瞬间的视听中了解企业思想，并留下对企业或产品难以忘却的印象。

（7）企业吉祥物

企业吉祥物是为了强化企业形象而设计的企业造型和具体图案。企业吉祥物通过可爱的人物或拟人化形象，以较强的视觉冲击力和情感偏好来引起社会公众的注意和好感，引起社会普遍关注，从而帮助企业与社会公众之间建立良好的沟通。

3. 企业视觉识别系统应用要素的设计与开发

企业视觉识别系统应用要素设计是指对基本要素在各种媒体上的应用做出具体而明确的规定。在企业视觉识别最基本的要素，如企业标志、标准字体、标准色等被确定后，就要对这些要素进行精细化作业，开发各应用项目。最基本的是将企业名称的标准字与标识等组成不同的单元，以配合各种不同的应用项目。当各种要素在各应用项目上的组合关系确定后，就应严格地固定下来，以便通过同一性、系统性来加强视觉识别的作用。应用要素大致有 9 种类型，如图 9-18 所示。

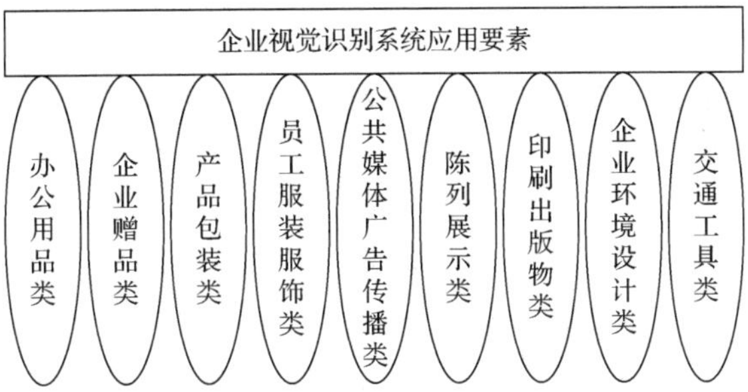

图 9-18　企业视觉识别系统应用要素

（1）办公用品类

办公用品包括信封、信纸、便笺、名片、徽章、工作证、请柬、文件夹、介绍信、备忘录、资料袋等。其设计与制作应充分体现出强烈的统一性和规范性，要能够表现出企业精神。其设计方案应严格规定办公用品形式排列顺序，形成统一规范的格式，给人一种全新的感受并表现出企业的风格，同时也展示出现代办公的高度集中化和现代企业文化向各领域渗透传播的攻势。

（2）企业赠品类

企业赠品主要是为了提高企业形象，它是以企业标志为导向、传播企业形象为目的，将企业形象组合表现在日常生活用品上。企业赠品也是一种行之有效的广告形式。

（3）产品包装类

产品包装起着保护产品、促进销售、传播企业和产品形象的作用，是一种标识化、信息化、商品化流通的企业形象，因而代表着产品生产企业的形象，并体现了产品质量的优劣和价格的高低。所以系统化的包装设计具有强大的推销作用。成功的包装是最好、最便利的宣传推广企业及产品、树立良好企业形象的途径。

（4）员工服装服饰类

员工服装服饰包括经理制服、管理人员制服、员工制服、礼仪制服、工作帽（安全帽）、胸卡等。企业整洁、高雅的服装服饰统一设计，可以提高员工对企业的归属感、荣誉感和主人翁意识，改变员工的精神面貌，促进工作效率的提高，因而设计时应严格区分出工作范围、性质和特点，设计出符合不同岗位的着装。

（5）公共媒体广告传播类

公共媒体广告传播主要包括电视广告、报纸广告、杂志广告、广播广告、路牌广告、招贴广告、网络广告等的传播，这是一类长远性、整体性、宣传性极强的传播方式，可在短期内以最快的速度、在最广泛的范围中将企业信息传达出去，是现代企业传达信息的主要手段。

（6）陈列展示类

陈列展示主要有橱窗展示、展览展示、货架商品展示、陈列商品展示等。在设计时要突出陈列展示的整体感、顺序感和新颖感，以表现出企业的精神风貌。

（7）印刷出版物类

印刷出版物主要包括企业简介、产品说明书、产品简介、企业简报、年历等，它们代表着企业的形象，直接与企业的关系者和社会公众见面。为取得良好的视觉效果，在设计时应充分体现出强烈的统一性和规范性，体现出企业的精神，编排要一致，要固定印刷字体和排版格式，并将企业标志和标准字统一安置在某一特定的版式风格中，形成一种统一的视觉形象，以强化公众的印象。

（8）企业环境设计类

企业环境包括企业外部建筑环境和企业内部建筑环境两类。企业外部建筑环境主要包括建筑造型、旗帜、门面、招牌、公共标识牌、路标指示牌、广告塔等。企业外部建筑环境设计是企业形象在公共场合的视觉再现，是一种公开化、有特色的群体设计，标志着企业的面貌。在设计上要借助企业周围的环境，突出和强调企业识别标志，充分体现企业形象的标准化、正规化和企业形象的坚定性，以便使观者对其产生好感。企业内部建筑环境是指企业的办公室、销售厅、会议室、休息室、生产车间等。设计时要把企业识别标志贯穿于企业室内环境之中，从根本上塑造、渲染、传播企业形象，并充分体现企业形象的统一性。

（9）交通工具类

交通工具主要包括企业的轿车、中巴、大巴、货车、工具车等，这是一种流动性、公开化的企业形象传播方式，通过其多次的流动使人产生记忆，有意无意地建立起企业的形象。设计时应具体考虑它们的流动特点，运用标准字体和标准色来统一各种交通工具外观的设计。企业标志和字体应醒目，色彩要强烈，只有这样，才能引起人们注意，最大限度地发挥其流动广告的作用。

案例分析

麦当劳——全面导入 CI 策划

麦当劳是世界上最大的快餐集团之一。其著名的“M”形商标赫然闪耀，使人们可以轻易辨认。麦当劳已在世界市场上形成一种快餐文化，其企业形象已在消费者心中扎下了根。麦当劳的成功很大程度上归功于它的企业形象（Corporate Identity，CI）策划。具体来说，有以下几个方面。

1. 明确的企业理念

麦当劳的企业理念是“Q、S、C、V”，即向顾客提供高质量的产品，快速、准确、友善的服务、清洁优雅的环境，以及做到物有所值。麦当劳几十年来始终如一地遵循这个理念，并落实到每项工作和员工的行动中去。

① Q（Quality），即品质。麦当劳制定了一套严格的食物质量标准。麦当劳的食品达到了标准化，做到了无论是国内还是国外，所有分店的食品质量和配料都一样。

② S（Service），即服务。为了满足旅客对休息和吃饭场所的需要，在美国，麦当劳在高速公路两旁和郊区开设了许多分店，在距离店铺不远的地方，装上通话器，上面标着醒目的食品名称和价格，人们经过时，只需要打开车窗，向通话器报上所需的食品，等车开到店旁的小窗口时，就能交钱取货，完全不耽误行程。如此周到的服务，使得这类生意几乎被麦当劳一家独揽。

③ C（Cleanliness），即清洁。麦当劳对员工的个人卫生、行为及店堂卫生都有严格的标准。

④ V（Value），即物超所值。麦当劳的企业理念，起初只有“Q、S、C”，后来又加上“V”。麦当劳强调为顾客提供物超所值的体验，所谓物超所值，即价格合理且品质高。

为了彻底贯彻企业理念，麦当劳从总部派出地区巡回督察团，每月不定时到各地经销店、公司直营店巡视，对全世界几千家连锁店一视同仁。督察团巡视完毕后，向总公司或该地区的总部报告巡察结果，如果巡察结果有问题，该店店长考评就会受到影响。

2. 严格统一的行为规范

为了使企业理念“Q、S、C、V”能够在连锁店贯彻执行，保持企业稳定，麦当劳将每项工作都做到了标准化、规范化，即“小到洗手有程序，大到管理有手册”。麦当劳的行为规范详细地写在了麦当劳营运训练手册、岗位工作检查表、袖珍品质参考手册及管理发展手册里，以方便员工遵守执行。

3. 麦当劳的企业标志

麦当劳取其英文名称的第一个字母“M”为企业标志。标准色采用金黄色，标志用寓意和象征图形相结合的方法，“M”既是公司英文名称的第一个字母，又被设计成象征双臂打开的黄金双拱门，表示欢乐与美味，寓意着麦当劳以“Q、S、C、V”不断地把顾客吸引进这座欢乐之门。

麦当劳叔叔是麦当劳的吉祥物，他亲切幽默，象征着祥和、友爱和欢乐，永远是顾客的朋友和社区的一分子，他时时刻刻为社区的发展贡献自己的一份力量。

4. 麦当劳的广告公关

如果说运营是一门科学，那么促销就是一种艺术了。

自 1959 年开始，麦当劳与加盟者签约规定：必须把营业额的 2.5%用于广告营销。此外，参加公益活动也是麦当劳引起公众注意的重要方法之一，麦当劳总公司要求连锁店店主积极参加当地的公益活动，使之成为地方新闻报道的热点。

（案例来源：张昊民，冼静. 营销策划[M]. 4 版. 北京：电子工业出版社，2021）

思考题：

1. 你如何评价麦当劳全面导入 CI 策划？
2. 根据本案例，你认为全面导入 CI 策划应从哪几个方面入手？

策划专家之九　　第 9 章　在线答题

第 10 章

营销策划书的编制

本章教学目标与要求

（1）了解营销策划书的基本概念及基本结构；
（2）熟悉营销策划书的基本内容；
（3）掌握营销策划书的编写要求与编写技巧。

本章知识架构

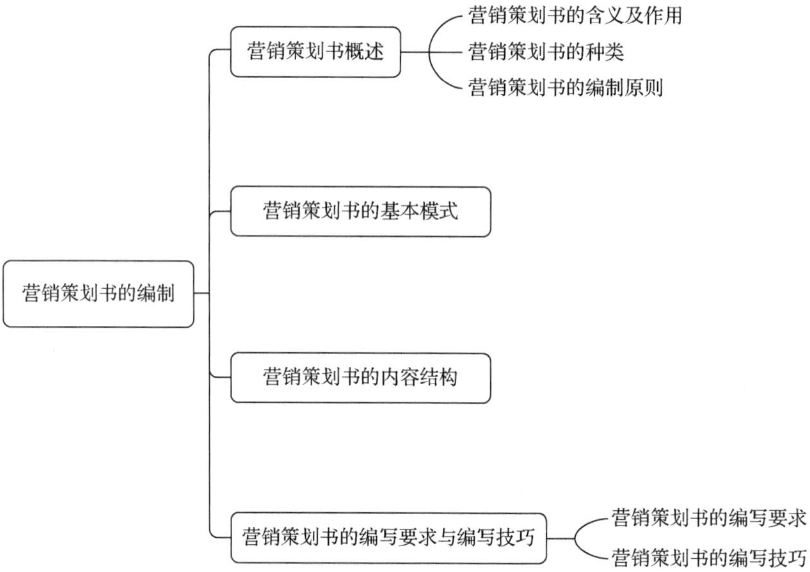

导入案例

墨宝书丹青　寒冬送温暖

活动策划书

一、活动背景

春节即将到来，各种各样有关节日的活动都在进行。春联，又称“门对”“春贴”“对联”，象征着吉祥，充满着祝福，体现着浓浓的节日气氛。××银行××区支行借着春节的东风，为他们的客户送去春意、送去节日的祝福，以达到增进感情、稳定客户之效果。本次活动由北京朝晖策管理咨询有限公司策划。

二、活动目的

1. 弘扬传统文化，营造支行节日喜庆气氛；
2. 推动××银行文化宣传，提高社会认知度；
3. 感恩回馈支行大客户，如对公客户以及个金大客户等；
4. 增加支行存款余额，为首季开门红打下良好基础。

三、活动对象

对公客户、个金大客户、信贷大客户、前期预约的支行大客户。

四、活动创意

节日与书法结合，感受原创春联魅力，展示书法的艺术魅力，邀请国内知名的书法大师，为支行的客户送上新春祝福，同时展现出支行良好的社会形象和知名度。主题大气磅礴，立意高远，“墨宝书丹青”紧贴本次活动内容，“寒冬送温暖”寓意深刻，整个主题朗朗上口，夺人眼球。

五、活动时间

××月××日 9:00—12:00。

六、活动地点

1. 支行一楼营业大厅；
2. 支行二楼会议室。

七、活动内容

邀请书法大师王金昌老师、马骏生老师、李贵频老师当天在支行写“福”字、春联、书法作品赠送支行各类客户，特别是对公客户、个金大客户等。

八、活动操作思路

（一）宣传

1. 针对支行个金、信贷等重点客户进行一对一定向宣传，方式为发短信、打电话，告知客户本次活动的内容。
2. 制作书法大师个人宣传易拉宝，放在营业大厅内，吸引客户参加活动。
3. 制作条幅，悬挂在营业大厅和会议室醒目位置，以便直观宣传本次活动主题。
4. 制作 1000 份宣传单，组织人员在支行周边及重点区域开展宣传活动。

（二）活动兑换

客户办理完相应储蓄业务后，凭小票到营业大厅或会议室活动现场领取对应书法作品。

（三）活动前期宣传

××月××日—××月××日。

通过电话、短信、宣传单等方式向客户进行宣传，强调本次活动礼品的稀缺性和珍贵性，不同存款标准对应不同数量的书法作品，先到先得，数量有限。

九、活动推进

1. ××月××日前完成对外宣传的所有宣传品设计工作（短信通知的表述话语、户外一对一宣传的交流用语、营业大厅内与客户面对面的营销话术，易拉宝、条幅、宣传单的设计，领取书法作品单据样稿等）。

2. ××月××日前完成所有宣传品的制作。设计、制作均由我公司提供。

3. ××月××日前根据活动方案做好人员工作安排及制订好活动的奖励措施。把要新增的储蓄客户合理分摊给支行所有人，把要新增的 1000 万元存款额也合理分摊给具体的人。完成任务指标的给予奖励（本措施由支行根据实际情况制订）。

十、现场布置（见图 10-1）

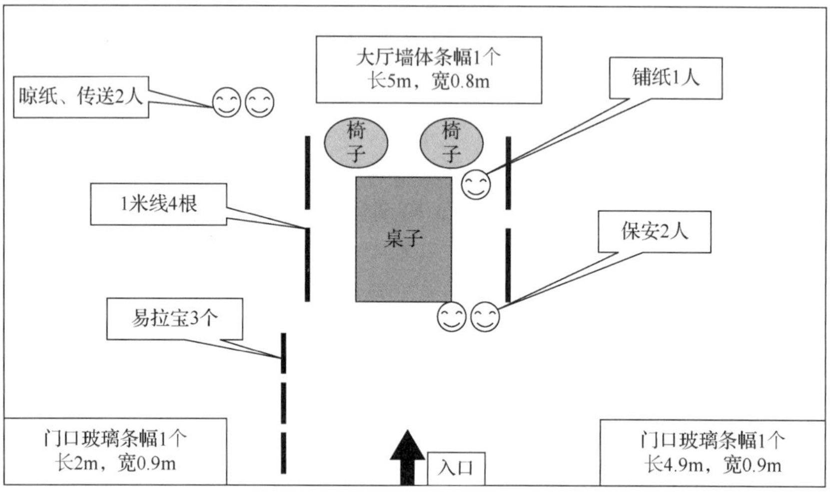

（a）营业大厅

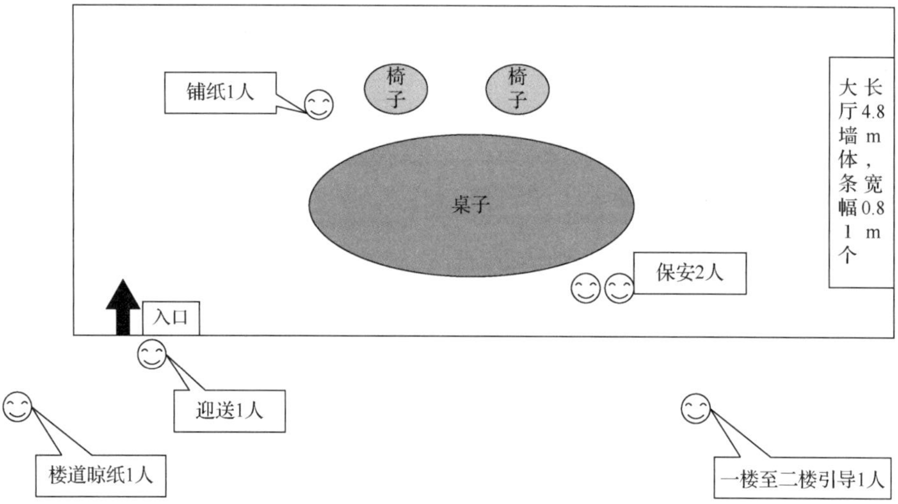

（b）会议室

图 10-1 营业大厅、会议室物料、人员布置

十一、活动现场人员分工（见表 10-1）

表 10-1 活动现场人员分工

类型	人数	分工
服务组	7 人	营业大厅（3 人：铺纸 1 人，晾纸 1 人，传送 1 人） 会议室（4 人：引导 1 人，铺纸 1 人，晾纸 1 人，迎送 1 人）
宣传组	2 人	宣传单发放 1 人，活动拍摄 1 人
保安组	4 人	营业大厅 2 人，会议室 2 人
机动组	2 人	行长安排，负责协调突发事件

十二、活动经费预算（见表 10-2）

表 10-2 活动经费预算

项目	名称	数量	单价	总计
活动策划费	市场调研费（赠送）	1	0 元	0 元
	活动主题创意费（赠送）	1	0 元	0 元
	方案撰写费	1	3000 元	3000 元
	活动宣传物料设计费	1	1500 元	1500 元
	活动协助执行费	1	3000 元	3000 元
合计	7500 元			
物料费	喷绘条幅	1	100 元/个	100 元
	易拉宝	9	100 元/块	900 元
	宣传单	1000	0.25 元/张	250 元
	毛笔	3	150 元/支	450 元
	墨汁	6	50/瓶	300 元
	福纸	200	1 元/袋	200 元
	对联	100	2 元/袋	200 元
	宣纸	25	32 元/刀	800 元
	镇纸（黑檀木）	3	200 元/对	600 元
	毛毡垫（长 2.4 米，宽 1.2 米）	3	150 元/张	450 元
	砚台	3	150 元/个	450 元
	桌布（营业大厅）	1	300 元/张	300 元
合计	5000 元			
专家出场费	润笔费	3	6000 元/人	18000 元
	交通费（含汽油费、过路费）	1	150	150 元
合计	18150 元			
拍摄费	营业大厅、会议室拍摄费	2	750 元/人	1500 元
合计	1500 元			
总费用	32150 元			

十三、效果预估

通过本次活动，支行既回馈了银行重点客户，又增加了人气，提升了银行的品牌形象，同时增加了存款额，为支行 1 月取得开门红奠定基础。

××年××月××日

（注：案例由北京朝晖策管理咨询有限公司提供，由赵博宇整理）

上述导入案例是关于某银行春节前以送春联、联感情、增存款为目的的一份相对完整的营销策划书。从导入案例可以看出，营销策划书是通过策划书的形式将营销策划活动的策划思路、工作程序等准确、完整地体现出来，是策划活动中所有创意结果的书面表达，是策划成果的集中反映。同时，营销策划书也是下一步策划活动的指导性文件，是实施营销活动的行动纲领和具体行动指南，在整个营销策划活动中起着创意与实践相结合的作用。那么，营销策划书有哪些作用？营销策划书包括哪些内容？营销策划书的基本结构是什么？营销策划书有哪些编写要求和编写技巧？这正是本章所要解决的问题。

10.1 营销策划书概述

10.1.1 营销策划书的含义及作用

营销策划书又称营销策划方案、营销策划文案、营销企划书或企划案。它将营销策划者对策划对象的创意构思与创新概念转化为一种具体的、有形的、可行的、看得见的物质载体。营销策划书是营销策划的成果，是营销策划工作的进一步深化、升华和文字化，是营销策划者实现企业营销策划目标的行动指南和行动方案。从营销策划者开始构想，营销策划书的编制工作就已开始，只不过那时的“策划书”还存在于营销策划者的头脑中。从整个策划过程来看，营销策划书是实现营销策划目标的第一步，是营销策划能否成功的关键。

营销策划书的作用可以归纳为 3 个方面，如图 10-2 所示。

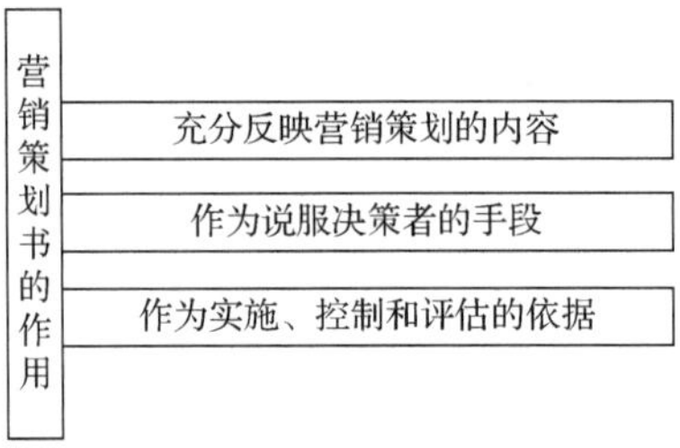

图 10-2　营销策划书的作用

1. 充分反映营销策划的内容

营销策划书是营销策划方案的书面表达形式。因此，营销策划书的内容是否翔实、条理清晰、符合逻辑与具有可行性，营销策划书的形式是否系统化、规范化，营销策划书是否能准确、完整地传达营销策划者、决策者的真实意图，就显得非常重要。

2. 作为说服决策者的手段

营销策划书作为一种营销策划的沟通语言，一种通过文字表述使他人信服的材料，要能使企业决策者认识到营销策划者的意图和策划思想，并在充分理解的基础上认同营销策划方案，进而按营销策划书的内容去实施。因此，如何通过营销策划书的文字魅力及视觉效果去充分、有力地打动及说服企业决策者，提高营销策划书的说服力和接受度，也就自然而然地成了营销策划者追求的目标。

3. 作为实施、控制和评估的依据

营销策划书体现了营销策划的具体工作，营销策划书中不但有营销战略和营销策略，还有落实这些战略和策略的具体行动方案及企业营销活动的具体安排。因此，营销策划书作为企业实施营销策划方案的可靠依据和行动指南，能帮助企业决策者最大限度地认识营销策划的意图和策划思想，能使营销职能部门在操作过程中增强行动的准确性、规范性和可控性。同时，营销策划书中的营销目标还是营销策划方案实施以后测评实施效果及方案效果的基本依据。

10.1.2　营销策划书的种类

1. 按策划对象及应用范围划分

按策划对象及应用范围的不同，可把营销策划书分为以下 3 类。

① 新产品（项目）营销策划书——策划型。新产品（项目）营销策划书是指为企业尚未推出的产品、服务、产品线或品牌实现一定的市场目标而做出的全盘营销计划。从本章导入案例可以看出，在新产品（项目）启动之前，制作一份完整的新产品（项目）营销策划书是完全有必要的。即使在这个阶段一些市场信息仍不明确，企业也须在投入大量资源之前尽早做出筹划，这样可以提高企业投入营销资源的有效性。

② 营销诊断书——诊断型。企业在运营活动中不可避免地会遇到各种问题，有了问题就要找出原因，提出对策和改进的方法，这就是营销策划中营销诊断书所要解决的。营销诊断书通过分析调查企业经营的实际状况，发现运营中存在的问题，然后运用科学的方法，有针对性地进行分析，查找问题产生的原因，提出切实可行的改进方案，从而调整行动方向，绕过阻碍，以最小的代价实现企业目标。

③ 年度营销计划书——计划型。年度营销计划书是企业提前对下一年的营销工作做出的规划。年度营销计划书需要接受企业高层管理人员的正式审核、批准，一般为当年年底做出，一年一次。当然，企业也要根据环境的变化对年度营销计划书做出相应的调整和修改。

2. 按呈报对象划分

按呈报对象的不同，可把营销策划书分为内部营销策划书和外部营销策划书两类。

① 内部营销策划书是指呈报给本企业各级领导，供其作为决策依据的策划书。内部营销策划书是绝密文件，要求对外严格保密，并在以下方面有详细说明：策划实施方面的人

际关系对策；策划实施方面的相关组织与团体对策；策划实施中的资金对策；策划实施中的传播媒介关系对策；策划实施中的阻碍因素及消除对策；与策划实施有关的政府机构对策；与策划实施有关的法律问题。

② 外部营销策划书是指呈报给企业的顾客或经营伙伴等与企业营销相关的个人、组织或机构的策划书。外部营销策划书是非绝密文件（但对一般公众仍旧保密）。在外部营销策划书中，应把握好保密的“度”；应站在对方的立场上，使语言、思路都让对方满意；应强调营销策划给对方带来的利益。

不论是内部营销策划书还是外部营销策划书，都可按照具体内容细分出许多不同主题的策划书，如市场调研策划书、市场定位策划书、产品策划书、价格策划书、渠道策划书、物流策划书、促销策划书等。

10.1.3 营销策划书的编制原则

为了提高营销策划书的科学性和准确性，必须把握好营销策划书的编制原则，如图 10-3 所示。

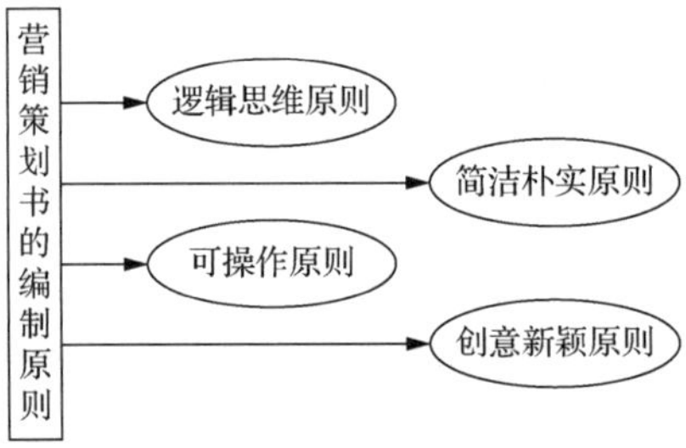

图 10-3 营销策划书的编制原则

1. 逻辑思维原则

营销策划的目的是帮助营销人员全面、系统地思考企业面临的营销问题，解决企业营销过程中存在的问题，为企业下一阶段的营销活动提供建设性的意见。营销策划书的编制必须遵循逻辑思维原则，首先是设定问题，交代策划背景，分析产品或服务的市场现状，明确营销策划的目的；其次是在此基础上进行具体策划内容的详细阐述；最后是明确提出方案实施、控制及评估的对策。

2. 简洁朴实原则

简洁朴实原则强调，营销策划书既要全面，又要简单明了、通俗易懂、重点突出，要抓住企业营销过程中所要解决的核心问题，深入分析研究，提出具有可行性、针对性强的相应对策，要具有指导意义。

3. 可操作原则

营销策划书要用于指导营销活动，其指导性涉及营销活动中的各个方面，包括每个人的工作及各环节关系的处理等。因此，营销策划书的操作性非常重要，不具有操作性的方案，即使创意再好，也没有任何价值。

4. 创意新颖原则

该原则要求营销策划的创意新、内容新，表现方法也要新，能给人以全新的感受。新颖的创意是营销策划书的核心。

10.2　营销策划书的基本模式

一般来说，营销策划书没有一成不变的格式。根据产品或营销活动的不同要求，营销策划书的内容和编制格式会有相应的变化。为了使大家更清晰地了解营销策划书的结构，表 10-3 给出营销策划书的一个基本模式，这个基本模式是营销策划者在长期的市场营销策划实践中总结并不断完善的结果。在实践中营销策划者应从实际出发，灵活运用。

表 10-3　营销策划书基本模式

营销策划书
一、封面 策划书名称及客户名称 策划机构或策划人名称 策划完成日期 策划使用的时间段 保密级别及编号
二、前言
三、目录 策划提纲
四、正文 **概要** 策划主要内容概要 **策划目的** 策划目的及相关内容说明 界定问题 明确策划目标、策划主题 **环境分析** 市场需求状况 竞争状况 分销状况 宏观环境状况 **SWOT 分析** 问题点及机会点 优势、劣势 分析问题、发现机会、扬长避短 **具体目标** 市场目标 财务目标

续表

营销战略 　市场细分 　目标市场 　市场定位 营销组合策略 　产品策略 　价格策略 　渠道策略 　促销策略 行动方案 　人员安排 　工具设备 　时间计划 　地点选择 财务分析 　损益表等财务报表 　营销费用预算 策划控制方案 　方案执行控制 　风险预测 　应急方案
五、结束语 　突出策划的内容要点
六、附录 　调研报告及调研原始资料 　主要参考文献 　其他材料（照片、录像带、录音带、实物等）

10.3　营销策划书的内容结构

可以说，营销策划书没有一成不变的模式，但是，从营销策划活动的一般规律以及 10.2 节中所提出的营销策划书的基本模式来看，营销策划书的内容应由以下 14 个部分组成。

1. 封面

营销策划书虽然重在内容，但也不能忽略了封面的形象效果。营销策划书需要有一个美观的封面，这是因为阅读者首先看到的是封面，美观的封面能给阅读者强烈的视觉冲击，从而给阅读者留下良好的第一印象，进而有助于确定营销策划内容的形象定位。

封面可以起到美化、装饰营销策划书，清晰表明营销策划的标题，传达营销策划内容，表述在正文中不宜表达的内容等作用。封面设计的原则是醒目、整洁，切忌花哨，至于字体、字号、颜色，则应根据视觉效果具体考虑。

封面应该提供以下信息。

① 委托方。如果是受委托的营销策划，那么在营销策划书的封面上要把委托方的名称列出来，如××公司××营销策划书。这里要注意不能出现错误，以免给人留下不好的印象。

② 标题。标题要简洁明了，准确而不烦琐。有时为了突出策划的主题或者表现策划的目的，也可以加副标题或小标题。

③ 日期及本营销策划适用时间段。日期应以正式提交日为准，不应随便定一个日期，同时要用完整的年月日表示，如 2018 年 3 月 18 日。之所以注明本营销策划的适用时间段，主要是因为营销策划具有一定的时间性，不同时间段市场的状况不同，营销执行效果也不一样。

④ 策划者。一般在封面的最下方标出营销策划者。如果营销策划者是公司，则须列出公司全称。

⑤ 保密级别及编号。一般在封面的上方一角注明保密级字样及营销策划书的编号。

2. 前言

前言是对编制营销策划书的缘由、策划导向、内容提示、策划任务等内容的高度概括和表述，其作用是引起阅读者的注意和兴趣，使其关注正文。前言的文字不能太长，一般不要超过 1 页，字数控制在 1000 字以内。

前言的内容有以下 4 个方面。

① 接受营销策划委托的情况简述，如××公司接受××公司的委托，就××年度的新产品开发计划进行具体策划。

② 进行营销策划的原因。将营销策划的重要性和必要性表达清楚，以吸引阅读者进一步去阅读正文。如果这个目的达到了，那么前言的作用也就充分发挥出来了。

③ 营销策划的目的及营销策划实施后要达到的理想状态。

④ 营销策划及营销策划书的特色，策划过程的概略介绍，参加人员的情况，致谢等。

3. 目录

目录，即营销策划书标题的清单。目录的作用是使营销策划书的结构一目了然，同时也使阅读者能方便地查询营销策划书的相应内容。因此，营销策划书中的目录不宜省略，并且要有吸引力。列目录时要注意目录中所标页码与实际页码必须一致，否则会影响阅读者的阅读、损害营销策划书的形象。但是，如果营销策划书的内容比较少，目录可以和前言同列。

4. 概要

概要又称摘要，是对营销策划书简单而概括的总结性陈述，使阅读者对营销策划的内容及结论有一个清晰的概念，便于阅读者理解营销策划者的思路、意图和观点。阅读者通过概要可以大致理解营销策划的内容要点。

概要的撰写要注意以下几点。

① 选择适合自己的写作顺序。有的概要在撰写营销策划书正文前就已写好，这样有助于营销策划书正文的撰写有条不紊地进行，能有效防止正文撰写盲目、离题或无中心化；

有的概要是在营销策划书正文完成后写的，这样比较简便易行，只要对营销策划内容进行归纳、提炼就可以了。

② 提纲挈领，勾画出营销策划书的骨架。

③ 巧妙地利用框图。

5. 营销策划目的（或目标）

营销策划目的部分主要是对营销策划所要实现的目标进行全面描述，阐明营销策划活动的原因和动力。

营销策划的目的是紧紧围绕解决企业营销活动中存在的问题而展开的。企业营销活动中存在的问题可以归纳为以下 4 个方面。

① 企业刚成立，还没有建立起完整的营销方案，需要根据市场特点策划出系统的营销计划。

② 企业已发展壮大，原有的营销方案已经过时，为适应新形势、新环境，须重新设计营销方案。

③ 企业的经营战略发生了调整和变革，营销策略也须相应调整和改变。

④ 市场行情发生巨大变化，企业原来的营销方案不能适应变化的市场要求。

6. 环境分析

环境分析是营销策划的依据与基础，所有营销策划都是以环境分析为出发点的。环境分析一般应在外部环境与内部环境中抓重点，描绘出环境变化的轨迹，形成令人信服的依据资料。

环境分析主要有以下 4 个方面的内容。

① 市场状况。列出目标市场近三四年的数据，通过年度指标对比，得出分析结果。

② 竞争状况。对主要的竞争对手进行确认，并逐项描述他们的规模、目标、市场份额、产品质量、营销战略和其他特征，从而了解他们的意图和行为。

③ 分销状况。列出各个分销渠道的销售量及重要程度。

④ 宏观环境状况。描述宏观环境的主要趋势（如人口的、经济的、政治法律的、社会文化的），阐述它们与本企业产品的某种联系。

环境分析要保证明了性和准确性。

明了性是指列举的数据和事实要有条理，使人能抓住重点。在进行具体环境分析时，往往需要收集大量的资料，但所收集的资料并不一定都要放到营销策划书的环境分析中去，这是因为过于繁杂的资料往往会降低阅读者的阅读兴趣。如果确需列出大量资料，可以用“参考资料”的名义列在最后的附录里。环境分析的明了性是营销策划者必须牢记的一个原则。

准确性是指环境分析要符合客观实际，不能有太多的主观臆断。任何一个带有结论的说明或观点都必须建立在客观事实的基础上，这也是衡量营销策划者水平高低的标准之一。

7. SWOT 分析

对企业内部环境的优势（Strength）、劣势（Weakness）、外部环境的机会（Opportunity）、威胁（Threat）的全面评估称为 SWOT 分析。这一部分和前面的环境分析可以看作一个整体。

在这一部分，要从上面的环境分析中归纳出企业的机会与威胁、优势与劣势，然后找出企业存在的真正问题与潜力，为后面制订营销方案打下基础。企业的机会与威胁一般通过外部环境分析来把握；企业的优势与劣势一般通过内部环境分析来把握。在确定了机会与威胁、优势与劣势之后，再参考对市场发展趋势的预测，就可以大致找到企业问题所在了。

SWOT 分析的主要内容有以下 3 个方面。

① 机会/威胁分析。根据外部环境分析归纳出企业从事某一行业或特定业务所面临的主要机会（或有利影响）和威胁（或不利影响）。

② 优势/劣势分析。根据内部环境分析归纳出企业相对于行业中的竞争对手而言，在资源、技术、产品、渠道、定价及促销宣传等方面所具有的优势和劣势。

③ 综合分析。应用以上两方面的分析，根据企业内部资源状况及外部环境变化情况，确定企业必须注意的主要问题，找出企业发展的潜力，制订相应的营销策略并确定营销方案。

8．营销战略

根据 SWOT 分析的结果，就可以确定企业的市场营销战略。市场营销战略主要由市场细分、目标市场选择、市场定位组成。可以用文字表述，也可列表说明。

① 市场细分。即依据一定的细分标准，对市场进行细分。

② 目标市场选择。即选定企业准备进入的细分市场，并确定采用哪种目标市场策略（是无差异性市场营销、差异性市场营销还是密集性市场营销）。不同的细分市场在顾客偏好、对市场营销行为的反应、盈利潜力及企业能够或者愿意满足其需求的程度等方面各有特点，所以企业需要在精心选择的目标市场上，慎重地分配其市场营销资源。

③ 市场定位。即在对市场分析和细分的基础上，寻求建立某种产品特色，通过为自己的产品创立鲜明的个性，塑造出独特的市场形象。

9．营销组合策略

确定营销目标、目标市场和市场定位以后，就需要在各个细分市场采取具体的营销策略，以及确定相关的营销组合策略。

所谓营销组合策略，就是企业的综合营销方案，即企业根据自己的营销目标与资源状况，针对目标市场的需要对自己可控制的各种营销因素（产品、价格、渠道、促销）进行优化组合和合理的综合运用。

① 产品策略。阐述产品体系与产品定位、品牌体系与品牌管理、包装体系与包装设计、产品服务等内容。

② 价格策略。阐述定价原则、定价方法与策略、价格体系、价格调价体系等内容。

③ 渠道策略。阐述渠道建设指导方针、渠道开发与拓展步骤、渠道网络架构、渠道激励措施等内容。

④ 促销策略。阐述人员促销、广告、营业推广、企业形象的方式和方法。

10．行动方案

要实施营销策划，各项营销策略必须转化成具体的活动。因此，必须设计出详细的行动方案。通常，行动方案要落实人员安排、工具设备、时间计划、地点选择等具体问题。在行动方案中，需要明确以下内容。

要做哪些作业？

何时开始？何时完成？其中各项作业分别需要多少天？各项作业之间有哪些关联性？

在何地进行？需要何种方式协助？需要什么样的布置？

要建立什么样的组织机构？由谁来负责？

实施什么样的奖酬制度？

需要哪些资源？各项作业的收支预算分别是多少？

这些内容使营销策划活动由单纯的构想一步一步付诸实施，同时也是检验营销策划活动的标准。行动方案是营销策划进一步具体化的表现，也是营销策划活动得以实施的必要保证。

在此部分应列明实施营销策划的组织机构及其相应的职责。对于专项的营销活动，企业一般要建立临时机构来实施营销方案，临时机构的人员由企业内的相关人员组成。对于常规的营销活动，一般不建立临时机构，而是指定企业相关部门的人员负责。

对于常规的营销活动，一般会把行动的程序、负责人、预算及行动方案的评估和控制方法等内容集中在一起。营销行动的程序安排一般用甘特图和箭头线图表示，这样既能够使行动安排一目了然，又能明确各项作业之间的关联。为了进一步明确行动的具体负责人、预算和行动方案的评估及控制方法等内容，还可再列出一张“行动方案安排表”。

11．营销预算

整个营销策划方案实施过程中的费用支出包括营销策划实施过程中的总费用、阶段费用、项目费用等，制定营销预算的原则是争取以较少投入获得最优营销效果。营销费用的测算要有凭有据、准确无误。

从本章导入案例可以看出，在测算营销费用时，最好列出表格，列出总目和分目的支出内容，并计算出费用总额。这样既方便核算、醒目易读，又便于以后查对。

12．营销控制

营销控制主要说明如何对营销策划方案的执行过程、进度进行管理，它包括一般程序和例外管理两方面的工作。

一般程序的常规做法是把目标、预算按月或季度分开，便于上级主管及时了解各个阶段的销售实绩，掌握未能完成任务的部门、环节，分析原因，并要求限期做出解释和提出改进措施。

例外管理是针对意外事件的应急计划。应急计划要简要列举出可能发生的各种不利情况或特殊事件及其发生的概率和危害程度，应当采取的预防措施和必须准备的善后措施。制订和附列应急计划是为了事先考虑清楚可能出现的重大危机和可能产生的各种困难。

13. 结束语

结束语是对营销策划书的要点和重点进行的归纳总结，主要起到突出要点和与前言相呼应的作用，它可以使营销策划书有一个圆满的结束。结束语要能够很好地回答整个营销策划是如何解决前面所提出的营销问题的，要提炼出主要观点并突出要点，以符合营销策划书的逻辑性要求。

14. 附录

附录是营销策划书的附件，附录的内容对整个营销策划方案起着补充说明的作用，便于实施者了解有关问题的来龙去脉，为营销策划提供有力的佐证，从而增加营销策划书的可信性。

凡是有助于阅读者理解营销策划内容的可信资料都可以列入附录，如引用的权威数据等。但是为了突出重点，可列可不列的资料以不列为宜。附录中还可提供原始资料，如消费者问卷的样本、座谈会原始照片、座谈会记录等。在营销策划书中列出附录，既能补充说明正文，又能体现营销策划者负责任的态度，还能增加营销策划方案的可信度。附录也要标明顺序，以便查找。

一般来说，营销策划书由以上 14 项内容构成。由于企业不同，产品不同，企业营销需要解决的问题不同，企业的营销环境、营销目标不同，因此营销策划书在编制上所侧重的内容也有所不同。

10.4　营销策划书的编写要求与编写技巧

10.4.1　营销策划书的编写要求

1. 营销策划书的表述要简明扼要，通俗易懂

营销策划书是一种说服性材料，一定要与阅读者、使用者的思维习惯和理解能力相匹配。营销策划书的体系要简明、有序，内容要条理清晰，局部内容也可采用通俗易懂、图文并茂的方法表达。所涉及的概念要深入浅出，使人容易理解。营销策划书中标明的总费用和明细费用要详尽明确，使人一清二楚。营销策划书显示的方案要使人一目了然。

2. 营销策划书要体现可操作性

营销策划书是用于指导具体的营销活动的，因此营销策划书的可操作性非常重要。不能操作的方案，即使创意再好也无任何价值。不易于操作的营销策划书必然造成大量人、财、物的耗费，必然导致管理复杂、成效低。

3. 营销策划书要有一定的灵活性

营销策划在实施过程中会受到众多因素的干扰和影响，进程常常会被打乱，因此营销

策划书的计划进度与执行进度很难保持一致。过于刚性的计划进度不适于营销活动动态的背景环境；过于柔性的计划进度不利于控制营销活动的节奏，不便于规范营销操作质量。实践证明，在编制营销策划书时，要尽量使用具有较大灵活性的计划方法，如用甘特图表明营销策划的进度，以指导企业营销的进展情况。

4. 营销策划书要实事求是，增强可信度

营销策划书涉及的数据、图表等资料一定要注明出处，确保准确无误。要根据可信的资料对营销策划的预期效果进行预测，同时对可能产生的成本收益状况也要一并说明。从说服的角度来看，如果将企业或类似企业的成功范例作为实证，将会增加营销策划书被接纳的可能性。另外，对策划过程中遇到的难点问题不应回避，应在营销策划书中阐明问题的实质，提出策划实施时应特别注意的事项，并将其制成备忘录，附在营销策划书中。

5. 营销策划书要浓缩精华，重点突出

策划主体在面对错综复杂的营销问题时往往会产生很多想法，但不可能把这些想法全部纳入营销策划书，否则策划方案里面的构想、创意太多，目标分散，就难以形成策划焦点，也会分散使用者的注意力。因此，撰写营销策划书的关键是尽量浓缩精华，突出重点，以便于使用者更好地理解营销策划书。

6. 营销策划书要独具特色

营销策划书没有统一的模式，优秀的营销策划书往往会显示出独特的策划特色，正是这种独特的策划特色使其能够抓住营销策划书使用者的心理，引起他们的共鸣。

10.4.2 营销策划书的编写技巧

营销策划书与一般的文书材料不同，它对新颖性、严密性、可操作性、可信性以及说服力的要求是非常高的。因此，编写营销策划书时，不仅要严格按照营销策划书的编写要求去做，还必须掌握一定的编写技巧。

1. 要提供一定的理论依据

要提高营销策划内容的可信度，就必须为营销策划者的观点提供理论依据，必须以全面信息为依据，通过建立广泛的信息网络，尽可能全面地收集同决策与营销策划有关的各种资料，以增加决策与营销策划的准确性，从而提高说服力。但是，理论依据一定要有对应关系，纯粹的理论堆砌不仅不能提高可信度，反而会因为脱离实际而被拒绝。

2. 要充分利用数据说明问题

营销策划书是一份指导企业营销实践的文件，其可靠程度如何是决策者首先要考虑的。营销策划书中的任何一个论点都要有依据，而数据是最好的依据，是最具说服力的。在营销策划书中利用各种绝对数和相对数来进行比较是必不可少的。要注意的是，各种数据都要有出处，以证明其可靠性。

3. 要运用图表帮助理解

图表的主要优点在于其有着强烈的直观效果，运用图表能帮助企业决策者、营销策划执行者更好地理解策划内容，同时图表还能提高营销策划书版面的美观性。利用图表进行比较分析、概括归纳、辅助说明等十分有效。

4. 要合理利用版面安排

营销策划书视觉效果的优劣在一定程度上影响着营销策划的效果。合理的版面设置也是营销策划书的编写技巧之一。版面设置包括字体、字号的大小、字与字的空隙、行与行的间隔、黑体字的采用以及插图和颜色等。如果整篇营销策划书的字体、字号完全一样，没有层次、主辅，没有图表、数据，那么这份营销策划书就会显得呆板。总之，合理的版面安排可以使营销策划书重点突出、层次分明，严谨而不失活泼。

5. 要注意细节，消灭差错

可以想象，如果一份营销策划书中错别字、漏字、错误标点连续出现的话，企业决策者不可能会对营销策划者有好印象。因此，对营销策划书要反复检查，不允许有一个差错出现，特别是对于企业名称、专业术语等应仔细检查。

案例分析

京东物流产业创新中心——落地运营策划方案

一、项目概述

为把握数字化与智能化融合发展的契机，帮助本地企业快速提升电商业务能力，加快产业融入“互联网+”新时代，促进传统产业升级迭代，京东与运城人民政府达成合作协议，落地建设京东物流（运城）产业创新中心。

本项目依靠京东品牌优势，结合运城政策优势，引进和培育电商企业及科技创新企业，建设集“展示、办公、孵化、培训”四大功能于一体的产业综合体，实现“产业聚集、创新创业、合作共赢”的目标，培育电商产业集群，打造数字新经济产业业态，助力实现“善政、兴业、惠民”的目标；整合京东 20 万家精选入驻商家及品牌服务商的优势资源，吸引企业落地运城，以运城为中心，在运城产业带县域展开电商运营培训、扶持，扩展销售渠道，召开多场资源对接会，在引入外地企业的同时，扶持本地企业发展，重点扶持本地特色产业、重点企业代表等，为运城营造良好的营商环境及电商氛围，加快经济快速发展，谋划和布局数字产业等未来产业。

二、品牌落地

京东物流产业创新中心。

三、落地载体

运城物流园区。

四、载体规模体量

500m^2+。

五、载体功能规划

（1）展厅：200m²，产业数字智慧大屏，机构挂牌展示，产业生态服务展示；产销渠道对接；资本创投对接，县域优品展示；聚集产业链等相关科技创新服务商。

（2）产业交流区：100m²，读书会，商务沙龙，培训讲座，项目路演等。

（3）创业孵化区：200m²+，招募中小型科创项目/优质人才落地，助力本地企业转型升级。

六、产业定位

面向本地特色产业集群，政府相关主导产业，以及特色经济产业园县和物流园县。

七、运营模式

由城市运营合伙人注册项目运营公司主体，承接运营京东物流产业创新中心，并组建专业运营服务团队——“总部指导管理人员+当地人才培养”相结合，采用“产业垂直+定点招商+深度服务”方式，引进设计/开发程序员及融媒体网络主播，引进中小型科创项目，提升优化本地营商环境，形成“人+项目+经济产值”一体集中的创新孵化载体，最终实现“数字经济+产业应用”的产业规模提升。

八、服务内容

1. 基础服务

（1）打造“城市产业会客厅”，实现对本地产业以及营商环境的多元化背书。

（2）持续引入各类机构组织，建立机构组织与本地政企的深度联系。

（3）持续对接本地特色产业所需的销售渠道，与本地企业共享采购商资源。

（4）引入各类产业生态服务商，构建具有本地产业特点的“企业服务超市”。

（5）联合金融服务机构对本地头部企业以及政府平台公司进行创投对接和投融资服务。

2. 增值服务

（1）免费向政企园区提供一体化解决方案。

（2）免费向本地头部企业提供降低物流成本解决方案。

（3）免费项目路演和投资机构交流会。

九、合作期限

1年。

十、运营目标

（1）创建1个以京东物流品牌背书的当地产业优势特色展厅。

（2）年度线下访问流量：1万次以上。

（3）线上曝光次数：中央级、省级媒体10次。

（4）机构挂牌数量：相关机构组织在创新中心内挂牌不少于10家。

（5）服务企业数量：为不少于40家企业（每季度不少于10家）提供降低物流成本解决方案。

（6）对接产业生态：对接外部生态服务商不少于20家（每月不少于5家）。

（7）产销渠道对接：共享推荐采购商渠道不少于240家；（每月不少于20家）。

（8）创投机构对接：引进创投机构、创服机构、天使投资人不少于20家（每季度引进不少于5家）。

（9）企业培训活动：举办活动（企业沙龙、创投路演、培训分享等）不少于 10 场。

（10）电商专业辅导：对 8 家本地实体企业进行专项电商辅导，提升其电商转化能力。

十一、政策支持

京东物流产业创新中心所需引导资金以及奖补支持均补贴给承接运营的本地主体公司。

（1）场地租金/物业费：全免。

（2）装修经费：装修标准 800 元/m^2（包括设计、装修、家具、设备设施等）。

（3）主体公司开办费：一次性 50 万元，用于开业仪式、峰会论坛、团队组建、市场推广等。

（4）运营补贴：150 万元/年，可以采用阶段目标达成后奖补的方式。

（5）招商企业税收贡献奖励：区县内留存 100 万元给予奖励 15%，区县内留存 200 万元给予奖励 30%，以此类推，最高奖励不超过 80%。

（6）人才公寓：给运营单位免费配置 3 套可拎包入住的人才公寓。

（注：案例由运城市新联盟物流有限公司提供，由赵博宇整理）

思考题：

1. 你认为“京东物流产业创新中心——落地运营策划方案”的编制有哪些优点？有哪些不足？

2. 结合本案例，分析编制营销策划书时应注意哪些事项？

策划专家之十　　第 10 章　在线答题

第 11 章

营销策划管理

本章教学目标与要求

（1）熟悉营销策划组织；

（2）理解营销策划控制；

（3）掌握营销策划的实施过程及效果评估方法。

本章知识架构

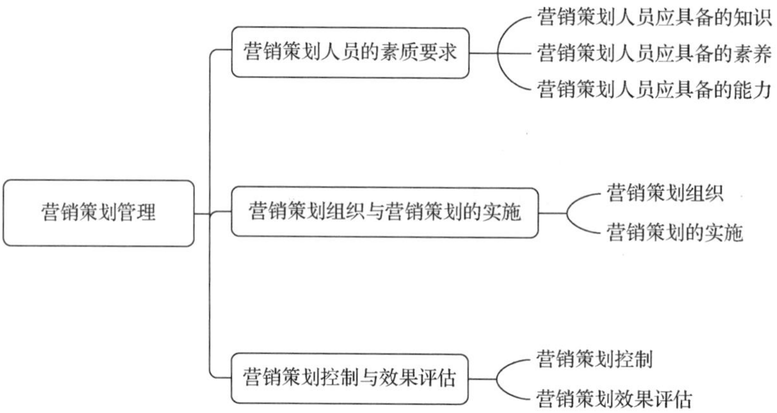

导入案例

李家大院播“火”记

——运城市第一届李家大院年俗文化游园会营销案例简析

运城市万荣县的李家大院以古色古香的传统民居、精美绝伦的装饰艺术以及浓郁的慈善文化、厚重的晋商文明、浪漫的异域爱情佳话而闻名遐迩。

2017 年 2 月 8 日至 2 月 22 日，即正月初一至正月十五，旅游策划人——运城市健康时尚广告有限公司总经理尚兆明及其策划团队汇聚优秀传统文化资源、精心策划实施的运城市第一届李家大院年俗文化游园会圆满举办。

活动期间，李家大院及周边地区成了一片欢乐、喜庆的海洋。车堵，景区拥堵，周边道路堵车三四公里。人挤，天天爆满，有人排队几个小时也买不到李家大院的门票。断货，几十家年俗特色小商品仅售 5 天即断货。15 天内仅门票收入就超过 2015 年近一年的总收入，带动的经济效益和社会效益更是难以估量。李家大院年俗文化游园会的巨大成功，引起了山西省有关领导的高度重视，“李家大院现象”作为重大课题由专人进行考察调研。中央主流媒体高度关注，《人民日报》、新华社、中央电视台多次进行报道。本次活动之所以能取得成功，主要有以下几方面原因。

一是基调把握准确。活动策划呼应中国大多数百姓对“年”的重视和对年文化的认同，因势而动，顺势而为，符合人们寻找传统年味的愿望。

二是内容精彩纷呈，接地气。李家大院年俗文化游园会复制“古中国”过大年盛景，展现传统中国年的文化味、民俗韵、河东风和欢乐情。春联、剪纸、窗花、大红灯笼、木版年画、秋千等年俗文化符号，营造出喜庆、红火的气氛；百余种地方名吃、数百种名优特产，让游客尽享年俗风味；专业团队精心打造的情景剧、非遗表演，演绎出年俗文化的精彩；传统杂耍、街景游商，再现清末民初过大年的市井风貌。游园活动充分实现了李家大院与游客的融合与互动，为晋、陕、豫黄河金三角区域乃至全国的游客精心打造了一场年俗文化盛宴。

三是主题鲜明、亮点突出。活动主题为“品古老年俗韵味，到李家大院过年”。活动亮点为一站式享受“逛、赏、品、尝、购、娱”，在游园中欣赏“善、古、俗、新、奇、韵”。

本次年俗文化游园活动的圆满成功，不仅提升了李家大院乃至运城市的旅游形象，传承和发展了中国传统年俗文化，还为游园文化主题活动提供了样板和示范，带动了运城及黄河金三角区域主题旅游活动的蓬勃开展。

（注：案例由运城市健康时尚广告有限公司提供，由赵博宇整理）

运城市第一届李家大院年俗文化游园会的营销策划之所以能够成功，一方面在于运城市健康时尚广告有限公司的策划团队组织专家多次深入考察调研，历时半年精心打磨，数易其稿，才最终确定活动实施方案；另一方面在于前期营销推广到位，通过网络和新媒体进行大规模的营销宣传，确保活动信息在运城市家喻户晓，在黄河金三角区域广为人知，并辐射到北京、天津、内蒙古等地。还有一点非常重要，那就是活动组织者立足高远，统筹协调有方，在整个活动策划过程中加强管理，重视晋南年俗文化符号，集中展示各种年俗文化，组织各种非遗表演，营造出喜庆、红火的气氛。营销策划作为一项非常复杂又颇具创新的系统性活动，离不开严格的管理。营销策划管理是指将管理的基本职能应用到营销策划活动实践中，即根据企业的营销策划目标，运用计划、组织、领导、控制等基本职能来实现企业营销策划工作的有效运作。营销策划管理的工作主要涉及营销策划人员的素质要求、营销策划的组织与实施、营销策划的控制与评估等内容。

11.1 营销策划人员的素质要求

人才资源已成为经济社会发展的第一资源，人才竞争已成为综合国力竞争的核心。党的二十大报告强调，培养造就大批德才兼备的高素质人才，是国家和民族长远发展大计。这表明，如果没有坚实的物质技术基础，就不可能全面建成社会主义现代化强国；如果没有规模宏大、结构合理、素质优良的人才队伍，中华民族伟大复兴的中国梦就难以顺利实现。对于企业而言，营销策划人员的良好素质是做好营销策划工作、取得营销策划成效的基础。作为一项科学性较强且具有创造性的工作，营销策划对营销策划人员提出了较高的素质要求。

有人认为，营销策划人员既要会“说”——善于沟通交流，又要会“做”——善于策划营销方案，还要会“写”——撰写活动方案；也有人认为，一个优秀的营销策划人员既是一个“博”家，也应是一个“专”家，即博中有专，专博相济；还有人认为，现代营销策划人员要有儒家的德、法家的略、兵家的谋，方能修创新之身、平商战之天下。

11.1.1 营销策划人员应具备的知识

营销策划工作是一项集科学性、实践性、综合性、系统性与艺术性于一体的创造性工作。优秀的营销策划人员必须是一个复合型、实用型人才，必须具有广博的专业知识，懂得管理，了解生产，熟悉各种媒体，具有各种综合知识，还须具有新闻、营销、公关等方面的知识。

1. 策划专业知识

从营销策划工作来看，营销策划人员应该具备的策划专业知识结构如表 11-1 所示。

表 11-1 策划专业知识结构表

知识类型	涉及内容
策划学的基础理论和实务知识	策划学的基本概念、基本原理、基本技能、基本原则和工作程序、策划的基本方法等
企业经营管理知识	管理学、行为科学、市场营销学、推销学、决策知识以及广告学知识、消费者心理学、价值理论、数理统计等
与营销策划有关的各学科知识	哲学、社会学、心理学、社会心理学、创意与思维、美学、数学等

2．法律法规知识

以经济效益为目标，以法律法规为准绳，是营销策划人员必须认真把握和严格遵守的行为准则。营销策划人员应该对国家有关的法律法规、方针政策有足够的认识与理解，包括广告法、反不正当竞争法、消费者权益保护法、经济法、公司法以及国家制定的各种相关法规政策等。这样才能在法律法规允许的范围内制订企业营销策划方案，才能避免出现因对法律法规的无知而造成的对他人无意的伤害或不正当竞争。

3．财务金融知识

金融是现代经济的核心，在资源配置过程中起关键作用。营销策划人员应该掌握现代财务金融方面的专业理论知识（包括筹资管理、投资管理、资本运营及管理、财务分析与控制、金融风险管理、投资组合与证券理论、国际金融知识等），并且能够掌握资本经营运作的各种方法、金融产品开发和金融创新的基本工作技能，如能够运用股票、债券、基金、其他金融衍生品等投资工具，确保企业在资本运动过程中实现资金的增值。

4．现代传媒知识

营销策划的目的是让目标顾客认识并接受企业及企业的产品或服务，所以传媒是必不可少的中介。营销策划人员应该对传播学、新闻学、广告学等传媒知识有所掌握，遵守传媒职业道德。

成熟的移动互联网技术为信息的传播与共享带来了前所未有的变革，社交媒体、自媒体已成为当今最发达、最快捷、最经济的传媒工具。营销策划人员必须学会运用这些宝贵资源，从而为策划活动的成功提供更为有力的保证。营销策划人员必须对网络知识（包括如何使用网络进行营销策划，如何利用网络信息进行有效的调研预测和判断以及制定网络应急措施等）有足够的了解。

11.1.2　营销策划人员应具备的素养

营销策划人员应具备的素养是多方面的，概括起来有以下 5 个方面。

1．道德品质

人无信不立，企业无信不昌。作为一名合格的营销策划人员，必须在诚信、责任感等方面不断提升自我。任何一个职业人都需要具有职业道德，这是事业成功的基础，营销策划人员也是如此。营销策划人员应该自觉确立人本意识和服务社会的策划理念，在策划活动中遵守咨询策划服务业的道德规范，要以诚信为本，注重企业的信誉，绝不能为牟取一时的利益而进行策划欺诈；要严格保守客户和本企业的秘密，切实维护客户的根本利益，保证营销策划方案的质量。只有这样，才能够以信誉赢得客户。

2．敬业精神

敬业，是人们基于对一件事情、一种职业的热爱而产生的一种全身心投入的精神，是在所有的职业中都被期望和要求的。“敬业”在我国古代《礼记·学记》中就以“敬业乐群”被明确提出。在营销策划过程中，没有敬业精神，是不可能做好策划调研、编制好并落实好营销策划方案的。没有敬业精神，也不可能做到破旧立新。破旧，就要不怕困难、不畏艰辛，甚至不怕失败，就要具有打破常规、开拓创新的精神和毅力；立新，就要具有创造性、创新性，要有足够的承担风险的心理准备，要有竞争的信心和能力，要有敢为天下先、出奇制胜的勇气。只有这样，才能在破与立中不断向前、不断发展。

3. 团队合作意识

对营销策划人员来说，营销策划工作不是单打独斗的工作，培养团队合作意识是非常重要的。团队合作意识即让若干个细丝拧成一根绳的意识。优秀的企业都非常注重团队协作精神。要想培养营销策划人员的团队合作意识，就必须以宽容的心态尊重团队的每一位成员，“敬人者，人恒敬之”；要善于学习和借鉴他人的长处和优点，包容他人的不足；要虚心接受他人的批评和指导，切忌固执己见。

4. 自信心

自信心，可以说是一种由自我评价引起的自我肯定并期望受到他人、集体和社会尊重的积极向上的情感倾向。营销策划人员的自信心对营销策划的成功来说是极其重要和关键的。美国作家爱默生说，自信是成功的第一秘诀。只有有了自信，营销策划人员才能满怀信心地面对客户，产生一股不达目的决不罢休的气势，最终赢得合作者、客户的信任，获得营销策划的机会，取得营销策划的成功。

5. 激情与热忱

营销策划工作是一项极富挑战性、创意性的工作，没有持续的激情是无论如何也产生不了绝妙的创意的。热忱是一种性格特质，也是一种对人生、对事业的态度。热情的人有较高的成就动机。对营销策划人员来说，要想在策划过程中不断提出新的创意，就必须对营销策划工作保持极大的热忱和激情。

11.1.3 营销策划人员应具备的能力

营销策划是一种跨学科的行为，作为营销策划人员，应具有丰富的知识，拥有良好的职业素养，具备营销策划的基本条件和要求。但要成为一名优秀的营销策划人员，还必须具备营销策划综合能力，具体包括创意能力、创新能力、市场调研能力、组织能力、洞察能力、整合能力、执行能力和学习能力，如图 11-1 所示。

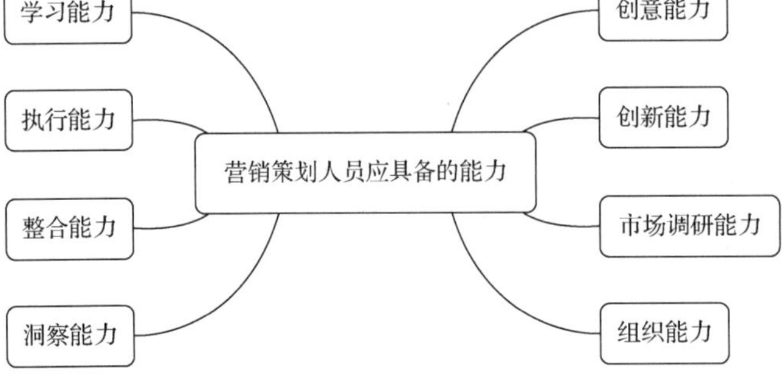

图 11-1 营销策划人员应具备的能力

1. 创意能力

创意能力是营销策划人员应具备的最基本的能力。在市场经济条件下，市场是一切财富的源泉。谁不研究市场，谁就将在商战中败北；而要在商战中取胜，最大的法宝就是创意。创意是脑力的创造性思维，是人们面对一个具体问题所进行的不同于他人并能产生新颖而有效的解决方案的思维过程，创意是在创造学、投资学、思维学、经营学、预测学、心理学基础之上的外在成果。创意作为创造性思维，不是一种单一的思维形式，而是多种思维形式的总和。它不是一般性的思维活动，而是一般思维的继承和发展，是对事物的本质、发展规律和事物的相互联系更系统、更深刻、更全面、更新颖的发现、理解和把握。

案例 11-1

诚品“书店+”创意越来越有趣

台湾诚品是一家“咖啡+书+文创产品”相结合的复合型书店，它为人们创造了一个有个性的精神消费场所。

2018 年 8 月，诚品首次跨界，在书店里开设生鲜市集，这是诚品书店创立 29 年以来首次涉足生鲜领域。其在诚品生活台北信义店打造了台湾首家“诚品知味 MARCIHE 市集”。这个 300 多平方米的市集位于书店的 3 楼，每天营业到晚上 12 点。市集主要分为生鲜区、调料区、有机食品区和生活用品区 4 个区域，卖生鲜蔬果、海鲜、肉类、调味品、零食等。

诚品还准备了一个“书菜配”的推广活动，生鲜区摆着新鲜食材和对应的菜谱，消费者按菜谱购买指定的食材，还能获得优惠。生鲜区主要售卖台湾的生鲜品牌产品，主打新鲜、健康、有机。调料区、粮米展区、咖啡豆展区旁边都会摆放相关图书，让消费者更直观、生动地了解产品，同时也能促进图书的销售。

实际上，诚品早在 2008 年就创办了诚品知味，通过严选推荐台湾当地食材，传播饮食文化与故事，更融入了“食在当令”的饮食概念，推荐兼具“文化、健康、季节、精致、环保”特色的食材。

1989 年创立的诚品从很早就开始打造“生活方式”，围绕“人文、艺术、创意、生活”，将书店打造成生活类的文化休闲场所。除了销售图书，诚品还引进了服装、餐饮、文具、家具等商品。根据诚品官网介绍，诚品的业态包括文具馆、音乐馆、黑胶馆、咖啡馆等。诚品采用独家的“在书店买菜”的新运营形式，打造了书店场景复合式营销模式。

作为复合式经营的成功代表，诚品的多业态经营早已成为它的一块招牌。据悉，作为“书店+”的典型代表，诚品将继续围绕实体空间新业态进行探索。

（案例来源：白玉苓，陆亚新. 零售学[M]. 北京：机械工业出版社，2020）

2. 创新能力

市场变幻莫测，市场竞争日趋激烈，营销策划人员必须通过市场调查了解市场，了解客户的市场定位，了解目前市场存在的问题。要从市场实际出发，敢于承担风险，不断创新。只有及时发现问题、分析问题、解决问题，创新性地开展工作，才能使自己立于不败之地。可以说，优秀的营销策划方案离不开创新，从创意的产生和选择到方案的撰写和表达，再到方案的最终实施，都需要营销策划人员的新思路、新办法、新点子。

创新意识是营销策划人员的基本意识，创新能力是营销策划人员最基本的能力。创新既不是想入非非，也不是闭门造车能得到的，其重点在创造性的思维。

3．市场调研能力

营销策划人员必须能够准确预测和把握市场发展的机遇，因而市场调研能力是其必不可少的能力之一。

市场调研能力是指营销策划人员通过市场调研对市场现状进行分析，进而预测未来趋势的能力。它要求营销策划人员有深谋远虑、未雨绸缪的战略眼光。市场调研能力会直接影响营销策划的结果。

案例 11-2

松下电器的无绳电熨斗

在日本，松下电器的熨斗事业部很有权威性，因为它在 20 世纪 40 年代发明了日本第一台电熨斗。虽然该部门不断创新，但到了 20 世纪 80 年代，电熨斗还是进入滞销行列，如何开发新品，使电熨斗再现生机，是当时该部门很头痛的一件事。

一天，被称为“熨斗博士”的事业部部长召集了几十名年龄不同的家庭主妇，请她们从使用者的角度来提要求。一位家庭主妇说：“熨斗要是没有电线就方便多了。”“妙！无线熨斗!”部长兴奋地叫起来，他马上组建了攻关小组研究该项目。

攻关小组的研发人员首先想到使用蓄电池，但研制出来的熨斗很笨重，不方便使用。研发人员又观察、研究妇女的熨衣过程，发现妇女熨衣时并非总拿着熨斗一直熨，当她们整理衣物时，就会把熨斗竖立在一边。经过统计发现，一次熨烫的最长时间为 23.7 秒，平均时间则为 15 秒，竖立的平均时间为 8 秒。于是，研究人员根据实际操作情况对蓄电池熨斗进行了改进，设计了一个充电槽，每次熨后将熨斗放进充电槽充电，8 秒即可充满电，这使得熨斗重量大大减轻。新型无线熨斗终于诞生了，并成为当年最畅销的产品。

（案例来源：周苏. 创新思维与 TRIZ 创新方法[M]. 2 版. 北京：清华大学出版社，2018）

4．组织能力

组织能力是指营销策划人员根据要求将策划资源进行有机结合的能力。它包括对策划人才的找寻、策划资料的搜集、策划方案的制订等，也就是对人、财、物、事的统筹安排。营销策划人员的组织能力将直接影响营销策划结果。

具体来讲，营销策划人员的组织能力包括内部组织调配能力和外部组织协调能力。

组织能力除要求营销策划人员具有极强的组织纪律性和团队协作精神之外，还要求营销策划人员具有较强的组织沟通能力。营销策划活动是一项集体活动，需要策划团队所有人通力合作，才能形成策划效益，获得有效的策划结果。

5. 洞察能力

洞察能力是指营销策划人员能够全面、正确、深入地分析、认识客观现象的能力，即透过现象看本质的能力。营销策划人员的洞察能力对策划结果有直接的影响。

营销策划人员应该具备纵观全局、全面分析的能力，具备对事物发展变化的观察力和分析力，具备能够透过现象抓住本质以及着眼发展、科学预见的判断能力，能够从普通的企业销售信息、经销商的异常举动、竞争对手的市场运作中发现市场的商机，推断可能发生的问题。只有这样，营销策划人员才能够保证营销策划的针对性，找出解决问题的关键，取得策划成效。

“察人之所未察，见人之所未见”是对营销策划人员洞察能力要求的具体描述，营销策划人员应该善于从过去和现在的文献资料中发掘出具有创意的策划素材。

案例 11-3

奥姆的洞察能力

奥姆是美国有名的营销“教父”，他最成功的并不是他的说服能力或推销技巧，而是他独具慧眼的洞察能力，他总能发现一般营销人员无法发现的商机。

当奥姆还是一名保险公司推销员时，有一次他偶然经过一家小公司，从外面看到这个公司里有十几个人正在忙忙碌碌地组装个人电脑，办公室的桌子上堆满了线路板和各种机箱。办公室虽然简陋、狭小，但是在奥姆看来，这家公司充满了勃勃生机，具有无限的发展潜力。

虽然奥姆服务的客户都是大公司，但这一次，他主动提出要见这家小公司的主管。有人把奥姆带到了一个 20 岁的年轻人面前，这个年轻人当时正在一张黑色的桌子前工作。奥姆与这位年轻人详谈之后，预感到这个年轻人构想出的公司会有一番大作为，于是奥姆说服年轻人接受了他们的保单。

但是，奥姆所在的保险公司在政策上不接纳雇员少于 50 人的公司为投保对象，而这家小公司只有 16 名员工，奥姆决心挑战这个障碍，因为他预感这家小公司一定会有所发展。

奥姆找到自己的经理、有关组织部门，找了他能找的所有人，试图突破这个政策上的限制，他甚至立下了军令状，最终他成功使保险公司调整了原先的政策，接纳了这家小公司的保单。不出一年的时间，这家小公司就从只有 16 名员工的小企业发展到了拥有 500 名员工的大企业！而当时站在桌子前工作的那个年轻人就是迈克尔 · 戴尔。

像奥姆一样，出色的洞察能力对营销策划人员来说往往是成功的起步。洞察能力源自直觉与经验的混合。如果说直觉源自个人的主观感受，那么经验则是不断学习与磨炼的结果。任何一名成功的营销策划人员，都必须经过长时间的磨炼，才能练就准确的商业与社会洞察能力。

（案例来源：杨勇. 市场营销学实务教程[M]. 北京：中国财富出版社，2018）

6. 整合能力

汉高祖刘邦曾对群臣说：“夫运筹帷幄之中，决胜千里之外，吾不如子房；镇国家，抚百姓，给饷馈，不绝粮道，吾不如萧何；连百万之众，战必胜，攻必取，吾不如韩信。三者皆人杰，吾能用之，此吾所以取天下者也。”从中可以看出，刘邦确实是一个整合高手。

营销策划人员不一定比要别人高明，但必须具有整合能力，能够把各种资源要素整合在一起，协调各方面的力量使之形成合力，从而达到营销策划的目的。正如美国百货业巨子约翰·华那卡在实践经验中总结的成功策划方程式那样，成功的策划＝他人的头脑＋他人的金钱。

营销策划人员的整合能力，不仅在于他的理性思维能力，还在于他对信息情报资源的大量、合理、高效的占有能力。他只有占有足够多的信息，并且能够在理性分析之后进行合理取舍，才能使策划活动具有创意性、创新性和创造性。

7. 执行能力

在完成策划之后，营销策划人员就应当采取实际的行动。营销策划人员不仅要勤于思考，还要敏于行动，有时实际操作能力甚至是营销策划方案能否成功落地的关键。营销策划不仅是做出营销策划方案，还必须设计出切实可行的操作流程和操作方法，尤其是基层的营销策划人员在必要时还要指导、监理甚至执行具体操作，确保营销策划方案最终能够付诸实践、取得实效、实现目标。

作为一个营销策划人员，更多的是要考虑战术和具体问题，他们要参与许多实际的操作过程，如市场调研、信息收集反馈、广告制作与监测、媒介的组合、销售队伍的培训、营销组合及推广等。“纸上得来终觉浅，绝知此事要躬行”，只会空谈是无法成为成功的营销策划人员的。

8. 学习能力

学习，包括学习动力、学习毅力和学习能力，这是人类认识自然和社会、不断完善和发展自我的主要途径和方式。无论是个人、团体，还是一个民族、一个社会，只有主动学习、不断学习、善于学习，才能不断提升自我、不断取得进步。学习能力是衡量一个人的重要方面。优秀的营销策划人员必须是复合型、实用型人才，专业知识越多越好，相关知识越丰富越好。营销策划人员必须树立终身学习的理念，变被动学习为主动学习，变要我学为我要学，在知识学习、实践学习两方面不断探索学习的科学方法，不断提升自主学习能力，这样才能不断创造出优秀的营销策划成果。

总的来说，要成为合格的营销策划人员，就必须有意识地合理构造自己的知识结构与体系，培养良好的职业素养，掌握娴熟的策划能力，广泛地参与策划实践活动，这样才可能成为真正的复合型的营销策划人才。

11.2 营销策划组织与营销策划的实施

营销策划实施是一项复杂且富有创意的智慧活动，为了保障营销策划方案能够按照既定的程序进行，从而提高营销策划的质量和科学性，实现企业预期目标，必须做好营销策划的组织与实施工作。

11.2.1　营销策划组织

营销策划组织是指把营销策划活动所需的各类人员组织在一起，在充分发挥营销策划人员智慧和创意的基础上形成的团结协作的系统。一个理想的组织结构是营销策划活动得以完成的根本保证。在营销策划的目标、方案确定以后，就必须进行有效的组织设计，以保证营销策划目标的实现。

1．营销策划组织设计的原则

营销策划组织设计必须遵循 5 个原则，如图 11-2 所示。

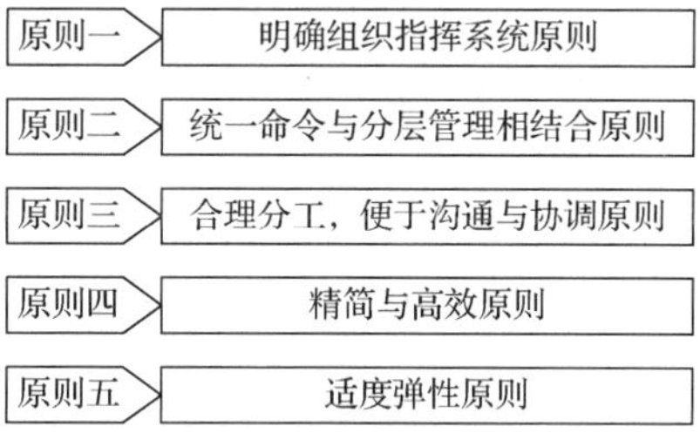

图 11-2　营销策划组织设计的原则

（1）明确组织指挥系统原则

在营销策划组织设计过程中，首先必须明确规定组织机构中的各级关系，让每一位员工只服从一个上司的命令和指挥。组织机构系统的明确过程，实际上是分权的过程，即将职权自上而下逐步、适当地转移下去，实行权力分解，这个过程有利于建立有效的组织控制系统。

（2）统一命令与分层管理相结合原则

在营销策划实施过程中，具有战略性、全局性、决策性的重大事项的管理控制权应集中在企业策划高层部门，在管理活动中做到统一指挥、统一领导，确保企业市场营销活动顺利进行。营销策划组织中每个部门的主管也要拥有一定的权利，承担一定的责任。也就是说，营销策划组织中各个管理层在规定的权限范围内，能够灵活地处理与本部门相关的业务，使责权利有机结合起来。

（3）合理分工，便于沟通与协调原则

企业是一个开放的、完整的系统，所有营销活动之间存在着相互影响、相互促进、相互制约的关系。因此，完善的营销策划组织必须从企业营销活动的本质和营销策划的目标出发来组建，这样才能确保组织内部分工合理、职责明确。同时，营销策划组织的组建，要有利于组织中各职能部门的纵向协调和横向合作，使信息能够有效地沟通，资源能得到最佳利用。

（4）精简与高效原则

建立企业营销策划组织的根本目的是通过有效地配置营销资源实现营销目标。因此，营销策划组织各部门都必须与其承担的职能相匹配，必须杜绝环节重叠、功能冲突、人浮于事的情况发生。只有精简的营销策划组织才能创造出较高的效率；才能以最低的营销策划成本获取最高的营销策划收益。

（5）适度弹性原则

现代营销活动日趋复杂，知识化、智能化、专业化和科技化程度日益提高，且影响营销活动的环境也更加难以预测，因此营销策划组织也应随其市场营销活动的动态变化而进行相应调整，以适应营销环境的发展变化，提高自身的应变能力。有时，企业为了实现某一特定目标，还需要汇聚有关专家，组建临时性机构，通过临时性授权完成某个特定的目标任务。这种适度弹性，有利于提高营销策划组织的战斗力，从而提高企业的经济效益。

2．营销策划组织形式

常见的营销策划组织形式有企业自主型营销策划组织和外部代理型营销策划组织两种，如图 11-3 所示。

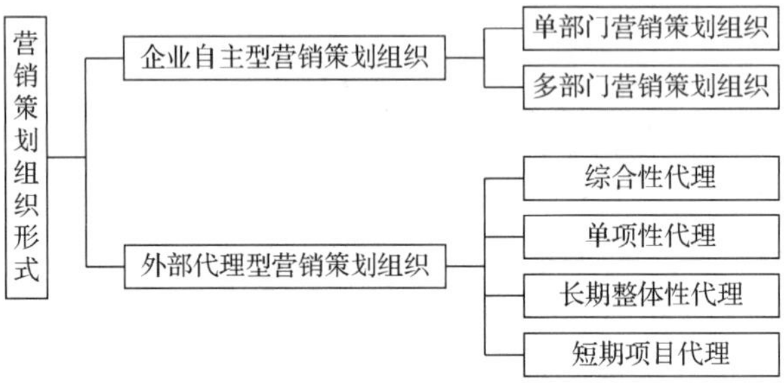

图 11-3　营销策划组织形式

（1）企业自主型营销策划组织

企业自主型营销策划是指由企业内部的营销部门为营销策划的主体单位，借助企业原有的市场营销组织机构和人员来采集信息、制订营销策划方案，并组织实施。

企业自主型营销策划组织可以分为单部门营销策划组织和多部门营销策划组织。

单部门营销策划是指企业内部的营销部门按照企业决策层的意图，制订具体的营销方案，方案经过决策层选择确定后执行。单部门营销策划组织是中小企业常采用的营销策划组织形式。

多部门营销策划是指由企业设立的战略计划部门根据企业总体营销目标，听取、借鉴营销部门及企业其他各部门意见，策划与制订营销方案，方案经决策层选择确定后执行。

（2）外部代理型营销策划组织

外部代理型营销策划是指企业委托从事营销策划的专业组织机构（如营销策划公司、咨询公司、广告公司或公关公司等）提出营销策划方案。代理方式有综合性代理、单项性代理、长期整体性代理和短期项目代理等。

外部代理型营销策划的特点是：显性费用较高、隐性费用较低，创意新颖、视角独特。不过，如果对行业、企业、市场、竞争、产品的具体情况缺乏深入细致的调查和了解，那么由外部代理型营销策划组织制订的营销方案的操作性可能不强。

这种形式的营销策划需要在营销策划人员与客户建立友好合作关系的前提下才能和谐展开。营销策划能否成功，主要取决于营销策划人员能否处理好与客户的关系。

处理好营销策划人员与客户的关系，需要在 4 个方面予以把握，如图 11-4 所示。

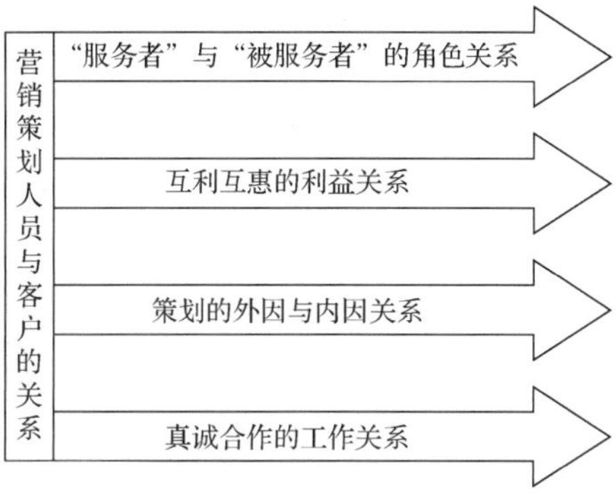

图 11-4　营销策划人员与客户的关系

① “服务者”与“被服务者”的角色关系。在营销策划过程中，营销策划人员与客户首先表现为“服务者”与“被服务者”的关系。营销策划人员扮演“服务者”角色，客户扮演“被服务者”角色。角色不同，立足点不同，考虑问题的重点也不同，但又以彼此认同为前提。营销策划人员作为“服务者”，只有通过自己的策划实力、良好的策划声誉，赢得客户的理解和信任，才能开展营销策划工作。

② 互利互惠的利益关系。营销策划人员所提供的服务是有偿的，而客户在接受有偿服务的同时，也要求通过营销策划取得实际营销效果。也就是说，营销策划人员与客户的关系本质上是服务交换关系，双方都要考虑营销策划的投入与产出。只有双方在服务价格、支付方式、策划费用等问题上达成明确且互利的协议时，双方的合作关系才会开始，而这种互利关系应自始至终维持，否则不可避免地会因某一方提出异议而中途停止。因此，对营销策划人员而言，在为客户服务时，一定要以提高客户的经济效益、管理效率为出发点，努力寻找双方的利益平衡点，不能急功近利。

③ 策划的外因与内因关系。从表面上看，客户产生营销策划需求的动机是通过营销策划提高企业的经济效益，实际上，客户是由于营销方面出现这样或那样的问题才产生营销策划需求的，这是内因，而营销策划的过程是外因。营销策划实施的过程是内因与外因相互作用、相互影响的过程。只有借助于客户的营销战略、竞争策略、市场方略，营销策划方案才能得以正确实施，并取得预期的效果。

④ 真诚合作的工作关系。营销策划的目的是帮助客户提高营销效率和营销效益。在营销策划方案实施过程中，营销策划人员与客户之间必然存在着各种工作关系，因此一定要建立彼此理解、信任的合作关系，达到有效合作；需处理好营销策划工作与客户正常生产管理工作的关系，在保证企业正常运营的前提下，全面推进营销策划工作；要建立起良好的人际关系。

案例 11-4

广告创意小组成员的具体分工

1. 创作部主任

全面负责创作部的行政管理和业务管理，控制广告创作水平；监督和保障创作人员按广告计划和广告预算标准进行工作，负责创作组的工作任务分配，重点督促和保证广告策略的实施；选聘、任命和考核创作人员；参与新业务的广告创作；对总经理或副总经理负责。

2. 创作组

① 组长。负责文稿组或美工组的业务领导，代创作部主任履行某些职责，总揽广告创作的全面工作，直接向创作部主任负责。

② 撰稿员。通常为一组特定的客户工作。参加客户会议，并在必要时直接向客户介绍工作进展；负责所有媒介广告的文稿编写工作；必要时参与促销活动，要能够理解、实施、解释市场策略和广告策略，能与美工、导演密切合作。

③ 撰稿助理。在撰稿员的指导下，为一些较小的广告活动进行文字工作，落实撰稿员的广告构思，实施广告策略；在必要时，参加小客户的客户会议。要能按广告预算开展一次广告活动。

④ 美工导演。同撰稿员一样，通常为特定的客户工作，负责广告画面构思，负责导演电视广告，必要时亲自进行摄影和绘画。要求能理解广告策略。

⑤ 美工导演助理。负责落实美工导演的构思，必要时进行绘画。

⑥ 创作助理员。负责协调创作组工作的正常进行，帮助创作组成员完成广告的创作，收藏创作稿件和创作资料，帮助打印其他人所撰写的文稿。

3. 印刷制作组

① 组长。全面负责公司内印刷广告的制作工作；负责与有关制作单位洽谈业务，并对各种印刷技术的采用加以指导和建议；领导正稿员的工作，并对创作部主任直接负责。

② 正稿员。负责落实美工导演的设计草图和撰稿员的初稿；高质量地制作广告正稿，寄给报社、杂志社或印刷厂；负责广告的美工技术处理。

③ 美工。负责把美工导演的初步创意变成视觉上的具体图案。要求有快速绘画的才能。

④ 排印。负责各种字体的选择和排版。要求熟悉印刷业务，并能很好地理解各种广告设计与各种字体运用的关系。

⑤ 校对。负责印刷清样的文字校对工作，修正版面的印刷错误和文字错误。

⑥ 制作助理。负责安排广告制作材料的供应，保证广告工期和制作质量。必要时，参加广告制作。

（案例来源：邱小平. 广告策划实务[M]. 北京：机械工业出版社，2017）

11.2.2 营销策划的实施

美国的一项研究显示，被调查的企划人员中有 90%的人认为，他们制定的战略和战术之所以没有成功，是因为方案没有得到有效的执行。可见，营销策划仅有杰出的创意是远远不够的，营销策划的效用最终反映在它的实施上。营销策划成功与否最终取决于其是否有效地实施。

1. 营销策划实施的重要性

对整个营销策划来说，实施是最为关键的一环。其中的道理其实很简单：策划得再好，谋划得再周全，如果营销策划本身缺乏可行性或者营销策划方案不能有效地实施或付诸实践，那么一切都将是空谈。对营销策划活动的领导者来说，能否让营销策划书中的各项措施落到实处，能否让营销策划人员的意图得到真正的体现，将直接影响营销策划活动的效果及策划目标的实现。

每个成功的营销策划方案，无论是其最初的创意，还是后来的制作，无不凝结着营销策划人员大量的心血和辛勤的劳动。如果营销策划方案得不到落实，或者在实施过程中变形走样，那么这些努力都将付诸东流。

另外，营销策划的实施过程也是对营销策划方案的检验过程。在营销策划过程中，营销策划人员在制订营销策划方案时难免会出现考虑不周或过于理想的情况，只有通过实施过程的检验，营销策划人员才能进一步发现营销策划方案中存在的不足，从而为今后更好地进行营销策划工作积累经验。

总之，营销策划的实施对整个营销策划过程都至关重要，应对营销策划的实施应给予高度重视。

2. 营销策划的实施过程

（1）营销策划方案实施前的准备工作

营销策划的实施过程是一个比较复杂的工作过程，实施者不仅要面对市场环境的变化，还要面对各种不确定因素带来的挑战。要使营销策划方案顺利实施，必须在实施前做好实施组织和人员的落实、物资筹办、对相关人员的培训，以及思想动员和各部门之间的协调等方面的充分准备，如图 11-5 所示。

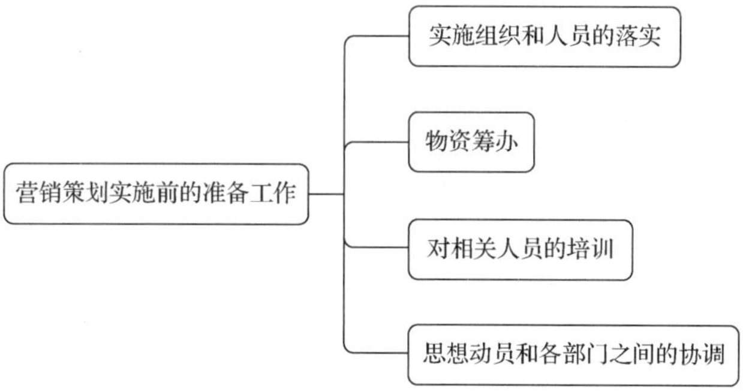

图 11-5　营销策划实施前的准备工作

① 实施组织和人员的落实。任何方案的实施都必须由具体的组织和人员来执行，营销策划方案的实施也不例外。落实执行营销策划方案的组织和人员，是实施营销策划前的首要任务。

组织和人员的落实，要围绕营销策划方案和具体的行动计划来进行。要先根据行动计划明确执行策划方案的组织机构及机构设置，在此基础上确定每个职位的职责、权限及与其他组织间的关系；然后要制定相应的规章制度，并确定注意事项等。

执行营销策划方案的组织和人员要分工明确、责任清晰，每个执行者能够各司其职，使营销策划方案的各项措施都能落到实处。

② 物资筹办。任何一项营销策划活动，无论其规模、内容、期限如何，假如没有资金和物质的保障，想要成功都是不可能的。物资的筹办工作主要有两部分内容：一是物资筹措，二是物资部署。物资筹措主要是对有形物资进行筹集。这些有形物资既包括用于各项开支的资金，也包括实施各项活动所必需的资料、设备和工具等。而物资部署则主要是对筹措到的各种有形物资按编制预算进行最佳分配和调拨。

③ 对相关人员的培训。营销策划方案最终要由具体的操作人员来实施。操作人员的素质、能力及对方案的理解程度，都是决定实施工作能否顺利进行的重要条件和因素。因此，在正式实施方案之前，对相关人员进行培训就十分重要，也十分必要。

培训应根据营销策划活动的复杂程度及实施人员已有的素质和水平来灵活安排。

一般情况下，培训的内容主要包括营销策划的意图、营销策划的目标、营销策划实施的内容、实施步骤及实施的要领和注意事项等。培训的目的就是使实施人员能够了解或熟练掌握这些内容，从而为更好地实施方案创造条件。

另外，在进行具体培训的过程中，关于营销策划方案的目标、意义及要求等内容，既可以由营销策划人员来讲解，也可以由企业或部门的领导人来讲解；而对于具体操作及专业性较强的内容，则应由相应的技术人员来说明。

总之，要通过实施前的培训，使每一个实施人员对营销策划方案的实施都能获得比较清晰的认识，这样营销策划实施工作成功的把握才会更大。

④ 思想动员和各部门之间的协调。在营销策划方案实施前进行思想动员和部门间协调也是非常必要的。虽然这是两项不同的措施，但思想动员和进行部门间协调的目的是相同的，即都是为营销策划方案的顺利实施统一步调，扫除障碍。

思想动员主要是通过对营销策划方案进行广泛而深刻的宣传和讲解，为营销策划活动的实施争取更多人的理解、支持与协作。它解决的是实施人员思想上和认识上的问题。思想动员是非常必要的。在营销策划方案实施的过程中经常会出现下面的问题：实施人员知道营销策划方案，但并不一定理解得准确、深刻；实施人员清楚营销策划任务，但并不一定会积极去完成。这些问题的存在，客观上需要在营销策划实施前进行思想动员。积极进行思想动员，能有效调动实施人员的工作热情，为营销策划方案的实施创造出更为强大的推进力量。

营销策划方案的实施需要组织中各部门之间的相互配合与协作。然而，各部门都有各自不同的利益，营销策划方案的实施又经常会引发部门间利益的调整，在营销策划实施过程中难免会出现部门间冲突。这种冲突对营销策划方案的实施来说是很不利的，在极端的情况下甚至会导致营销策划方案无法推行。因此，必须采取有效措施提前化解部门间的冲突。这就需要企业或组织的领导出面，对各相关部门提出具体要求或进行协调，以避免在营销策划方案实施过程中出现不协调的现象。

（2）营销策划方案的具体实施

营销策划方案的实施大体由 3 个步骤构成，如图 11-6 所示。

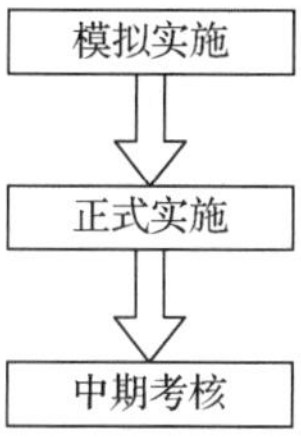

图 11-6 营销策划方案的实施步骤

① 模拟实施。模拟实施是指事前对真实场景的“模拟”。当然，这种模拟与模拟演练中的模拟也有一定的区别，它既可以是依靠形象思维将营销策划方案在大脑中进行的“彩排”，也可以是营销策划方案在小范围内的尝试执行和实施。

在模拟实施过程中，首先，要熟悉营销策划方案实施的整个过程和程序；其次，在模拟实施过程中找出关键环节；最后，要尽可能发现实施过程中可能遇到的各种问题，从而及时准备、早做预防。

当然，模拟实施更多的是出于策略上的考虑，如果各项准备工作做得很充分，那么这步也可以省去。

② 正式实施。所谓正式实施，其实就是全面落实营销策划方案各项措施的具体过程。这也是整个营销策划方案实施工作中最为核心的部分，它不仅直接关系着营销策划目标能否圆满实现，同时也是检验营销策划方案成效的一个重要过程。

要使营销策划方案顺利实施，首先，营销策划活动的组织者要明确方案执行过程中各执行人员的分工和责任，将营销策划方案的各项措施落实到人；其次，在实施过程中要以营销策划方案为依据，严格执行；再次，要对实际支出和工作进度进行有效控制；最后，对实施过程中出现的偏差和问题做好反馈，以便及时发现和调整。

③ 中期考核。中期考核对营销策划方案的实施来说也是必不可少的一步。通过中期考核，营销策划人员和实施人员可以及时掌握营销策划方案的实施情况，从而实现对营销策划方案实施进度与实施效果的及时控制。做好中期考核也是营销策划人员真实意图得到贯彻与执行的一个有效保证。

一般来讲，中期考核的内容主要应包括方案实施费用与支出情况、实施进度、实施效果及方案实施者的态度等。对于考核时间的安排则比较灵活，既可以是定期评估，也可以是随机抽查。另外，考核方法与方式灵活多样，营销策划工作的负责人可以根据具体情况灵活使用。

3. 营销策划方案实施过程中的注意事项

为了保证营销策划方案的有效实施，还需注意以下事项，如图 11-7 所示。

（1）强制性与灵活性相结合

在营销策划方案的实施过程中，对实施工作的强制性与灵活性要求都是必不可少的。坚持强制性，就是要求营销策划方案必须严格按计划执行，不得随意变动；而灵活性则要求实施过程应依据市场环境及企业内部情况的变化而变化，不能拘泥于原有计划或方案的规定。二者强调的内容正好相反，但它们在实施过程中的作用却是同样重要的。

然而，单一地过分强调强制性或灵活性都是不行的。其原因在于：强制性原则虽“刚性”十足，但缺少“柔性”，只强调执行的强制性，在实施过程很容易碰壁；而灵活性原则虽“柔性”有余，却“刚性”欠佳，只强调执行的灵活性，计划或方案很难得到落实。

因此，只有把强制性原则与灵活性原则结合在一起，使实施过程既有强制性又富有灵活性，才能使营销策划方案顺利实施，使营销策划目标圆满实现。

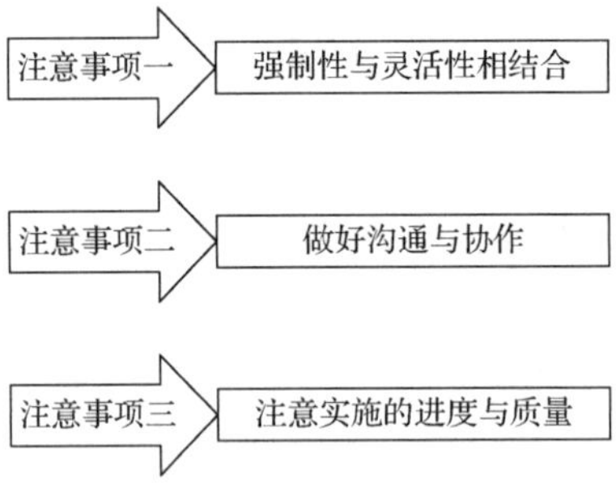

图 11-7　营销策划方案实施过程中的注意事项

（2）做好沟通与协作

沟通与协作对营销策划方案的实施来说是相当重要的。通过沟通，保持信息畅通，实现部门间的相互理解与支持；通过协作，使实施效率提高，保证营销策划项目顺利完成。营销策划方案实施过程中必须强调沟通与协作。一方面，在营销策划方案的实施过程中，方案策划人员同时是实施人员的情况并不多。因此，要想使营销策划人员的真实意图能够在实施过程中基本落实，营销策划人员与实施人员之间必须保持良好的沟通。另一方面，营销策划方案的实施既要由策划部门和操作部门合作完成，也需要其他相关部门的理解、支持与配合。所以，部门与部门间的沟通协作是十分重要和必要的。

（3）注意实施的进度与质量

进度与质量是衡量营销策划方案实施成效的两个重要指标。进度反映的是计划任务的进展情况；而质量反映的是计划任务的完成情况。营销策划方案的实施，既要注意进度又要注重质量。有进度无质量或有质量不能保证进度，都不能达到营销策划方案实施工作的预期要求。只有在计划的时间内实现了预定的目标，实施工作才算成功。

要使实施工作既有进度又有质量，除了要求实施人员严格执行计划，企业还可以设专人来监督和推进实施工作。另外，组织中良好的沟通环境也能为实施工作的顺利进行提供保证。

11.3　营销策划控制与效果评估

在管理学中，控制被定义为“监视各项活动以保证它们按计划进行并纠正各种重要偏差的过程”。控制是管理过程不可分割的一部分，是策划实施过程中各级管理人员的一项重要工作内容。尽管计划可以制定出来，组织结构可以调整得非常有效，员工的积极性也可以调动起来，但是这仍然不能保证所有的行动按计划执行，不能保证管理追求的目标一定能实现。

11.3.1　营销策划控制

营销策划控制是指市场营销管理者为了监督与考核企业营销策划方案实施的每个环节，确保其按照预期的目标运行而实施的一整套规范化约束行为的工作程序或工作制度。营销策划控制是营销策划过程中不可缺少的一部分。有了控制，营销策划活动中的失误、偏差和相关问题就能够得到及时、有效的解决与纠正；有了控制，营销策划活动就能够更好地沿着正确方向顺利进行。没有有效的控制，营销策划目标很难实现，所以说营销策划控制是一项重要工作。为了更有效地执行营销策划方案，企业必须善于运用控制技能，及时发现、纠正与解决营销策划活动中出现的各种失误、偏差及问题，保障营销策划方案成功实施。

1．营销策划控制的标准

要使营销策划控制工作真正发挥作用，取得预期的成效，设计系列调控措施时要注意符合 6 个标准，如图 11-8 所示。

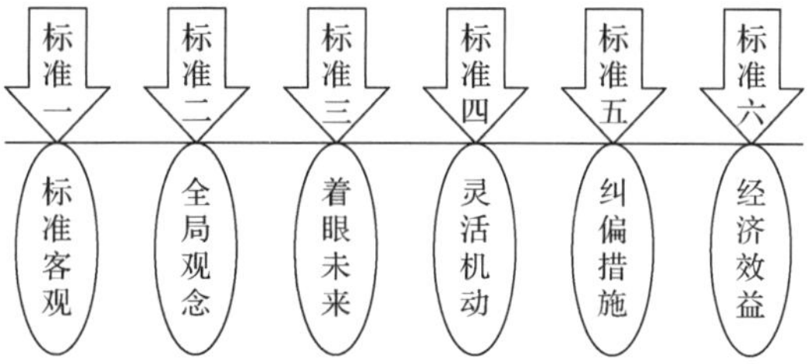

图 11-8　营销策划控制的标准

（1）标准客观

营销策划管理者对于营销策划方案实施工作的评价不能仅凭主观来判断，必须用过去所拟定的定性、定量标准并与现时的要求相比照，这样营销策划控制对各层营销策划方案实施人员来说才是标准一致的、是公正客观的。所以，有效的营销策划控制工作要求有客观的、准确的和适度的标准。

（2）全局观念

营销策划方案实施过程中的一切活动都应围绕企业的营销目标而展开。但在企业营销组织结构中，各个部门及其成员都在为实现其个别的或局部的目标而奋斗。这就要求各个部门之间一定要加强沟通、相互协作；要求各个部门从企业营销工作的大局出发，做好自己的工作。

（3）着眼未来

营销策划方案实施所谋求的可能是短期的繁荣，但营销策划控制必须在保证当前营销目标实现的同时，重视企业的长远发展。一个真正有效的营销策划控制系统应该能对未来进行预测、判断，能对营销策划方案与实际营销活动可能出现的偏差做出敏锐的反应，并能及时调整方案，使营销活动正常开展。

（4）灵活机动

营销策划控制的灵活机动要求营销策划管理者用多种灵活的控制方式和方法来达到控

制目的。这是因为人们虽然努力探索未来、预测未来，但未来的不可预测性始终是客观存在的。尽管营销策划人员努力追求预测的准确性，尽力克服或减少误差影响，对实际业绩评价和差异分析力争准确、全面，但实践中偶然性因素是无法避免的。如果控制不具有适度弹性，那么在营销策划方案实施时难免处于被动状态。为了提高营销策划控制的有效性，必须在设计营销策划控制系统时注意灵活机动。

（5）纠偏措施

一个完善而有效的营销策划控制系统，必须具备适当的纠偏措施和策略，这些措施和策略在实际中体现在企业的方案设计、组织运行、人员统配、监督控制等活动中，能够纠正那些营销策划方案执行过程中出现的偏离，以保证营销策划方案的正确实施。

（6）经济效益

营销策划控制是一项需要投入大量人、财、物的活动，其耗费过大的主要原因是营销失控。对营销策划方案是否进行控制、控制到何种程度都涉及费用问题。从经济效益角度出发，企业必须把营销策划控制所需要的费用与营销策划控制所产生的效益进行对比，花费少、有效益，就实施；花费大、无效益，就不实施。如果营销策划控制技术能够以最小的费用或代价，探查与阐明偏离营销策划方案的实际原因或潜在原因，那么它就是有效的、可行的。但必须注意的是，营销策划控制的经济效益是相对而言的，它取决于营销策划管理者能否将营销策划控制应用于关键之处。

2．营销策划控制的步骤

营销策划的总目标确定后，其成功与否就取决于企业营销策划的实施状况。为了对营销策划实施过程进行有效的监控，有必要建立和确立科学的营销控制制度。而有效的营销策划控制要讲求科学、严格的工作步骤，常见的如图 11-9 所示。

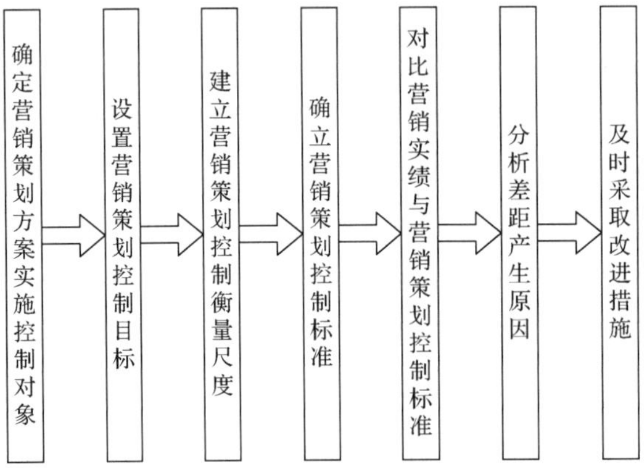

图 11-9　营销策划控制的步骤

第一步，确定营销策划方案实施控制对象。一般来说，营销策划控制的范围广、内容多，获得的信息也多，但任何控制活动本身都须支付费用，因此，营销策划人员在确定控制内容、范围时，应做到控制成本小于控制所能带来的营销效益。

最常见的营销策划控制对象是营销收入、营销成本和营销利润，但对市场调查、消费者服务、新产品开发和促销等活动，也应加强控制的力度。

第二步，设置营销策划控制目标，即确定所要达到的营销策划预期目标。这是将营销策划控制与方案实施连接起来的重要环节。许多企业的营销策划控制目标就是营销策划方案中设定的目标，如利润、销售量、市场占有率、营销费用、新产品增长率等方面的目标，以及为达到营销总目标而规定的战术目标等。

第三步，建立营销策划控制衡量尺度，即对第二步所设置的目标加以量化。在很多情况下，企业的营销目标就决定了它的控制衡量尺度，如利润、市场占有率等。而营销人员的工作效率可用一年内新增加的客户数及平均访问次数、频率来度量，广告的效果可用熟悉和了解广告内容的消费者占全部消费者的比例来衡量，也可以用广告播出后的产品销售量来衡量。由此可见，企业若有多个目标，则营销策划控制的衡量尺度也会有多种。

第四步，确立营销策划控制标准，即以某种衡量尺度来反映控制对象的预期活动范围或可接受的活动范围，也就是对营销策划控制标准加以量化，如规定每个推销人员全年应增加 60 个新客户；某项新产品在投放市场半年后应达到 3%的市场占有率等。营销策划控制标准一般要有一个浮动幅度，如上例中新产品市场占有率在 2.8%左右也是可以接受的。企业在设立营销控制标准时要参照市场同类企业的标准，并吸收企业内部各方面的意见，以使营销策划控制标准更切合实际，具有激励作用。

第五步，对比营销实绩与营销策划控制标准，即通过检查已取得的营销实际工作绩效与原制定的营销策划控制标准进行对比。掌握实际情况和对比中出现的差距。多长时间对比一次，可定期也可不定期，这取决于营销控制对象的具体变动状况。

第六步，分析差距产生原因。工作实绩与营销策划控制标准对比，可能会有偏差。若产生偏差，则说明营销策划控制标准与营销实际活动不相符，需要寻找造成营销策划控制标准与工作实绩不符的原因，为修正原营销策划方案提供资料依据。一般而言，产生偏差可能有两类情况：一是营销策划方案本身存在缺陷；二是营销策划方案实施过程中发生问题，这种偏差比较容易分析。有时这两类情况交叉在一起，使得分析偏差的工作成为营销策划控制过程中的一大难点。在进行偏差原因分析时，要全面仔细地分析原始资料，多角度研究问题，抓住关键问题，不可把问题简单化、以一概全。比如某推销人员对客户访问次数未达到控制标准，可能是由于旅途中花费时间太多，这就要求改进访问路线或访问方式，但也有可能是由于定额过高，这就要求降低定额以保证每次访问的质量。具体分析时还要进行市场情况的调查了解，以确保分析正确。

第七步，及时采取改进措施。根据分析结果，企业应及时做出针对不同情况的改进措施。如果分析结果表明营销策划控制标准脱离实际，那就应认真对该标准加以修订，以真实地反映市场营销活动；如果分析结果表明营销策划控制标准是合理、正确的，而是营销策划方案实施过程中出现了问题，那就有必要在具体的营销活动过程中查找原因，迅速制订相应补救措施，以提高工作实效。

在营销策划控制中，由于营销目标和营销环境等不同，企业采用的营销方式、方法也不相同，因此以上营销策划控制的步骤不是绝对的、唯一的，企业应根据本企业营销策划活动实施情况进行正确选择。

3. 营销策划控制的方法

营销策划控制是一个复杂的过程，可以采取的方法也很多。一般来说，营销策划控制有 4 种基本方法，如图 11-10 所示。

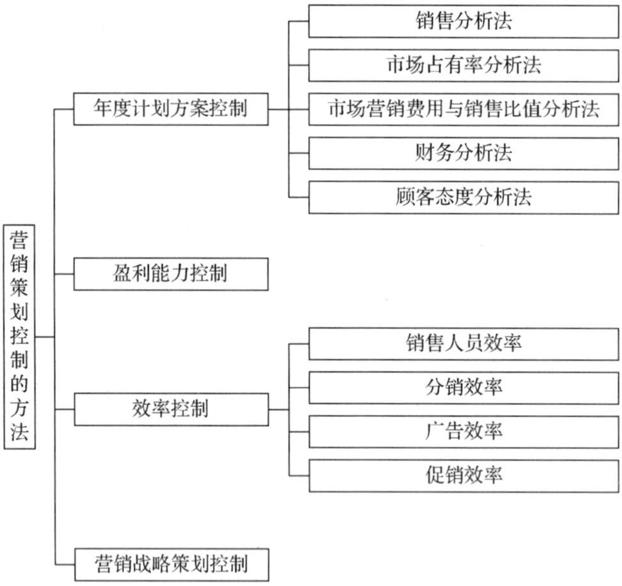

图 11-10　营销策划控制的方法

（1）年度计划方案控制

年度计划方案控制是指企业在本年度内按照营销策划控制步骤，检查实际绩效与计划的偏差，并做出必要的修正，以确保营销策划方案的顺利实施。年度计划方案控制的目的在于保证企业实现它在年度方案中所制订的销售目标、利润目标以及其他目标，控制的中心是目标管理。

年度计划方案控制通常采用以下 5 种方法检查实际绩效与计划的偏差情况。

① 销售分析法。销售分析法是指测量和评价销售管理人员所制订的销售目标与实际销售之间的差距，找出问题，查明产生的原因。这种方法具体包括销售差异分析和微观销售分析。

② 市场占有率分析法。通过市场占有率分析，能够揭示企业同竞争对手在市场竞争中的关系，能够说明企业与竞争对手相比的市场地位状况。

度量市场占有率的方法包括总市场占有率、目标市场占有率和相对市场占有率（相对于市场竞争者）。

市场占有率分析首先要确定采用哪种衡量方法，然后分析市场占有率变动的原因，找出导致实际占有率变化的主要因素，最后采取适当的策略措施。

③ 市场营销费用与销售比值分析法。年度计划方案控制要确保企业达到其销售额指标的同时，营销费用不超标，这就要求对营销费用与销售额的比值进行计算分析，以发现是否有比例失调的情况。

营销费用一般包括 5 个部分：人员费、广告费、促销费、调研费和管理费，它们各自又与销售额形成不同的比率。例如，某企业的营销费用与销售额的比率为 20%，它可分解为 4 种费用与销售额的比率：人员费与销售额之比（10%）；广告费与销售额之比（6%）；调研费与销售额之比（1%）；管理费与销售额之比（3%）。对于以上各项费用与销售额的比率，往往会限定一个控制幅度，一旦出现偏差，必须认真查找问题产生的原因。

④ 财务分析法。财务分析法是指对影响企业的净利润的各主要要素进行分析，以决定企业如何或在何处开展营销活动，以谋取更高的利润。

企业管理者利用财务分析来判断影响企业净资产收益率的各种因素。净资产收益率主要是两种比率（企业资产收益率和财务杠杆率）综合作用的结果。为了提高净资产收益率，企业必须提高净利润与总资产的比率，或者提高其总资产与资本净值的比率。企业还应当分析其资产的构成（现金、应收账款、存货和设备等），并且设法改善和提高资产管理水平。

⑤ 顾客态度分析法。前述 4 种方法主要以财务和定量分析为特征，即它们基本上属于定量分析范畴。除此之外，还要对营销活动的发展变化进行定性分析，以为营销策划方案实施管理部门提供关于市场占有率即将发生变化的预报，因而需要建立一套系统来追踪顾客、经销商以及其他市场营销组织参与者的态度，从而在顾客满意度和偏好影响企业产品销售之前及时将有关信息传递给企业决策部门，以便采取措施，争取主动。企业一般采用的跟踪顾客态度系统有：①顾客意见和建议系统；②固定顾客样本系统；③顾客调查系统。

上述分方法有助于及时发现实际营销效果与营销策划方案的年度指标是否发生较大偏差。一旦发生较大偏差，则采取调整措施：调整营销策划方案指标，使之更符合实际；调整营销策略，以利于实现原营销策划方案的各项指标。

（2）盈利能力控制

盈利能力控制主要是通过盈利能力分析测算不同产品、不同销售地区、不同市场、不同渠道以及不同订货规模的实际盈利能力。这一分析结果能帮助企业管理部门决定哪些产品或哪些市场应予以扩大、哪些市场应削减甚至放弃。盈利能力与产品策划、决策有直接关系。

分析企业各种产品的盈利能力，其目的在于找出妨碍企业获利的因素，并采取相应措施排除或削弱这些不利因素的影响，从而实现预期的盈利效果，确保企业销售总利润的稳步提高。

（3）效率控制

企业还必须寻找效率高的方式来管理销售人员及分销、广告和促销活动。企业营销策划必须注意能反映这些功能运作效率的主要比率，具体如下所述。

① 销售人员效率。该指标主要涉及每位销售人员平均每天访问客户的次数；每次销售人员访问的平均时间；每次销售人员访问所带来的平均收入；每次销售人员访问所用的平均成本；每次销售人员访问的招待成本；每百次销售访问订货的百分比；每次销售访问期间新增顾客数；每次销售访问期间所丧失的顾客数；销售成本占总销售额的百分比。

② 分销效率。分销效率是指对企业存货水准、仓库位置及运输方式进行分析研究，以便达到企业资源最佳组合并找出最佳运输方式和途径。分销效率研究能帮助企业寻找更加经济的经营方式。

③ 广告效率。企业要做好如下统计：每种媒体类型、每种媒体工具接触每千名消费者所用的广告成本；消费者对每种媒体工具的兴趣比率；消费者对广告内容和效果的意见；消费者广告前后对产品的态度；消费者受广告刺激而产生的询问次数；每次询问的成本。

④ 促销效率。为了提高促销效率，企业管理人员应当坚持记录每次促销活动及其所耗成本对销售的影响。并做好如下统计：优惠销售所占的百分比；每一单位销售额的陈列成本；赠券收回的百分比；因示范表演而引起的访问次数。

效率控制的目的在于提高人员促销、广告、分销等市场营销活动的绩效，管理者必须注重若干关键比率指标的研究，因为这些关键比率指标反映了企业市场营销组合的有效性。

（4）营销战略策划控制

营销战略策划是指企业根据既定的市场营销目标，在特定的环境中，按照总体的策划过程所拟定的可能采用的系列行动方案。但是，在复杂多变的市场营销环境中，企业原来制定的目标、战略、方案往往会失去作用。因此，企业在营销战略实施的过程中必须注意定期进行营销战略控制，根据市场营销环境的新变化，重新评价计划和进展，从全局、总体的角度对营销战略进行必要的修正。

国际上很多企业运用市场营销审计这一重要工具进行营销战略策划控制。市场营销审计是对企业的市场营销环境、目标、战略和活动所做的系统、公正、全面的考核和审查。市场营销审计的目的在于检查企业的营销活动是否与企业的战略目标保持一致，企业的营销活动及战略目标是否与市场营销环境相匹配等，从而揭示企业营销活动中存在的问题及发现营销活动的机会，提出行动计划，改进和提高整个营销系统的效率。

11.3.2 营销策划效果评估

在一个营销策划方案实施结束后，营销策划组织者要对整个实施过程进行综合评估。营销策划效果评估是指对营销策划方案的实施效果进行系统、公正、全面的考核和评价。

1. 营销策划效果评估的特征

营销策划效果评估具有以下 4 个特征。

① 全面性。即对一个企业的主要营销活动进行全面评估。只有进行全面的营销策划效果评估，才能有效地发现企业营销活动效果好坏的真实原因。

② 系统性。营销不善的原因并非一望而知，需要做一系列有秩序的检查，有一套完整的评估步骤，包括先诊断组织的营销环境、内部营销制度和各种具体营销活动再在诊断的基础上，制订、调整行动方案（包括长期、短期计划方案），以提高企业的整体营销效益。

③ 独立性和客观性。营销评估有自我评估、内部交叉评估、上级评估、企业成立专门小组评估和聘请外来专家进行评估等多种途径。企业最好聘请企业外有丰富经验的专家来进行营销策划效果评估，因为外来专家通常具备必要的客观性和独立性，有广泛的行业经验，还可以集中时间和精力从事评估工作。

④ 周期性和持久性。营销策划效果评估并不是等企业经营活动出现了困境才求助专家和顾问来开展评估活动。企业的许多问题是由于企业处于营销活动顺境情况下，缺乏周期和持续的检查才造成的。因此，无论企业的营销活动是处于顺境还是逆境，营销策划效果评估都是必不可少的活动。它既有利于业务发展正常的企业，也有利于那些处境不佳的企业，它是寻求最佳经济效益的一种有效方法和工具。

2. 营销策划效果评估的内容

一般来说，营销策划效果评估的内容是根据营销策划的目的来确定的，营销策划的目的不同，所评估的内容也有所不同。通常情况下，企业要评估的内容包括 3 个方面。

（1）经济效果评估

经济效果评估是指对营销策划方案实施之后所产生的经济效益（包括直接经济效益和间接经济效益）的评估，具体涉及销售额的增长、市场占有率的提升等，整个活动是否超出预算？营销策划方案实施过程中是否存在非正常的开支等。

（2）社会效果评估

社会效果评估是指对通过营销策划方案实现的企业的社会价值进行评估。企业能在市场上可持续地发展，其中一个重要原因就是企业存在的社会价值能被社会所认同。

企业生存于社会中，其目标不仅是获得更多的盈利，更重要的是关注社会的发展，体现企业的社会价值。那些只顾赚钱而不顾社会利益的企业，最终将会被社会所抛弃。

（3）自身目标效果评估

自身目标效果评估是根据企业营销策划方案中所设定的目标来度量的。内容主要包括市场调查信息判断是否准确，各部门在营销策划方案实施过程中沟通是否顺畅，营销策划方案是否按照预定的进度实施完成等。自身目标效果取决于营销策划方案的目标和实施状况。

3．营销策划效果评估的方法

营销策划效果评估的方法很多，既有定性的，也有定量的。下面就其中 3 种比较常用的方法进行简要介绍。

（1）综合评议法

综合评议法是指依据营销专家评议、营销部门评议、相关人员评议等多种评议结果综合得出营销策划效果评估结论的方法。综合评议法操作简便，也有利于评估过程中民主性的发挥，得出的评估结果一般也比较客观、全面。

综合评议法分为两步。第一步是进行初步评估。由营销策划专家组成评议小组，对营销策划的结果及营销策划过程中的各个环节进行评估，并给出专家组意见和评价，营销策划活动的组织者、实施者及其他相关部门和人员也分别进行各自的评估。第二步是进行评估结果综合。当初步评估完成后，将评议小组的结果与各部门及人员的意见收集在一起，并按照各自的权重进行综合评估，得出最终评估结果。当然，在实际评估过程中，不同评估者的意见在综合评估中的权重也是可以调节的，从而能够满足评估者不同的评估目的和评估需要。

（2）对照比较法

对照比较法是将营销策划方案的执行结果原营销策划方案的目标进行对照比较，从而判定和评价各项活动及目标的实现情况，并对原因进行探究和分析的方法。

运用对照比较法的关键是要确定好对照比较的内容。一般情况下，对照比较的内容应包括：营销策划目标是否实现，实现的程度如何；营销策划方案的实施工作是否按计划进行，调整的内容有哪些；操作手段是否合理；预算是否超支；预测是否准确；等等。在选好对照比较的内容后，就可以进行对照比较了。

（3）关键事件法

关键事件法是指在营销策划效果评估过程中，评估者将注意力集中在那些对营销活动有关键性影响或有关键意义的环节上，做好对关键事件评定与分析的方法。关键事件法能使评估者在把握关键事件的基础上对评估对象有更深入的认识和分析。关键事件可以是对某个重要区域市场的开发，也可以是对某类品牌产品的市场推广，还可以是对企业形象、知名度等的塑造与提升，或者是与竞争者建立竞合关系等。

此外，在营销策划效果评估工作中经常用到的还有统计法、列表法等。在营销策划效果评估工作中，具体要采用何种方法，评估者应根据具体情况灵活选择。

4. 营销策划效果评估的步骤

对于任何评估活动，为了达到经济和高效率的要求，企业都必须有一套详细的评估方案，特别是市场营销受客观环境变化影响的较大，而且发展很少有周期现象出现的企业。因而进行营销策划效果评估工作时更需要有一个科学的程序。

在营销策划实践中，营销策划效果评估可分为阶段评估、中期评估和终结评估。

（1）阶段评估

阶段评估是指在营销策划方案的实施过程中对前一阶段实施的效果进行评估，了解执行情况和效果，为下一阶段营销策划方案的实施提供指导。

（2）中期评估

中期评估是指在营销策划方案实施时间达到一半时进行的效果评估。中期评估是中期总结性评估，是对营销策划方案执行效果情况进行的客观评价，为后面营销策划方案的实施和执行提供决策指导。

（3）终结评估

终结评估是指在营销策划方案实施结束后进行的总结性评估，是对整个营销策划方案效果进行的综合评价。

5. 营销策划效果评估须注意的几个问题

（1）营销策划效果评估要尽量客观全面

客观全面是对营销策划效果评估工作的基本要求。营销策划效果评估不仅是评定结果的过程，也是分析结果、总结经验教训的过程。如果营销策划效果评估不能建立在对客观情况实事求是与多角度全面分析的基础之上，那么评估结果的准确性和有效性将会大打折扣。没有对结果的正确分析与评价，教训总结与经验积累也无从谈起。因此，进行营销策划效果评估一定要注意做到客观全面。

（2）要注意定性评估与定量评估相结合

定性评估主要是通过描述性的语言或文字对事物的本质特征进行阐释，定量评估则主要是利用数据、模型、图表等对事物规律进行分析说明。两种方法各有优点与不足，将定性评估与定量评估方法结合运用是非常有必要的，这样不仅能弥补两种方法各自的不足，而且能使营销策划效果评估的结果更加准确、深刻。

（3）注意评估结果的及时反馈

营销策划效果评估活动结束后，做好评估结果的及时反馈是相当重要的。只有将评估结果进行及时反馈，策划人员才能及时了解营销策划活动的效果，才能在成功与失败中吸取经验和教训。同时，也只有通过评估结果的及时反馈使营销策划工作得到改进和提高，营销策划效果评估的意义才能真正得到体现。可见，对于营销策划效果评估工作来说，评估结果的及时反馈是一个十分关键的环节，必须认真做好。

案例分析

行业冠军的卫冕之路

规费巨大的基础设施却只有数百名员工，年销售额可能只有 3 亿欧元，但给地方带来的直接收入却是其销售额的 5 倍，这就是德国的会展公司。“德国制造”能够行销全球，这些公司功不可没，它们给德国带来的订单也许是其销售额的几十倍。

从德国汉诺威展览公司办公楼的 18 层俯瞰，才能真正领略到“世界头号会展中心”的巨大：27 个大大小小的展馆错落有致地排列在 1 平方千米范围内，仅 1 号展馆的面积就有 6.9 万平方米，相当于 10 个标准足球场的大小，而停车场居然拥有 4 万个车位。

1. 会展业冠军面临挑战

与德国其他会展公司不同，汉诺威展览公司拥有独一无二的“国字号”头衔。从诞生的第一天开始，汉诺威展览公司就被定义为促进全德国企业出口的营销大使。

1947 年夏天，德国决定在汉诺威举办一场贸易展览会，从而改变世人眼中德国仍是一片废墟的印象，促进德国的出口。

同年 8 月 18 日，第一届汉诺威工业博览会在 5 个旧厂房内开幕。此后的 21 天里，来自 53 个国家的 73.6 万人参加了展会，1934 份出口合同给德国带来 3160 万美元的订单。经济复苏的热潮推动汉诺威迅速取代战前，成为德国新的国家级展览中心。

1986 年，CeBIT 展会从汉诺威工业博览会分离出来，其规模很快超过了汉诺威工业博览会。以这两大展会为代表，汉诺威展览公司举办了一系列国际性展会，成为当之无愧的世界会展冠军。然而随着全球会展业进入群雄并起的时代，汉诺威展览公司的冠军头衔受到了强有力的挑战。德国的杜塞尔多夫、法兰克福、慕尼黑三大会展公司迅速成长，而意大利米兰国际展览中心等公司也在不断扩大规模。在索尼公司宣布退出 2006 年 CeBIT 之后，人们甚至开始怀疑 CeBIT 是否已经过时。然而，索尼虽然宣称不参加 2006 年 CeBIT，但实际上，索尼的产品在展览当中仍然占有非常显著的位置，索尼的员工也随处可见。因此，许多宣称不参加的公司也决定在 2007 年重返 CeBIT。这场风波表明，尽管冠军卫冕之路充满坎坷，但汉诺威展览公司绝不放弃。

2. 内部修炼提升品牌

汉诺威展览公司拥有世界上最大的展览场地，净可展出面积达到 49.7 万平方米。近年来，为了应对后来者的挑战，该公司不断改善场馆内的设备。目前展馆已经能够提供高压电力、压缩空气等多种服务，这就能够为那些机械产品展览商提供更大的便利。

汉诺威展览公司还升级了访客登记系统。参观者在展会开幕之前通过系统就可以进行登记，并可以注明自己感兴趣的展台和时间安排。这些信息经过统计和处理之后会发送到相应的参展商手里，参展商就可以据此调整时间来与参观者会面。这项服务也有利于参展商在会后与客户保持联系。汉诺威展览公司还建立了一个功能强大的信息中心，该信息中心将所有服务进行整合，以为参展商与参观者提供更多的帮助。

3. 海外扩张以攻为守

随着欧洲制造业向新兴市场转移，顶级会展公司不约而同地开始了国际化扩张。在新兴市场上，谁的扩张速度更快，谁就能尽早取得竞争优势。在此情况下，汉诺威展览公司一方面把它的王牌展会向海外输出，另一方面又根据国际市场的需求开发新的展会。

（案例来源：徐静，高跃. 会展概论[M]. 2 版. 北京：北京大学出版社，2017）

思考题：

1. 试分析汉诺威展览公司成功的原因有哪些。
2. 在目前市场竞争激烈的背景下，试为汉诺威展览公司未来的发展提出合理的建议。

策划专家之十一　　第 11 章　在线答题

参 考 文 献

杨勇，2018．市场营销学实务教程[M]．北京：中国财富出版社．

杨勇，陈丽敏，肖雷，2019．现代人力资源管理[M]．广州：广东教育出版社．

杨勇，2021．市场调查与预测[M]．2 版．北京：机械工业出版社．

陈鸿雁，2019．市场营销学[M]．北京：电子工业出版社．

戴鑫，2017．新媒体营销：网络营销新视角[M]．北京：机械工业出版社．

李牧南，2021．产品创新思维与方法[M]．北京：机械工业出版社．

苏琴，等，2017．服务营销[M]．长沙：湖南师范大学出版社．

卢泰宏，周懿瑾，2021．消费者行为学：洞察中国消费者[M]．4 版．北京：中国人民大学出版社．

葛泽慧，等，2018．博弈论入门[M]．北京：清华大学出版社．

阳翼，2019．数字营销[M]．2 版．北京：中国人民大学出版社．

李巍，2019．服务营销管理：聚焦服务价值[M]．北京：机械工业出版社．

宁德煌，2020．市场营销学：生活、营销与智慧[M]．北京：机械工业出版社．

周苏，2018．创新思维与 TRIZ 创新方法[M]．2 版．北京：清华大学出版社．

白玉苓，陆亚新，2020．零售学[M]．北京：机械工业出版社．

邱小平，2017．广告策划实务[M]．北京：机械工业出版社．

蔡锐，孟越，2019．公司治理[M]．2 版．北京：北京大学出版社．

龚荒，2021．商务谈判与沟通：理论、技巧、案例[M]．3 版．北京：人民邮电出版社．

徐静，高跃，2017．会展概论[M]．2 版．北京：北京大学出版社．

何佳讯，2021．战略品牌管理：企业与顾客协同战略[M]．北京：中国人民大学出版社．

白东蕊，岳云康，2022．电子商务概论[M]．5 版．北京：人民邮电出版社．